Jens Weidner · Rainer Kilb (Hrsg.)

Konfrontative Pädagogik

Jens Weidner · Rainer Kilb (Hrsg.)

Konfrontative Pädagogik

Konfliktbearbeitung in
Sozialer Arbeit und Erziehung

4., erweiterte Auflage

Bibliografische Information der Deutschen Nationalbibliothek
Die Deutsche Nationalbibliothek verzeichnet diese Publikation in der
Deutschen Nationalbibliografie; detaillierte bibliografische Daten sind im Internet über
<http://dnb.d-nb.de> abrufbar.

1. Auflage 2004
2., überarbeitete und erweiterte Auflage 2006
3. Auflage 2008
4., erweiterte Auflage 2010

Alle Rechte vorbehalten
© VS Verlag für Sozialwissenschaften | Springer Fachmedien Wiesbaden GmbH 2010

Lektorat: Stefanie Laux

VS Verlag für Sozialwissenschaften ist eine Marke von Springer Fachmedien.
Springer Fachmedien ist Teil der Fachverlagsgruppe Springer Science+Business Media.
www.vs-verlag.de

Das Werk einschließlich aller seiner Teile ist urheberrechtlich geschützt. Jede Verwertung außerhalb der engen Grenzen des Urheberrechtsgesetzes ist ohne Zustimmung des Verlags unzulässig und strafbar. Das gilt insbesondere für Vervielfältigungen, Übersetzungen, Mikroverfilmungen und die Einspeicherung und Verarbeitung in elektronischen Systemen.

Die Wiedergabe von Gebrauchsnamen, Handelsnamen, Warenbezeichnungen usw. in diesem Werk berechtigt auch ohne besondere Kennzeichnung nicht zu der Annahme, dass solche Namen im Sinne der Warenzeichen- und Markenschutz-Gesetzgebung als frei zu betrachten wären und daher von jedermann benutzt werden dürften.

Umschlaggestaltung: KünkelLopka Medienentwicklung, Heidelberg
Druck und buchbinderische Verarbeitung: Ten Brink, Meppel

ISBN 978-3-531-17091-6

Inhalt

Konfrontative Pädagogik heute: Erfreuliche Forschungsergebnisse und
selbstkritische Neuorientierungen beim Anti-Aggressivitäts- und
Coolness-Training (AAT/CT®) 7

Grundsatzartikel

Jens Weidner
Konfrontation mit Herz: Eckpfeiler eines neuen Trends in Sozialer
Arbeit und Erziehungswissenschaft 23

Rainer Kilb
Konfrontative Pädagogik – ein Rückfall in die Vormoderne oder
vergessene Selbstverständlichkeit zeitgemäßer Pädagogik? 37

Wolfgang Tischner
Konfrontative Pädagogik – die vergessene „väterliche" Seite der
Erziehung 61

Philipp Walkenhorst
Anmerkungen zu einer „Konfrontativen Pädagogik" 87

Peter Rieker
„Akzeptierende" und „Konfrontative" Pädagogik: Differenzen –
Gemeinsamkeiten – Entwicklungsbedarf 127

Streitschrift

Jörg-Michael Wolters
Konfrontative Pädagogik – oder: Verstehen allein genügt nicht 145

Praxiskonzepte

Michael Stiels-Glenn/Penelope Glenn
Stirn an Stirn – Streiten lernen helfen:
Praktische Anmerkungen zu einer fälligen Paradigmenverschiebung 163

Rainer Kilb
Der Einsatz konfrontativer Techniken bei Ablöseprozessen
Jugendlicher in pädagogischen Maßnahmen und Einrichtungen 185

Eckart Osborg
Der konfrontative Ansatz der subversiven
Verunsicherungspädagogik in der Präventionsarbeit mit rechten
und rechtsorientierten Jugendlichen 201

Stefan Schanzenbächer
Wider die Resignation! – Konfrontative Lösungen für gewalt-besetzte
Situationen in der stationären Jugendhilfe – das Konzept K.L.A.R. 219

Bert Reissner
Unbeschulbare GrundschülerInnen gibt es nicht. Konfrontative
Pädagogik in Kooperation von Schule und Jugendhilfe mit Kindern
aus Multiproblemfamilien. Das KoPädik-Konzept 233

Monika Jetter-Schröder
Eingreifen hilft! Ein Interventionsprogramm für verhaltensauffällige
SchülerInnen (InvaS). Ein Kooperationsprojekt von Jugendamt und
Staatlichem Schulamt und Polizeipräsidium Mannheim 247

Autorinnen und Autoren 259

Konfrontative Pädagogik heute: Erfreuliche Forschungsergebnisse und selbstkritische Neuorientierungen beim Anti-Aggressivitäts- und Coolness-Training (AAT/CT®)

Einleitung

Hiermit kann dem Leser bereits die 4. Auflage des Buches „Konfrontative Pädagogik – Konfliktbearbeitung in Sozialer Arbeit und Erziehung" vorgelegt werden. Das damit dokumentierte Leserinteresse spiegelt sich auch in der Praxis wider: unsere Programme haben Konjunktur. Sie werden – wie von den Verfassern gewünscht – als Erziehungs-ultima ratio wahrgenommen, um mit schwierigen, normbruch-verliebten jungen Menschen ins Streitgespräch über Normen und Werte zu kommen. Die Konfrontative Pädagogik ist bei diesen Streitgesprächen klar positioniert. Sie engagiert sich u.a. gegen

- Körperverletzung
- Vandalismus
- Mobbing
- Sachbeschädigung
- Schulschwänzerei

und bietet damit den so agierenden devianten und delinquenten Jugendlichen eine ernsthafte Reibungs- und Auseinandersetzungsebene – eben eine Konfrontative Pädagogik, die den Jugendlichen versteht, sein Fehlverhalten aber nicht schönredet oder verharmlost, sondern benennt und ins Kreuzfeuer der Kritik nimmt. Die betroffenen Jugendlichen sind darüber nicht entsetzt. Sie fühlen sich vielmehr Ernst genommen. Das ermutigt uns in unserem pädagogischen Handeln.

Im folgenden, aktualisierten Beitrag werden die Eckpfeiler der Konfrontativen Pädagogik, sowie die Methode der Anti-Aggressivitäts- und Coolness-Trainings nur marginal behandelt. Der umfassend interessierte Leser sei auf die einschlägigen Buchpublikationen zu diesen Themen hingewiesen (KILB/WEIDNER/GALL 2006, WEIDNER/KILB 2004, COLLA/SCHOLZ/WEIDNER 2001, WEIDNER 1993), insbesondere auf den Beitrag von Ludwigshausen/Böhm (2008) in der Zeitschrift „Pädagogik" zum Transfer der konfrontativen Methodik in den Bildungskontext.

Der vorliegende Text konzentriert sich dagegen auf Qualitäts-, Forschungs- und selbstkritische Themen:

1. Der aktuelle Stand: Kurze Information zum Umfang der Programme in Deutschland und der Schweiz
2. Die Qualitätsstandards für die praktische Arbeit in AAT/CT-Programmen
3. Fünf ermutigende Forschungsergebnisse: zur quantitativen und qualitativen Evaluation des AAT/CTs
4. Die selbstkritische Neuorientierung konfrontativer Trainingsprogramme seit 2005:

- Die Änderung der Medienarbeit: weniger ist mehr
- Die rechtlichen Grenzen des AAT/CTs: die non-touch-Verpflichtung
- Die Betonung der gesellschaftskritischen Perspektive: die aggressive Wettbewerbskultur als Negativvorbild.

Die tatkonfrontative Methode des Anti-Aggressivitäts-Trainings wurde 1987 – u.a. vom Verfasser – in Deutschland eingeführt. Tatkonfrontation heißt im erziehungswissenschaftlichen Sinne aggressive Menschen dort abzuholen, wo sie stehen. Dieser Standpunkt lässt sich aus mittlerweile tausenden von Einzelgesprächen ableiten, die der Verfasser und die AAT/CT ProjektleiterInnen in ganz Deutschland seit 22 Jahren mit Hooligans, Skin-Heads, deutschen, türkischen oder russlanddeutschen Schlägern geführt haben. Diese jungen, heranwachsenden und erwachsenen aggressiven Menschen lieben – so ihre Selbstthematisierungen – die Konfrontation, die Action und den damit verbundenen Thrill. Entsprechend erleichtert bei dieser Zielgruppe ein konfrontativer Zugang die Kommunikation mit den Probanden, solange eine vertrauensvolle professionelle Beziehung geschaffen werden konnte. Die Konfrontation mit der Aggressionstat, mit den Rechtfertigungsstrategien und dem Opferleid wird von den Trainierten als dynamisch, spannend und Erkenntnisreich empfunden.

Hassemer (2004; S.353), Vizepräsident des Bundesverfassungsgerichts, würdigt diese zwanzigjährige Entwicklung mit den Worten: Erziehung „bringt aber auch die Chance produktiver Veränderung mit sich, wie man an Entwicklungen wie (...) ‚konfrontativer Pädagogik' oder Anti-Aggressivitäts-Training studieren kann." Diese positive Bewertung resultiert u.a. aus der Tatsache, dass das AAT/CT von vielen Jugendrichtern als letzter ambulanter Versuch, als ultima ratio, angesehen wird, bevor eine Inhaftierung erfolgt. **Winkler** (2003: S.46), unterstreicht diesen Aspekt, wenn er schreibt: „Die Klientel sozialer Arbeit und der Sozialpädagogik rekrutiert sich keineswegs aus guten Menschen, denen die Zumutungen erspart werden können, die mit Zivilisation einhergehen (...) Anders gesagt: Wenn sozial und kulturell hergestellte Ausgrenzung bedeutet, selbst die Zwänge zu verweigern, welchen wir uns um unseren Humanisierungen nicht entziehen dürfen, können Trainingsmethoden wie die von Kilb und Weidner mithin Gewicht bekommen. Vielleicht sind sie nötig (...) Treatment scheint dann allemal besser als schlichtes Einsperren oder gar dem Verhungern preisgeben." Dies betont auch der Chefredakteur der ZEIT, **Giovanni di Lorenzo** (2008; S.1), bei seiner politischen Einordnung des Themas Jugendgewalt: „Linke und Liberale müssen sich damit abfinden, dass es auch junge Täter gibt, die so gefährlich sind, das nur langes Wegsperren oder gar die Ausweisung zu vertreten sind. Hardliner dagegen, dass der Erziehungsgedanke bei Jugendlichen richtig ist und das gut geführte Heime und Antiaggressionstrainings in der Regel mehr helfen als Jahre der Verrohung im Gefängnis." Und die Bundesministerin für Justiz **Zypris** (abgeordnetenwatch.de 12/08) stellt nüchtern, wie zutreffend das Anti-Aggressivitäts-Training als einen Baustein resozialisierender Programme in Deutschland dar: „Das geltende Jugendstrafrecht bietet eine breite Palette von Sanktionsmöglichkeiten (...) Die Rechtsfolgen reichen von Erziehungsmaßregeln, die die Lebensführung regeln sollen (z.B. Teilnahme an einem sozialen Trainingskurs, Anti-Aggressivitäts-Training oder einem Täter-Opfer-Ausgleich), (...) bis hin zu einer langjährigen Jugendstrafe."

Allerdings finden das AAT/CT sowie die Grundüberlegungen zur Konfrontativen Pädagogik ihre Grenzen in Ausschlusskriterien: Nicht bei jedem Probanden darf Konfrontation als Hilfe verstanden werden, um eingefahrene Denk- und Verhaltensmuster in Frage zu stellen. Konfrontation kann – und darauf weisen Kritiker zu Recht hin (HERZ 2005, PLEWIG 2008) – dem Betroffenen schaden. Deswegen gilt es vor Behandlungsbeginn zu differenzieren: Nicht konfrontativ behandelt werden

- aggressive Menschen mit traumatischen Erfahrungen,
- mit Autoaggressiven Tendenzen,
- Grenzfälle zur Psychiatrie oder
- psychisch labile Konflikt- und Beziehungstäter (KILB 2005).

Bei diesen Menschen erscheint eine Tatkonfrontation kontraindiziert. Sie werden daher auch nicht in AAT/CT Programme aufgenommen.

Der aktuelle Stand: Kurze Information zum Umfang der Programme in Deutschland und der Schweiz

Das AAT/CT wurde vor 22 Jahren in der niedersächsischen Justiz begründet. Es behandelt gewalttätige Menschen in sechsmonatigen Trainingskursen. Die Teilnahme erfolgt über richterliche Auflagen (§ 10 JGG) oder freiwillig. AAT/CT basieren auf einem lerntheoretisch-kognitiven Paradigma. Die lerntheoretischen Aspekte orientieren sich an Bandura. Sie konzentrieren sich u.a. auf die Analyse von Aggressivitäts-Auslösern und den sich daraus ableitenden gewalttätigen Verhaltensgewohnheiten. Die kognitive Perspektive zielt auf die Steigerung von Opferempathie und Tatverantwortung ab.

Durch das Frankfurter Institut für Sozialarbeit und Sozialpädagogik (ISS), die Hochschule für Angewandte Wissenschaften in Hamburg, die Hochschule Mannheim und das Deutsche Institut für Konfrontative Pädagogik (IKD) wurden seit 1994 ca. 800 Sozialpädagogen, Psychologen und Lehrer als

AAT/CT-TrainerInnen zertifiziert. Heute werden in Deutschland und der Schweiz in über 100 Trainingsprogrammen über 2000 Probanden jährlich betreut.

Das – in der Sozialbranche unübliche – Schützen des Begriffs AAT/CT durch das ISS/ IKD über das Deutsche Marken- und Patentamt, hat seinen Ursprung nicht in merkantilen, sondern vielmehr in Qualitäts-Interessen. Auslöser des Markenschutzes waren Mitte der neunziger Jahre negative Erfahrungen mit Praktikern, die AAT Kurse an einem Wochenende anbieten wollten, um sich die üblichen 5 Monate intensiver Arbeit zu sparen. Die damit einhergehenden Qualitätsverluste schien diese Kollegen wenig zu stören. Ein so verunstaltetes AAT/CT hätte binnen kurzer Zeit seine Reputation eingebüßt. Darauf erfolgte der Markenschutz. Seit dem können Anbieter, die die Qualitätsstandards nicht einhalten, durch das ISS und IKD abgemahnt werden. Dies ist nach Hein (2006) unerlässlich, da Tatkonfrontationen ein eingriffsintensives Vorgehen darstellen. In seiner vielbeachteten Rechtsstudie zum AAT/CT betont er, dass sich alle Beteiligten und insbesondere die verantwortlichen Trainer über das „scharfe Schwert", das sie mit dem AAT in den Händen halten, bewusst sein sollten. Dies gelingt nur über Qualitätssicherung.

Die Qualitätsstandards für die praktische Arbeit in AAT/CT-Programmen

Das Frankfurter Institut für Sozialarbeit und Sozialpädagogik (ISS) und das Deutsche Institut für Konfrontative Pädagogik (IKD) haben Qualitätsstandards festgelegt, die für die Durchführung von AAT/CT Programmen unerlässlich sind:

- Das Trainingsprogramm wendet sich an Menschen, die körperliche und/oder seelische Gewalt ausüben. Voraussetzung ist, dass die Teilnehmer dem Trainingsprogramm inhaltlich und sprachlich folgen können.
- Für Personen mit Suizidgefährdung, aus der Kinder- und Jugendpsychiatrie, primär Alkohol- und Drogenabhängige sowie für Mitglieder der organisierten Kriminalität ist das Programm nicht geeignet.
- Der zeitliche Rahmen ist so zu gestalten, dass durch den Beziehungsaufbau ein konstruktives Arbeitsbündnis zwischen Teilnehmer und Trainer geschlossen wird, sowie eine angemessene individuelle Betreuungsintensität gewährleistet wird.
- Die empfohlene Trainingsdauer liegt bei 5 Monaten. Pro TeilnehmerIn sind mindestens 12 Stunden einzukalkulieren. Die Trainingsdauer kann durch Wochenendsitzungen verkürzt werden, sollte aber 4 Monate nicht unterschreiten.

- Die Gruppenleitung besteht aus zwei Personen mit abgeschlossenem Hochschulstudium in den Bereichen Sozialarbeitswissenschaft, Erziehungswissenschaften, Soziologie, Psychologie oder Kriminologie. Eine Person der Gruppenleitung muss über eine qualifizierte Zusatzausbildung zur/zum AAT/CT®-TrainerIn, inklusive der Selbsterfahrung auf dem „heißen Stuhl", verfügen.
- Sekundäre Behandlungsmotivationen wie richterlicher Druck, drohender Schulverweis, drohender Widerruf oder anstehende Gerichtstermine werden zum Einstieg akzeptiert, sollen aber nach den ersten vier Sitzungen einer primären Motivation weichen.
- AAT/CT sind Programme, die Berührungen vermeiden. Körperkontakte dienen maßgeblich der empathischen Kontaktaufnahme zur Vertrauensbildung, Beziehungsarbeit und emotionalen Zuwendung. Im Rahmen der Täterbehandlung können Berührungen bzw. Körperkontakte in Rollenspielen zur systematischen Desensibilisierung, der Aufmerksamkeitsherstellung, der Darstellung der Opferperspektive, eines einfühlsamen Nähe- oder eines gezielten Deeskalationstrainings sinnvoll und notwendig sein.
- Dem AAT/CT liegt ein optimistisches Menschenbild zugrunde. Die Gruppenleiter akzeptieren den Teilnehmer als Person, lehnen aber gleichzeitig seine Gewaltbereitschaft massiv ab.

Erst die Beachtung dieser Standards gewährleistet eine seriöse Praxis.

Fünf Forschungsergebnisse, fünf ermutigende Ergebnisse: zur quantitativen und qualitativen Evaluation des AAT/CTs

Das AAT wird seit seiner Gründung 1987 evaluiert und nachgebessert. Die erste Evaluation stammt aus dem Jahre 1989, die aktuellste Studie aus dem Jahr 2007. Das AAT/CT darf damit als eine sehr gut evaluierte Soziale Trainingsmaßnahme gelten. Die fünf Forschungsstudien haben zu folgenden Ergebnissen geführt:

1. Die **qualitative Befragung** von Projektleitern/ Auftraggebern des AAT/CTs (KILB 2002) in bundesweit 88 Projekten mit 952 Probanden ergab eine hohe Praxisakzeptanz wegen der Reduzierung der Gewalttätigkeiten in den betreuten Einrichtungen. Diese Zufriedenheit über eine „Befriedung vor Ort" scheint einer der Hauptgründe dafür zu sein, dass die Trainings über Jahre von Städten und Gemeinden bzw. der Jugendhilfe und Justiz gefördert werden.
2. Die **Rückfall-Forschung** zum AAT (von 1987-1997 an 74 behandelten Mehrfachgewalttätern) durch das kriminologische Forschungsinstitut Niedersachsen, belegt, dass knapp 2/3 der behandelten Mehrfach-Gewalttäter nicht einschlägig rückfällig wurden und von den verbleibenden 1/3 die Hälfte deliktschwächer agierte (OHLEMACHER 2001). Sie schlu-

gen z.B. Ohrfeigen, misshandelten aber nicht mehr ihre Opfer krankenhausreif. Dennoch werden diese positiven Ergebnisse von AAT-Kritikern als unzureichend kritisiert, weil die nicht-AAT behandelte Kontrollgruppe in der Studie exakt dieselben Rückfallzahlen zu Stande brachte. Ergo – *so die Kritiker in ihrer Fehlinterpretation* – bewirke dass AAT nichts, wenn auch ohne AAT-Behandlung dasselbe Ergebnis erreicht werde. Dabei verschweigen sie – *und darauf gilt es hier hinzuweisen* – bewusst (vgl. PLEWIG) oder aufgrund mangelnder Recherche die Zusammensetzung der Kontrollgruppe: Diese bestand nicht aus unbehandelten Gewalttätern, die im Vollzug nur verwahrt wurden. Trotz Bemühen, konnte das KFN eine derartige Gruppe nicht für die Studie zusammenstellen. Statt dessen nahm man Gewalttäter in die Kontrollgruppe auf, die neben Schule oder Berufsausbildung in der Sozialtherapie, im Gesprächskreis Tötungsdelikte oder im Speziellen Sozialen Training behandelt wurden. Die Studie vergleicht also behandelte Gewalttäter mit behandelten Gewalttätern (!) und kommt bei beiden Gruppen zu dem erfreulichen 2/3 Ergebnis. D.h. Täterbehandlung lohnt sich, ob mit AAT oder Sozialtherapie oder anderen intensiven Formen des Sozialen Trainings. Die niedersächsische Justiz kann stolz auf dieses Ergebnis sein.

Die KFN-Forschung resümiert entsprechend positiv: Die positiven Effekte des AAT liegen somit nicht über dem Durchschnitt anderer Maßnahmen in Hameln. Diese identische Gewaltrückfallrate (ca. ein Drittel der inhaftierten Gewalttäter) lässt allerdings durchaus verschiedene Deutungen zu: sie könnte z.B. sowohl schlicht die beste derzeit unter den Bedingungen des Jugendstrafvollzuges erreichbare sein oder auch auf einen allgemein wirksamen „Hameln-Effekt" (eben den einer Anstalt mit relativ vielen Angeboten zur Therapie und Resozialisierung Inhaftierter) zurückzuführen sein – und damit nicht gegen das AAT, sondern primär für Hameln sprechen.

3. Mit Hilfe des **FAF (Fragebogen zur Erfassung von Aggressivitätsfaktoren) und des FPI (Freiburger Persönlichkeitsinventar)** wurden in der Zeit von 1987-2002 in einem Pre-Post-Test-Design Erregbarkeit, Aggressivität sowie Aggressionshemmung getestet. Die Ergebnisse der Experimentalgruppe zeigten sich in den Items geringerer Erregbarkeit und Aggressivitätsabbau deutlich besser und bei der Aggressionshemmung geringfügig besser, als in der nicht behandelten Vergleichsgruppe. Das Niveau durchschnittlich aggressiver junger Menschen (Vergleichsgruppe II) wurde allerdings auch von den Behandelten nicht erreicht. (vgl. WEIDNER 1993, WOLTERS 1992 , BRAND 1999).

4. Die deutschlandweit angelegte **testpsychologische Schanzenbächer-Erhebung** (2002) zum AAT/CT erfasste Daten mittels des Fragenbogens zur Erfassung von Aggressivitätsfaktoren. Nur die Experimentalgruppe (n=125), nicht aber bei der Kontrollgruppe (n=17) weisen auf einen Abbau der nach außen gerichteten Aggressivität und eine Anhebung der Aggressionshemmung hin. LAMNEK (2002, S.5f.) kommentierte als Eva-

luationsgutachter entsprechend: „Das AAT (...) lieferte schon sehr früh ein handhabares Programm zur Behandlung gewalttätiger Jugendlicher (...) Schanzenbächers Evaluationsstudie (...) gibt Anlass zu der begründeten Feststellung, dass der Abbau der Aggressivitätsneigungen tatsächlich dem Anti-Aggressivitäts-Training zuzuschreiben ist."

5. Die aktuellste **Evaluation des AAT/CT stammt von der Universität Mainz** (FEUERHELM 2007) Darin heißt es resümierend: Bezogen auf die Gesamtteilnehmerzahl wird nur eine Minderheit, nämlich ein Drittel der insgesamt einbezogenen Personen wieder einschlägig rückfällig. Noch positiver erscheint das Bild, wenn man auf die Rückfallzeiten abhebt: Drei Viertel der Kursteilnehmer werden innerhalb des ersten Jahres nach dem Kurs nicht wieder im Gewaltbereich auffällig. Feuerhelm spricht von den reflexionsfördernden und gewalthemmenden Resultaten des AATs, die für eine weitergehende Persönlichkeitsreifung ausschlaggebend sein können.

Auf dem Hintergrund dieser vielfältigen Evaluationen (ausführlich dokumentiert unter www.prof-jens-weidner.de, Rubrik: Forschung) wäre es begrüßenswert, wenn sich AAT/CT-Kritiker wie HERZ (2005) oder PLEWIG (2008) – trotz ihrer Bedenken gegen das konfrontative Handeln in der Sozialen Arbeit und Erziehungswissenschaft – zukünftig die Mühe geben würden, diese Ergebnisse korrekt wiederzugeben. BOCK (2000; S. 333) resümiert entsprechend: Das Anti-Aggressivitäts-Training „kann sowohl ambulant als auch stationär an erwachsenen und jugendlichen Gewalttätern durchgeführt werden. Positive Ergebnisse konnten bereits dahingehend erzielt werden, dass sich nach dem AAT die zur Erregbarkeit und Aggressivität ermittelten Werte verringert haben. Gleichzeitig fiel eine Erhöhung der Aggressionshemmung auf." SCHRÖDER/MERKLE (2007; S. 52ff.) konstatieren in ihrer fachlichen Stellungnahme zur aktuellen Diskussion über Jugendgewalt: „Die Wirksamkeit von pädagogisch gestützter Gewaltprävention ist belegt." Sie forschen an der Hochschule Darmstadt über die Programme und Verfahren zur Konfliktbewältigung und Gewaltprävention im Jugendalter, stellen qualitative Vergleiche an und erarbeiten Wegweiser. Die Ergebnisse zeigen, wie zielgruppenspezifisch und problemgenau die verschiedenen Programme ausgerichtet sind. Dem AAT wurde unter den Sozialen Trainingskursen von der Universität Ulm eine höhere Wirkung in der Reduzierung der Gewaltneigung bescheinigt. Einblicke in das Bundeszentralregister ergaben eine Senkung der Delikthäufigkeit und -intensität von AAT-Trainierten. SCHRÖDER/MERKLE betonen: Nur wenn die Konfrontation dazu führt, Gefühle zu bewegen und Einsichten zu erzeugen, kann sie auf Dauer bei dem Einzelnen etwas bewegen. Ein Verstehen bleibt deshalb auch die zentrale Grundlage für einen Zugang zu denen, die wir in ihrem Handeln zunächst nicht verstehen.

Die selbstkritische Neuorientierung konfrontativer Trainingsprogramme

Es gibt im Bereich der AAT/CTs Handlungsbedarfe, die seit 2000 sukzessive umgesetzt werden. Auslöser dieser selbstkritischen Neuorientierung sind

- die Irritationen im Rahmen der Medienarbeit, bei der TV-Sendungen sich fast ausschließlich auf die Provokationstests auf dem heißen Stuhl konzentrieren und damit der Vielfältigkeit der 6-monatigen Behandlungsmaßnahme kaum gerecht werden.
- die Studie des Darmstädter Rechtswissenschaftlers Hein, der aus juristischen Gründen für ein non-touch-Gebot plädiert, dem sich die AAT/CT-Programme seit dem verpflichtet haben. Dies entspricht auch der Rückmeldungen von AAT/CT-TrainerInnen, die betonen, dass die Tatkonfrontation auf dem heißen Stuhl konzentriert, aber nicht lautstark und übergriffig durchgeführt werden soll.
- die bis dato mangelnde Betonung der gesellschaftskritischen Perspektive im Kontext der Konfrontativen Pädagogik: Die aggressive Wettbewerbskultur soll als Negativvorbild für die aggressiven Probanden stärker thematisiert werden.

Die Änderung der Medienarbeit: weniger ist mehr

Das Thema „Gewalt", sowie die Behandlung von Gewalttätern gilt als medial interessant. Die ZDF Dokumentationen „Abschied vom Faustrecht" (1991), „Gewalt im Griff" (1998), „Das Mörderprojekt" (2005) und die Schweizer Filmstudie „Faustrecht" (2008) können als realistische, vorbildliche Dokumentationen zur Praxis der Konfrontativen Pädagogik empfohlen werden. Allerdings gelingt es in der Gesamtschau der TV-Berichte zu selten, die Trainingsprogramme umfassend darstellen zu lassen. Die TV-Sender konzentrieren sich primär auf die Darstellungen von Provokationstests auf dem heißen Stuhl. Man sieht dabei meist laut stark provozierende, Nähe und Distanz überschreitende TrainerInnen – ein Provokationsritual, das mit den betroffenen Probanden abgestimmt ist und das Ziel verfolgt, die Selbstkontrolle auch in inszenierten Stresssituationen zu erhöhen. Die Langwierigkeit des Beziehungsaufbaus, die den Inszenierungen vorangeht – und die vom Düsseldorfer Bewährungshelfer RÖSKENS (2008) präzise dargestellt worden ist – geht in den Sendungen fast immer verloren. Der Zuschauer sieht vielmehr Projektleiter, die der physischen Gewalt der Probanden mit verbaler Aggressivität begegnen.

So hilfreich die Medienarbeit in den neunziger Jahren zur Etablierung der AAT-Programme war, so kontraproduktiv erscheint sie in den letzten Jahren, wenn sie nur ein rein repressiv, punitives, aggressiv-provokatives Bild der Programme zeichnet. Begriffe wie

- Beziehungsaufbau,
- gegenseitiger Respekt,
- das Stop-Recht, d.h. jede Sitzung jederzeit unterbrechen zu können,
- die Interventionserlaubnis durch den Betroffenen an die Trainer, vor allem
- die Sympathie, die die Teams ihren Probanden entgegenbringen,

gehen bei diesen knappen medialen Arbeitseinblicken verloren. Daher gilt für die Medienarbeit der Zukunft: weniger ist mehr.

Die rechtlichen Grenzen des AAT/CTs: die non-touch-Verpflichtung

Die folgenden Ausführungen orientieren sich an der Arbeit des Rechtsprofessors HEIN (2006), der die rechtlichen Grenzen des AATs beleuchtet. Neben seinen rechtstheoretischen Kenntnissen greift er dabei auf seine praktischen Erfahrungen zurück, die er bei der Teilnahme an mehreren Anti-Aggressivitäts-Trainingskursen in Mainz gewinnen konnte. Dabei weist er auf folgende Punkte hin:

- Das fehlende Zeugnisverweigerungsrecht. Dazu führt HEIN (2006) aus, dass es insbesondere im Rahmen der Integrationsphase problematisch ist, dass aufgrund der einschlägigen methodischen Besonderheiten häufig sowohl das Trainerteam als auch die anderen Teilnehmer ein detailliertes Wissen um weitere erhebliche (Gewalt-)Taten des jeweiligen Probanden erhalten. Der zeugenschaftlichen Einführung dieses Wissens in ein etwaiges Strafverfahren steht mangels eines einschlägigen Zeugnisverweigerungsrechts grundsätzlich nichts entgegen. Jedenfalls im Falle der gerichtlich auferlegten Teilnahme kommt zwar wegen des Verstoßes gegen den nemo-tenetur-Grundsatz auch ein Verbot der Verwertung der zeugenschaftlichen Aussage in Betracht, doch ist dieses aus Gründen der Effektivität aktueller und zukünftiger Kurse als nicht ausreichend anzusehen. Weil ein Verzicht auf die Benennung der „miesesten Taten" und das Bekennen „neuer" einschlägiger Vorfälle während des Kursverlaufes nicht möglich und zudem pädagogisch sinnwidrig ist, werden hier die Einführung eines originären bzw. abgeleiteten strafprozessualen Zeugnisverweigerungsrechts für die Trainer und Teilnehmer eines AATs befürwortet und entsprechende Vorschläge de lege ferenda unterbreitet.
- Das non-touch-Gebot beim „heißen Stuhl": Während der Konfrontationsphase könnten die Teilnehmer eines AATs in ihren Grundrechten verletzt werden. Die Veranstalter eines AATs unterliegen insofern auch sämtlich der Bindungswirkung der Grundrechte. Im Verlauf des Heißen Stuhls kommt es zwar nicht zu einer Verletzung der Menschenwürde, so Hein, doch stellen sowohl körperliche Angriffe als auch zu Zwecken der

Provokation erfolgende Berührungen („Tätscheleien") Eingriffe in das Grundrecht der Teilnehmer auf körperliche Unversehrtheit dar, für die keine gesetzliche Ermächtigungsgrundlage ersichtlich ist. Auch ein eventueller Grundrechtsverzicht wäre hier angesichts einer wenn nicht ohnehin gerichtlich auferlegten, dann doch auch sonst regelmäßig nicht völlig „freiwilligen" Teilnahme unwirksam, da der Heiße Stuhl ein „Nadelöhr" des Kurses darstellt und damit nicht nur als zentraler, sondern als zwingender Kursbestandteil anzusehen ist. Die beschriebenen Eingriffe in Art. 2 II 1 GG sind somit verfassungsmäßig nicht zu rechtfertigen, machen zudem eine gerichtliche Weisung unzumutbar i. S. d. §§ 10 I 2 JGG, 56c I 2 StGB und haben insofern zu unterbleiben.
- Das Rollenspiel zur Vermittlung der Opferperspektive: Anders stellt sich die Situation während der Opfersitzung dar. Hier erfolgen im Verlauf von Rollenspielen, in denen die Probanden entsprechend geschützt einen für sie typischen Tatverlauf in der Rolle des Opfers erleben, zwar gleichfalls Eingriffe in deren Grundrecht aus Art. 2 II 1 GG, doch ist bei strikter Beachtung der Freiwilligkeit der Teilnahme an dieser Kurseinheit und Einhaltung der sonstigen einschlägigen Voraussetzungen grundsätzlich ein den Eingriff rechtfertigender Grundrechtsverzicht denkbar.
- Die zwingende Notwendigkeit des fachlichen Problembewusstseins: Die Gefahren einer allzu sorglosen Ausweitung der Methode und eines verantwortungslosen Umgangs mit Konfrontation – so HEIN – werden deutlich, doch kann diesen etwa durch ein entsprechendes Problembewusstsein und die Fähigkeit zur Selbstkritik, eine hohe fachliche Qualifikation der Trainer, die fortwährende wissenschaftliche Begleitung und Fortentwicklung der Methode sowie nicht zuletzt auch durch die grundsätzliche Bereitschaft entgegengewirkt werden, die Kurse „offen" für Interessierte und Gäste durchzuführen und so schon den etwaigen „bösen Schein" von „Gehirnwäsche" oder „Schwarzer Pädagogik" zu vermeiden.

HEINs Ergebnisse sind fester Bestandteil der berufsbegleitenden Zusatzausbildung geworden. Mit der selbstkritischen Neuorientierung soll auch der Kritik aus Fachkreisen Rechnung getragen werden. Gleichzeitig grenzt sie sich – und auch das soll hier in aller Deutlichkeit betont werden – von Polemiken ab, wie sie vom Lüneburger Devianzprofessor PLEWIG (2008; S.57) formuliert wurden. Dieser spricht beim AAT/CT vom „Willen brechen", „manipulativen Charakter", „rechtlicher Unzulässigkeit", „Straflust, die unverkennbar sei" und „totalitäten Zügen". Da mir der Autor aus meiner Studentenzeit noch persönlich bekannt ist, soll an dieser Stelle keine Erwiderung auf diese Absurditäten erfolgen. Im Sinne Braithwaite kann dem Autor aber empfohlen werden, sich mit dem Begriff des reintegrative shamings, vielleicht sogar im Selbstversuch, zu befassen.

Die Betonung der gesellschaftskritischen Perspektive: die aggressive Wettbewerbskultur als Negativvorbild

Die Vielzahl der Publikationen zum AAT/CT sowie zur Konfrontativen Pädagogik haben die gesellschaftliche und institutionelle Perspektive im Kontext von Gewalt bis dato zu wenig thematisiert. Dies soll sich ändern. Galtungs Begriff der „strukturellen Gewalt" gilt es stärker hervorzuheben, Heitmeyers Verständnis vom „Modernisierungsverlierer" oder Pfeiffers – wenn auch populistische Formulierung – von der winner-looser-Kultur in Bezug auf gewalttätiges Handeln. Weiter gilt es gilt sich theoretisch, wie im praktischen Handeln, gegen Migrationsbenachteiligungen und für ein integrierendes Verständnis von Internationalisierung einzusetzen (TOPRAK 2005). Es gilt eine stärkere wettbewerbskritische Perspektive zu verfolgen. Die Grundüberlegung ist dabei das Verständnis vom gewalttätigen Menschen als Spiegelbild einer aggressiven Wettbewerbs- und Wirtschaftskultur. Das bundesrepublikanisch akzeptierte aggressive Verhalten im Wettbewerb findet in Begriffen wie „feindliche Übernahme" oder „positive Aggression" ihren Ausdruck. Der Verfasser hat die dahinter stehende Haltung in über 500 Interviews mit Deutschen und Schweizer Führungskräften am Gottlieb-Duttweiler-Institut für Wirtschaft und Gesellschaft (GDI) in Zürich präzisiert. Die Interviews konzentrierten sich auf zwei Fragen:

- Welche Schattenseiten brauchen Sie zur Stabilisierung oder zum Ausbau Ihres beruflichen Erfolges?
- Welche aggressiven Taten haben Sie in Ihrem Berufsleben begangen oder welchen sind Sie zum Opfer gefallen?

Die Ergebnisse dieser Interviews sind im Campus-Ratgeber „Die Peperoni-Strategie. Wie Sie Ihre berufliche Aggression konstruktiv nutzen" (WEIDNER 2005) publiziert worden. Die dort beschriebenen – und nicht sehr schmeichelhaften – beruflichen Machtspiele, stoßen bei vielen Führungskräften auf Interesse, was sich u.a. darin wiederspiegelt, dass das Buch 33 Wochen Platz 1 im Wirtschaftsbuch-Ranking der Financial Times Deutschland belegte. BOSSHART (2004; S. 1), Direktor des GDI bringt dies Interesse auf den Punkt: *„Management heißt: Härte, Mut, Augenmaß. Es braucht zunächst und am wichtigsten als Voraussetzung den Biss, etwas zu wollen. Dann braucht es den Mut, ambitiös zu sein. Und nicht zuletzt braucht es die Kunst, das Augenmaß zu halten."* Vergleicht man auf diesem Hintergrund die Wirtschaftsmachtspiele mit dem aggressiven Handeln junger Täter kann man schlussfolgern, dass sich hier zwei Seiten einer Medaille zeigen. Insofern dürfen gewalttätige junge Menschen als ungekonnte Prototypen einer aggressiven Wettbewerbskultur verstanden werden. Im Bereich von white-collar-crime werden in der Wirtschaftskultur sogar die Eigentums-, Raub- und Sachbeschädigungs-Schäden von delinquenten Jugendlichen bei weitem überboten, wobei – unfairer Weise – die Jugendlichen weit eher mit Haftstrafe bedroht sind, als etwa Steuerhinterzieher, die unterhalb der Millionen Euro-Grenze auf Bewährung hoffen dürfen. Dieses Ungleichgewicht gilt es in Zukunft stärker zu thematisieren.

Resümee

In der Sozialarbeitswissenschaft gilt die Betroffenen Perspektive als wichtiger Eckpfeiler professionellen Handeln. Dahinter steht die Frage, wie die theoretisch-konzeptionellen Überlegungen bei den betroffenen Probanden ankommen. Qualitative Interviews können hier Aufschluss geben, wie sie etwa in der Studie von SCHAWOHL (2009) zur primären und sekundären Behandlungsmotivation von Gewalttätern durchgeführt worden sind. Wer wissen möchte, wie die aggressiven Probanden denken, dem sei die Lektüre empfohlen. An dieser Stelle soll allerdings eine Mail als erster Hinweis ausreichen, die den Verfasser am 21.10.2008 von dem ehemaligen AAT Seminarteilnehmer U.L. aus dem Jahre 1989 erreichte:

> *„Hallo Jens. Ich habe ein Bild von Dir im Netz gesehen. Hoffe, Du weist noch wer ich bin (Ex-Tutor mit bester Beurteilung). Das letzte Mal, das wir telefoniert haben war 1993. Das ist eine lange Zeit her. Ich bin seit 5 Monaten in Südamerika. Wir bauen hier ein Stahlwerk auf einer der größten Baustellen der Welt. Mein Job hier ist Stahlbauinspektor. Ich beaufsichtige, kontrolliere die Arbeiten in der Nachtschicht. Den Job mache ich seit 5 Jahren. Mein Leben hat sich radikal geändert. Ich habe eine Familie (2 Kinder und bin seit 1999 verheiratet). Ein altes Haus mit Weserblick.... Gestern habe ich meinen 40ten gehabt. Komisch wie schnell die Zeit vergeht. Ich hoffe es geht Dir und deiner Familie gut, und alles liebe Glück und Gesundheit für Euch wünscht .... P.S Ein Rückschreiben wäre echt super."*

Mich hat diese Mail sehr gefreut, zumal U.L. vor dem Absolvieren seines AATs die Schlagkraft seines Baseballschlägers an Kühen erprobte – aus Angst seine menschlichen Opfer versehentlich zu erschlagen. Er hielt dies seinerzeit für rücksichtsvoll – eine Verrohung von der er sich schon vor Jahren verabschieden konnte. Daher meine Empfehlung am Schluss:

- Arbeiten Sie erfolgreich in der Gewaltprävention.
- Nehmen Sie aggressives Verhalten im pädagogischen Schonraum ins Kreuzfeuer der Kritik.
- Praktizieren Sie dadurch aktiven Opferschutz und
- leisten Sie damit etwas beruflich zutiefst Befriedigendes !

Literaturverzeichnis

BANDURA, Albert (1979): Aggression. Eine sozial-lerntheoretische Analyse, Stuttgart
BOCK, Michael (2000): Kriminologie, München
BOSSHART, David (2004): Vorwort, in: Weidner, Jens/Koller-Tejeiro, Yolanda (Hrsg.): Mit Biss zum Erfolg, Godesberg, S. 1
BRAND,Markus/SAASMANN, Michael (1999): Anti-Gewalt-Training für Gewalttäter. Ein sozialpädagogisch konfrontatives Training zum Abbau der Gewaltbereitschaft in: DVJJ-Journal 4, S. 419-425
COLLA, Herbert/SCHOLZ, Christian/WEIDNER, Jens (2001) (Hrsg.): Konfrontative Pädagogik. Das Glen Mills Experiment, Godesberg
CORSINI, Raymond (1994): Konfrontative Therapie, in: ders. (Hrsg.): Handbuch der Psychotherapie, Bd.1. Weinheim, S. 555-570.
EGGERT, Anne/FEUERHELM, Wolfgang (2007): Evaluation des Anti-Aggressivitäts-Trainings und des Coolness Trainings. Forschungsbericht, Mainz
FÖRSTER, Jens/WEIDNER, Jens (2005): Internatserziehung für kriminelle Jugendliche. Die Glen Mills Schools jetzt in Europa! Vom Entwicklungsstand Holland und Entwicklungsland Deutschland, Godesberg
HASSEMER, Winfried (2004): Jugend im Strafrecht. Eröffnungsvortrag zum 26. Deutschen Jugendgerichtstag, in: Zeitschrift für Jugendkriminalrecht und Jugendhilfe, Heft 4, S. 344-356
HEIN, Knud-Christian (2006): Rechtliche Grenzen von Anti-Aggressivitäts-Trainings. Münster
HERZ, Birgit (2005): Ist Konfrontative Pädagogik der Rede wert? , in: Zeitschrift für Jugendkriminalrecht und Jugendhilfe, Heft 4, S. 365-374
KILB, Rainer (2006): Offensichtlich ja! – Eine Antwort auf Birgit Herz „Ist Konfrontative Pädagogik der Rede wert?", in: Zeitschrift für Jugendkriminalrecht und Jugendhilfe, Heft 3, S. 278ff.
KILB, Rainer (2005): Weshalb und wozu Konfrontative Pädagogik? in: Zeitschrift für Sozialpädagogik, Heft 1, S. 15-19
KILB, Rainer (2004): Paradigmenwechsel in der Arbeit mit gewaltbereiten Jugendlichen, in: Deutsche Jugend, Heft 3, S. 115-120
KILB, Rainer/WEIDNER, Jens/GALL, Reiner (2006): Konfrontative Pädagogik in der Schule, Weinheim
KILB, Rainer/WEIDNER, Jens (2002): „So etwas hat noch nie jemand zu mir gesagt...", in: Kriminologisches Journal, 34. Jg., Heft 4, S. 298-303
LAMNEK, Siegfried (2002): Vorwort, in: Schanzenbächer, Stefan,: Anti-Aggressivitäts-Training auf dem Prüfstand. Gewalttäter-Behandlung lohnt sich, Herbolzheim
LORENZO, Giovanni di (2008): Jugendstrafrecht – Koch und seine Kellner, in: DIE ZEIT, Nr. 04, S. 1
LUDWIGSHAUSEN, Claudia/BÖHM, Christian (2008): Das „Cool in School"®-Projekt, in: Pädagogik, Heft 12, S. 22-25
PLEWIG, Hans-Joachim (2008): Neue deutsche Härte – Die „Konfrontative Pädagogik" auf dem Prüfstand, in: Zeitschrift für Jugendkriminalrecht und Jugendhilfe, Heft 1, S. 52ff.
OHLEMACHER, Thomas, u.a. (2001): Anti-Aggressivitätstraining und Legalbewährung: Versuch einer Evaluation. in: Mechthild Bereswill/ Werner Greve (Hg.): Forschungsthema Strafvollzug, S. 345-386, Hannover
RÖSKENS, Klaus (2008): Tatkonfrontation: Keine neue deutsche Härte, sondern sozialpädagogische Notwendigkeit – Zum „heißen Stuhl". in: Zeitschrift für Jugendkriminalrecht und Jugendhilfe Heft 3, S. 279ff.

SCHAWOHL, Horst (2009): Zur Behandlungsmotivation bei Gewalttätern: Von der sekundären zur primären Behandlungsbereitschaft, Godesberg
SCHANZENBÄCHER, Stefan (2002): Anti-Aggressivitäts-Training auf dem Prüfstand. Gewalttäter- Behandlung lohnt sich. Herbolzheim: Centaurus.
SCHRÖDER, Achim/MERKLE, Angela (2007): Leitfaden Konfliktbewältigung und Gewaltprävention, Schwalbach
TOPRAK, Ahmet (2005): Jungen und Gewalt: Die Anwendung der Konfrontativen Pädagogik in der Beratungssituation mit türkischen Jugendlichen, Herbolzheim
WEIDNER, J./KILB, R. (2004) (Hrsg.): Konfrontative Pädagogik. Konfliktbearbeitung in Sozialer Arbeit und Erziehung, Wiesbaden
WEIDNER, Jens/KILB, Rainer/KREFT, Dieter (2002) (Hrsg.): Gewalt im Griff. Weinheim
WEIDNER, Jens (1993): Anti-Aggressivitäts-Training für Gewalttäter, Godesberg
WEIDNER, Jens (2005): Die Peperoni-Strategie. Wie Sie Ihre berufliche Aggression konstruktiv nutzen, Frankfurt am Main
WINKLER, Michael (2003): Verliebt in das eigene Programm, in: Sozialextra Heft 4, S. 44-46
ZYPRIS, Brigitte (2008): Antwort von Brigitte Zypris, in: www.abgeordnetenwatch.de, 8. Dezember

Grundsatzartikel

Jens Weidner

Konfrontation mit Herz: Eckpfeiler eines neuen Trends in Sozialer Arbeit und Erziehungswissenschaft

Der Forschungsschwerpunkt „Aggressive Lebenswelten" der Hochschule für Angewandte Wissenschaften (HAW) Hamburg sowie das Frankfurter Institut für Sozialarbeit und Sozialpädagogik ISS) Frankfurt/Main arbeiten seit geraumer Zeit an einer theoretischen Zuordnung aktueller konfrontativer Methodiken der Sozialen Arbeit und Pädagogik.

Arbeitstitel dieser theoretischen Entwicklung ist der Begriff der Konfrontativen Pädagogik (KP), bei dem es um eine Wiederbelebung der konfrontativen Methodik in der Alltagspraxis Sozialer Arbeit und Pädagogik geht. KP versteht sich als Ergänzung, nicht als Alternative, zu einem lebensweltorientierten Verständnis. KP begreift sich als sozialpädagogische ultima ratio im Umgang mit Mehrfachauffälligen. KP ist interventionistisch, denn abwarten und gewähren lassen, das bedeutet etwa bei gewalttätigen Auseinandersetzungen sich pseudotolerant zu verhalten, das heißt auch Opfer billigend in Kauf zu nehmen. Für Professionelle ein unverzeihlicher Faulpax! (COLLA/SCHOLZ/WEIDNER 2001).

Politische und pädagogische Hardliner seien darauf hingewiesen: Hier geht es nicht um die Wiederbelebung autoritärer Strukturen in einem neuen terminologischen Gewand. Die Professionellen, die hinter jedem konfrontativen Handeln Ansätze „Schwarzer Pädagogik" vermuten, sollten bedenken, dass vor jeder Konfrontation der Beziehungsaufbau zum Probanden steht. Voraussetzung für eine Konfrontation ist die Interventionserlaubnis der konkret Betroffenen! D.h., auf der Grundlage einer von Sympathie und Respekt geprägten Beziehung, gilt es das wiederholt aggressive oder abweichende (Beleidigung, Mobbing, Vandalismus etc.) Verhalten ins Kreuzfeuer der Kritik zu nehmen. Ziel ist eine Einstellungs- und Verhaltensveränderung beim Betroffenen. Entsprechend ist konfrontatives Handeln nur für Settings bzw. Schonräume geeignet, in denen Kontinuität gelebt werden kann. Der Oberhausener Sozialpädagoge RAINER GALL formulierte gegenüber dem Verfasser treffend „Konfrontation unter Beibehaltung der Wertschätzung" sei der erfolgversprechende Weg!

Sozialisationstheoretische Bezüge

Der aggressive oder abweichende Mehrfachauffällige wird sozialisationstheoretisch als produktiver Realitätsverarbeiter begriffen. Kernpunkt der Sozialisation ist die Entwicklung und Förderung von Handlungskompetenz. Auffällig ist der interaktive Kompetenzmangel bei wiederholt aggressiv Agierenden, die körpersprachlich zwar imposant bis einschüchternd auftreten, aber außer einem fulminanten Beleidigungsrepertoire wenig Konflikt-Bewältigungs-Strategien zu bieten haben. Hier setzt die „Konfrontative Pädagogik" an, in dem sie folgende zentralen Dimensionen der Handlungskompetenz fördert: Empathie, Frustrationstoleranz, Ambiguitäts- oder Ambivalenztoleranz sowie Rollendistanz.

Bezogen auf aggressive Mehrfachauffällige ergibt sich hier ein ernüchterndes Bild: Empathie in Bezug auf Opferfolgen ist nur marginal ausgeprägt. Die Frustrationstoleranz scheint bei Aggressiven, die biografieanalytisch meist auch mehrfach frustriert wurden, nahezu aufgebraucht. Der Ambivalenztoleranz und ihrer mehrdeutigen Rollenerwartung werden Aggressive kaum gerecht, wenn sie etwa dem Werkstatt-Meister mit den Interaktionsritualen und dem Scene-Slang der eigenen Subkultur begegnen. „‚Noch so'n Spruch Kiefernbruch', das ist bei meinen Kumpels ein Lacher, bei meinem Meister eine Abmahnung", so die nicht sehr überraschende Erkenntnis des 17-jährigen WOLFRAM. Auch die Rollendistanz, also die Fähigkeit mit Ironie und Humor auf Abstand zur eigenen Rolle zu gehen, ist bei aggressiven Mehrfachauffälligen förderungswürdig, die mit großem Ernst in ihrer, z.T. martialischen Rolle verhaftet sind. Neben dem Ausbau der Handlungskompetenz verfolgt die KP als weitere Sozialisationsziele die Festigung moralischen Bewusstseins sowie die Förderung pro sozialen Verhaltens, d.h. willentlich für andere Personen, gerade auch die ehemaligen Opfer, einen Vorteil anzustreben, beispielsweise durch helfen, teilen, spenden oder unterstützen.

Liebe allein genügt nicht: Grenzen ziehen bei Mehrfachauffälligen

Strafen oder Behandeln, konfrontieren oder empathisch begleiten, lautet eine der Lieblingsstreitfragen in Sozialer Arbeit und Psychologie, in Jugendhilfe und Justiz. Eine Frage, die bei mehrfachauffälligen jungen Menschen bald der Vergangenheit angehören könnte. Die Zukunftsperspektive dürfte pragmatischer Natur sein. Sie wird lauten: Empathie und Konfrontation, strafen und behandeln! Genauer: Behandlungsmotivation durch Strafandrohung schaffen, denn viele Mehrfachtäter folgen einem bestechenden Verständnis: Sie interpretieren Freundlichkeit und Milde als Schwäche. Sie rechnen die empathische Kompetenz der Erzieher leider dem Repertoire der Looser zu. Schade. Das heißt im Umkehrschluss aber nicht, dass nun härtere Strafen das

Allheilmittel sind. Vielmehr liegt die Wahrheit in der Mitte: Klare Linie mit Herz, lautet die pädagogische Erfolgsformel der Zukunft. Im Fachjargon: der autoritative Erziehungsstil. Der ist weder stumpf-autoritär noch alles verzeihend-verstehend. Und das brückenschlagende Fachwort, das diesen Erziehungsstil prägt und das die rechtsstaatlichen Hardliner mit den sanftesten Pädagogen verbinden könnte, heißt ‚Grenzziehung'!

Grenzziehung ist einer der wichtigsten und schwierigsten Erziehungsprozesse – und er scheint in den letzten Jahrzehnten zu kurz gekommen zu sein! Das ist kein Zufall, denn es besteht Angst vor der Grenzziehung. Derart konsequentes, auch sanktionierendes Eingreifen scheint in der Lesart des letzten Jahrhunderts zu heißen, pädagogisch versagt zu haben: Man konnte nicht durch Milde überzeugen.

Aber wie soll das auch gehen, angesichts der verrohten Psyche von Mehrfachtätern, die nicht einmal ernsthaft in der Lage sind Mitleid mit ihren eigenen Opfern zu entwickeln. Die Opfer sind ihr großes Tabuthema und das aus gutem Grund: Das Nachdenken über die Opfer, das Einfühlen in ihr Leid, das verdirbt den Thrill beim Einbruch, das verdirbt den Spaß an der Gewalt. Grenzziehung heißt hier, dass Jugendhilfe und Justiz alles tun müssen, um das Elend, das diese Jugendlichen schon angerichtet haben, in deren Köpfe ‚einzumassieren', wie es der psychoanalytische Pädagoge REDL so treffend formulierte. Und das erweist sich in der Praxis gar nicht so einfach.

Täglich geraten Praktiker mit ihren schwererziehbaren Jungs in Konfliktsituationen, in denen ein Gewähren lassen unverantwortlich erscheint. In solchen Situationen ist schnelles, oft schweißtreibendes Handeln angezeigt. Im aggressiven Konflikt dazwischenzugehen, das kostet Kraft, das macht vor allem Angst, selbst Opfer zu werden. Und diese Angst ist nicht völlig unberechtigt. Die ernstgemeinte Arbeit mit Mehrfachauffälligen verlangt von den Professionellen Einsteckerqualitäten. Und Austeilen müssen sie können. Genauer: Sie müssen die Fähigkeit zur leidenschaftlichen Streitkultur mit den Jugendlichen mitbringen – auch und gerade gegen deren Willen. Denn erst da wird es spannend, erst da setzt der Erziehungsprozess ein: Mehrfachauffällige sind supernett bis charmant – solange ihnen nicht widersprochen wird. Und dieser Widerspruch wird ihnen zu selten und zu wenig konsequent geboten. ‚Akzeptierende Sozialarbeit' heißt das dahinterstehende Konzept, auf das sich die konfliktscheuen Professionellen gerne berufen. Aber, den Mehrfachauffälligen in seiner Persönlichkeit zu akzeptieren, das heißt nicht, allen Unfug der Jungs nur zu begleiten.

Wo aber ist Grenzziehung hilfreich und wegweisend? Wo erdrückt sie die häufig verhärtete Seele der Kinder und Jugendlichen? Der Erziehungswissenschaftler FLITNER betont drei zentrale Bereiche, die ein Eingreifen zwingend notwendig machen, auch gegen den Willen des Kindes oder Jugendlichen:

1. Grenzen sind dort zu ziehen, wo dem Kind eindeutig Gefahren drohen.
2. Grenzziehung ist dort nötig, wo ohne solche Grenzen Menschen verletzt, geplagt, gekränkt würden.

3. Es gibt Grenzen, die das gesellschaftliche Leben, die gemeinsame Sitte erfordern, so FLITNER und er ergänzt: „Es ist leider nicht so, dass sich Kinder gegen Alte und Schwache stets erträglich verhalten. Es ist auch nicht so, dass sie ihre Konflikte und soziale Abhängigkeiten stets selbst regulieren können – das war eine Wunschbehauptung der ‚Antiautoritären'. Es gibt unter Kindern nicht nur Abhängigkeit und Tyrannei, sondern leider auch sadistisches Quälen und furchtbare Unterdrückung, die der Erwachsene, wo sie ihm sichtbar werden, verhindern muss."

Wie aber auf solche Grenzverletzungen reagieren, die gerade im Alltag mit kriminellen Jugendlichen ein Dauerthema sind? Der Psychoanalytiker REDL empfiehlt gleich zwanzig Interventionsmöglichkeiten bei den ‚Kindern, die hassen': Vom feinsinnig nonverbalen Hinweis, über die Ermahnung bis zur Sanktion, die aufbauend und zukunftsweisend, z.B. in Form einer Wiedergutmachung, gestaltet werden soll. REDL spricht vom pädagogischen Ringen mit dem ‚delinquenten', sprich kriminellen, Ich der Kids, um Schuld- und Schamgefühl zu wecken.

Dieses Ringen darf auch unter Zwang geschehen. Die Kinder und Jugendlichen sind davon natürlich wenig begeistert. Der 15-jährige Schläger-Nachwuchs MARTIN bringt es auf den Punkt, wenn er sagt: ‚Gewalt macht Spaß, ist unkompliziert und am Ende wird mir zugestimmt. Warum sollte ich es lassen?' Martin will sich freiwillig nicht verändern. Er will so bleiben, wie er ist. Er ist mit sich zufrieden. Opfer kennt er keine, nur Gegner. Und die hat er besiegt. Für ihn ist die Welt in Ordnung.

Die kriminologische Forschung weist zurecht darauf hin, dass auch MARTINS aggressives Verhalten einem Episodencharakter unterliegt, d.h. mit sehr hoher Wahrscheinlichkeit von alleine, mit Abschluss der Jugendphase, wieder vergeht. Das Problem dabei: Die Jugendphase zieht sich heute hin. Sie ist mit 21 Jahren vorbei, vielleicht auch erst mit 24. In der Zwischenzeit hat MARTIN fast ein Jahrzehnt Opfer produziert – und das ist nicht akzeptabel. Daher ist gerade bei Intensivtätern Behandlung unter Zwang als Einstieg notwendig. Dieser Zwang reicht von der richterlichen Weisung sich einer Aggressionsbehandlung zu unterziehen, über das offene und geschlossene Heim bis zum Jugendstrafvollzug.

Wie hoffnungsvoll derartige Zwangseinstiege sein können zeigt das Beispiel der US-Glen Mills Schools bei Philadelphia, einem offenen, komfortablen Heim im Campus Stil der Princeton-University. Zielgruppe dort: gewalttätige Gangjugendliche. Das Motto dieser Institution ist einfach: Sie bietet den Jugendlichen im pädagogischen Alltag die Konfrontation, die sie in ihren Cliquen so geliebt haben. Das Menschenbild ist optimistisch: ‚There is no bad boy', so der Grüder Ferrainola.

Wie sieht Grenzziehung bei gewaltbereiten Mehrfachauffälligen konkret aus? Bereits 1984 arbeitete der Verfasser, zusammen mit seiner Frau, auf dem Glen – Mills- Campus. Aus dieser Zeit stammt das folgende Beispiel:

Todd ist 17 und war richtungsweisendes Mitglied einer Vorstadtgang. Er war in Glen Mills ermahnt worden, niemanden zum Kampf herauszufordern bzw. das Kämpfen zu erwähnen. Dennoch schnappt Pedro, ein langjähriger Mitarbeiter, Wortfetzen über mögliche Kämpfe auf. Er winkt Todd auf Zentimeter zu sich heran und übertritt damit bewusst die Schwelle von Nähe und Distanz. Mit seinem sofortigen Ruf nach Unterstützung (‚support'), dem Mitarbeiter und Jugendliche zu folgen haben, überspringt er die ersten vier Konfrontationslevel, weil Todd zum wiederholten Male ermahnt worden war. „Schau mir in die Augen und steh' gerade, du kleiner tough guy", fährt er ihn leise, aber bedrohlich an. „Hör mir genau zu: Wir brauchen hier keine rauhen Kerle, verstehst du mich? Wir mögen keine rauhen Typen..." Diesen Satz wiederholt er seelenruhig, den Jungen konzentriert fixierend, ein dutzend Mal. Eine Sechsergruppe unterstützt mittlerweile Pedros Konfrontation. Im Kreis stehend verunsichern sie Todd mit barschen Verhaltensanweisungen: „Hey man, schau in Pedros Augen, wenn er spricht. Steh gerade für deine Drohungen und deine Angstmacherei!" TODD ist irritiert. Er steckt in einer so genannten Normkrise, denn in seiner Gang wäre diese Geschichte ganz anders abgelaufen. Er entschuldigt sich und entgeht damit einer Konfrontationssteigerung. PEDRO akzeptiert: „O.k., aber wenn du hier ein Bein auf die Erde kriegen willst, ändere deine Themen." Die jetzt dreizehnköpfige Menschentraube löst sich auf. Pedro geht zum nächsten Telefon, um TODDS Betreuer zu informieren und um sicherzustellen, dass der Junge den Vorfall zur Sprache bringt.

TODD, als aggressiver Jugendlicher diagnostiziert, hatte in den folgenden Monaten keine körperlichen Auseinandersetzungen mehr. Die Mitarbeiter überrascht das nicht. Sie folgen einem interessanten Erfolgsprinzip: Auf Kleinigkeiten übertrieben reagieren, damit Grosses erst gar nicht geschieht.

Ist TODDS Konfrontation für deutsche Verhältnisse ein schockierendes Beispiel? Vielleicht nicht, denn die konfrontative Pädagogik sucht die Nähe zum Jugendlichen. Sie werden ernst genommen, auch bei angstmachendem Verhalten. Den Jugendlichen ist diese Form der Streitkultur vertraut, aber viele Professionelle müssen sie lernen.

Ein weiteres konfrontatives Beispiel:

Der Verfasser vertrat einen kranken Kollegen in einer Gruppensitzung.

Ein Jugendlicher begrüsste ihn mit den Worten: ‚Wie willst du kapieren was hier läuft, man, keine Chance!' Der Gruppenrest ignorierte ihn, hörte walk-man, machte Hausaufgaben oder döste auf der Couch. Gefragt ist vom Gruppenleiter ein Entgegentreten gegen diese Störmanöver, um die Voraussetzung für das Gruppengespräch zu schaffen. Entsprechend rüttelte der Verfasser den Jugendlichen behutsam und laut schimpfend wach, steckte die Hausaufgaben und den walk-man ein, forderte die Gruppe auf, sich für den disrespektierlichen Empfang zu entschuldigen. Die Gruppe weigerte sich und schmunzelte. Sie fühlte sich wohl in diesem kleinen Machtspiel. Ein Jugendlicher versuchte den Gruppenraum zu verlassen. Der Verfasser stellte sich ihm in den Weg – und fühlte sich überfordert und hilflos.

Die Glen Mills spezifische professionelle Hilfe fasst just in diesem Moment: Analog des Gelernten in der institutionsinternen Mitarbeiterschulung rief der Verfasser Kollegen um Unterstützung und diese liefen (!) herbei, mit anderen Kollegen und Jugendlichen im Schlepptau. Sie hatten in den Nachbarräumen alles stehen und liegen gelassen, fragten nicht was los sei, sondern unterstützten den Verfasser durch Präsenz und Lautstärke, z.B. mit den Fragen: „Warum macht es euch Spass einen neuen deutschen Praktikanten vorzuführen, anstatt eure Gruppenkonflikte zu klären? Warum habt ihr das nötig?"

Irritiert durch die schnelle Mitarbeiterreaktion lenkte die Gruppe ein, setzte sich in die Runde – ein Gespräch übers ‚Kleinmachen' konnte beginnen.

Nachtrag: Die Jugendlichen musste sich in der abendlichen Hausversammlung vor Mitbewohnern und Mitarbeitern für ihr morgendliches Gruppenverhalten entschuldigen und sich einer gossen Anzahl von Feedbacks über ihr kindliches Verhalten stellen. Die herbeigeeilten Mitarbeiter wurden in der späteren Teamkonferenz gelobt. Gleichzeitig wurde vom Abteilungsleiter ergänzt, dass diese ‚help-norm' selbstverständlich sein müsse.

Diese Unterstützungs-Beanspruchung von Kollegen wird nicht als Leitungsschwäche interpretiert, sondern als Fähigkeit zur realistischen Situationseinschätzung, analog des Mottos: ‚Mache nicht die Probleme der Kids zu deinen Problemen.' Als schwach gilt, wer sich vor diesen Auseinandersetzungen drückt! Bei diesem kontinuierlichen (!) Gegensteuern tut ein langer Atem Not, da diese Störmanöver in der Regel Bestandteil der jugendspezifischen Problemlagen sind und erst ihre Überwindung den Behandlungsweg freigibt.

Zum Erziehungsstil

KP umschreibt prononciert folgendes professionelles Verständnis im Umgang mit Mehrfachauffälligen: Danach sollten 80% der professionellen Persönlichkeit einfühlsam, verständnisvoll, verzeihend und non-direktiv bleiben, aber um 20% Biss, Konflikt- und Grenzziehungsbereitschaft ergänzt werden. Konfrontative Pädagogik grenzt sich von einem autoritär – patriachalischen Erziehungsstil ab, ebenso von einem ausschließlich akzeptierenden Begleiten und einem rein permissiven Verständnis, das die Ursachen abweichenden Verhaltens primär im gesellschaftlichen Kontext bzw. als Ausdruck von Labeling -Prozessen sieht und den Abweichler damit von seiner Verantwortung freizusprechen scheint. KP orientiert sich an einem „autoritativen Erziehungsstil", wie er von SILBEREISEN/SCHUHLER im Handbuch der Kindheitsforschung definiert wird (1993: 278ff.): Wärme, Zuwendung, verständlich begründete, klare Strukturen und Grenzen, entwicklungsgerechte Aufgaben und Herausforderungen. Die Vorteile dieses Stils, in Abgrenzung zum autoritären und permissiven Verständnis, werden mit pro sozialerem Verhalten der Betroffenen, größerer Aufgeschlossenheit und sozialer Kompetenz, sowie einem angemessen – durchsetzungsfähigen Alltagsverhalten der Jugendlichen beschrieben, da dieser Erziehungsstil permanent Aushandlungsprozesse zwischen den Vorstellungen der sprachgewandten PädagogInnen und abweichenden Jugendlichen verlangt. Besonders Letzteres ist bedeutend für aggressive Mehrfachauffällige, die sich auch nach einem Resozialisierungs-Prozess als durchsetzungsstark definieren möchten. Mit dem Satz „nicht mehr totschlagen, aber tot labern" brachte das ein Absolvent des Anti-Aggressivitäts-Trainings auf den Punkt. Der autoritative Ansatz impliziert eine pädagogisch gelenkte Streitkultur im sozialen Schonraum. Motto: abweichendes Verhalten verstehen, aber nicht einverstanden sein.

Im Focus einer Konfrontativen Pädagogik: der Umgang mit aggressivem Verhalten

MARTIN (19 J.) schlug einen 56-jährigen Mann zusammen, der ihm gegenüber homosexuelle Andeutungen gemacht hatte. Durch die Körperverletzung erlitt das Opfer neben einer Gehirnerschütterung und Augenverletzungen mehrere Brüche. Dreizehn Operationen waren die Folge. Martin erhielt – als Wiederholungstäter – fünf Jahre Jugendstrafe. Im Gefängnis „läuft er meist gut", so ein Beamter des Allgemeinen Vollzugsdienstes. Allerdings rebelliert er immer wieder gegen die strengen Regeln des Vollzugs, z.T. lautstark. Ist Martins Protest nun als aggressiv einzustufen, wie es sein Abteilungsleiter empfiehlt? Oder wahrt er in diesem Fall nur seine Gefangenenrechte? Eine Antwort erscheint schwierig. Sie wirft die Frage nach der Interpretationsbreite des Aggressionsbegriffs auf.

Aggressionen hat jeder Mensch. Sie gelten als ubiquitäres Phänomen, d.h. als art- und kulturvergleichend vorhanden. Man unterscheidet „positive Aggression" (KELLNER 2000), den so genannten „Biss" (WEIDNER 2001), den man z.B. braucht, um ein Unternehmen aufzubauen und „negative Aggression", die destruktiver Natur ist. Aggression kann – aber muss nicht – zu aggressivem Verhalten bzw. zur Aggressivität führen; denn Aggressionen können auch konstruktiv, z.B. im Sport, in der Kunst oder Wissenschaft, ausgelebt werden. Die Psychoanalyse spricht dann von „Sublimierung" (FREUD, A. 1980). Aggressivität ist vom offenen Verhalten ableitbar und kann als eine relativ überdauernde Bereitschaft zu aggressivem Verhalten verstanden werden. Es ist ein gegen einen Organismus oder gegen ein Organismussurrogat gerichtetes Austeilen schädigender Reize (SELG 1974: 14ff.). Aggressivität gilt als feindselig (hostile) und explizit destruktiv (WERBIK 1971: 237).

Wiederholt aggressiv agierende Menschen sind dabei häufig durch folgende verhaltensprägende kognitive Hypothese geprägt: Aggressivität mache unberührbar und signalisiere Macht, Überlegenheit und Respekt. Friedfertigkeit dagegen signalisiere Schwäche, Feigheit und wird als „weibisch" diffamiert. Diese Einstellungen gilt es – aus pädagogischer Perspektive – zu verändern.

Wichtig in diesem Zusammenhang ist die (kognitive) Feindlichkeitswahrnehmung der potentiellen Aggressoren.

Ein Beispiel: Der Faustschlag in ein Gesicht muss als schädigender Reiz gelten und wird vom Opfer in der Regel auch als Feindlichkeit wahrgenommen, besonders wenn das Nasenbein dadurch gebrochen wird und ein Zahn verloren geht. Ein stadtbekannter Hooligan, dem diese Verletzung beigebracht wurde, definierte die Situation kurzerhand um: es sei noch eine Abrechnung von früher offen gewesen, er habe das gewusst und sei nun froh, dass er diese hinter sich habe. Der junge Mann nahm die Körperverletzung weder als Normverletzung noch als Willkür wahr. Sie ging o.k. – während die zurückhaltendste Kritik seines streetworkers an seiner Lebensführung von ihm als Feindlichkeit wahrgenommen wurde. Das heißt: nicht die Provokationsstärke, sondern die Feindlichkeitswahrnehmung bedingt die Aggressivitätsstärke (zsf. MUMMENDEY 1983)! Dies weist auf eine wichtige pädagogische Konsequenz hin: den Feindbild-Abbau (z.B. gegenüber Minderheiten wie Ausländern, Obdachlosen). Je weniger das Gegenüber als Feindbild wahrgenommen werden kann, desto schwerer fällt aggressives Handeln.

Die Aggressivitätsstärke ist dabei weniger biologisch determiniert, wohl aber die unterschiedliche physische und psychische „Power"-Disposition mit der Menschen auf die Welt kommen. Nur: ob sich diese Dispositionen konstruktiv oder destruktiv entwickeln, hängt weniger von biologischen und mehr von interaktionistischen Prozessen ab. BANDURA (1979: 59), Großmeister der Aggressionsforschung, formuliert dazu: „Vom Standpunkt des sozialen Lernens aus wird der Mensch weder durch innere Kräfte getrieben noch durch Umwelteinwirkungen hilflos herumgestoßen."

Anti-Aggressivitäts- und Coolness-Training®: zwei Methodiken Konfrontativer Pädagogik

1986 beauftragte der Direktor der Jugendanstalt Hameln – in Abstimmung mit dem niedersächsischen Justizministerium – eine interdisziplinäre Arbeitsgruppe, unter Leitung des Justizpsychologen Dr. HEILEMANN, mit der Entwicklung eines „Anti-Aggressivitäts-Trainings", um inhaftierte Gewalttäter deliktspezifisch zu behandeln und somit auch die Gewaltproblematik im Vollzug abzusenken. HEILEMANN konnte dabei auf seine mehrjährigen therapeutischen Erfahrungen mit sexuellen Gewalttätern im Vollzug zurückgreifen. Der Verfasser, der 1986 als Praktikant in der Jugendanstalt Hameln Untersuchungen für seine Diplomarbeit durchführte, wurde in die Arbeitsgruppe integriert, der Psychiater, Sozialarbeiter, Soziologen angehörten. Er konnte somit seine Konfrontationserfahrungen, die er in der US-Glen Mills Schools

(GMS) für Gangschläger bei Philadelphia über sechs Monate sammeln konnte, mit einbringen.

Es sei an dieser Stelle betont: die Glen Mills Schools führt keine Anti-Aggressivitäts-Trainings durch, ist nicht deliktspezifisch ausgerichtet und praktiziert auch keinen „heißen Stuhl", sondern arbeitet täglich mit dem sozialen Gruppentraining der „Guided Group Interaction" (GGI), in dem Alltagskonflikte der Jugendlichen verbal, statt mit Aggressivität, bearbeitet werden.

Der engagierte, leidenschaftliche und konfrontative Erziehungsstil der GMS sollte allerdings prägend für die Arbeit im AAT/CT werden.

Beim Anti-Aggressivitäts- (AAT) und Coolness-Training (CT) handelt es sich um delikt- und defizitspezifische Behandlungsmaßnahme für gewaltbereite Mehrfachtäter. Die Trainingsdauer beträgt 6 Monate bei einer mehrstündigen Gruppensitzung pro Woche, flankiert von Einzelgesprächen. Das AAT wird primär in der Justiz, das CT primär in Jugendhilfe und Schule als spezialisierte Form des Sozialen Trainings eingesetzt. AAT/CT orientieren sich an einem lerntheoretisch-kognitiven Paradigma und werden theoretisch dem Begriff der Konfrontativen Pädagogik zugeordnet. Seit 1987 wird dieser Behandlungsansatz praktiziert, mittlerweile in über 90 Projekten mit 1000 Probanden jährlich in mehr als 50 deutschen Städten und Gemeinden sowie der Schweiz. Die Begriffe AAT/CT sind beim Marken- und Patentamt München geschützt, um eine seriöse Praxisumsetzung sicher zu stellen. Die TrainerInnen-Lizenz kann am Institut für Sozialarbeit und Sozialpädagogik (ISS), Frankfurt/M. im Rahmen einer 15-monatigen berufsbegleitenden Zusatzausbildung (7x3 Tage) erworben werden. Bis zum Jahr 2004 wurden ca. 200 SozialarbeiterInnen und Psychologen lizenziert.

Die methodischen Vorbilder: Konfrontative- und provokative Therapie

Konfrontative Pädagogik – und hier ist der Begriff entlehnt – ist geprägt durch die kognitionspsychologisch orientierte konfrontative Therapie (CORSINI 1994: 555ff.) sowie die provokative Therapie FARRELLYS (1994: 956ff.), deren verblüffende, humorvolle, paradox-interventionistische Alltagsarbeit gerade bei sozialarbeitsgesättigten Probanden auf Neugier und Interesse stößt, wenn u.a. Übertreibung, Verzerrung, Spott oder Ironie zum Vorteil des Betroffenen verwandt werden, um z.B. dessen Gewalt – Rechtfertigungen in Frage zu stellen. FARRELLY folgt zehn Postulaten, von denen eines für das vorliegende Thema besonders bedeutend ist: die Angst der Professionellen, dass Jugendliche zusammenbrechen, wenn Sozialpädagogen/-arbeiter diese mit den Tat-Folgen konfrontieren. Ein zurückhaltender Mitarbeiter der norddeutschen Jugendhilfe formulierte das auf sehr bildhafte Weise: „Wissen Sie, wenn Sie (der Verfasser) aggressive Täter mit ihren Straftaten so hart konfrontieren besteht die Gefahr, dass diese aus Verzweiflung in die Elbe springen". Diese Verantwortung wolle er nicht tragen. Aggressive Jugendliche, die von diesen Bedenken hörten, konterten nicht weniger pointiert: „Wir springen bestimmt nicht in die Elbe, wir schmeißen den in die Elbe!" FARRELLY kommentiert diesen schwarzen Humor punktgenau: die psychische Fragilität der Betroffenen werde häufig weit überschätzt!

Die konfrontative Therapie CORSINIS strebt einen schlagartigen, schnellen Erkenntnisgewinn des Menschen an, methodisch orientiert an Perls ‚hot seat' und MORENOS ‚Hinter-dem-Rücken-Technik': Der abweichende Jugendliche erklärt und rechtfertigt sein Verhalten. Danach ‚verlässt' der Protagonist den Raum symbolisch, in dem er sich aus der Gruppe heraus begibt und nach außen blickt. Der Rest der Gruppe diskutiert ‚hinter seinem Rücken' über ihn. Die so gehörten offenen Statements der anderen Gruppenmitglieder werden im Anschluss zusammen mit dem Betroffenen reflektiert: zuhören, aber nicht zuschlagen – trotz bitterer Wahrheiten – wird da zum Lernprinzip.

Zusammenfassend favorisiert die KP folgenden Leitsatz:

Professionelle der Sozialen Arbeit sollten pädagogisch (nicht polizeilich/juristisch!) auf Kleinigkeiten reagieren, damit Grosses erst gar nicht passiert.

In Deutschland wurde in den 70iger bis 90iger Jahren des letzten Jahrhunderts eher umgekehrt gearbeitet: Kleines wurde als jugendtypisch entschuldigt und nur bei Großem wurde interveniert. Dieses scheint kein zukunftsweisender Weg zu sein, denn gerade die kleinen Auseinandersetzungen sind erfolgversprechend auflösbar und derart beziehungsfördernd, dass sie eine gute Basis zur Lösung auch großer Konflikte darstellen. In diesem Sinne plädiert die KP für eine Paradigmenverschiebung.

Praxisbeispiele der Konfrontativen Pädagogik

Angelehnt an die positiven therapeutischen Erfahrungen der konfrontativen und provokativen Psychologie, findet auch die KP Resonanz in der Praxis Sozialer Arbeit und Pädagogik.

Praktische Beispiele für eine gelungene Anwendung konfrontativer Elemente in Pädagogik und Sozialer Arbeit sind z.B. das Krisen-Interventionsprogramm der Eylardus Schule des Schuldirektors PÖHLKER in Bad Bentheim, die Halliggruppe für schwierigste SchülerInnen des Pädagogen REISSNER in Schleswig-Holstein, die Sozialen Trainingsgruppen des Hamburger Vereins Nordlicht des Diplom Sozialpädagogen SCHOMAKER, die (kampf)-sporttherapeutischen Angebote des Stader Erziehungswissenschaftlers Dr. WOLTERS oder die Gewalt-Präventionsprogramme des Oberhausener Sozialpädagogen GALL.

Zur Konfrontativen Pädagogik zählen natürlich ebenfalls die Anti-Aggressivitäts- und Coolness-Trainings für gewalttätige Wiederholungstäter, wie sie exemplarisch von den Bewährungshelfern RECK/MORATH in Ulm, von dem Erziehungswissenschaftler Dr. SCHANZENBÄCHER in Potsdam oder von der Leiterin der JGH Mannheim, JETTER-SCHRÖDER, betrieben werden oder – bezogen auf türkische Aggressive – von dem Münchner Dr. TOPRAK konzipiert wurden. Deren Grundannahmen sollen im folgenden präzisiert werden.

Die Rahmenbedingungen von AAT/CT®

Die Umsetzung des AAT/CT in die Praxis ist durch folgende Charakteristika geprägt (WEIDNER/KILB/KREFT 2002):

1. Das AAT ist im Bereich tertiärer Prävention, bei der Bewährungs- und Jugendgerichtshilfe, beim §10 Jugendgerichtsgesetz und im Strafvollzug anzusiedeln. Behandlung unter Zwang wird als sekundäre Einstiegsmotivation akzeptiert. Diese soll durch Motivation und eine spannende Trainingsgestaltung beim Probanden innerhalb von ca. 4 Wochen in eine primäre Teilnahmemotivation gewandelt werden.
2. Das CT wird im Bereich der sekundären Prävention angewandt und setzt in Schule, Streetwork, Jugendhilfe auf freiwillige Teilnahme.
3. Die Zielgruppe umfasst Menschen, die sich gerne und häufig schlagen und Spaß an der Gewalt zeigen, z.b. Hooligans, Skin-Heads, schul- und stadtbekannte „Schläger". Sie müssen kognitiv und sprachlich dem Programm folgen können.
4. Die Gruppenleitung besteht i.d.R. aus zwei geisteswissenschaftlichen Hochschulabsolventen, davon einem mit qualifizierter AAT/CT-Zusatzausbildung, incl. Selbsterfahrung auf dem „heißen Stuhl".
5. Der Trainingseinstieg betont die Motivationsarbeit durch Tätergespräche und erlebnispädagogisches „Locken", sowie eine spannende, konfrontative Gesprächsführung. Der zeitliche Rahmen beträgt bei einer Gruppe von fünf Teilnehmern ca. 60 Stunden.
6. Die Trainingsinhalte umfassen folgende Eckpfeiler: Einzelinterviews, Analyse der Aggressivitätsauslöser und Gewaltrechtfertigungen, Tatkonfrontation und Provokationstests auf dem heißen Stuhl, Opferbriefe, -filme, -aufsätze zur Einmassierung des Opferleids, Distanzierungsbrief an die gewaltverherrlichende Clique.
7. Die Schlusssequenzen der Konfrontationssitzungen gilt es besonders zu beachten: eine Nachbereitung mit den Elementen Entspannung und Reflexion ist unverzichtbar.
8. AAT/CT folgen einem optimistischen Menschenbild: den Täter mögen, bei gleichzeitiger Ablehnung seiner Gewaltbereitschaft.

Die Forschungsergebnisse

AAT/CT gehören mit zu den in der Sozialen Arbeit und Pädagogik am intensivsten beforschten Behandlungs-Programmen (vgl. im Überblick: WEIDNER 2003). Die Ergebnisse:

1. Die Rückfalluntersuchung des Kriminologischen Forschungsinstituts Niedersachsens für die Zeit von 1987-1997 im geschlossenen Strafvollzug ergibt, dass 63% der behandelten, ehemals inhaftierten Gewalttäter nicht wieder einschlägig rückfällig wurden. Von den Rückfälligen agierte die Hälfte deliktschwächer. Diesen Wert erreichten auch die Teilnehmer der Kontrollgruppe, die z.B. in der anstaltseigenen sozialtherapeutische Abteilungen oder im Gesprächskreis Tötungsdelikte behandelt wurden (OHLEMACHER 2001). Eine zweite Kontrollgruppe mit so genannte „nichtbehandelten Gewalttätern" konnte nicht erstellt werden, da sich keine Jugendstrafanstalt in Deutschland fand, die völlig auf Behandlung (soziale Trainings, Schul- und Berufsangebote, Erziehungs- und Behandlungspläne, Einzelgespräche etc.) verzichtet.
2. Die testpsychologische FAF pre – post Untersuchungen (Fragebogen zur Erfassung von Aggressivitätsfaktoren) bestätigen
3. eine Reduzierung von Aggressivität und Erregbarkeit bei den Behandelten (WEIDNER 2001/vor allem: SCHANZENBÄCHER 2003).
4. Praktikerbefragungen ergeben eine hohe Akzeptanz der Methode (KILB 2000) vor allem wg. der Reduzierung aggressiver Konflikte vor Ort (z.B. im Jugendzentrum, der Schule, er Wohngruppe, etc.).

Die Perspektive

Die Handlungs-Grundlagen der Konfrontativen Pädagogik werden in Studiengängen der Pädagogik oder der Sozialen Arbeit bis dato zurückhaltend bis gar nicht vermittelt, da stärker auf z.B. akzeptierendes Begleiten, Lebensweltorientierung bzw. Emanzipationsprozesse gesetzt wird, mit der man der Masse der Probanden sicher gerecht werden kann. Der Umgang mit konfrontativen Methodiken sollte aber – gerade im Umgang mit besonders schwierigen deviant/delinquenten jungen Menschen – zum Handlungsrepertoire der Professionellen Sozialer Arbeit und Pädagogik zählen.

Dieses Ausbildungs-Defizit gilt es zu kompensieren. Entsprechend plant das Zentrum für Praxisentwicklung (ZEPRA) der Hochschule für Angewandte Wissenschaften Hamburg, in Zusammenarbeit mit einem interdisziplinären Team von Praktikern und Wissenschaftlern aus ganz Deutschland, eine berufsbegleitende Zusatzausbildung zum „Konfrontativen Pädagogen/in". Das macht – aus Sicht des Verfassers – Hoffnung!

Literaturhinweise

BANDURA, A: Aggression. Stuttgart 1979
COLLA, H./SCHOLZ, C./WEIDNER, J. (Hg.): Konfrontative Pädagogik. Mönchengladbach 2001
CORSINI, R.: Konfrontative Therapie, in: ders. (Hg.): Handbuch der Psychotherapie, Bd.1, Weinheim 1994[4], S. 555-570
FARRELLY, F./BRANDSMA, J.: Provokative Therapie. Berlin 1986[2]
FLITNER, A.: Konrad sprach die Frau Mama. München 1994
FREUD, A.: Das Ich und die Abwehrmechanismen. Kindler Verlag 1980[12]
KELLNER, H.: Positive Aggression. Eichborn Verlag 2000
KILB, R./WEIDNER, J.: Eine neue Methode im Aufwind? In: Sozialmagazin 25, 1/2000, S. 33-38
REDL, F./WINEMAN, D.: Kinder, die hassen.Zürich 1979
SCHANZENBÄCHER, S.: Anti-Aggressivitäts-Training auf dem Prüfstand. Dissertation an der Katholischen Universität Eichstätt (bei Prof.Dr. Lamnek) 2003
SELG, H.: Menschliche Aggressivität. Göttingen, Toronto 1974
SILBEREISEN, R./SCHULER, P.: Prosoziales Verhalten, in: Markefka,M./Nauck,B. (Hg.): Handbuch der Kindheitsforschung. Neuwied 1993, S. 275-288
WEIDNER, J.: Anti – Aggressivitäts – Training für Gewalttäter. Forum Verlag Godesberg, Mönchengladbach 2001[5]
WEIDNER, J./KILB, R./KREFT, D.(Hg.): Gewalt im Griff. Bd. 1, Beltz, Weinheim 2000[2]
WEIDNER, J./KILB, R./JEHN, O. (Hg.): Gewalt im Griff. Bd. 3., Beltz, Weinheim 2003
WEIDNER, J.: Das schwierige Geschäft: Grenzen ziehen. Sozialmagazin 1/1997
WEIDNER, J./KOLLER-TEJEIRO,Y.: Mit Biss zum Erfolg. Durchsetzungsstärke und positive Aggression im Management. Forum Verlag Godesberg 2001
WERBIK, H.: Das Problem der Definition „aggressiver" Verhaltensweisen, in: Zeitschrift für Psychologie, 1971/2, 233-247

* Der Beitrag orientiert sich an den grundsätzlichen Ausführungen des Verfassers in Colla/Scholz/Weidners Praxisbuch: „Konfrontative Pädagogik – Das Glen Mills Experiment." Forum Verlag Godesberg 2001

Rainer Kilb

„Konfrontative Pädagogik" – ein Rückfall in die Vormoderne oder vergessene Selbstverständlichkeit zeitgemäßer Pädagogik?

Kaum ein Begriff hat in letzter Zeit in der pädagogischen Fachdebatte so polarisiert wie der von Reinhold PÖHLKER geprägte Terminus der „Konfrontativen Pädagogik" (PÖHLKER, in SCHRAN 1999). Diese Kontroverse wird zur Zeit sowohl im Bereich der Kriminologie/Jugendstrafrechtspflege (vgl. HERZ 2005: „Ist Konfrontative Pädagogik der Rede wert?"), der Behindertenpädagogik, der Schul- als auch der Sozialpädagogik (vgl. Rainer KILB und Jens WEIDNER in SOZIALEXTRA 2-3/03, Titus SIMON, Timm KUNSTREICH, Albert SCHERR und Michael WINKLER in SOZIALEXTRA 4/03, Replik von Rainer KILB in sozialextra 6/03) gleichermaßen geführt und sucht in seiner Heftigkeit seinesgleichen:

„*...in ihr eigenes Programm verliebte Autoren*" *(*WINKLER*),*„*geblendet vom Drang, ihre führende und finanziell einträgliche Position am Psychomarkt zu erweitern*" *(*KUNSTREICH*), die ihren psycho-terroristisch orientierten (Kunstreich), dekontextualisierten (*SCHERR*), sich als Bestandteil bürgerlicher Pädagogik entlarvenden Ansatz (*KUNSTREICH*) mit re-traumatisierender Folgewirkung (*HERZ*), der gar nichts Neues ist (*SIMON*), auch noch* „*penetrant männlich darstellen*" *(*WINKLER*)* ...

Etwa so ließe sich die Kritik synoptisch-plakativ zusammenfassen.

Um diese Diskussion zu versachlichen möchte ich zunächst eine historische, etymologische und definitorische Verortung vornehmen, um anschließend handlungskonzeptionelle Aspekte und selbstreflexive Standards, die zu einer gelingenden Anwendung notwendig sind, aufzuzeigen.

Gegenstand und Anlass der Kritik

Eigentlich ist es immer nur wieder ein einzelner Aspekt des Anti-Aggressivitäts-Trainings, nämlich der auf einem so genannten „Heißen Stuhl" stattfindende konfrontative Vorgang, der in der hiesigen Fachdebatte stark polarisierende Wirkung entfaltet. Auf dem „Heißen Stuhl" werden je nach Anwendungsbereich der oder die Täter bzw. Regelverletzer mit der von ihm/ihnen begangenen Tat oder Aktion sowie deren Folgen (für das Opfer) in einer Art Tribunal konfrontiert; und dies manchmal so lange, bis sie sich einsichtig zeigen. Sowohl der Begriff als auch die vornehmlich in diesem AAT-Einzelbaustein stattfindende Methodik einer Konfrontation geraten dabei ins Betrachtungsinteresse. Die Kritik zielt dann auf rechtliche, ethische und auch auf Aspekte der einer Konfrontation unterstellten pädagogischen Haltung.

Im Umfeld der AAT-Anwendung wird in letzter Zeit immer wieder auch der Terminus der „Konfrontativen Pädagogik" verwendet, insbesondere dann, wenn dieses Training oder aber auch die diesem zu Grunde liegende Haltung in den klassischen Bereichen der Pädagogik, wie den Schulen, angeboten wird.

Es soll deshalb zunächst einmal darum gehen, den Begriff der „konfrontativen Pädagogik" zu definieren.

Begriffsverständnis, Zielgruppe und Indikation

Etymologisch betrachtet wurde das Verb „konfrontieren" im Sinne von Gegenüberstellen im 17. Jahrhundert als Wort der Gerichtssprache aus dem lateinischen „*confrontare*" (einen Angeklagten oder Zeugen dem Gericht zur Vernehmung gegenüberstellen) entlehnt. Wörtlich lässt es sich etwa übersetzen „mit der Stirn (vom lateinischen *frons, frontis*) zusammen einander gegenüberstellen."

Der Begriff der „Konfrontativen Pädagogik" steht ausdrücklich nicht für eine in sich geschlossene pädagogische Theorie, sondern bezeichnet eher einen pädagogischen *Handlungsstil und eine Methodik* im Kontext eines auf Demokratiefähigkeit und auf Förderung von Selbstverantwortung des Klienten zielenden erzieherischen Prinzips. Konfrontation wird hierbei als *eine* von zahlreichen Interventionsformen eingesetzt, die von Relevanz sein kann für meist in autoritären Erziehungsverhältnissen sozialisierte und nach diesem Muster „kommunizierende" Kinder, Jugendliche und junge Erwachsene.

Hinter dieser Handlungsform steht die *entschiedene Haltung* des/der intervenierenden PädagogIn, entweder eine Störung sozial-kommunikativer Gruppenbezüge, Verletzungen individueller Freiheitsrechte oder der Unversehrtheit anderer Personen nicht zu akzeptieren, sondern den/die Regelverletzer/in mit einer von ihm/ihr begangenen Verletzung oder Regelüberschreitung, also mit seiner/ihrer Tat oder aber mit der hiervon betroffenen Person möglichst rasch und direkt zu konfrontieren.

Gleichzeitig gilt es dabei, die Person des Regelverletzers innerhalb der pädagogischen Beziehung ernst zu nehmen und damit auf der Persönlichkeitsebene zu respektieren.

Konfrontative Elemente passen sowohl zu einem demokratisch-partizipativ-partnerschaftlichen als auch zu einem autoritativen Erziehungsrahmen; sie lassen sich dagegen nur schwer in einem durch das Laissez-faire-Prinzip, einen permissiven oder gar vernachlässigenden Erziehungsstil gekennzeichneten Raum anwenden (LENZEN 2002: 109; HURRELMANN 2002: 161). Ein autoritativer Erziehungsrahmen kann sich formell über richterliche Anweisungen oder auch über die Wächteramtsfunktion der Jugendhilfe ergeben. Er kann selbstverständlich auch bei extremen Regelverletzungen bzw. stark grenzüberschreitendem Verhalten zumindest übergangsweise angezeigt sein. Im Kontext einer gelingenden Konfrontation gilt es aber, diesen anfänglichen autoritativen Rahmen möglichst bald durch eine demokratisch-partizipativ orientierte Pädagogik zu ersetzen.

Sinnhaftigkeit und Gelingen der konfrontativen Methodik stehen in einem normativen Bezug. Der entsprechende normative Maßstab oder Korridor orientiert sich einerseits an den Grund- und Menschenrechten; darüber hinaus definieren institutionelle oder über einen demokratischen Prozess gemeinsam generierte Interaktionsregeln die „normative Mitte" als auch die Grenzen. Diese entweder minimal notwendige oder auch im gemeinschaftlichen Sinne optimal ausgestaltete Interaktionskultur ist als „gemeinsame Geschäftsbasis" den situativ-individuellen Verhaltensbedürfnissen übergeordnet.

Methode, Erziehungsstil oder Haltung?

Wie eben schon angemerkt existiert im Moment eine Verwirrung hinsichtlich einer methodisch-konzeptionellen und funktionalen Verortung. Der Begriff der „Konfrontativen Pädagogik" wurde in einem konkreten praktischen Handlungskontext einer Schule für Erziehungshilfe geprägt. Hier beschloss das Lehrerkollegium, bei Gewalttätigkeiten sofort und in ritualisierter Form gewalttätige Schüler mit den Folgen ihrer Aktion und mit dem von der Aktion betroffenen Opfer zu konfrontieren. Diese spezifische **Interventionsform**, die damit verbundene **Haltung** der Pädagogen und die Implementierung mehrerer **Reaktionsrituale im Rahmen eines Konzeptes** subsumierte man unter der Begrifflichkeit der „Konfrontativen Pädagogik".

In der methodisch-konzeptionellen Theorie lassen sich die diversen Elemente einer „Konfrontativen Pädagogik" nach verschiedenen strukturellen Ebenen zuordnen.

Konzeptionelle Ebene:
Konfrontative Elemente stellen kein Konzept an sich dar; sie lassen sich aber als Teilaspekte professionellen Handelns in einem Konzept erfassen. In Konzeptionen werden Ziele, Inhalte, Methoden, Handlungsprinzipien und Verfahren in einen sinnhaften Kontext gestellt (vgl. GEIßLER/HEGE 1991: 23ff.).

Ebene Sozialpädagogischer Ansätze:
Konzeptionen lassen sich auf grundlegende strukturelle oder inhaltliche Prinzipien beziehen. Konfrontative Elemente sind integrierbar in lebensweltbezogene, sozialraumorientierte und in kompensatorische Theorieansätze.

Handlungsmethodische Ebene:
Konfrontationen sind sehr gut in stationären Bereichen der Straffälligenhilfe und Jugendhilfe (JVA, Heime, Wohngruppen) und in anderen, insbesondere in Regel geleiteten pädagogischen Settings anzuwenden. Sie können Handlungselemente der Sozialen Gruppenarbeit, der Schulpädagogik, der Einzelfall- und der Beratungsarbeit darstellen.

Verfahrensebene:
In Anti-Aggressivitäts-Trainings, Coolnesstrainings, Täter-Opfer-Ausgleich und (Konfrontativen) Sozialen Trainingskursen spielen konfrontative Elemente eine zentrale Rolle.

Ebene der Verfahrensschritte:
Der „Heiße Stuhl" ist ein konfrontativ ausgestaltetes Modul in einem Sample von unterschiedlichen Verfahrensschritten.

Ebene der Techniken:
Konfrontation selbst ist eine Technik des „Heißen Stuhls".

Neben dieser methodisch-konzeptionellen Verortung lässt sich unter dem Begriff der „Konfrontativen Pädagogik" ein einzelnes **Element eines pädagogischen Handlungsstils** identifizieren. In der gängigen Fachliteratur wird zwischen autokratischem, partnerschaftlich-demokratischem und dem Erziehungsstil des Laisser-faire (vgl. GEULEN, LENZEN 2002) differenziert. HURRELMANN (2002) hat dieses Modell um die Kategorien „vernachlässigt" und „überbehütend" ergänzt und nach Bedürfnis- bzw. Autoritätsintensität zweidimensional schematisiert (vgl. Abb.), wobei er in einem autoritativ-partizipativen Stil die besten Bedingungen einer gelingenden zeitgemäßen Erziehung identifiziert (HURRELMANN 2002: 161).

Abb.: Typisierung unterschiedlicher Erziehungsstile (in Anlehnung an HURRELMANN, LENZEN, GEULEN)

	Gruppenregulation/(b) Einsatz erzieherischer Autorität/(a) (hoch)	
autoritärer Stil (a) Regelorientierter Stil (b)		überbehütender Stil (a/b) demokratischer Stil (b)
Berücksichtigung Kindlicher Bedürfnisse (niedrig)	autoritativ-partizipativer Stil partizipativer Stil (a/b) permissiver Stil laisser-faire-Stil	**hohe Bedürfnisberücks.**
vernachlässigend		
	niedriger Autoritätseinsatz niedrige Gruppenregulation	

Konfrontierende Stilelemente sind keinem bestimmten Erziehungsstil zuzuordnen, sondern stellen im Kontext von Grenzüberschreitungen und/oder Regelverletzungen eine situationsadäquate erzieherische Intervention oder Haltung dar. Ihre Wirkung liegt genau in einer temporären Anwendung und keinesfalls in einer situationsunabhängigen generellen pädagogischen Haltung. Effektiv sind sie erst in ihrer Kombination mit Empathiefähigkeit und Verständnisbereitschaft, mit einer gewissen Fürsorglichkeit (vgl. CRAIN 2005). Die intrinsische Voraussetzung ihrer Wirksamkeit liegt in einer gelingenden Beziehung zwischen Klient und PädagogIn. Über formale Macht initiierte Konfrontation erreicht nur dann nachhaltige Wirkung, wenn Anreize geschaffen werden konnten, die das subjektiv empfundene Unterwerfungsgefühl überlagern können.

Was bedeutet Konfrontation und was legitimiert sie als pädagogischer Handlungsstil?

Konfrontierende Arrangements in der Sozialpädagogik oder im schulischen Bereich legitimieren sich als stilistische Handlungsform im Kontext der methodischen Umsetzung der in SGB VIII beschriebenen jugendhilfespezifischen Aufgabenvielfalt. Im Gesetz geht es dabei einerseits um sozialpädagogische Förderung (§§ 11ff.) und Hilfen (§§ 27ff.), die den Status sozialer (Dienst-)Leistungen besitzen aber genauso auch um die Wahrnehmungen des staatlichen Wächteramtes bei Kindeswohlverletzungen (§ 1, Abs. 2 SGB VIII/Art. 6, Abs. 2 GG) mit Eingriffsmöglichkeiten insbesondere ins Elternrecht (§§ 42,43, 50, Abs. 3 SGB VIII) bei Überschreitung der Gefährdungsschwelle (§ 1666 BGB) oder auch um richterliche Anordnungen (§ 71, Abs.2 SGB VIII/§ 72, Abs. 4 JGG), die sich eher an einem Konzept autoritativer Fürsorglichkeit orientieren: „deutlich wird diese (...) dort, wo Aufgaben wahrgenommen werden – unabhängig davon, ob die Betroffenen dies wollen oder beantragen" (vgl. Münder 1996: 14).

Da ein Teil der gesetzlichen Aufgaben, insbesondere in Konfliktfällen nicht in beiderseitigem Einvernehmen zu regeln sein werden, gilt es auch methodisch über eine größere Breite unterschiedlichster Handlungsoptionen und -formen zu verfügen und hierzu gehört auch die Konfrontation als ultima ratio bzw. als Vorstufe z.B. einer institutionellen Exklusion. Sie stellt damit eigentlich lediglich die Erweiterung des pädagogischen Handlungsspektrums oder das Refreshment eines vergessenen Stilelementes dar. TISCHNER (2004) beschreibt sie sogar als ein Wesensmerkmal von Erziehung schlechthin.

Relativ unumstritten sind mittlerweile zahlreiche Formen stärker strukturierter Rahmeninszenierungen im Umgang mit problembelasteten Kindern und Jugendlichen. Viel kontroverser dagegen diskutiert man über mögliche Reaktionsformen, wenn die gesetzten Grenzen in einem solchen Rahmen verletzt worden sind. An dieser Stelle sind dann folgerichtig Interventionen als Reaktions- oder Sanktionsformen platziert, die leider bisher im sozialpädagogischen Fachdiskurs weitgehend ausgeblendet bleiben; eine dieser möglichen Sanktionsformen wäre die Konfrontation, die selbst wiederum meist in mehreren Schritten verläuft.

Auf angekündigte Interventionen gänzlich zu verzichten würde bedeuten, das gesetzliche Aufgabenspektrum nicht nur ungenügend auszuschöpfen, sondern in einer Leugnung seiner auch interventionistischen Absichten methodisch nur eingeschränkt handlungsfähig zu sein. Die hiervon ausgehende Botschaft an Kinder und Jugendliche kann auch als ermutigende Impulssetzung in Richtung einer dauerhaften Grenzverletzungsreproduktion gelesen werden.

Konfrontationen im erzieherischen Kontext lassen sich i.d.R. als Handlungsaktion bzw. Handlungsform zwischen mindestens zwei Akteuren in einer symmetrischen oder asymmetrischen Beziehung (Machtverhältnis) verstehen. Hier sollen sowohl das asymmetrische Verhältnis, legitimiert aus einer pädagogischen Position heraus aber auch das symmetrische Verhältnis in erzieherischen Situationen mit eher diffusen Machtverhältnissen betrachtet werden.

Der konfrontierende Akteur fühlt sich dabei entweder in einer moralischen Rechtsposition demjenigen gegenüber, den er mit einer diesem zugeschriebenen unmoralischen rechts- bzw. regelverletzenden Tat konfrontiert.

Er/sie ist in einem asymmetrischen Verhältnis, darüber hinaus in einer Machtposition oder in einer übergeordneten Funktionsrolle, die ihn/sie zu einer Konfrontation ermächtigt. Im letzteren Fall kann auch eine Legitimation durch den zu konfrontierenden Akteur in Form eines Kontraktes vorliegen.

Konfrontation steht als Handlungsaktion meist in einer Abfolgekette oder Schrittfolge eines meist größeren Handlungszusammenhangs aus sukzessiv sich steigernden Interventionsimpulsen oder -schritten. Ihr Interventionsstatus lässt sie häufig als ultima ratio am vorläufigen Ende einer solchen Abfolge pädagogischer Reaktionsschritte erscheinen.

Eine gelingende Konfrontation setzt voraus, dass entweder ein normatives Agreement existiert, z.B. in der Form, dass auch der konfrontierte Akteur diesem normativen Konstrukt ursprünglich zustimmte, sich damit auf ein solches einließ (etwa durch Mitgliedschaft, Teilnahmevertrag usw.) und dann aber z.B. situativ Regeln verletzte und sich vielleicht auch uneinsichtig zeigte. Er würde dann mit seinen Regelverletzungen konfrontiert werden, um ihm sein Fehlverhalten deutlich werden zu lassen und ihm gleichermaßen zu signalisieren: wir nehmen nicht nur die Regeln ernst, sondern reagieren auch bei deren Verletzung. Wir schließen dich nicht aus, sondern im Gegenteil: wir versuchen mit dir zusammen Möglichkeiten zur Re-Integration zu finden.

Im anderen Fall kann auf Grund einer bestimmten Position oder Rolle die Definitionsmacht beim konfrontierenden Akteur liegen, der aber zudem in einem formalen „Auftragsverhältnis" zum Konfrontierten stehen muss, um handlungsberechtigt zu sein. Die Legitimation ergibt sich dann aus diesem Auftragsverhältnis. Das formale Auftragsverhältnis allein, etwa die Zugehörigkeit zu einer Institution wie die der Schule oder ein Auftragsverhältnis wie das der Jugendgerichts- oder der Bewährungshilfe, letztendlich ein auf Freiwilligkeit basierendes AdressatInnen- oder BesucherInnenverhältnis wie das in der Offenen Jugendarbeit, legitimieren nicht sämtliche Konfrontationsformen und -intensitäten.

Insbesondere der reintegrative Aspekt legitimiert unter erziehungsphilosophischen Gesichtspunkten betrachtet die Schärfe und Intensität dieser Methodik selbst in einem demokratisch-partizipativen Gesamtrahmen. Die Alternative hierzu stellt sich in vermutlich sehr viel repressiver ausfallenden späteren Reaktionen und entsprechend fortgeschrittener Desintegrations- und Exklusionsfolgen dar (vgl. Winkler 2003).

Differenzierte Konfrontationsformen

In den pädagogischen Kontextbezügen existieren ganz verschiedene Konfrontationsformen, die z.B. aus situativen Motiven als pädagogische Handlungsformen eingesetzt werden können. Sie können aber auch als curricularer Baustein in einer konfrontierenden Inszenierung wie im Falle des AAT in der „Heißen-Stuhl"-Sequenz durchgeführt werden.

Jede Konfrontation bedarf einer Legitimation, die in der ersten Variante darin liegt, dass sie als situative Reaktionshandlung von institutionell legitimierten Personen (LehrerIn, SozialpädagogIn) in mehr oder weniger genau umrissenen meist konfliktbesetzten Situationen aus einer Position heraus und/oder über einen Auftrag gerechtfertigt sind.

Im Falle der Konfrontation als curricularem Modul ist das zuvor eingeholte Einverständnis des zu Konfrontierenden bzw. der Sorgeberechtigten erforderlich. Für die Notwendigkeit eines solchen Einverständnisses sprechen folgende Aspekte:

- Die nachhaltige Wirkung einer inszenierten Konfrontation – z.B. in der tribunalen Form des „Heißen Stuhls" – ist nur dann zu erzielen, wenn die/der TeilnehmerIn vor Maßnahmenbeginn oder zumindest während deren Durchführung von dieser überzeugt werden konnte;
- da die konfrontative Phase eines Trainings i.d.R. von einem Mitarbeiterteam (das sich häufig auch aus ehemaligen Gewalttätern und anderen „externen Personen" zusammensetzt) gestaltet wird, geht es selbstverständlich auch darum, Datenschutzbestimmungen einzuhalten. Es kann dabei auch um persönliche, manchmal sogar auch um strafrechtsrelevante Informationen gehen, die im Rahmen des pädagogischen Settings bleiben bzw. dort geregelt werden müssen. Insofern gilt es, darüber formale Vereinbarungen zwischen sämtlichen Mitwirkenden im Interesse des zu konfrontierenden Akteurs zu treffen (Vertrag);
- Im Konfrontationsprozess selbst kommt es zwischen den Beteiligten ggf. zu grenzgängigen Kommunikations- und Aktionsformen, die zwar in einem adäquaten Verhältnis zur vom Konfrontierten begangenen Tat oder der Regelverletzung stehen müssen, die zunächst aber institutionskulturell nicht unbedingt üblich sind.
- Bei einer Konfrontation innerhalb einer Jugendhilfemaßnahme oder eines Jugendhilfeangebotes sind natürlich die gesetzlichen Regelungen selbst einzuhalten. Zunächst liegt das Erziehungsrecht bei den Eltern/Sorgeberechtigten und somit haben auch von der Jugendhilfe übernommene erzieherische Tätigkeiten in Abstimmung mit ihnen und den Kindern oder Jugendlichen zu erfolgen. Ein Beteiligungsrecht in der Mitgestaltung pädagogischer Leistungen der Jugendhilfe ist dabei für Kinder und Jugendliche in § 8 SGB VIII in jeweils altersspezifischer Form verbindlich festgeschrieben.

Konfrontation als Impulssetzung zur Selbstverantwortung

Insbesondere das AAT versteht sich als Methode, in dessen Curriculum der Klient (im Falle einer begangenen Straftat der Täter) nicht ausschließlich als Opfer bestehender gesellschaftlicher Verhältnisse betrachtet wird. Das fachliche Verständnis und der diesem entsprechende Handlungsauftrag für die soziale Arbeit mit Tätern wäre, diese eher als *Subjekt* zu begreifen, „als jemanden, der zwar über seine sozialisatorische Biografie *auch* gesellschaftlich geprägt ist, der aber als *selbst handelnde Persönlichkeit* über die Tat eine Beziehung zum Opfer hergestellt hat, für deren Form er selbst mitverantwortlich ist" (vgl. KILB 2004 a).

Eine solche „*Pädagogik hin zur Verantwortungsübernahme* oder von *Impulsen hin zur Selbstverantwortung*" (a.a.O.) mutet fast wie eine Paradigmenverschiebung im Vergleich zur bisher häufig anzutreffenden Verständnisdominanz in der pädagogischen Haltung an. Diese Haltung, die sich schon in der historischen Pädagogik bei Pestalozzi herauslesen lässt, schließt wieder eine Orientierung im normativen Bereich ein, denn erst auf dieser Basis können eine nachvollziehbare Verurteilung von Tat oder Regelverletzung und eine entsprechende Konfrontation erfolgen.

Das Konzept einer Konfrontativen Pädagogik grenzt sich damit deutlich ab von einer auf die Akzeptanz bzw. „Begleitung" nahezu jeglichen Verhaltens bei Klienten reduzierten Rolle des Pädagogen. „Im Beurteilungskatalog zahlreicher autoritär und repressiv sozialisierter, meist männlicher Klienten (häufig mit Migrationshintergrund) wird dieses „akzeptierende" Verhalten i.d.R. als *zu nachsichtig* und *als schwach* identifiziert und von diesen nicht ernst genommen und sogar auch verurteilt. Viele Fachkräfte „verbuchen" dasselbe aber gleichzeitig als *verständnisvolles Einfühlungsvermögen* ihrerseits.

Ein solches „pädagogisches Missverständnis" – von den Jugendlichen oft über den Begriff „Gelaber" etikettiert, von den Fachkräften dagegen umschrieben als *„noch nicht zugänglich"* – ist zum Kommunikationsmuster zahlreicher pädagogischer Beziehungen geworden und lässt Entwicklungsmöglichkeiten eher erstarren als gedeihen. Wichtig erscheint aber gerade für die altersgruppenorientierte pädagogische Tätigkeit, dass man die jeweils geeignete Balance zwischen den beiden Verhaltenseckpolen – Akzeptanz einerseits und Konfrontation andererseits – austarieren kann (a.a.O.).

Die Konfrontative Pädagogik unterscheidet sich deutlich von früheren autoritären Orientierungs- und Sanktionierungssystemen, denn sie fokussiert eine gezielte *Konfrontation* im pädagogischen Prozess einer Tatbearbeitung oder einer Regelverletzung, nicht aber eine *Strafe*. Sie fungiert sowohl als Impuls setzendes Stoppsignal und als vorübergehendes „Geländer" für neu einzuübende soziale Verhaltensweisen, die dem Klienten schließlich alternative sozial-kommunikative Möglichkeiten eröffnen sollen.

Die Konfrontation als pädagogische Handlung ist *unangenehm* für sämtliche Beteiligten, „weil sie intervenierenden, reflektierenden und beurteilenden Charakter besitzt; hierbei werden persönlicher Narzissmus, vermeintlich und oberflächlich stabilisierende persönliche Legitimations-, ja sogar ‚Bewältigungsmuster' (vgl. BÖHNISCH 2001) der Klienten von den PädagogInnen hinterfragt. Das psychische Gleichgewicht der Konfrontierten wird vorübergehend sogar destabilisiert. Auch für den/die PädagogIn ist es grenzgängig: Er/sie kann sich blamieren, wenn der Konfrontierte ‚aussteigt' oder selbst wieder aggressiv reagiert, er/sie muss dabei mit eigenen Ängsten umgehen. Aber in dieser konfrontativen Situation scheint genau *die* Eindeutigkeit gegeben zu sein, die regelverletzende Kinder, Jugendliche und Heranwachsende offensichtlich doch sehr viel stärker benötigen, als wir bisher annahmen" (KILB 2004 a).

Die unterschiedlichen didaktischen Versionen der Grenzziehung und Konfrontation sollen nachfolgend dargestellt werden.

Das Anti-Aggressivitätstraining als konfrontierende Methode in curricular-inszenierter Form

Für Anti-Aggressivitäts- und Coolness-Trainings ist eine konfrontierende Methodik konstitutiv. Sie bauen zentral auf einem lerntheoretisch-kognitiven Paradigma auf und integrieren dabei Elemente aus der sogenannten Glen-Mills-Pädagogik in den Vereinigten Staaten, aus der Konfrontativen Therapie CORSINIS und der Provokativen Therapie FERRELYS. Die lerntheoretischen Aspekte konzentrieren sich auf den konkreten Umgang in Konfliktsituationen, etwa im Rahmen von individuellen Provokationstests oder bei der Analyse von Aggressivitäts-Auslösern (angelehnt an die systematische Desensibilisierung). Die kognitive Perspektive hat eine Einstellungsveränderung der Gewalttätigen zum Ziel wie z.B. Empathiefähigkeit zu dem jeweiligen Opfer herzustellen (vgl. WEIDNER 1993, WEIDNER/KILB/KREFT 1997, WEIDNER/ KILB/JEHN 2003, KILB/WEIDNER 2004).

Im Einzelnen umfasst das AAT die folgenden curricularen Bausteine:

- die Arbeit um die Aggressionsauslöser,
- die Kosten-Nutzen-Kalkulation aggressiven Verhaltens,
- die Differenz zwischen idealem Selbstbild und Real-Selbst,
- die Neutralisierungstechniken, die von Seiten des Täters oder Regelverletzers häufig zur eigenen Entlastung angewandt werden,
- die *eigentliche Konfrontation* mit der Tat oder der Regelverletzung (meist auf dem „Heißen Stuhl"), den hiervon betroffenen Opfern und deren durch die Tat möglicherweise veränderter Zukunftsperspektive,
- die der Desensibilisierung dienenden Provokationstests,
- das abschließende Kompetenztraining (vgl. HEILEMANN/FISCHWASSER-VON PROECK 2001 und BÜCHNER 2005),
- und die Nachbetreuung, Auswertung und gemeinsame Reflexion.

Die Konfrontation wird dabei in einer didaktischen Dramaturgie inszeniert, etwa als Reaktion auf ein life-act-Rollenspiel, über das der genaue Tathergang rekonstruiert wird. In einer solchen inszenierten Konfrontation übernimmt der/die PädagogIn die Rolle des Advocatus Diaboli, verstärkt über ein Team sogenannter TutorInnen. Die Intensität der Konfrontation hängt von der Schwere der Regelverletzung, der Reflexionsbereitschaft und der Einsichtigkeit des Konfrontierten ab. Für diese inszenierte Konfrontation ist immer das Einverständnis der Betroffenen bzw. deren Sorgeberechtigten Voraussetzung.

Konfrontationen als ritualisierte Folge von Handlungsschritten

Alternativ zu der curricularen Form bietet sich in pädagogischen Settings mit deutlichen Grenzziehungen oder aber einer klar umrissenen Regelungsstruktur die Konfrontation als situationsbezogen ritualisierte Reaktionsweise an. Sie ist auch hier möglichst nah am Zeitpunkt der Regelverletzung zu platzieren. Dadurch soll eine Entfremdung durch zwischenzeitliche Distanzbildung des Verletzenden von seiner Aktion und den betroffenen Personen verhindert werden. Vieles spricht dabei für ein ritualisiertes und für alle transparentes und gleiches Verfahren im Umgang mit Regelverletzungen. Ritualisierung bedeutet, dass es in einem institutionskulturell spezifischen Rahmen eine an der jeweiligen Regelverletzung orientierte Abfolge spezifischer Handlungs- und Reaktionsmuster durch die pädagogischen Fachkräfte, institutioneller Maßnahmen und auch Sanktionen gibt. Solche reaktiven Schritte sollten transparent sein, mit den AdressatInnen abgesprochen und ihr Sinn sollte für diese nachvollziehbar sein. Beispiele für eine solche Handlungsabfolge sind die in der Glen-Mills-School angewandten sogenannten „sieben Levels der Konfrontation" (vgl. GRISSOM/DUBNOW 1989: 53) oder das in einer deutschen Schule eingesetzte Konfrontative Interventionsprogramm (vgl. THERWEY/PÖHLKER 1997: 112ff.). Wichtig hierbei ist dabei ein einheitliches und miteinander abgestimmtes Verhalten *aller* beteiligten Fachkräfte einer Institution.

Übersicht: Level der Konfrontation (nach GRISSOM/DUBNOW 1989)
1. Level: freundliches gestikulierendes Aufmerksam-Machen auf den Regelverstoß (friendly-nonverbal);
2. Level: ernsteres Wiederholen der Geste (concerned-nonverbal);
3. Level: freundliche verbale Ermahnung (friendly-verbal);
4. Level: eine entschiedene verbale Ermahnung (concerned-verbal) beendet in den meisten Fällen hier die Konfrontation;
5. Level: ultimative, durch weitere hinzukommende Personen unterstützte Aufforderung, die Konfrontation zu akzeptieren (support);
6. Level: leichte körperliche Intervention durch eine Person in Situationen, in denen die Gefahr einer Verletzung oder Bedrohung Dritter nicht ausgeschlossen werden kann (touch for attention);
7. Level: entschiedene körperliche Intervention (gestützt durch hinzugeholte Personen) und Festhalten bis zur Beruhigung (physical restraint).

Konfrontation als situativer Handlungsstil pädagogischer Fachkräfte bzw. erziehender Personen

Konfrontation lässt sich letztendlich als spontanes Reaktionsverhalten im Sinne einer erzieherischen Intervention definieren. Ihr kommt ähnlich wie in der ritualisierten Version die Aufgabe zu, unmittelbar oder zu einem geeigneten Zeitpunkt auf Grenz- oder Normverletzungen durch Gegenübertreten oder Gegenüberstellung zu reagieren. Auch hierbei kommt es auf die Angemessenheit des konfrontierenden Verhaltens an. Eine differenzierte Schrittfolge bzw. Intensitätsstufe könnte sich an den o.a. „sieben Levels der Konfrontation" orientieren (vgl. WEIDNER/KILB/KREFT 1997: 65). GLASL (1999, 293) beschreibt verschiedene Ausgangspunkte bzw. Ansatzpunkte für Konfrontationen. Er differenziert zwischen verzerrten Perzeptionen (Verzerrungen), zwischen Gefühlen und Einstellungen (Feindseligkeiten), Willensfaktoren (Triebe, Motive, Intentionen), äußerem Verhalten sowie Konfliktfolgen, die jeweils Ausgangspunkt und Gegenstand von Konfrontation sein können. Glasl unterscheidet hierbei noch nach deeskalierend und eskalierend wirkenden Konfrontationen, die je nach Konfliktart (formgebundene, formfreie, heiße, kalte Konflikte) und Konfliktstufe anzuwenden seien (a.a.O. 69).

Ethische Aspekte in konfrontativen Trainings

Bei der Anwendung grenzgängiger Methoden und Haltungen, wie sie in AAT und CT sicherlich häufiger als vergleichsweise in anderen Methoden anzutreffen sind, gilt es insbesondere, sich regelmäßig der ethischen Grundsätze sozialer Arbeit zu vergewissern.

Bei den konfrontativen Trainings erscheinen dabei vier Betrachtungsaspekte von übergeordneter Bedeutung zu sein. (1) Unter dem Gesichtspunkt der Wahrung von Menschenrechten wäre auf Rechtsgleichheit bei den Klienten, die gleichen Nutzungsrechte der Gesetze für alle, Behandlungsgleichheit, Folterverbot (grausame Behandlung), das Recht auf Privatheit, Bewegungsfreiheit und Meinungsfreiheit zu achten. (2) Unter dem Aspekt der Verhältnismäßigkeit der Mittel müsste überprüft werden, ob andere Methoden existieren, mit denen das Gleiche zu erreichen ist bei Einsatz weniger intensiver Interventionen und „Einschränkungen". (3) Weiterhin sollte hinterfragt werden, ob die Trainingsform für die jeweiligen Klienten entmündigende Nebenwirkungen auslösen könnten. Es gilt immer abzuwägen, ob man mit der Methodenanwendung die Lebenswelt des Klienten „kolonisiert", d.h. in diese eindringt, die Klienten unterwirft oder assimiliert; in diesem Zusammenhang geht es um den Respekt vor der Autonomie anderer. (4) Zuletzt wären noch ethisch bedenkliche berufliche und arbeitsbezogene Motivlagen von Relevanz, wenn es etwa zu Übertragungshandlungen auf die Person des Klienten oder um „eigene Abrechnungen" gehen würde (vgl. MARTIN 2001). Nicht bestritten werden sollte das ethische Dilemma, in das sich die konfrontierenden oder intervenierenden Akteure immer begeben: „Wenn wir mit anderen an psychischen Faktoren arbeiten, dann können wir uns von unseren Ideen und Zielen leiten lassen. Wenn wir diese vor dem anderen verbergen und ihn zu einer unreflektierten Übernahme bewegen wollen, dann beeinflussen wir ihn manipulativ. (…) Der Intervenierende geht von seinen Zielen und Werten aus und negiert die Freiheitspotenz und Verantwortung seines Partners" (GLASL 1999, 305). Insbesondere dann, wenn der konfrontierende Akteur über Durchsetzungsmacht verfügt – dies ist bei einer Auflage oder aber in Institutionen wie der Schule der Fall – ist es notwendig, die eigene Position und Machtausübung im Verhältnis von Tatintensität, Opferverletzung, Einsichtsfähigkeit, Autonomie- und Freiheitsrecht des Klienten sowie einer Zielorientiertheit zu reflektieren. Zentraler Aspekt auch in der konfrontativen Arbeit wird somit eine gelingende Zielevermittlung und eine Erklärung zum eigenen normativen Standpunkt.

Gerade unter dem Gesichtspunkt der Einhaltung solcher ethischen Orientierungen kommt einer qualifizierten Ausbildung und der regelmäßigen kollegialen und supervisorischen Reflexion eine übergeordnete Bedeutung zu.

Indikation und institutionskulturelle Verträglichkeit

Institutionskulturelle Grenzen existieren je nach Auftrag, Altersgruppen und Entwicklungstand der AdressatInnen sicherlich auf unterschiedlichen Ebenen, allgemein i.d.R. spätestens bei Erreichen von Konfrontations-Level vier oder fünf.

Bei der Einbettung konfrontierender Elemente in die pädagogische Beziehung ist auf die Balance in einer rhythmischen Pendelbewegung zwischen verschiedenen Handlungspolen zu achten (vgl. GLASL 1999, 354): auf die Pendelbewegungen zwischen „Differenzieren und Integrieren", zwischen „Konfrontieren und Zusammenführen", zwischen „genereller und spezieller Orientierung" und zwischen „physisch-psychischer Nähe und Abstand" (commitment/detachment).

Nach bisherigem Kenntnisstand eignen sich konfrontative Ansätze eher für AdressatInnen, deren „Sprache" selbst die körperliche und sprachliche Konfrontation bei Gewalttaten darstellt. Der AAT-Ansatz bedient sich z.B. dieser ursprünglichen Form der „Kommunikation" zwischen Täter und Opfer über eine Transformation in ausschließlich verbale Konfrontationstechniken. Genau in dieser Anlehnung liegt deshalb seine lebensweltliche Adäquanz. Das Training bezieht sich zunächst auf die vorhandenen Muster der Klienten, holt diese im Sinne von Krafelds „akzeptierendem Ansatz" dort ab. Ein solches Ausgangsmuster stellt gewissermaßen eine temporäre „Setting-Enklave" für jede pädagogische Institution dar, ist also als kultureller oder sozialer Standard nur in seiner spezifischen Funktion tauglich.

Zielgruppen- und deliktbezogene Indikationen wurden vielfach dargestellt (vgl. SOZIALEXTRA 2/3-2003: 40 oder WEIDNER/KILB/KREFT 1997). Kontraindikationen liegen insbesondere im Suchtbereich sowie bei starken kognitiven Entwicklungseinschränkungen (vgl. WEIDNER/KILB/KREFT 1997) vor. Seit längerer Zeit wird an Instrumentarien zur präziseren Diagnose im Vorfeld des Trainings gearbeitet. Dies nimmt relativ viel Zeit in Anspruch, da wir die Instrumente nach Anwendungsfeldern ausdifferenzieren müssen.

Theoretische Dimensionen und Verortungsversuche konfrontativer Ansätze in der Pädagogik

Im nachfolgenden sollen vier gesellschaftstheoretische Perspektiven der hier betrachteten pädagogischen Ansätze diskutiert werden. Zunächst wird mit Hilfe regulationstheoretischer Dimensionen eine Verortung konfrontativer Elemente in sozialpädagogischen Prozessen versucht (1). Anschließend soll das Bild einer an interkulturellen Aspekten (2) orientierten „kompensatorischen Erziehung" (3) gezeichnet werden, deren integrativer Bestandteil konfrontative Handlungspraktiken sein können. Zuletzt wird der geschlechtsbezogene Aspekt männlicher Erziehungsanteile auf diesen Ansatz hin thematisiert (4).

Regulationstheoretische Perspektive
Das augenblickliche Stadium unserer postfordistischen Gesellschaft zeichnet sich durch mehrere Faktoren aus.

- Aus ökonomischer Perspektive betrachtet verbindet sich ein immens beschleunigter global stattfindender Warenaustausch mit einem nach dem Share-Holder-Value-Prinzip arbeitenden Turbo-Kapitalismus, der die „alte Form" unserer Sozialen Marktwirtschaft des sogenannten „Rheinischen Kapitalismus" derzeit zurückdrängt.
- Mit zunächst ökonomischen Deregulierungstendenzen wird beabsichtigt, die sogenannte globale Wettbewerbsfähigkeit („Standort Deutschland") halten bzw. wiederherstellen zu können; beide Faktoren führten in Deutschland und Europa seit 1970 zu einem Antieg arbeitsloser Menschen von damals 2% auf heute 11%. Wirtschaftliches Wachstum und Arbeitsmarktentwicklung werden dabei zunehmend voneinander entkoppelt.
- Eine hierdurch bedingte neue soziale Polarisierung ist überlagert durch eine Migration, die zur Ethnisierung sozialer Ungleichheit beiträgt. „Die Parallelität von Unterschichtszugehörigkeit und Herkunft aus einer ethnischen Minderheit bedingt eine Kumulation von struktureller Benachteiligung und Diskriminierung (...)" mit kaum überwindbaren Barrieren zur Integration (HÄUßERMANN u.a. 2004: 9 f.).
- Die hieraus sich generierenden sozialen, psychosozialen und gesundheitlichen Risiken werden zunehmend individualisiert und „privatisiert".
- Die wohlfahrtsstaatlichen Leistungen werden weder quantitativ noch qualitativ den Problementwicklungen angepasst. Die augenblicklichen sozialpolitischen Entwicklungen vollziehen sich dabei nach korporatistischen Regulationsprinzipien.

In diesem Kontext wird u.a. nicht nur das „Oben" und „Unten" sondern auch das Verhältnis zwischen gesellschaftlicher Inklusion und Exklusion neu austariert. In der neuen Balance zwischen Inklusion und Exklusion verschiebt sich auch die Indikationsschwelle für repressive staatliche Interventionen. Nach Schaarschuch korrelieren solche Deregulierungsprozesse „arbeitspolitischer Strukturen im Produktionsbereich" in Verbindung mit der Reprivatisierung von Kosten und Risiken einerseits, mit einer Effektivierung sozialer Dienstleistungen sowie der „Regulation und Bearbeitung (...) der dauerhaft aus dem Produktionsprozess Ausgegrenzten" (SCHAARSCHUCH 1995: 40) andererseits. Interessant erscheint an dieser Stelle, einen Querbezug zur Staatstheorie von Joachim HIRSCH (1990: 51) herzustellen: „Weil der Staat widersprüchliche und konflikthistorische Klassenbeziehungen institutionalisiert, muss er eine Vielzahl unterschiedlicher und konkurrierender Apparate ausbilden (...). Weder die rechtlichen, noch die bürokratischen oder politischen Mechanismen zur Homogenisierung dieses divergierenden Apparatekomplexes garantieren von vornherein den Grad an Einheit in der Vielfalt, der zur Formulierung und Durchsetzung einer einigermaßen kohärenten Politik erforderlich wäre. Das Resultat kann eine Blockierung politisch-administrativer Entscheidungsprozesse oder die Durchsetzung offen widersprüchlicher Teilpolitiken sein, die eine erfolgreiche, auf den Prozess der ökonomisch-sozialen Gesamtreproduktion bezogene Regulation unmöglich machen".

Danach gestaltet sich regulative Sozialpolitik als „Management der Spaltung der Gesellschaft und der Schaffung flexibler Zonen und Abstufungen zwischen Kern und Rand" (SCHAARSCHUCH 1990: 106): „Es ist nicht mehr das Ziel der Regulation, ein ganz bestimmtes Normalitätskonzept durchzusetzen, sondern der Sozialpolitik kommt die umfassendere Aufgabe der Regulation einer gespaltenen Gesellschaft zu" SCHAARSCHUCH 1994: 78).

Die auf der gesamtgesellschaftlichen Ebene sich neu ausprägende „regulative" Handlungskultur lässt sich auch auf die einzelnen Handlungssysteme übertragen.

In der „Mikrostruktur" der Arbeit mit tendenziell aus der Produktion ausgegrenzter Bevölkerungsgruppen kämen konsequenterweise pädagogischen Prozessen und hierbei insbesondere konfrontativen Handlungsaspekten ebenfalls regulatorische Aufgaben zu, und dies in einer doppelten Ausprägung: (a) im Sinne einer gezielt beabsichtigten Funktion des Auffangens der durch Deregulierungen im Produktionssektor entstandenen Folgen und (b) als ein „Ausputzer" für Probleme, deren Intensität und Ausformung erst durch vorgelagerte zentrale staatliche (Fehl-) Planungen begründet sind. Schaarschuch zieht hier vorab den Schluss, dass z.B. die Jugendhilfe in ihrer Form als weitgehend technologisch-instrumentell ansetzende Institution mit einer Ausrichtung auf materielle Gestaltung und Steuerung des Sozialen an „Autonomieansprüchen gesellschaftlicher sozialer Einheiten (...) sowie an der Komplexität gesellschaftlicher Verhältnisse" scheitere (a.a.O.: 51).

Geht man von Schaarschuchs Bild einer pluralen und ungleichzeitigen Gesellschaftsentwicklung aus, ließe sich hieraus eine entsprechende Verständnisbreite von sozialpädagogischen Ansätzen ableiten, mit denen in einer solch uneinheitlichen Struktur „regulierend" gearbeitet wird. Es würde sich dabei die Frage stellen, welche jeweiligen Zielsetzungen der Jugendhilfe unter welchen Gegebenheiten mit welcher methodischen bzw. welcher Entwicklungsausrichtung bearbeitbar wären (vgl. KILB 2000: 46ff.). Im Kontext einer solchen gesellschaftlichen Ausdifferenzierungspraxis einerseits und den gleichzeitig stattfindenden Steuerungs- bzw. Regulationsbemühungen andererseits existieren zahlreiche „Pädagogische Handlungskontexte" mit eigenen Paradigmen, teilweise unabhängig voneinander auf die jeweiligen Einzelproblemlagen hin fokussiert. KUNSTREICH spricht hier, analog zu bereits vollzogenen Entwicklungen im industriell-technischen Bereich, von „responsiblen, die jeweiligen sozialen Gruppierungen (...) unterstützende, aber auch abfedernde Form" sozialer „Dienstleistungen" mit sich weitgehend selbststeuernden Subsystemen (KUNSTREICH 2001: 402). Diese stehen häufig sogar dann getrennt nebeneinander, selbst wenn sie sich auf ein und dieselbe Person richten.

Konfrontative Ansätze sind eine Handlungsform im Spektrum einer solchen Breite von Ansätzen. Sie können dabei manchen Menschen helfen, ihr eigenes Leben im Thierschschen Sinne „lebbarer zu gestalten" (THIERSCH 1992) und das Leben anderer – realer und potentieller Opfer – angstfreier und gefahrloser werden zu lassen. Sie dienen zunächst einmal einer Verhinderung von Exklusion. Ihre Wirkung zielt damit zuerst auf einen Oberflächeneffekt, wie viele andere sozialpädagogische Methoden und Ansätze auch, und nicht direkt auf die Problemwurzeln hin. Bleibt ihre Wirkung auf einer solchen Ebene stehen, können sie auch keine grundlegenden Impulse zu gesellschaftlichen Veränderungen beisteuern. Werden sie aber auf letztere hin reflektiert, können sie über eine rein reproduktive Funktion hinausgehen. Allerdings bedarf es hierzu eines integrierten Bildungsverständnisses und entsprechender Angebote.

Interessant sind in diesem Zusammenhang auch WINKLERS „dialektische Überlegungen". Diese geben einen weiteren möglichen Hinweis, in welchem gesellschaftlichen Kontext der AAT/CT-Ansatz präzise zu verorten sein könnte. Winkler deutet dabei die augenblickliche „Konjunktur" solcher Ansätze als Reaktion auf eine sich in Auflösung befindliche Gesellschaft, die im Zuge soziokultureller Ausgrenzungen selbst die Zwänge verweigert, welchen wir uns um unserer Humanisierung willen nicht entziehen dürften. Trainingsmethoden wie dem AAT kämen dabei symbolische wie fachliche Bedeutung zu, dass Ausgrenzung nicht gleich mit einem Prozess vollständiger Verdrängung der Betroffenen einherginge: „Treatment scheint dann allemal besser als schlichtes Einsperren oder gar dem Verhungern preisgeben" (WINKLER 2003: 46).

Anstelle einer von anderen, eher skeptischen Autoren (vgl. SCHERR, KUNSTREICH, SIMON 2003: 38ff.) und zunächst auch von WINKLER selbst eher oberflächlich betriebenen AAT-Zuordnung zu zeitgeistigen oder auch reaktionären Strömungen bietet sich hierüber eine Verbindung an zwischen den bereits erwähnten, auf den handlungspraktischen Ebenen eher virulenten Drucksituationen und den mehr ethischen Aspekten einer Abwehr völliger Marginalisierung und Aussortierungen. Das AAT/CT wäre danach, wieder im Sinne Thierschscher Lebensweltorientierung ein Verfahren zur (Re)Integration (vgl. WINKLER 2003: 44ff.).

Interkulturelle Dimensionen

Gesellschaftlich ungleichzeitig stattfindende Entwicklungen wurden in der BRD nach 1945 zunächst durch sehr unterschiedliche sozialräumliche Entwicklungsimpulse (Gefälle zwischen Ballungsräumen und ländlichen Strukturen/Nord-Süd-, später Süd-Nord-, seit 1989 Süd-Nordost-Gefälle), ab 1970 insbesondere auch durch die Wechselhaftigkeit der Migrationspolitik verfestigt. Die soziale Struktur unserer Gesellschaft ist dabei auch stark durch den Widerspruch einer de facto vollzogenen Einwanderungsgesellschaft und ihrer an vielen Stellen eher missratenen Integrationsprozesse bestimmt. Letztere reproduzieren selbst wiederum eine starke soziale und in wirtschaftlichen Krisenzeiten auch ökonomische Exklusion ganzer durch Migration betroffener Bevölkerungsschichten. Diese durch eine „Hin-und-Her-Bewegung" gekennzeichnete Einwanderungspolitik, die von der Arbeitskräfteanwerbung über die Familienzusammenführung, die materiellen Prämien für eine Rückkehrbereitschaft in die Herkunftsländer bis zur staatsbürgerschaftlich einigermaßen vollzogenen Gleichstellung heute reicht, hat breite Teile der Migrantenbevölkerung in große Unsicherheiten gehievt. Diese artikulieren sich in einer großen Bandbreite unklarer Zukunfts- und Identitätsentwürfe mit selbst wiederum stark ausgeprägten Hin-und-Her-Bewegungen. DUBET/LAPEYRONNIE (1994: 97) unterscheiden in diesem Prozess (hier bezogen auf Frankreich) zwischen fünf gesellschaftlichen Integrations- und Isolationsphänomenen:

- Migration als „Zwischenetappe" mit Rückkehrplänen,
- Migration als durch Elternwillen hervorgerufener äußerer Zwang („Hineingeborene", „Umgezogene"),
- durch Scheitern der Integration bedingter Rückzug und Re-Idealisierung auf die/der Herkunftskultur,
- „Zwischenidentitäten" von Herkunfts- und „Aufnahmekultur" auf dem Wege einer gelingenden Integration,
- übermäßige Identifikation mit der „aufnehmenden" Kultur bei gleichzeitig stattfindender Distanzierung zur oder Verdrängung der Herkunftskultur.

Bei den ersten drei Varianten erfolgen häufig regressive Reorientierungen auf vermeintlich herkunftskulturelle Stilisierungen mit einer oftmals überzogen ausgeprägten Ausgestaltung traditioneller Geschlechtsrollen und Erziehungspraktiken, die teilweise unseren grundgesetzlichen Prinzipien und dem gesellschaftlichen Normenkorridor nur eingeschränkt entsprechen. Genau dies ist dann aber die schwierige Ausgangssituation einer Pädagogik, die zum Ziel haben sollte, gleiche Lebenschancen zu ermöglichen.

Dies wiederum kann nur mit einer differenzierten und auf die jeweiligen Ausgangssituationen hin orientierten „Pädagogik" gelingen. An den jeweiligen Lebenswirklichkeiten (dies beschreibt z.B. TOPRAK für die türkische Herkunftskultur) anzusetzen bedeutet häufig auch, die „normalen Pfade" pädagogischer Interventionen zu verlassen und Wege oder Methoden zu finden, die *kompensatorische Funktionen* erfüllen können. Konfrontative Ansätze sind eine Form solcher Interventionsmöglichkeiten, die zunächst in ihrer Form an der Lebenswirklichkeit der Betroffenen ansetzen, deren Handlungsmuster zunächst aufnehmen, die letztendlich aber soziale Exklusion verhindern helfen sollen. Sie zielen in ihrer eher rabiaten und autoritativen Art zunächst auf die Anpassung an gesellschaftlich erwünschtes bzw. erwartetes Verhalten, was nicht bedeuten soll, dass sich der pädagogische Auftrag darin allein erschöpft. Denn die erreichte „Angepasstheit" soll wiederum eigentlich erst die Grundlage bilden, sich auch in eher demokratisch-partizipativ darstellenden Settings sowohl autonomer als auch sozial ausgewogener weiterentwickeln zu können. Und nur diese letzte Zielsetzung darf das Ziel auch von Konfrontation sein. In der Operationalisierung stellt sich damit der innerhalb einer Maßnahme zu vollziehende zwischenzeitliche pädagogische Paradigmenwechsel als die eigentliche Schwierigkeit heraus: auf welche Weise gelingt es, den Transfer vom autoritativen Stil hin zu einem demokratisch-partnerschaftlichen Verhältnis zu gestalten und zu steuern? Vom konfrontativen Handlungskontext gilt es überzuleiten in ein Empowermentverfahren, in dem sich die pädagogische Rolle nahezu völlig wandeln muss.

Als pädagogischer Rahmen und aus der pädagogischen Perspektive betrachtet lassen sich in abgeänderter Fassung die von HAMBURGER (1991: 70) entwickelten Elemente interkulturellen Lernens heranziehen:

- lernen, von Verschiedenheiten auszugehen aber normative Grenzverletzungen zu benennen, zu erklären und zu verurteilen,
- lernen, Gemeinsamkeiten und verschiedene Traditionen zu erkennen und zu stärken, wenn diese dem Einzelnen in seiner hiesigen Entwicklung weiterhelfen,
- lernen, jenseits spezifischer Kulturen allgemein humane Werte zu erkennen (Menschenrechte) (vgl. KILB 1998: 173ff.).

Kompensatorische Erziehung und Lebensweltorientierung als theoretischer Rahmen

Der Begriff der „kompensatorischen Erziehung" spielt in der Debatte zu einer reformschulbezogenen Theoriebildung in den USA und der ehemaligen DDR in den 60er Jahren des letzten Jahrhunderts ein Rolle (vgl. AUTORENKOLLEKTIV 1971: 158ff.). Er zielt auf die Verbesserung der schulischen Organisation und der Unterrichtsgestaltung im Sinne emanzipatorischer Ziele und demokratischer Strukturen hin. Ihre curricularen und didaktischen Ziele setzen „an der Bewusstseinslage der zu erziehenden Subjekte" an (a.a.O.: 161). Dies sind vor Allem Unterschichtskinder. Kompensatorische Erziehung soll „das Misserfolgsmuster durchbrechen, über einen vermehrten Lernerfolg die Motivation erhöhen und so auch Unterschichtkinder zu langfristigen Planungszielen kommen lassen" (a.a.O.: 162). Kompensatorische Erziehung zielt in ihrer historischen Version vor Allem auf sprachliche und kognitive Förderung, will damit gleiche Voraussetzungen auch für Benachteiligte aus der gesellschaftlichen Unterklasse bezogen auf deren schulische Erfolge schaffen helfen. Sie orientiert sich dabei an mittelschichtigen Normen. Methodisch orientieren sich die Programme an den individuellen Fähigkeiten und den Schwächen der Schüler.

Die Übertragung dieses Ansatzes zielt hier auf die Steigerung sozialer Kompetenzen und weniger auf die sprachlich-kognitive Förderung. In diesem Rahmen stellen konfrontative Haltung, Aktionen und Handlungen sowie ein konfrontierender pädagogischer Stil Elemente einer kompensierenden Förderung sozialer Kompetenzen dar. Mit Hilfe dieser Aspekte gelingt ein Anpassungsprozess an bzw. hin zum „normativen Korridor" und erleichtert hierdurch über die bisherigen Lernerfahrungen hinausreichende alternative Lernmöglichkeiten. Parallel hierzu sollte sich bei Bedarf ein Prozess der Entstigmatisierung entwickeln können, um solcherart Lernmöglichkeiten ohne Hindernisse durchhalten zu können.

Ein weiterer theoretischer Bezugspunkt liegt in Thierschs Konzept einer lebensweltorientierten Sozialen Arbeit (THIERSCH 1992: 23ff.). In Anlehnung an FREIRES „dialogisches Prinzip" orientiert Thiersch die „zu gewährenden Unterstützungen und Anregungen in Bezug auf Bildungs-, Erziehungs- und Orientierungsaufgaben, in Bezug aber ebenso auf die Gestaltung von Situationen, Gelegenheiten und Räumen als Hilfe zur Selbsthilfe, die so strukturiert sein müssen, dass sie ihren Ausgang nehmen in den gegebenen Struktur-, Verständnis- und Handlungsmustern..." (a.a.O.: 23). Angelegt ist dieses Konzept an dreierlei Grundlegungen: Es soll einerseits an den bestehenden Ausgangsbedingungen ansetzen, diese in den Hilfeprozess mit einschließen, insbesondere die damit verbundenen Ressourcen und persönlichen und gruppenbezogenen Kompetenzen. Es beinhaltet zweitens im Sinne des „dialogischen Prinzips" die Aushandlung von Zielvorstellungen und auch kulturellnormativer Orientierungslinien. Drittens soll sie im Sinne von Empowerment die Betroffenen eher in die Lage einer selbst organisierten Hilfemöglichkeit hin vermitteln. Die konfrontative Haltung erfüllt insbesondere das erste Prinzip. Es setzt schon in seinem Setting, in der Form seiner Kommunikation genau an den häufig hierarchisch akzentuierten, aggressiven und auch partiell repressiven Kommunikations- und Aktionsformen der Betroffenen an, nimmt deren kulturell-soziale Handlungsmuster mit in das Curriculum auf, ergänzt diese aber durch zusätzliche Module mit reflexiven, verständnisbezogenen, empathieorientierten Zielen. Es vollzieht sich somit im Verlaufe des Curriculums auch ein langsamer paradigmatischer Transfer.

Freires Dialogisches Prinzip käme insbesondere in den zukunftsorientierten Modulen des Trainings zur Geltung, wenn es darum geht, gangbare, lebbare Wege mit den Klienten zusammen zu definieren und in experimentellen Formen zu trainieren.

Der Aspekt der Selbsthilfe hat während des Trainingsverlaufs kaum eine Bedeutung, da das Selbsthilfeprinzip auf einer primären Motivationslage aufbaut. Das Training selbst oder auch die konfrontierende Haltung besitzen eher eine vorbereitende Wirkung. Der Klient sollte anschließend günstigere

Bedingungen vorfinden, sich selbst helfen zu können. Eine pädagogische Haltung im Sinne von Empowerment sollte aber unbedingt eine Option am Ende eines konfrontativen Trainings bleiben. So wäre die abschließende Phase methodisch unter Empowermentaspekten auszugestalten wie z.B. durch Ansätze des Case-Management, der Ressourcendiagnostik, der Biografie- und der Netzwerkarbeit (vgl. HERRIGER 2002). Natürlich ist ein solcher paradigmatischer Wechsel während des „Hilfeprozesses" nicht unproblematisch. Er kann für den Klienten als inkonsequentes Verhalten registriert werden, welches die Eindeutigkeit, die während des eigentlichen Trainings herrschte, nachträglich und ggf. nachwirkend in Frage stellen könnte. Gewiss sind nicht alle der mit dieser Methode angesprochenen Jugendlichen mit der Reflexionsfähigkeit und den moralischen Instanzen ausgestattet, die Empowerment vorraussetzen würde.

THIERSCH selbst bindet das lebensweltorientierte Konzept, um es nicht für jedwede Auslegung zu öffnen, an die sogenannten Strukturmaximen des „Achten Jugendberichtes": Alltagsorientierung, Sozialraumorientierung, Prävention, Einmischung, Integration, Partizipation. Trotzdem bleibt dieses Konzept einerseits nahezu völlig offen für eine sehr große Breite unterschiedlicher pädagogischer Ansätze, weil diese sich wiederum häufig an verschieden wahrgenommenen Lebenswelten orientieren. Wichtig an diesem Konzept bleibt trotzdem vor Allem der milieu- oder personenzentrierte Ausgangsbezug pädagogischen Handelns und das Aushandlungsprinzip Freires, welches die Subjektstellung des Betroffenen akzentuiert. Ergänzungsbedürftig ist es aber für die Arbeit mit stark regelverletzenden Klienten, insbesondere wenn deren Regelverletzungen mit Personenschäden verbunden sind. Hier muss die Intervention als pädagogisches Handlungsprinzip zusätzlich integriert werden, ansonsten wären pädagogische Maßnahmen grundsätzlich untauglich in und für aktuelle gewaltbesetzte Situationen.

Die „vergessene väterliche Seite der Erziehung"?
„Das richtige Rezept für harte Jungs ?" fragt SCHERR mit deutlich ironischem Unterton in der Überschrift seiner Kritik am Anti-Aggressivitäts-Training, um in seinen Ausführungen dann den Bezug zum klassisch-männlichen Subjektmodell als „Therapieziel" konfrontativer Aktionsformen zu unterstellen: Das Modell des „selbstbeherrschten autonomen Individuums, das seine eigenen Emotionen und Triebe diszipliniert und kontrolliert, sich in unterschiedlichen sozialen Kontexten selbstbewusst behauptet und geltende Normen anerkennt" (SCHERR 2003: 43). In Umkehrung hierzu formuliert TISCHNER (ders. 2004) die Frage, ob die Pädagogik nicht an einem in den letzten 30 Jahren zunehmendem Übergewicht der mütterlichen zuungunsten der väterlichen Seite der Erziehung kranke. Tischner geht in seiner Argumentation von zunehmenden Defiziten wie etwa schlechteren schulischen Leistungen und intensiverer Stigmatisierung der Jungenrolle (höheren Kriminalitätsbelastungsziffern, häufigere Interpretationsneigung zu Gewalttätigkeiten bei männlichen Kindern und Jugendlichen) aus, die er in einen Bezug zu Femini-

sierungstendenzen in der Pädagogik stellt. Tischner mahnt die Berücksichtigung und Gleichwertung sowohl des väterlichen wie des mütterlichen Prinzips in der Pädagogik an, wenngleich er dies unter Aufrechterhaltung sehr traditioneller Geschlechterrollen betreibt. Nach seiner Auffassung wechselten die herrschenden Orientierungen immer wieder zwischen mütterlichen („Weimarer Zeit", 68er-Zeitepoche bis heute) und väterlichen Dominanzen (Kaiserreich, Faschismus, Nachkriegszeit, Wiederaufbauepoche, „Wirtschaftswunder") und verfestigten sich in femininen Tendenzen über die sogenannte „Lebensweltorientierung" der Pädagogik. Tischner sieht in den konfrontativen Elementen der Glen-Mills-Erziehung ein stark väterliches Korrektiv, welches von den Schülern regelrecht aufgesogen werde. Im Einzelnen artikuliert sich dieses durch die patriarchalische Figur des Anstaltsleiters, das männliche Betreuungspersonal (ganz ohne eine weiblich akzentuierte Sozialarbeit und Psychotherapie), dem Vorrang der Gemeinschaft gegenüber dem Individuellen, den klaren Regelkodex, das konsequente Konfrontieren bei Normverletzungen, klare Rangordnungs- und Aufstiegsprinzipien, die sportliche, schulische und berufliche Leistungsorientiertheit sowie eine Zukunftsorientiertheit statt Rückwärtsgewandtheit.

TISCHNER kritisiert an dem Glen-Mills-Modell zwar eine Vernachlässigung des Individualprinzips, um es für europäische Verhältnisse als tauglich definieren zu können, sieht in ihm aber eine kompensatorische Funktion für normverletzende junge Männer, die mit einem väterlichen Erziehungsdefizit aufgewachsen sind.

Auch in Tischners Auslegung konfrontativer Elemente deutet sich ein recht „konservatives" erzieherisches Modell als Eingangsstufe oder Zugang zu einem partnerschaftlich-partizipativ-demokratischen Setting, bzw. wie es Winkler formuliert, als „vorpädagogische" Arbeit an, allein deshalb, um einen weiteren Exklusionsdruck zu verhindern und ein Leben im „normativen Korridor" möglich werden zu lassen. Im Sinne einer zunächst solcherart akzeptierenden Anfangskultur (vgl. KRAFELD, KRAUßLACH) würde es aber in einer weiterführenden Arbeit sowohl methodisch (Empowermentorientierung) als auch zielorientiert um den Aufbau einer demokratischen Kommunikationskultur, die Entwicklung zur Selbst-Reflexivität und eine an Gender-Aspekten angelehnte Subjektorientierung gehen.

Natürlich muss zumindest die Anfangssequenz des Trainings genau dort ansetzen, wo die meist männlichen gewaltaffinen Klienten überhaupt von Sozialer Arbeit zu erreichen sind. Diese Anfangssequenz besitzt somit zunächst akzeptierenden Charakter hinsichtlich der Personen und deren kommunikativer und kultureller Ausdrucksformen; diese können in der Tat dann zumindest in der Anfangssituation deutlich maskulin akzentuiert sein. Ob die eigentliche Konfrontationssequenz diesem maskulinen Muster ebenfalls so stark entspricht, vermag ich nicht zu beantworten. Allerdings löst sich dieses Muster in ersten Nuancen schon vielfach während der Konfrontationen auf, z.B. wenn die „harten Jungs" erstmals in Tränen ausbrechen und aufgefangen werden. Die nachfolgenden Arbeitsschritte beinhalten schließlich dann auch die Arbeit mit den

„Gefühlshaushalten" und den Geschlechterrollen (vgl. hierzu die AAT-Konzeption der Münchener Initiative für Männerfragen – MIM e. V).

Fazit

Ein Teil der augenblicklich stattfindenden Debatte deutet wieder einmal auf die immer noch sehr tiefe und schon historische Grabenbildung zwischen Theorie und Praxis hin, die sich über die Gewaltdebatte eher verschärft haben dürfte. Dies ist zunächst einmal allgemein auf unterschiedliche strukturelle Gegebenheiten bzw. Druck- und Erwartungssituationen der beiden Handlungsebenen zurückzuführen. Den Druck- und Erwartungssituationen sind allerdings Fachkräfte der pädagogischen Handlungsebenen sehr viel intensiver ausgesetzt. Sie sind es, die handlungsfähig bleiben müssen sowohl in der Zusammenarbeit mit ihren KlientInnen als auch gegenüber zahlreichen, sich teilweise widersprechenden Erwartungen anderer Akteursgruppen wie etwa den eigenen Anstellungsträgern, Eltern, anderen Institutionen, Gremien oder Finanziers. PraktikerInnen können in der Regel nicht darauf warten, sich mit Hilfe langer Diskurse und umfangreicher Auswertungen letztendlich zu legitimieren; Praxis hat sich auch über kurzfristige Erfolge zu bewähren, um sich abzusichern. Dies wird besonders relevant gerade in solchen Feldern, in denen ansonsten ganz andere repressive oder sozialpolitische Reaktionen erfolgen würden – geht es doch hier längst um die Frage, welche Aufgaben von der Pädagogik an andere Bereiche abgetreten werden könnten.

Die hierdurch bedingten unterschiedlichen Reaktionsgeschwindigkeiten zwischen der eher pragmatisch auf eine direkte und unmittelbare Problemlösung ausgerichteten „Verfahrens-" oder „Handlungswissenschaft" und einer auf die Ursachenanalyse zielenden „Erklärungswissenschaft" (vgl. STAUB-BERNASCONI 1998) führen dabei zu einer Umkehrung in der traditionellen Theorie-Praxis-Abfolge mit dem bekannten Resultat einer „schnelleren" pragmatischen Reaktion im Praxisbereich vor dem zeitaufwändigeren analysierenden Diskurs über ursächliche Kontexte im Theoriebereich. Durch diese Umkehrung entstand auch im Zusammenhang der Gewaltdiskussion für die Fachkräfte der Praxisebene der Eindruck, aus erklärungswissenschaftlichen Erkenntnissen nur noch bedingt Nutzen ziehen zu können.

Der hohe Emotionalisierungsgrad der Auseinandersetzung dürfte außerdem darauf hinweisen, dass sich die jeweiligen Protagonisten verschiedener, einer pluralen Gesellschaft immanenter paradigmatischer Grundrichtungen einer weiteren Konkurrenz ausgesetzt sehen. Dass mit einer in bestimmten Situationen mit ganz bestimmten Zielgruppen an ganz bestimmten Zielen orientierten konfrontativen pädagogischen Haltung und Methodik nicht gleich eine Abkehr lange erkämpfter demokratisch-liberaler Grundstandards verbunden ist, sondern – nahezu dialektisch – solche letztendlich genau zu fördern sind, ist unser erklärtes Interesse.

Der Beitrag orientiert sich an den grundlegenden Ausführungen des Verfassers in: „Weshalb und wozu Konfrontative Pädagogik?" in: Zeitschrift für Sozialpädagogik, Heft 1-2005. Weinheim

Literaturangaben

AUTORENKOLLEKTIV (1971): Sozialisation und kompensatorische Erziehung. Hamburg.
BÖHNISCH, L. (1997/2001): Sozialpädagogik der Lebensalter. Weinheim/Basel.
BÜCHNER, R. (2005): Konfrontatives Soziales Kompetenztraining für Jugendliche an der Schnittstelle von Schule-Ausbildung-Beruf; in: FES: Konfrontative Pädagogik (Tagungsreader). Berlin.
COLLA, H./SCHOLZ, C./WEIDNER, J.(Hg.) (2001): Konfrontative Pädagogik. Das Glen Mills Experiment. Bad Godesberg.
CREIN, F. (2005): Fürsorglichkeit und Konfrontation. Gießen.
DUBET, F./LAPEYRONNIE, D. (1994): Im Aus der Vorstädte. Stuttgart.
GALUSKE, M. (2001): Methoden der Sozialen Arbeit. Weinheim/München.
GEIßLER, K. A./HEGE, M. (1995): Konzepte sozialpädagogischen Handelns. Weinheim/München.
GLASL, F. (1999): Konfliktmanagement. Bern/Stuttgart.
GRISSOM, G.R./DUBNOW, W.L. (1989): Without Locks and Bars. Reforming our Reform School. New York.
HÄUßERMANN, H./KRONAUER, M./SIEBEL, W. (Hg.) (2004): An den Rändern der Städte. Frankfurt/M.
HAMBURGER, F. (1991): Erziehung in der multikulturellen Gesellschaft. In: IZA 4/1991 Frankfurt/M., S. 70-74.
HEILEMANN, M. (1994): Geschichte des Antagonisten-Trainings. In: Zeitschrift für Strafvollzug und Straffälligenhilfe 43, S. 331-336.
HEILEMANN, M./FISCHWASSER - VON PROECK, G. (2001): Gewalt wandeln. Lengerich.
HERRIGER, N. (2002): Empowerment in der Sozialen Arbeit. Stuttgart/Berlin/Köln.
HERZ, B. (2005): Ist Konfrontative Pädagogik der rede wert? In: ZJJ 4/2005. Hannover, S. 365-374
HIRSCH, J. (1990): Kapitalismus ohne Alternative ? Hamburg.
HURRELMANN, K. (2002): Einführung in die Sozialisationstheorie. Weinheim/Basel
KILB, R./WEIDNER, J./GALL, R. (2006): Konfrontative Pädagogik in der Schule. Weinheim/München.
KILB, R. (2005): „Weshalb und wozu Konfrontative Pädagogik?" in: Zeitschrift für Sozialpädagogik, Heft 1-2005. Weinheim.
KILB, R. (2004 a): Paradigmenwechsel in der Arbeit mit gewaltbereiten Jugendlichen. In: deutsche jugend, Heft 3/2004, S. 115-120.
KILB, R./WEIDNER, J. (2004 b): Konfrontative Pädagogik. Wiesbaden.
KILB, R./WEIDNER, J. (2000): Eine neue Methode im Aufwind ? In: Sozialmagazin 25. Jg. H. 1/2000, S. 33-38.
KILB, R. (2000): Jugendhilfeplanung – ein kreatives Missverständnis ? Leverkusen.
KILB, R. (1998): Multikulturelles Muster. In: DEINET, U./STURZENHECKER, B.: Handbuch Offene Jugendarbeit. Münster, S. 173-179.
KÖNIG, P. (1993): Wir Vodookinder. In: Kursbuch 113, Berlin, S. 1-6.
KRAFELD, F.-J. (1998): Cliquenorientiertes-akzeptierendes Muster. In: DEINET, U./STURZENHECKER, B.: Handbuch Offene Jugendarbeit. Münster, S. 180-187.
KRAUßLACH, J. (1981): Aggressionen im Jugendhaus. Wuppertal.

KUNSTREICH, T. (2001): Grundkurs Soziale Arbeit (Bd. 1 und 2). Bielefeld.
KUNSTREICH, T. (2003): Der Kaiser ist ja nackt ! In: Sozialextra 04/2003. Weinheim, S. 41-42.
LENZEN, D. (HG) (2002): Erziehungswissenschaft. Reinbek.
MARTIN, E. (2001): Sozialpädagogische Berufsethik. Weinheim/München.
MÜNDER, J. (1996): Einführung in das KJHG. Münster.
SCHAARSCHUCH, A. (1995): Sozialplanung in der Krise – Krise der Sozialplanung. In: BOLAY, M./HERRMANN, F.: Jugendhilfeplanung als politischer Prozess. Neuwied, S. 33-56.
SCHAARSCHUCH, A. (1994): Soziale Dienstleistung im Regulationszusammenhang, in: Widersprüche, Heft 52. Bielefeld, S. 73ff.
SCHERR, A. (2003): Das richtige Rezept für harte Jungs ? In: Sozialextra 04/2003. Weinheim, S. 42-44.
SCHRAN, P. (1999): Gewalt im Griff (ZDF-Reportage). Köln/Mainz.
SIMON, T. (2003): Wo Zuwendung nicht hilft, hilft Konfrontation? In: Sozialextra 04/2003. Weinheim, S. 38-41.
STAUB-BERNASCONI, S. (1998): Soziale Probleme – Soziale Berufe – Soziale Praxis. In: HEINER, M. u.a.: Methodisches Handeln in der Sozialen Arbeit. Freiburg, S. 11-137.
THERWEY, M./PÖHLKER, R. (1997): Konfrontatives Interventionsprogramm für Schulen. In: WEIDNER, J./KILB, R./KREFT, D.: Gewalt im Griff. Weinheim/Basel, S. 112-149.
THIERSCH, H. (1992): Lebensweltorientierte Soziale Arbeit. Weinheim/München.
TISCHNER, W. (2004): Konfrontative Pädagogik. Die vergessene „väterliche" Seite der Erziehung. In: WEIDNER, J./KILB. R. (Hg.) (2004): Konfrontative Pädagogik. Wiesbaden, S. 25-50.
TOPRAK, A. (2005): Jungen und Gewalt. Die Anwendung der Konfrontativen Gesprächsführung in der Beratungssituation mit türkischen Jugendlichen. Herbolzheim.
WEIDNER, J./KILB, R./JEHN, O. (Hg.) (2003): Gewalt im Griff; Bd. 3. Weinheim.
WEIDNER, J./KILB, R./KREFT, D. (Hg.) (1997/2003): Gewalt im Griff; Bd. 1, Weinheim. 3. Aufl.
WEIDNER, J. (1993): Anti-Aggressivitäts-Training für Gewalttäter. Bonn.
WILLEMS, H. (1993): Fremdenfeindliche Gewalt, Opladen.
WINKLER, M. (2003): Verliebt in das eigene Programm, in: Sozialextra 04/2003, Weinheim, S. 44-46.

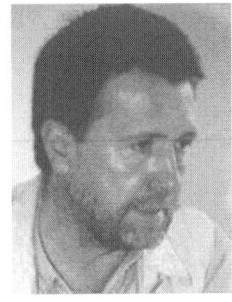

In Dankbarkeit gewidmet meinem verehrten Lehrer
Herrn Prof.em. Dr.phil. DIETER-JÜRGEN LÖWISCH

Wolfgang Tischner

Konfrontative Pädagogik – die vergessene „väterliche" Seite der Erziehung

Ein Gespenst geht um in Europa – sein Name: „Konfrontative Pädagogik". Diese Pädagogik hat Anleihen aus den USA und löst nicht nur deshalb bei vielen Sozialpädagogen in Deutschland heftige Abwehrreaktionen aus.[1] Ein wesentlicher Grund ist der, daß die Leitlinien der Konfrontativen Pädagogik so völlig abseits dessen liegen, was deutschen Sozialpädagogen seit den 70er Jahren so selbstverständlich ist, daß es nicht mehr in Frage gestellt wird. Ein weiterer besteht darin, daß die Konfrontative Pädagogik für den Berufsstand der Pädagogen eine massive Kränkung darstellt. Der Begründer der Jugendhilfeeinrichtung Glen Mills Schools, der neben seinem Ausbildungs- und Sportprimat mit der konfrontativen Methodik arbeitet, SAM FERRAINOLA, macht keinen Hehl daraus, daß er von Sozialpädagogen nicht viel hält und statt ihrer lieber auf ehemalige Gangster, durchtrainierte Sportler und geschickte Handwerker baut, die Spaß verstehen und sich durch das expansive Gebaren der Jugendlichen nicht einschüchtern lassen.[2]

Die Pädagogik ist nun wahrlich keine Wissenschaft, welcher es an Attributen mangelt. Abgesehen von der Vielzahl wissenschaftstheoretischer Richtungen von der geisteswissenschaftlichen über die empirisch-analytische Pädagogik bis hin zur emanzipatorischen und systemischen Pädagogik gibt es mittlerweile darüber hinaus solche „Pädagogiken" wie die interkulturelle, die feministische, die postmoderne u.v.a.m. Wozu, so wird sich der kritische Beobachter fragen, muß es dann noch eine *Konfrontative* Pädagogik geben?

Die Rede von einer Konfrontativen Pädagogik ist m.E. in der Tat unglücklich, ist doch eine Pädagogik, welche nicht auch das Element der Konfrontation im Umgang des Erwachsenen mit dem Kind bzw. Jugendlichen

---

1 Die Reaktion ist längst nicht in allen europäischen Ländern so ablehnend wie in Deutschland, wo bedingt durch die nationalsozialistische Vergangenheit eine starke Voreingenommenheit besteht. So gibt es im niederländischen Wezep bereits seit mehr als vier Jahren eine Einrichtung, die nach den auch konfrontativen Ideen der Glen Mills Schools arbeitet. (URL: http://www.hoenderloo-groep.nl/glen_mills/center.html)

2 Für einigen Unmut dürfte auch das kurzfristige Wiederausgeladenwerden einer Delegation des *Deutschen Jugendinstituts* durch die Leitung der *Glen Mills Schools* im Sommer 2001 gesorgt haben. (Vgl. DEUTSCHES JUGENDINSTITUT 2001, 5)

beinhaltet, schlechterdings nicht vorstellbar. Eine im weitesten Sinne *nichtkonfrontative Pädagogik* kann es gar nicht geben, Konfrontation macht vielmehr ein *Wesensmerkmal* von Erziehung aus.[3] Wenn dies so ist, so müssen sich doch immerhin Gründe dafür ausfindig machen lassen, die dazu geführt haben, daß man heute mancherorts glaubt, auf diese Art von Pädagogik nicht verzichten zu können.

Meine These ist, daß die Pädagogik der letzten dreißig Jahre in Deutschland an einem zunehmenden *Übergewicht der mütterlichen zuungunsten der väterlichen Seite der Erziehung* krankt und die Konfrontative Pädagogik dazu das notwendige Korrektiv beitragen kann.

1. „Feminisierung der Pädagogik"

Im Schulbereich beobachtet man bereits seit den 90er Jahren, daß die Jungen gegenüber den Mädchen in bezug auf den Erfolg schulischen Lernens massiv ins Hintertreffen geraten sind. Die kürzlich veröffentlichten Ergebnisse der Pisa-Studie unterstreichen diese Beobachtungen auf das deutlichste. Allein was die Zahl der Abiturienten angeht, ist der Anteil der Jungen in den letzten dreißig Jahren von 60 auf 44 Prozent gefallen. Hinzu kommt, daß die Abiturnoten der Jungen im Schnitt um fast eine Note schlechter ausfallen als die ihrer Mitschülerinnen. Alarmieren muß auch, daß der Anteil von Jungen bei den Sonderschülern in den letzten dreißig Jahren von 60 auf 64 Prozent, bei den Schulabgängern ohne Hauptschulabschluß gar von 55 auf 65 Prozent gestiegen ist. (FOCUS 2002) *„Jungen",* so ein SPIEGEL-ONLINE-Artikel (2002), *„bleiben in der Bundesrepublik doppelt so oft sitzen wie Mädchen, fliegen doppelt so oft vom Gymnasium, landen doppelt so oft auf einer Sonderschule."*

Ernstzunehmende Schulkritiker führen diese besorgniserregende Entwicklung maßgeblich darauf zurück, daß die Schule unter dem Einfluß feministischer Strömungen in der Pädagogik und dem Bemühen, einer vermeintlich bestehenden Diskriminierung von Mädchen entgegenzuwirken, zu einem *„jungenfeindlichen Biotop"* geworden sei. So sei das vergleichsweise schulkonforme und daher pflegeleichte Verhalten der Mädchen sowohl von weiblichen als auch von männlichen Lehrpersonen unter der Hand zur Norm erhoben und das der Jungen an diesem Maßstab gemessen worden. Der natürliche Bewegungsdrang von Jungen werde vorschnell als Disziplinlosigkeit geahndet, meist harmlose Raufereien zwischen ihnen als bedrohlich eingeschätzt und pathologisiert. *„Wer sich heute auf dem Schulhof oder in der Klasse der traditionellen Jungenrolle gemäß aufführt",* so ein ZEIT-Artikel

---

3   Wenn es somit auch den Anschein hat, daß der Terminus „Konfrontative Pädagogik" eine Tautologie darstellt, so soll im folgenden im Interesse einer pointierten Darstellung dennoch an ihm festgehalten werden.

(2002), *„wird von Lehrern als aggressiv und sozial defizitär empfunden und entsprechend behandelt."* Nicht zufällig stellen Jungen rund zwei Drittel der Klientel von Jugendpsychiatern und Erziehungsberatungsstellen.

Die aus der *„alltäglichen Abwertung"* jungentypischen Verhaltens resultierende gravierende Verunsicherung und Orientierungslosigkeit der Jungen in bezug auf ihre Geschlechtsrolle wird zusätzlich dadurch verstärkt, daß Erziehung auch in personeller Hinsicht zunehmend weiblich dominiert wird, angefangen vom *„Frauenmonopol in den Kindergärten"* (SPIEGEL-ONLINE) bis hin zu den Sonder- und, nimmt man die Gymnasien aus, weiterführenden Schulen. Unter allen Schulformen besonders fest in weiblicher Hand befinden sich die Grundschulen, wo der Frauenanteil in der Lehrerschaft mittlerweile bei 84,7 Prozent liegt. Potenziert werden die Folgen des vor allem in Kindergärten und Grundschulen bestehenden Männermangels[4] durch den familialen Wandel: Immer mehr Jungen wachsen ohne jede männliche Bezugsperson auf, weil inzwischen in jeder sechsten Familie die Mutter allein erzieht. Die desaströsen Folgen für die Persönlichkeitsentwicklung gerade für Jungen wurden kürzlich in einem ZEIT-Artikel (2003) dargestellt: Der Anteil jener Kinder, die ohne Vater aufwachsen, ist unter späteren Schulversagern, Studienabbrechern, Drogenabhängigen, Vergewaltigern und Gefängnisinsassen überproportional hoch. Fast zwei Drittel aller Vergewaltiger, drei Viertel der jugendlichen Mörder und ein ähnlich hoher Prozentsatz jugendlicher Gefängnisinsassen mußten ohne Vater groß werden.

Die wachsende *„Feminisierung der Pädagogik"* (SPIEGEL-ONLINE) in Deutschland drückt sich nicht allein quantitativ aus[5], sondern findet ihren Niederschlag darüber hinaus und weitaus subtiler in einer tiefgreifend veränderten pädagogischen Haltung. So äußert sich das Überwiegen der mütterlichen Seite der Erziehung, und zwar bei Pädagogen beiderlei Geschlechts, wesentlich darin, daß diese dem Element der Konfrontation in der Erziehung betont distanziert gegenübersteht und sich, gelegentlich bespöttelt als „Ku-

---

4 Wenngleich NOHL zu Beginn des letzten Jahrhunderts konstatierte, in den ersten Lebensjahren gehöre das Kind der Mutter und ihrer Pflege, der Vater trete erst mit den späteren Jahren mehr hervor, erscheint es heute lohnenswert, der Frage nachzugehen, wie Männer stärker auch für die pädagogische Arbeit mit jüngeren Kindern gewonnen werden können. Vgl. kritisch dazu: ENGELHARDT 1999

5 ... in der *Sozialpädagogik* beispielsweise darin, daß die *Internationale Gesellschaft für erzieherische Hilfen (IGfH)* in den letzten Jahren immerhin vier Themenhefte ihres Verbandsorgans *Forum Erziehungshilfen* (1/1998, 2/1999, 2/2001, 1/2003) sowie zwei umfangreiche Sammelbände zum Thema Mädchen und Mädchenarbeit in der Jugendhilfe, dagegen nichts Vergleichbares zum Thema Jungen und Jungenarbeit veröffentlicht hat. In der Praxis der Jugendarbeit korrespondiert dieser ungewöhnlich extremen publikatorischen Schlagseite die unter dem Banner der „Gleichberechtigung" praktizierte systematische Ausgrenzung von Jungen durch eine in erheblichem Umfang öffentliche Mittel bindende separatistische *Mädchenarbeit* in Form von Mädchentagen, Mädchencafés, Mädchenzeitungen, Mädchenprojekten usw. Teilweise wird solche Mädchenarbeit auch ohne Scheu unverblümt als das deklariert, was sie faktisch ist, nämlich eine „parteiliche" und damit Jungen benachteiligende.

schelpädagogik", statt dessen im Vermeiden von Konflikten und dem Pflegen emotional warmer, authentischer und empathischer Beziehungen übt. Nur wenige Pädagogen setzen sich ohne Not dem etwaigen Vorwurf aus, sie seien „autoritär", indem sie auf die Einhaltung bestehender Normen und eine leistungsgerechte Benotung (anstelle von „Kuschelnoten") pochen. Gern gibt man sich großzügig, nicht-repressiv und verständnisvoll. Denn nichts wird von Sozialpädagogen, die – als Angehörige helfender Berufe – von ihren Klienten gewöhnlich geliebt werden wollen, mehr gefürchtet, als den „guten Draht", den man zu dem Jugendlichen zu haben glaubt, durch ein leichtfertiges Beharren auf Recht und Ordnung zu verlieren. Spätestens seit den Tagen HERMAN NOHLS gilt der „pädagogische Bezug" als *die* tragende Voraussetzung jeglicher pädagogischer Einflußnahme. (NOHL 1988, 164ff.; vgl. auch TISCHNER 2000)

2. Das mütterliche und das väterliche Prinzip in der Erziehung

Die These vom Zurückdrängen der väterlichen Seite der Erziehung durch die mütterliche ist keineswegs neu, sondern bereits unter anderem Gegenstand von NOHLS 1933 in erster Auflage erschienenem Buch *„Die pädagogische Bewegung in Deutschland und ihre Theorie"*. Darin vertritt der Autor die Auffassung, daß sich die Kräfteverhältnisse in neuerer Zeit umgekehrt hätten: Dort, wo früher der väterliche Standpunkt mit seinen Prinzipien Disziplin, Pflicht und Leistung den Ton angegeben habe, dominiere heute *„oft zu einseitig die mütterliche Aufgabe; statt der Angst um die Leistung erschien die Angst, das fremde Eigenleben zu stören, statt der äußeren Disziplin suchte man das freie Sichbewegen der Kinder."* (1988, 164) Der Nationalsozialismus brachte in der Folgezeit mit besonderer Härte einen abermaligen Umschlag zugunsten des väterlichen Prinzips in der Erziehung, welcher in den ersten zweieinhalb Nachkriegsjahrzehnten, wenngleich nun deutlich abgeschwächt, erhalten blieb. Erst mit der Studentenbewegung Ende der 60er Jahre begann sich das mütterliche Prinzip, das heute die sozialpädagogische Theorie und Praxis vor allem unter dem Etikett der *Lebensweltorientierung*[6] beherrscht, erneut durchzusetzen.

---

6 Konstituierend für das Prinzip der **Lebensweltorientierung** in der Sozialen Arbeit ist die Verabschiedung von der traditionellen Unterscheidung *Norm* und *Abweichung*, welche ihren Grund in der zunehmenden Auflösung von Normalitätsstandards in unserer heutigen Gesellschaft hat. Als Konsequenz ergibt sich daraus, daß sich das doppelte Mandat der Sozialen Arbeit von *Hilfe* und *Kontrolle* immer mehr in Richtung Hilfe bei gleichzeitigem Schwinden der Kontrolle verlagert. (Vgl. KLEVE 2003) Seine kinder- und jugendrechtliche Entsprechung fand dieser Wandel 1991 in der Ablösung des eingriffs- und ordnungsrechtlich geprägten Jugendwohlfahrtsgesetzes durch das durch seinen Dienstleistungscharakter gekennzeichnete SGB VIII.

Folgt man den diesbezüglichen Gedanken NOHLS, so lassen sich das mütterliche und das väterliche Prinzip[7] in der Erziehung durch folgende Merkmale charakterisieren: Der **Vater** hat prinzipiell mehr die Gruppe als Ganzes im Blick als das einzelne Individuum und verlangt von ihm Leistung und Beruf. *„Er verteidigt und führt das Kind, aber fordert auch von ihm und vertritt ihm gegenüber Ordnung und Gesetz und die Macht der Durchsetzung."* (163) Der Vater bereitet das Kind erzieherisch auf die in späteren Jahren immer stärker an es *„herandringenden Anforderungen des öffentlichen Lebens und der objektiven Aufgaben"* vor. Dagegen sieht die Mutter das Kind prinzipiell mehr in seiner Individualität und seinem subjektiven Eigenleben, dem sie fortwährend in einfühlender und bestätigender Weise auf der Spur ist, um es zu pflegen und zu bewahren. Im Gegensatz zum Vater ist sie *„wohl geneigt schwach zu sein, den Neigungen des Kindes zu sehr nachzugeben."* NOHL spricht hier resümierend von der *„Grundantinomie der Pädagogik von Sein und Norm, Subjekt und Objekt, Gegenwart und Zukunft"*, welche sich *„in der Urzelle der pädagogischen Gemeinschaft verteilt auf Vater und Mutter"* finde. (163)

In ähnlicher Weise sieht ERICH GABERT *„das mütterliche und das väterliche Element in der Erziehung"* (1949). Dieser merkt an, daß das Mütterliche – darauf gerichtet, die seelische Einheit mit dem Kind, die vor seiner Geburt auch eine körperliche war, zu bewahren und zu erhalten – tendenziell rückwärtsgewandt sei. Im Gegensatz dazu ziele das väterliche Bestreben darauf, das Kind an die *künftigen* Ansprüche des Lebens heranzuführen. Daher – so ERICH FROMM, dessen diesbezügliche Gedanken mit jenen NOHLS und GABERTS im übrigen weitgehend übereinstimmen – müsse der Vater seine Liebe zum Kind davon abhängig machen, daß es seinen Erwartungen entspricht, seine Anforderungen erfüllt. Dies unterscheide die Vaterliebe von der Liebe der Mutter, die ihrem Wesen nach an keinerlei Bedingungen geknüpft sei. (1989, 69ff.)

Hinsichtlich seiner eigenen Präferenz im Widerstreit der beiden genannten Prinzipien läßt NOHL bei allem Bemühen um einen Ausgleich keinen Zweifel: *„... die (...) mütterliche Haltung ist die Grundlage aller pädagogischen Arbeit."* (162) Und an späterer Stelle schreibt er: *„ ... alle großen pädagogischen Genien haben einen solchen weiblichen Zug besessen."* (ebd.) Hier hat NOHL insbesondere PESTALOZZI im Blick, den in der aktuellen Diskussion auch HENSELER als *„das beste Beispiel für eine mütterliche Pädagogik"* sieht. (2000, 163) Bezeichnenderweise eröffnet NIEMEYER seine Galerie der „Klassiker der Sozialpädagogik" mit PESTALOZZI unter der Überschrift

---

[7] Bewußt ist hier vom männlichen bzw. väterlichen und weiblichen bzw. mütterlichen **Prinzip** die Rede. Dadurch soll unterstrichen werden, daß jedes der beiden gegensätzlichen, wenngleich das jeweils andere polar bedingenden und ergänzenden Momente nicht an die Zugehörigkeit zu einem Geschlecht im biologischen Sinne gebunden ist, sondern sich, mit unterschiedlicher Gewichtung, in jedem Menschen verwirklicht findet. So überwiegt in der pädagogischen Haltung mancher Männer durchaus das Mütterliche und umgekehrt.

„*Die Mutter aller Schlachten um die Sozialpädagogik*", wobei er sich im darauffolgenden Text eiligst für die Ungenauigkeit beim Gebrauch des Wortes „Mutter" entschuldigt (1998, 16) – meiner Ansicht nach überflüssigerweise, sofern man die – übrigens nicht nur – von NOHL und HENSELER geäußerten Überlegungen nicht für blanken Unsinn hält.

Bei allem geschichtlichen Wechsel des Vorwiegens der eher mütterlichen oder väterlichen Seite der Pädagogik gab und gibt es doch immer Pädagogen, die bestrebt waren, einen Ausgleich beider Seiten herzustellen. Es waren meist solche Erziehungstheoretiker, die sich in ihrem Denken der dialektischen Methode bedienten. Allen voran ist hier FRIEDRICH D. SCHLEIERMACHER zu erwähnen[8], wenngleich auch bei ihm eine gewisse Prävalenz des Mütterlichen nicht zu übersehen ist. SCHLEIERMACHER unterscheidet in seinen Vorlesungen zur Theorie der Erziehung aus dem Jahre 1826 zwei „*Formen der pädagogischen Tätigkeit*", die einen „*ganz entgegengesetzten Charakter*" haben: „*Gegenwirkung und Unterstützung der Selbstentwicklung*" des Kindes. Diese Formen repräsentieren zentrale Aspekte des Mütterlichen und des Väterlichen in der Erziehung. SCHLEIERMACHERS Position dazu ist klar: „*Unterstützen und Gegenwirken müssen zusammensein; jedes für sich allein erkennen wir als unzulänglich.*" (1964, 91) Nichtsdestoweniger erklärt er die unterstützende Seite als die primäre (*„die wesentliche und die primitive"*), während die gegenwirkende „*in die unterstützende zurückgeht und nur notwendig wird unter Voraussetzung eines Mangels an Zusammenstimmung im menschlichen Leben überhaupt.*" (112) Einen solchen Mangel an Zusammenstimmung darf man bei einer im letzten Jahrzehnt dramatisch gestiegenen Kinder- und Jugendkriminalität in unserer Gesellschaft sicherlich annehmen.[9]

Es liegt auf der Hand, daß das Wesen der Erziehung sich weder in der Einseitigkeit eines nur „nachgiebig-weichen" oder nur „konsequent-festen", eines nur am Subjektiv-Persönlichen oder nur am Objektiv-Sachlichen orientierten, eines nur Verständnis zeigenden und unterstützenden oder nur grenzsetzenden und konfrontierenden Umgangs mit dem Kind oder Jugendlichen erschöpfen kann. Für seine Persönlichkeitsentwicklung braucht das Kind bzw. der Jugendliche selbstredend beides, braucht es beide Seiten der Erziehung, die mütterliche *und* die väterliche.

3. Konfrontationsdefizit in der Sozialen Arbeit

Welche Auswirkungen eine einseitig mütterliche Ausrichtung der deutschen Sozialen Arbeit in der Gegenwart hat, wird deutlich, wenn man ihr Verhältnis

---

8 JONAS COHN, THEODOR LITT und WOLFGANG KLAFKI wären hier, neben NOHL, beispielhaft ebenfalls zu nennen.

9 Eine Tendenzwende ist einem Bericht von FOCUS-ONLINE (2003) zufolge auch nach den neuesten Zahlen der Poli-zeilichen Kriminalstatistik für das Jahr 2002 nicht erkennbar.

zum Thema Konfrontation in der Erziehung betrachtet. Bei kaum einem zweiten Thema gehen die meisten Theoretiker der Sozialen Arbeit und Verbandsfunktionäre so reflex- und fluchtartig auf Distanz und besteht eine so große Kluft zwischen theoretischem Anspruch auf der einen Seite und dem pädagogischen Alltag auf der anderen wie hier. In seinem Beitrag *„Konfrontieren, kontrollieren, Grenzen setzen"* stellt MATHIAS SCHWABE zu Recht die Frage: *„Warum findet die Auseinandersetzung um dieses pädagogische Kernthema nicht statt? Für den überwiegenden Teil der FachreferentInnen, VerbandspolitikerInnen, (Fach-)HochschuldozentInnen, stellen die in der Überschrift genannten Aktivitäten ‚dirty work' dar (...): Vermeidbare und überflüssige Relikte einer ‚schwarzen Pädagogik' (...)"*, während sie für die Praktiker und Praktikerinnen in Wohn- und Tagesgruppen von Einrichtungen der Erziehungshilfe einen *zentralen Teil* ihrer Alltagsarbeit ausmachen. (1998, 236)

Übertroffen wird die dargestellte Reserve des überwiegenden Teils der Theoretiker der Sozialpädagogik nur noch durch jene, die durch das Thema „geschlossene Unterbringung" ausgelöst wird (vgl. etwa PETERS, 2000a). Hier gibt es einen übergreifenden und einigenden Konsens der großen Fachverbände wie *IGfH* oder *AFET* darüber, daß diese Form der Unterbringung unter allen Umständen abzulehnen sei[10] – selbstverständlich im Namen höchster humanitärer und pädagogischer Ideale. Sorgfältig werden rechtliche, pädagogische und strukturelle Gegenargumente aufgelistet, die Angst vor der „autoritären Persönlichkeitsstruktur" nach ADORNO beschworen. (Vgl. ARBEITSGRUPPE „GESCHLOSSENE UNTERBRINGUNG" 1995) Was der kritische Leser allerdings vermißt, sind die Argumente, die für eine geschlossene Unterbringung sprechen könnten, spricht doch die Praxis der Jugendhilfe eine völlig andere Sprache.

Kann es jedoch tatsächlich als Ausdruck pädagogischer Verantwortung bewertet werden, ein Kind oder einen Jugendlichen eher der Drogenszene oder der sexuellen Ausbeutung preiszugeben oder seinen Weg in eine kriminelle Karriere zu besiegeln, als ihm mit Hilfe einer individuell geschlossenen intensivpädagogischen Maßnahme einen Neuanfang in seinem Leben zu ermöglichen? Von den Gegnern geschlossener Unterbringung wird diese Maßnahme einseitig als „Wegsperren" und „Einschließen" dargestellt. Daß es sich hierbei um eine außerordentlich *intensive* heilpädagogische Maßnahme handelt, die Kindern und Jugendlichen mit einer verfahrenen Biographie eine letzte Chance zu einem besseren Leben bieten kann, wird dabei mittels so sinnfreier Schlagworte wie *„Menschen statt Mauern"* ausgeblendet. Es ver-

---

10 Zuletzt schloß sich auch der *Bundesverband privater Träger der freien Kinder-, Jugend- und Sozialhilfe e.V.,* in: Jugendhilfe. 41. Jg. (2003). 40-41, mutig diesem wärmenden und enorm identitätsstiftenden Einvernehmen an. Dieser Verbändegleichklang steht übrigens in klarem Gegensatz zur Haltung der rot-grünen Bundesregierung, welche die befürwortende *„Position der Sachverständigenkommission zur geschlossenen Unterbringung von Kindern und Jugendlichen in Einrichtungen der Jugendhilfe"* ausdrücklich teilt. (BUNDESMINISTERIUM 2002, 25)

steht sich von selbst, daß anderen Maßnahmen der Erziehungshilfe stets dort der Vorrang einzuräumen ist, wo diese für ein Kind oder einen Jugendlichen tatsächlich geeignet sind. Als Ultima ratio sollte eine geschlossene Unterbringung jedoch nicht um jeden Preis ausgeschlossen werden.

Als angesichts steigender Kinderkriminalitätszahlen in Deutschland das Bayerische Sozialministerium im Jahre 1999 die Konzeption einer geschlossenen Clearingstelle für massiv-dissoziale und kriminell auffällige Kinder vorstellte, welche die Aufgabe haben sollte, Kinder ab zehn Jahren durch frühe konsequente Intervention mit ihrem sozial schädigenden Verhalten zu konfrontieren und in maximal drei Monaten gleichzeitig die Hintergründe dieses Verhaltens abzuklären, um auf dieser Basis eine tragfähige Zukunftsperspektive für das jeweilige Kind zu erarbeiten, trat kurze Zeit später der Vorstand der *IGfH* mit einer Stellungnahme an die Öffentlichkeit. Darin wurde das bayerische Vorhaben „*aus fachlichen* [also nicht, wie man erleichtert feststellen kann, aus ideologischen!] *Erwägungen strikt abgelehnt*" und wurden seine Mitglieder und Mitgliedseinrichtungen zu seinem Boykott (!) aufgerufen. Von einem „*schnellen Wegsperren*", einer „*Bestrafung strafunmündiger Kinder*" und einer „*Machtdemonstration*" war ebenso die Rede wie davon, daß „*eine mißbräuchliche Nutzung geradezu gefördert*" werde (dabei wird gern übersehen, daß eine „mißbräuchliche Nutzung" eines Übermaßes an Liberalität in der Erziehung nicht nur ebenso möglich, sondern sogar an der Tagesordnung ist). Der eminent pädagogische Gesichtspunkt hingegen, daß dem Laisser-faire, das die Kinder als Reaktion auf ihr delinquentes Verhalten in der Regel erfahren und sie zum Begehen weiterer Straftaten geradezu ermuntert, durch ihre Aufnahme in die Clearingstelle frühzeitig Einhalt geboten wird und die Gesellschaft mit einem klaren und aufrüttelnden Signal reagiert, um eine sich möglicherweise anbahnende kriminelle Karriere zu stoppen, erfährt in der Stellungnahme leider keine Würdigung.

Auch JÖRG-MICHAEL WOLTERS, ebenso wie SCHWABE ein ausgewiesener Praktiker wie auch Theoretiker der Sozialpädagogik, mahnte kürzlich eine stärkere Konfrontationsbereitschaft der Jugendhilfe im Umgang speziell mit hochaggressiven und kriminell auffälligen Kindern und Jugendlichen an: „*Gerade in der Arbeit mit dissozialen, gewaltorientierten Kindern und Jugendlichen, also ‚Tätern', sind sozialpädagogische Konzepte (und Pädagogen) gefragt, die ebenso wohlwollend wie entscheidend und nachhaltig kritisch der Klientel (bzw. deren Einstellungen oder Verhaltensweisen betreffender Kinder und Jugendlicher) gegenüber eingestellt sind und (...) diese auch mit ihren Defiziten konsequent konfrontieren, um die der Pädagogik und den Pädagogen aufgetragene Verantwortung für die ‚Zöglinge' wahrzunehmen.*" (WOLTERS 2001, 28)

Als Konsequenz daraus fordert WOLTERS beispielhaft zum einen, „akzeptierende Jugendarbeit" mit rechtsradikalen Jugendlichen zu beenden und nicht länger der pädagogischen Auseinandersetzung und dem konstruktiven Konflikt mit dieser Problemgruppe auszuweichen. Zum anderen spricht er sich dafür aus, gewaltbereiten Jugendlichen mit gezielter geschlechtsspezifischer

Jungenarbeit und nicht mit „mädchentypischen" Angeboten zu begegnen. Die Reaktion von zwei Vorstandsmitgliedern der *IGfH*, FRIEDHELM PETERS und NORBERT STRUCK, auf WOLTERS' *„Streitschrift für ein endliches Umdenken in Jugendhilfe, Jugendstrafvollzug und Jugendpsychiatrie"* sind völliges Unverständnis und der mißlungene Versuch, den Autor lächerlich zu machen. Eine substantielle Erwiderung bleiben beide Kritiker indes schuldig. STRUCK bedient statt dessen Schubladendenken und betreibt persönliche Verunglimpfung, indem er (aus welchen inhaltlichen Gründen auch immer) gedankliche Verbindungen zu Antisemitismus und Rechtsextremismus herzustellen versucht.

Berechtigte Kritik übt WOLTERS an der in der deutschen Jugendstrafrechtspflege verbreiteten Praxis, *„straffällig gewordenen Jugendlichen eine Auflage, Weisung und Bewährungsstrafe nach der anderen auszusprechen, wenn am Ende doch durch Akkumulation der schädlichen Erfahrungen und Folgen sowie dadurch nur bedingte Verfestigung dissozialer Einstellungen und Verhaltensweisen eine dann hoch aufgeschaukelt lange Jugendstrafe zu verhängen ist, die viel zu spät kommt und deswegen, bekanntermaßen, auch zu wenig greift."* (31) Die Versäumnisse beginnen allerdings meist schon viel früher, nämlich dort, wo die Jugendhilfe auf gehäufte und zum Teil gravierende Straftaten von Kindern mit einem hilflosen Achselzucken reagiert und darauf wartet, daß der Minderjährige das Strafmündigkeitsalter erreicht, um die Zuständigkeit dann an die Justiz abzugeben.

Bedauerlicherweise ist die Bereitschaft der Jugendhilfe, zum Wohl von Kindern und Jugendlichen mit den Strafverfolgungsbehörden zu kooperieren, aus einem sehr eingeschränkten Selbstverständnis heraus außerordentlich gering. Die Ablösung des Jugendwohlfahrtsgesetzes durch das Kinder- und Jugendhilfegesetz hat diese Bereitschaft nochmals deutlich verringert, so daß, worauf CHRISTIAN SCHOLZ (in: COLLA u.a. 2001, 100) hinweist, ein unversöhnlicher Gegensatz zwischen staatlichem (justitiellem) Zwang auf der einen Seite und unverbindlichem Angebotscharakter des KJHG auf der anderen zu bestehen scheint. Ein nachgerade richtungweisender Weg, hier Abhilfe zu schaffen, ist mit dem „Haus des Jugendrechts" in Stuttgart-Bad Cannstadt beschritten worden. In diesem Haus sind Jugendamtsmitarbeiter, Jugendsachbearbeiter der Polizei und die zuständige Staatsanwältin unter einem Dach untergebracht, so daß ein ständiger gegenseitiger Kontakt besteht. *„Eingehende Fälle werden sofort in Fallkonferenzen besprochen, die generelle Zusammenarbeit in Hauskonferenzen organisiert. (...) Das Ergebnis ist neben dem pädagogisch wichtigen schnellen Abschluss der Verfahren vor allem eine sehr intensive Analyse der Situation des Jugendlichen, die eine individuell passende Reaktion erlaubt."* (JUSTIZMINISTERIUM BADEN-WÜRTTEMBERG 2002)

4. Erziehungsphilosophische Rechtfertigung der Konfrontation: Gemeinschaft und normative Verbindlichkeit

Es wurde eingangs die These vertreten, daß es eine Erziehung ohne Konfrontation nicht geben könne, Konfrontation somit ein essentielles Prinzip von Erziehung ausmache. Diese Position sei im folgenden, trotz gewisser, weiter oben bereits geäußerter Bedenken, aus Gründen der systematischen und prägnanten Darstellung als *Konfrontative Pädagogik* bezeichnet. Diese steht im Gegensatz zu Positionen – ich bezeichne sie als solche der *hegemonialen Mütterlichkeit* –, die in ihrer extremen Variante glauben, Erziehung in ihrem Kern abschaffen und das Erwachsenwerden des Kindes der Selbstentfaltung und Selbstregulation seiner Kräfte überlassen zu können. Jede gegenwirkende erzieherische Intervention, insbesondere grenzsetzender und konfrontativer Art, wird in völlig lebensfremder Weise abgelehnt, der Umgang des Erwachsenen mit dem Kind, der einen „partnerschaftlichen" Charakter haben soll, auf verständnisvolles Bestätigen und unterstützende Akte reduziert. Eine so verstandene „moderne Erziehung" ist, sofern man überhaupt noch auf den Begriff „Erziehung" zurückgreift, eine solche der Konfliktvermeidung, welche die Entwicklungserfordernisse des Kindes mißachtet und die Reifung seiner Persönlichkeit sabotiert (Vgl. AHRBECK 1999).

Konfrontation in der Erziehung bedeutet, daß das Kind oder der Jugendliche auf eine etwaige Verletzung geltender Normen durch es bzw. ihn mit der gebotenen Deutlichkeit und möglichst unmittelbar hingewiesen wird. Durch die Konfrontation wird der Fluß des Alltagshandelns zunächst einmal unterbrochen, Thema ist nun die Normverletzung. Derjenige, der die Norm verletzt hat, wird unmißverständlich darauf hingewiesen und erfährt eine Mißbilligung seines normverletzenden Handelns. Seiner Subjektivität (Wünsche, Interessen, Meinungen, Gefühle) wird etwas Objektives entgegengesetzt, die Verbindlichkeit der übertretenen Norm nämlich, eine überindividuelle Ordnung oder anders formuliert: das Recht der Sache[11]. „*Sachlichkeit als pädagogische Aufgabe*", so MARIAN HEITGER (1980, 414), „*definiert sich vor allem darin, daß der Mensch lernen soll, eine Sache – unabhängig von sich, seinen subjektiven Neigungen und Vorurteilen, seinen ökonomischen und politischen Interessen – zu sehen.*" Für das Kind oder den Jugendlichen geht es im Zusammenhang von Erziehung um die Achtung der Autorität einer rechtlich-sittlichen Ordnung, welche seiner subjektiven Willkür und Beliebigkeit unverrückbare Grenzen setzt.[12]

Das Bestehen von Normen ist notwendigerweise an das Vorhandensein einer sozialen Gemeinschaft, einer Gruppe, einer Gemeinde, einer Gesell-

---

11 Vgl. dazu COHN, JONAS: Der gute Sinn der Sachlichkeit 1970
12 COHN spricht in diesem Zusammenhang von der Erziehungsstufe der „Autorität der *Sache*", welche auf jene der „Autorität der *Person*" folge und schließlich von der Stufe der *Freiheit* abgelöst werde. (1919, 314)

schaft, gebunden. Umgekehrt kann diese soziale Gemeinschaft nicht existieren ohne die Anerkennung und Einhaltung dieser Normen durch ihre Mitglieder. Mit jedem Akt der Konfrontation wird die Verbindlichkeit der übertretenen Norm unterstrichen. Die Gemeinschaft macht an dieser Stelle deutlich, daß eine Mißachtung und Verletzung ihrer Normen von ihr nicht folgenlos hingenommen wird. Eine Gemeinschaft hingegen, die ihre eigenen Normen nicht respektiert und nicht die Kraft besitzt, sie gegenüber der nachwachsenden Generation mit Klarheit und Nachdruck zu vertreten, gibt sich selber auf, wird ihren sozialen Zusammenhalt verlieren und sich am Ende auflösen.

Anders als bei der ausgeprägt individualistischen Betrachtungsweise von Erziehung durch die Position der hegemonialen Mütterlichkeit gerät in der Konfrontativen Pädagogik das Thema Gemeinschaft von vornherein mit in den Blick. Somit haben wir es hier mit einer veritablen Sozialpädagogik im Sinne PAUL NATORPS, nicht dagegen im Sinne HERMAN NOHLS und seiner Nachfolger, zu tun.[13] Für NATORP ist Sozialpädagogik wesentlich *„Theorie der Willensbildung auf der Grundlage der Gemeinschaft"*, damit *„nicht ein abtrennbarer Teil der Erziehungslehre etwa neben der individualen, sondern die konkrete Auffassung der Aufgabe der Pädagogik überhaupt und besonders der Pädagogik des Willens."* (1974, 98) Erziehung ist nach NATORP ihrem Wesen nach Willensbildung und findet statt durch die Gemeinschaft für die Gemeinschaft, sei es in Form der Familie, der Gemeinde, des Staates oder schließlich der Menschheit. Ohne Gemeinschaft sei der Mensch überhaupt nicht denkbar, das einzelne Individuum *„eigentlich nur eine Abstraktion, gleich dem Atom des Physikers."* (90)

Die primäre Wirkung der Gemeinschaft ist für NATORP *„die auf den Willen."* Der Wille i.e.S. bezeichnet jene höhere Aktivitätsstufe in der kindlichen Entwicklung, die es ermöglicht, dem ursprünglichen sinnlichen Trieb, der das kindliche Streben anfangs widerstandslos gefesselt hält, in freier Entscheidung entgegenzuhandeln. Dies setzt beim Handelnden das Bewußtsein einer Regel als Form des Willens voraus. Die Gemeinschaft, der in erster Linie die pädagogische Aufgabe zukommt, die Triebgebundenheit des Kindes durch Ausbildung des Willens zu überwinden, ist für NATORP die Schule: *„Sie hat den erziehenden Wert, den Geist der Regel und der Ordnung überhaupt dem werdenden Menschen einzuprägen und gleichsam zur anderen Natur werden zu lassen. Darin liegt zugleich die Beziehung der Schule zur sozialen Organisation, sie bildet sozusagen einen ‚Staat im kleinen'. Es besteht eine überraschende Analogie zwischen der Schule und den sozialen Ordnungen, vorzüglich dem Recht."* (202)

---

13 NOHL war auf Abgrenzung gegenüber dem NATORPSCHEN Verständnis von Sozialpädagogik bedacht und vertrat erklärtermaßen eher eine Individualpädagogik (1988, 160). Unter „Sozialpädagogik" verstand er eine Pädagogik der *Nothilfe* für die Jugend., d.h. genauer gesagt für den *einzelnen* in sozialer Not befindlichen Jugendlichen.

Die Schule hat somit neben der Wissensvermittlung, die ihr gewöhnlich als Hauptaufgabe zugeschrieben wird, die wichtige pädagogische Aufgabe, durch die Vermittlung generalisierter Verhaltenserwartungen die Willensbildung und das Legalverhalten des Kindes zu fördern. Die Aktivitätsstufe der Legalität ist für NATORP jene pädagogische Zwischenstufe, die den Weg bereitet für das Erreichen der höchsten Aktivitätsstufe, jener des Vernunftwillens, welche im Zeichen letzter universeller moralischer Prinzipien im Sinne KANTS steht.

DIETER-JÜRGEN LÖWISCH, ebenso wie NATORP ein Vertreter neukantianischer Pädagogik, sieht den Beginn der Willensbildung im Gegensatz zu jenem nicht erst mit Eintritt in die Schule, sondern bereits in der Familie[14]. (1968, 222) Das Kind lerne schon hier, sich an allgemeinen Normen, und zwar jenen der Sitte, zu orientieren, und wachse dadurch mehr und mehr in die familiale Gemeinschaft hinein. Damit komme der Sitte für die kindliche Willensbildung zunächst einmal eine erhebliche Bedeutung zu. Ebenso wie Normen der Legalität spricht LÖWISCH *sittlichen* Normen jedoch nur eine historische und damit relative Geltung zu. Im Hinblick auf das höchste pädagogische Ziel des Vernunftwillens – LÖWISCH spricht hier von der Stufe der Moralität – komme beiden daher lediglich eine *bedingte* pädagogische Wertigkeit zu.

Nur unter der Voraussetzung, daß das Kind auf den Vorstufen von *Sitte* und *Legalität* lernt zu wollen, indem es den für es zunächst fremden Willen der Gemeinschaft in sich aufnimmt, vermag der Jugendliche auf der Stufe der *Moralität* in den Stand der Selbstbestimmung seines Handelns und moralischen Urteilens zu gelangen. Maßstab hierfür sind keine relativ gültigen weil historisch bedingten Normen einer je konkret bestehenden Gemeinschaft, sondern letzte überzeitliche moralische Prinzipien der Menschheit an sich. Erstere müssen sich aufgrund ihrer nur bedingten Geltung eine Überprüfung anhand letzterer im gleichberechtigten argumentativen Dialog zwischen Erziehendem und Jugendlichem gefallen lassen. Autorität kommt in einem solchen Dialog nicht der Person des Erziehenden zu, sondern allein dem Logos, um welchen beide, Erzieher und Jugendlicher, mit ihren Argumenten ringen. Pädagogische Führung ist hier nur stellvertretend, unter Bezugnahme auf das für beide gleichermaßen verbindliche Sollen, möglich. Durch Fragen und Argumentieren soll der Jugendliche im pädagogischen Dialog unter Beanspruchung seiner Einsichtsfähigkeit lernen, das „Fürwahrhalten" (KANT) in eigenem Mühen zu vollziehen. (Vgl. TISCHNER 1985) Auf der Stufe der *Moralität* ist er nicht mehr, wie auf den Vorstufen von *Sitte* und *Legalität*, nur fremdbestimmt „*Werk der Gesellschaft*" (wie natürlich auch „*Werk der Natur*"), sondern, zu sich selbst gekommen, auch und vor allem „*Werk seiner selbst*" (PESTALOZZI).

---

14 Allerdings leistet die Familie bei NATORP bereits vor Schuleintritt einen wichtigen *vorbereitenden* Beitrag zur Willensbildung des Kindes. Der Unterschied liegt im ausdrücklichen Bewußtwerden des Bildungsvorgangs: „*Regel und Ordnung soll gewiß auch in der häuslichen Erziehung walten, aber sie soll* [anders als in der schulischen Erziehung, der Verf.] *nicht zu ausdrücklichem Bewußtsein kommen.*" (1974, 204)

Was hier für die Normalerziehung dargestellt wurde, gilt für die Erziehungshilfe allerdings nur sehr eingeschränkt, weil die Erziehung zum Legalverhalten sozial auffälliger und delinquenter Kinder und Jugendlicher im Sinne einer Resozialisierung dort gewöhnlich nicht als Zwischenstufe, sondern als definitives Erziehungsziel betrachtet werden muß. (Vgl. LÖWISCH 1968, 226) Dies hat seinen Grund darin, daß diese Kinder und Jugendlichen aufgrund der Fehl- und Mangelerziehung, die sie meist aufgrund einer prekären Familiensituation (Armut, Scheidung, Gewalt, Sucht u.a.m.) erfahren haben, häufig schwere Entwicklungsstörungen aufweisen und nur in Ansätzen einen Willen ausbilden konnten, der Voraussetzung ist für eine erfolgversprechende Höhererziehung zur Moralität. Aufgrund des Fehlens einer wirksamen Impulskontrolle und Verhaltenssteuerung neigen sie dazu, Legalnormen immer wieder zu verletzen, bspw. in Form von Schulschwänzen, Eigentums- und Gewaltdelikten.

Diese Kinder und Jugendlichen benötigen einen besonders klaren und verbindlichen Ordnungsrahmen, welcher ihnen von außen *das* gewährt, was ihnen in ihnen selbst und in ihrem Verhalten fehlt: Halt und Orientierung. Die Verbindlichkeit des Ordnungsrahmens kann nur dadurch gewährleistet und sichtbar demonstriert werden, daß auf jeden Verstoß gegen ihn mit aller Deutlichkeit reagiert wird. Während Normüberschreitungen in der Normalerziehung eher die Ausnahme bilden, gehören sie für das Erziehen sozial auffälliger Kinder und Jugendlicher notwendig zum pädagogischen Alltag. Dementsprechend sind in der Erziehungshilfe auch Konfrontationen an der Tagesordnung.

In vielen Fällen, insbesondere bei gravierenden und wiederholten Normverletzungen, wird die Konfrontation mit dem Verhängen einer Konsequenz, einer Strafe verbunden werden müssen. Dies gilt fast ausnahmslos bei delinquentem Verhalten von Kindern und Jugendlichen. Die Strafe setzt zum einen nochmals ein klares Signal des Nichtduldens des Normverstoßes und macht zum anderen den Vorteil, der aus der Normverletzung für das Kind bzw. den Jugendlichen resultierte, wieder zunichte, so daß der Anreiz meist entfällt, sie zu wiederholen.

Der Wert der Strafe in der Erziehung ist nicht erst seit heute äußerst umstritten. In der gegenwärtigen pädagogischen und sozialpädagogischen Diskussion dominiert die Auffassung, daß man, sofern die Notwendigkeit von Erziehung *überhaupt* bejaht wird, auf Strafe ganz verzichten könne; sie gilt als entbehrliches Relikt einer repressiven Erziehung. Dem steht die Position FRIEDRICH WILHELM FOERSTERS gegenüber: *„Es gibt gar keine durchgreifende Erziehung ohne Strafe, am wenigsten gegenüber jugendlichen Delinquenten ..."* (1913, 4f.) Durch die Strafe verschaffe sich die Rechtsordnung der Gemeinschaft Beachtung auch von demjenigen, der diese Ordnung mißachtet und verletzt hat. Sie sorge dafür, daß der *„übermäßigen Expansion des Subjekts"* eine entsprechende Reduktion folgt, damit das beschädigte Gleichgewicht sowohl auf seiten der Gemeinschaft als auch des Individuums wiederhergestellt wird. (11)

Anders als SCHLEIERMACHER, welcher der Strafe, ebenso wie der Belohnung, nur einen eingeschränkten pädagogischen Wert beimißt, weil sie aufgrund ihres Wirkens auf die Sinne die sittliche Entwicklung des heranwachsenden Menschen hemme, sieht FOERSTER die pädagogische Valenz der Strafe, zumindest bei delinquenten Jugendlichen, keineswegs relativiert: *„Die niederen und gröberen Impulse bedürfen ... durchaus einfacherer und sozusagen massiverer Gegenwirkungen: die Autorität der sittlichen Ordnung muß zu ihnen sozusagen in der Sprache der einfacheren Energetik reden, damit ihnen die Realität der höheren Lebensordnung fühlbar werde."* (7) Angesichts der kriminellen Energie, mit welcher die Rechtsordnung von Jugendlichen, teilweise schon von Kindern, häufig verletzt wird, kann der Position FOERSTERS nicht sinnvoll widersprochen werden. Konfrontation und, bei schweren und/oder wiederholten Normverletzungen, Strafe schützen die Dignität der Rechtsordnung vor der Mißachtung durch die Mitglieder der Gemeinschaft und fördern durch die Konzentration des Willens zugleich deren Höherbildung.

Das Aussprechen einer Strafe bedeutet nun keineswegs notwendig den Abbruch des pädagogischen Dialogs und seine Ersetzung durch die kalte Machtausübung des Erziehenden. LÖWISCH plädiert im Gegenteil dafür, an das Verhängen einer Strafe zu einem späteren Zeitpunkt das klärende Gespräch anzuschließen. Er spricht in diesem Zusammenhang vom *„nachgehenden Dialog"* (1969, 58), welcher der durch die Strafe erfolgten – wie man sagen könnte – *äußeren* Konfrontation eine Konfrontation mit dem Anspruch der *inneren* Stimme des eigenen Gewissens folgen läßt. Der eigentliche pädagogische Sinn der Strafe besteht nach LÖWISCH daher auch gar nicht darin, das Kind oder den Jugendlichen durch aversive sinnliche Reize und damit durch Fremdeinwirkung von weiteren Normverletzungen abzuhalten, sondern es bzw. ihn „aufzurütteln" und an seine Eigenverantwortung zu appellieren. (57)

5. *Glen Mills Schools* – ein Beispiel für eine „väterlich" geprägte Sozialpädagogik

Eine Einrichtung, die das Konfrontieren zum pädagogischen Arbeitsprinzip erhoben hat, sind die *Glen Mills Schools* in den USA. Es handelt sich um eine Einrichtung *„ohne Schloß und Riegel"*, angesiedelt im Grenzbereich zwischen Jugendhilfe und Jugendstrafvollzug, die straffällig gewordenen Gang-Jugendlichen durch ein außerordentlich stringentes und zugleich erfolgreiches Erziehungsprogramm die Chance bietet, nicht mehr straffällig zu werden. In *Glen Mills* herrscht ein hochtransparenter und -verbindlicher Normenkodex, der das Verhalten der Jugendlichen in allen Lebensbereichen reglementiert; der Tagesablauf ist straff durchstrukturiert. Normverstöße werden, geregelt nach einer Sieben-Stufen-Leitlinie, sowohl von den Jugendlichen untereinander als auch vom Betreuungspersonal direkt angesprochen und gerügt. Dabei wird von dem Grundsatz ausgegangen, daß jede Kritik konstruktiv und unterstützend für den Kritisierten sein soll. Jeder einzelne hat es in der Hand, durch ein mehr oder weniger normkonformes Verhalten seinen Status und seine Privilegien in der Gruppe zu steigern oder zu vermindern. Die materielle Ausstattung der Einrichtung entspricht den Standards der amerikanischen Mittelschicht und garantiert eine gehobene Versorgung und Betreuung der dort lebenden Jugendlichen.

Im folgenden soll darstellt werden, daß der pädagogische Erfolg von *Glen Mills* wesentlich darauf zurückzuführen ist, daß es dem *väterlichen* Prinzip in der Erziehung konsequent Geltung verschafft. Der Dominanz des „Väterlichen" kommt bei den betreuten Jugendlichen deshalb eine so große Bedeutung zu, weil die meisten von ihnen ohne Vater (alkohol- oder drogenabhängig, fortgegangen, abgetaucht, unbekannt, tot oder totgeschwiegen) aufgewachsen sind, ihren Vater oft nicht einmal kennen und auf der Suche nach einem männlichen Leitbild sind. DAGMAR VIETEN-GROSS kennzeichnet *Glen Mills* als *„eine Männerwelt"*, es herrsche dort fast so etwas wie ein *„Männlichkeitskult"*. Sie zitiert die Schwiegertochter von SAM FERRAINOLA, des Leiters der Einrichtung, mit den Worten: *„Wir müssen ihnen* [den Jugendlichen] *diese männliche Welt bieten, nur so erreichen wir sie."* (1997, 141)

Der in der Tat ausgeprägt *männliche* respektive *väterliche* Charakter von *Glen Mills* kommt m.E. in folgenden Elementen zum Ausdruck:

5.1 Die patriarchale Figur des Gründers und Leiters von *Glen Mills* SAM FERRAINOLA

FERRAINOLA, der in seiner Jugend selber einer Gang angehörte und dadurch für die in der Einrichtung lebenden Jugendlichen eine besondere Glaubwürdigkeit besitzt, verkörpert aufgrund seiner charismatischen Erscheinung für sie die väterliche Autorität schlechthin. Er ist es, der strenge Normen aufstellt, deren Befolgung er von den Jugendlichen ohne Ansehen der Person verlangt. Gleichzeitig ist er jedoch auch der sorgende Vater, der „seine Jungs" mit all dem ausstattet, was sie benötigen, um ein annehmbares Leben auf einem vergleichsweise hohen Niveau führen zu können, sie vor Unterdrückung und Ausbeutung durch die anderen beschützt und schließlich auf das Leben nach *Glen Mills* vorbereitet. Damit empfiehlt er sich den Jugendlichen als Vorbild dafür, wie sie sich später selber einmal als Familienvater verhalten sollen: einerseits streng und fordernd, andererseits jedoch auch gewährend, großzügig und beschützend. Spürbar wird bei ihm dabei durchaus eine väterlich-liebevolle und verstehende Haltung den Jugendlichen gegenüber, welche der unverrückbaren Verbindlichkeit der bestehenden Normen in der Einrichtung jedoch in keiner Weise Abbruch tut.

5.2 Das fast ausnahmslos aus Männern bestehende Betreuungspersonal

Das Betreuungspersonal für die Jugendlichen besteht nicht aus Sozialpädagogen, sondern aus Handwerkern und Leistungssportlern, teilweise aus Ehemaligen von *Glen Mills*. FERRAINOLA ist es dabei sehr wichtig, daß es sich um bodenständige Persönlichkeiten mit einem gesunden Menschenverstand handelt, die ihm und der Einrichtung loyal verbunden sind, sich von der Wildheit und dem Imponiergehabe der Jugendlichen nicht ins Bockshorn jagen lassen und eine gute Portion Humor und Gelassenheit mitbringen. Die Betreuer sollen sich den Jugendlichen durch ihre Stärke, ihre sportlichen und handwerklichen Fähigkeiten sowie ihre Persönlichkeit als Vorbild anbieten und ihnen etwas beibringen können, was sie in ihrem späteren Leben gebrauchen können. Sie bilden sozusagen den verlängerten Arm FERRAINOLAS und sollen ebenso wie dieser Anforderungen an die Jugendlichen stellen und deren Erfüllung überwachen, sie gleichzeitig jedoch auch großzügig versorgen und vor der Willkür der anderen Jugendlichen beschützen. Im Gegensatz zum Leiter der Einrichtung, der nicht immer präsent sein kann (sich punktuell jedoch in das Leben der Jugendlichen einschaltet), sind die Betreuer für sie im Alltag ständig unmittelbar erfahrbar und vermitteln dadurch Kontinuität und Sicherheit. GUDER kennzeichnet die „*Dominanz von Männern unter den Mitarbeitern*" in *Glen Mills* als „*Form eines positiv orientierten Männerbundes*", welche sich erfreulich abhebe von den den Jugendlichen bisher bekannten „Männerbünden" der Clique oder Gang mit ihrem gewaltbetonten, diskriminierenden und drogen- oder alkoholbeeinflußten Verhalten. (1997, 131)

5.3 Der Vorrang der Gemeinschaft gegenüber dem Individuum

Die Gemeinschaft in *Glen Mills* hat in bezug auf ihren Zweck, die Resozialisation delinquenter Jugendlicher, zunächst einen medialen Charakter. Dennoch geht ihr wahrer Stellenwert weit darüber hinaus. Die Gruppengemeinschaft der Jugendlichen bildet in *Glen Mills* den eigentlichen Bezugsrahmen allen pädagogischen Handelns. Sie gibt den weit überwiegend aus „broken home"-Verhältnissen kommenden und entwicklungsverzögerten Jugendlichen einen familienähnlichen Ort der Zugehörigkeit, des Sich-zuhause-Fühlens (OTTMÜLLER 1988, 73) – analog zu den Straßengangs, denen sie meist angehörten, bevor sie nach *Glen Mills* kamen, nur, was ihre wertmäßige Ausrichtung anbelangt, mit umgekehrtem Vorzeichen. Zugleich ist die Gemeinschaft, da subkulturfrei, für die Jugendlichen ein Ort, wo sie sich sicher vor Übergriffen Gleichaltriger fühlen können. Die Arbeit in *Glen Mills* ist ganz auf die Gruppengemeinschaft zugeschnitten und fördert die Identifikation mit ihr und den Stolz auf sie im Sinne von Teamgeist und Wir-Gefühl. „*Das ganze Modell*", so GUDER (2000, 3), „*funktioniert nur dann, wenn wir erreichen, daß sich Mitarbeiter und Schüler maximal mit der Schule identifizieren."* Die Gemeinschaft ist letztenendes das pädagogische Medium, mittels dessen, basierend auf einer positiven Peer-Group-Culture, eine Verhaltensänderung bei den Jugendlichen nach dem Prinzip „Jugend erzieht Jugend" stattfindet. Ansehen, Ehre und Selbstwertgefühl des einzelnen resultieren aus seinem Status, den er durch normkonformes Verhalten und Unterstützung der anderen Jugendlichen in seiner jeweiligen Gruppe erlangt hat. Die Gruppe weist dem einzelnen die Richtung, sie spornt an, sie konfrontiert, sie unterstützt und sie sanktioniert.

5.4 Der „absolut gültige und klare Regelkodex"

Das Gemeinschaftsleben in *Glen Mills* ist durchzogen von einem dichten Netz verbindlicher Normen, die das Miteinander regeln und deren Einhaltung ständig überwacht wird. (OTTMÜLLER 1988, 70/75) Eine besondere Bedeutung in der Einrichtung haben die so genannten Basis-Verhaltensnormen, eine Art „Grundgesetz" in *Glen Mills,* derer es fünf (plus zwei Ergänzungsnormen, die das Thema Konfrontation zum Gegenstand haben) gibt. Als oberste Leitnorm, sozusagen Leitprinzip, gilt der Respekt vor der Würde des anderen und der Schutz seiner körperlichen Unversehrtheit. Die in *Glen Mills* geltenden Normen sind im Sinne einer gemeinsamen Mitarbeiter-Schüler-Kultur für jedermann verbindlich und grundsätzlich nicht verhandelbar. Zusätzlich ist der Tagesablauf für die „students" straff durchstrukturiert, so daß es keine Zeitverschwendung und keinen Schlendrian gibt. Jedem Neuling in *Glen Mills* wird bei seiner Ankunft eine nur für ihn zuständige Begleitperson („Big Brother") zu seiner persönlichen Unterstützung zur Seite gestellt, die ihn mit allen geltenden Regeln und Normen bekannt macht und ihm bei deren Umsetzung behilflich ist.

5.5 Konsequentes Konfrontieren bei Normverletzungen

Der hohe Verbindlichkeitsgrad der in *Glen Mills* geltenden Normen ergibt sich daraus, daß bereits kleinste Verstöße gegen sie sofort und konsequent thematisiert und geahndet werden. Für beide Seiten, sowohl für denjenigen, der konfrontiert, als auch für denjenigen, der konfrontiert wird, bestehen Verpflichtungen. Ersterer soll den anderen so konfrontieren, daß es für diesen konstruktiv und hilfreich ist, er durch die Konfrontation somit in die Lage versetzt wird, die begangene Normverletzung künftig zu vermeiden. Letzterer soll die Konfrontation akzeptieren, unabhängig davon, ob er sie für gerechtfertigt hält oder nicht. Konfrontationen werden meist durch die Jugendlichen selbst vorgenommen und erfolgen nach einer siebenstufigen Skala. Dabei hat es der Konfrontierte durch seine Reaktion selbst in der Hand, ob die Konfrontation nach der ersten Stufe (durch eine freundliche Geste aufmerksam machen) endet oder bis zur siebten Stufe (Versperren von Ausweich- und Fluchtmöglichkeiten durch eine Menschentraube, körperlicher Zwang durch das Betreuungspersonal) eskaliert. Im Anschluß an die situative Konfrontation findet stets eine nachgehende Besprechung des Normverstoßes in der jeweiligen Wohneinheit des Jugendlichen im Rahmen einer „geleiteten Gruppeninteraktion" statt; hier geht es darum, den Sinn der verletzten Norm nochmals darzustellen, die näheren Umstände des Verstoßes zu rekonstruieren, eine angemessene Sanktion auszusprechen sowie geeignete Verhaltensalternativen zu beraten. Grundsätzlich ist in *Glen Mills* jeder verpflichtet, bei Normverstößen zu konfrontieren. Wer sich nicht daran hält, wird selbst konfrontiert.

5.6 Klare Rangordnung und gleiche Aufstiegschancen für jeden

In *Glen Mills* hat es jeder Jugendliche durch sein Verhalten auch selbst in der Hand, welchen Platz er in der Hierarchie der Gemeinschaft einnimmt. Durch eigenes normkonformes Verhalten ebenso wie durch Konfrontieren normverletzenden Verhaltens anderer kann er sein Ansehen und seinen Status in der Gemeinschaft verbessern und in den Genuß weitreichender Freiheiten und Privilegien gelangen. Ziel jedes Jugendlichen in *Glen Mills* ist es daher gewöhnlich, Mitglied im „Bulls Club" (auch hier gibt es wieder Rangabstufungen) zu werden und dadurch einen besonders privilegierten Status zu erlangen. Die „Bulls" genießen ein besonders hohes Vertrauen und bekommen eine erhöhte Verantwortung für die normative Kultur der Einrichtung übertragen; sie fungieren sozusagen als Vorbilder und Erzieher für die Statusniedrigeren, die „Non-Bulls". Der Bulls-Status kann bei ungenügender Anstrengung des Jugendlichen ebenso wieder verloren gehen wie er gewonnen wurde, bei einer abermaligen Zunahme des Einsatzes jedoch auch wiedererlangt werden, und dies im Prinzip beliebig oft.

5.7 Stolz auf die eigene Leistung in Schule, Beruf und Sport

Die Leistungsbereitschaft der Jugendlichen wird auf verschiedenen Feldern in *Glen Mills* herausgefordert. Für die in der Regel aus unterprivilegierten sozialen Schichten kommenden, oftmals farbigen „students" bietet eine gute Schul- und Berufsausbildung ebenso wie Spitzenleistungen im Sport die Möglichkeit, ihr Leben im Anschluß an *Glen Mills* ohne das Verüben weiterer Straftaten als geachtetes Mitglied der Gesellschaft auf einem annehmbaren Niveau zu führen. Im sportlich-fairen Kampf Mann gegen Mann, etwa beim Ringen, Rugby oder Baseball, können sie sich und anderen beweisen, was in ihnen steckt, und ihre Leistungsgrenzen kennenlernen. Hier können die Jugendlichen auf legalem Wege die Anerkennung erhalten, die sie in ihren Herkunftsmilieus gewöhnlich nur unter Inkaufnahme von Gesetzesübertretungen bekommen können.

5.8 Zukunftsorientierung statt Rückwärtsgewandtheit

Die Arbeit mit den Jugendlichen in *Glen Mills* ist konsequent nach vorn gerichtet. Es findet keine Aufarbeitung der Vergangenheit der Jugendlichen durch therapeutische oder quasi-therapeutische Gespräche statt. Im Gegenteil: Die Beschäftigung mit der Vergangenheit ist ausdrücklich verpönt, da sie die Jugendlichen an Negatives binde und von der Ausrichtung auf Gegenwart und Zukunft abhalte. Was immer der Jugendliche früher an Verwerflichem getan haben mag, hier erhält er eine neue Chance, und das, falls nötig, nicht nur einmal. Es ist, um ein religiöses Bild zu gebrauchen, der „alte Adam", der ersäuft werden soll, um einen neuen Menschen hervorzubringen.

6. Kritik

Nicht zu Unrecht fragt DAGMAR VIETEN-GROSS am Ende ihrer durchaus von Sympathie getragenen Darstellung von Glen Mills: „Wo etwa bleibt die Individualität in dem Modell Glen Mills? Wo jugendtypische Spontaneität, Ausgelassenheit? Wird hier nicht eine Art Gehirnwäsche praktiziert, Gruppendruck anstelle von äußerem Zwang, aber eben doch Zwang? Wird nicht hier nur einer Auslese geholfen, einer Art Elite, und die anderen bleiben auf der Strecke? Wo bleiben die ‚schwachen' Gefühle: Angst, Trauer, Verarbeitung traumatischer Kindheitserlebnisse, Sehnsucht nach Zärtlichkeit, Streicheln; was ist mit der Sexualität?" (1997, 140)

Die in diesen Fragen angesprochenen Momente machen eben jene Einseitigkeit aus, die für das pädagogische Konzept von *Glen Mills* kennzeichnend ist. Individualität, persönliche Eigenheiten und Lebensgeschichte sind bewußt ausgeklammert, fristen ein Schattendasein, weil alles im Zeichen des Kollektivs, des gültigen Normenwerks, von Gegenwart und Zukunft steht. Was der einzelne denkt, fühlt und will, spielt so gut wie keine Rolle. Es kommt nur darauf an, was er *tut,* ob das, *was* er tut, den geltenden Normen entspricht oder nicht. Privatsphäre, Zeit und Raum für persönlichen Rückzug, eigene Bedürfnisse und Reflexion sind nicht vorgesehen.

Der einzelne wird in *Glen Mills* wesentlich daran gemessen, welche Leistungen er in Schule, Berufsausbildung und Sport erbringt. Für Gefühl, Phantasie, Kreativität, Ästhetik und Originalität dagegen scheint es in dieser Einrichtung keinen Platz zu geben.[15] Ähnliches gilt für die Themen Freundschaft und Sexualität. Soziale Beziehungen unterliegen in *Glen Mills* einem festgefügten Reglement, Freundschaften sind nicht erwünscht, weil sie sich nicht mit der Bereitschaft vertragen, jedermann jederzeit ohne Ansehen der Person

---

15 SCHÖNHÖFER berichtet allerdings davon, daß die Jugendlichen in *Glen Mills* „*auch im künstlerischen und musischen Bereich*" gefördert würden. So habe ein Jugendlicher dort seine Neigung zur Bildhauerei entdeckt. (2000, 72)

mit etwaigen Normverstößen zu konfrontieren. Und für Sexualität fehlt es angesichts des duchstrukturierten Tagesablaufs und der vielen Aufgaben und Verpflichtungen der Jugendlichen an Zeit und Energie, ganz davon abgesehen, daß der Umstand, daß die Jugendlichen wegen überwiegend schwerwiegender Straftaten, die sie begangen haben und unter denen ihre Opfer oft noch viele Jahre später zu leiden haben, in der Einrichtung sind, die Aktualität dieses Themas erheblich reduzieren dürfte.

7. Ist *Glen Mills* „pädagogisch"?

Die Antwort auf die beiden Fragen, was *Glen Mills* einerseits so erfolgreich und zum anderen, zumal in Deutschland, gleichzeitig so umstritten macht, ist die gleiche: Die Arbeit in *Glen Mills* basiert auf der konsequenten Umsetzung einer „väterlich" geprägten Pädagogik (während die Erziehungsvorstellungen in Deutschland derzeit sehr deutlich „mütterlich" dominiert sind) mit Jugendlichen, die in der Regel ein erhebliches Defizit an väterlicher Zuwendung und Führung erfahren haben. Umgekehrt bedeutet dies, daß *Glen Mills* ungeeignet ist für Jugendliche, die in ihrem bisherigen Leben zu wenig Mütterlichkeit erfahren haben. Insbesondere frühverwahrloste und hospitalisierte Kinder und Jugendliche hätten in einer Einrichtung wie *Glen Mills* keine Chance, ihr Nachholbedürfnis in bezug auf bedingungslose Zuwendung, emotionale Wärme, passives Versorgtwerden, Eingehen auf ihre Individualität, Verständnis und großzügige Handhabung von Grenzen und Normen zu befriedigen, und bräuchten daher vollkommen andere pädagogische Rahmenbedingungen für ihre weitere Persönlichkeitsentwicklung.

Die in *Glen Mills* lebenden Jugendlichen jedoch saugen die ihnen hier entgegengebrachte „Väterlichkeit" geradezu ausgehungert auf. Die Art von Väterlichkeit ist dort eine, die als sehr direktiv, auf einem stark komplementären Verhältnis basierend und hinsichtlich der Verbindlichkeit von Normen vergleichsweise rigide zu bezeichnen ist und daher nicht dem Lebensalter der Jugendlichen entspricht; ein Vater würde mit seinem normal entwickelten Sohn in diesem Alter normalerweise nicht so umgehen, wie dies in *Glen Mills* geschieht, sondern eher schon auf eine zunehmend partnerschaftliche Art und Weise, sozusagen „von Mann zu Mann".[16]

Ist dies ein Grund, dem *„Angebot von Glen Mills"* den Charakter einer *„in einem umfassenden Sinne pädagogische(n) Leistung"* abzusprechen, wie dies MICHAEL WINKLER – und mit ihm etliche ebenfalls naserümpfende Co-Autoren – in der DJI-Expertise tut? Zur Begründung seines Urteils führt er an, daß es in *Glen Mills „nicht um Autonomie, sondern um die Voraussetzun-*

---

16 Die praktizierte Umgangsweise ist in einem erweiterten Sinn jedoch dennoch durchaus angemessen, weil sie dem Stand der defizitären *Persönlichkeitsentwicklung* der delinquenten Jugendlichen entspricht. Vgl. OTTMÜLLER 1988, 73

gen" gehe, *"welche junge Menschen benötigen, um in einen komplizierten pädagogischen Prozeß eintreten zu können."* (DEUTSCHES JUGENDINSTITUT 2001, 95) Dem ist zunächst entgegenzuhalten, daß sich die jungen Menschen, von denen hier die Rede ist, bereits in einem pädagogischen Prozeß befinden, dessen Kompliziertheit keine Wünsche offen läßt. In der Tat ist das Ziel dieses Prozesses nicht Autonomie, sondern ihre Vorstufe, Legalität. Daß dieses Ziel bei dieser schwierigen Klientel mit einer so hohen Erfolgsquote erreicht wird, ist jedenfalls – wie jeder, der bereits mit hochgradig verhaltensauffälligen und delinquenten Jugendlichen gearbeitet hat, weiß – mehr als beachtenswert.

Auch JÜRGEN KÖRNER, der *"die Glen Mills Schools aus kognitiv-entwicklungspsychologischer Perspektive"* betrachtet, bricht den Stab über das pädagogische Konzept der Einrichtung: *"Der Umgang mit Normverstößen läßt erkennen, daß der Jugendliche auf der präkonventionellen Stufe des moralischen Urteils angesprochen wird. Die Konfrontationen zielen auf das tatsächlich geschehene normenverletzende Verhalten, Motive oder relativierende Erwägungen bleiben gänzlich unberücksichtigt."* (DEUTSCHES JUGENDINSTITUT 2001, 56) Immerhin erreichen die Jugendlichen in Glen Mills, so ist zu entgegnen, mit ihrem regelgeleiteten Verhalten zumeist die Aktivitätsstufe des Willens (i.e.S.) im Sinne NATORPS, welche Entsprechungen zur konventionellen Stufe des moralischen Bewußtseins im Sinne KOHLBERGS aufweist. Und die Jugendlichen lernen darüber hinaus, sich auf dem Campus an einer obersten moralischen Leitnorm zu orientieren, was eine Voraussetzung für das Erreichen der nachkonventionellen Stufe darstellt: *"Respekt gegenüber sich selbst und jeder anderen Person."* (VIETEN-GROSS 1997, 138) Trifft es dennoch zu, daß es sich bei dem, was in *Glen Mills* praktiziert wird, eher um *"Dressur"* handelt, wie KÖRNER kritisiert, als um eine auch die Einsichtsfähigkeit der Jugendlichen beanspruchende Erziehung?

Es ist nicht zu bestreiten, daß die sehr pragmatische Regel, wonach Konfrontationen von den Jugendlichen unabhängig davon zu akzeptieren seien, ob sie gerechtfertigt sind oder nicht, nicht unbedingt einsichtfördernden Charakter hat. Dennoch sind Elemente des pädagogischen Konzepts nicht zu übersehen, die sich auf die kognitive Vermittlung bestehender Normen richten. So ist es eine zentrale Aufgabe des „Big Brother", dem Neuling die in *Glen Mills* geltenden Normen zu vermitteln und zu erklären. (*"Wenn ein Jugendlicher neu kommt, dann erklären wir ihm solche Sachen. Das läuft sehr unproblematisch über die Peers."* GUDER 2000, 6) Anläßlich von Normverstößen in den geleiteten Gruppeninteraktionen („Guided Group Interaction") wird der Sinn der verletzten Norm, bei allem rigiden Beharren auf ihre Gültigkeit[17], ebenfalls erläutert (Vgl. dazu Abschnitt 5.5 dieses Beitrags). Es kann somit festgestellt werden, daß die pädagogischen Vermittlungsprozesse in *Glen Mills* einen, zumindest in einem eingeschränkten Sinne, *auch* argumentativ-einsichtfördernden Charakter haben.

---

17 Zur Begründung dieser Rigidität vgl. OTTMÜLLER 1988, 90f.

Die eigentliche und stärkste Triebfeder, das eigene Verhalten zu verändern, ist und bleibt für die delinquenten Jugendlichen jedoch, wie es FERRAINOLA selbst formuliert hat: Sie wollen in der Gemeinschaft überleben, sie wollen dazugehören und sie wollen Ansehen, Ehre, Status. Ob dem Konzept in *Glen Mills* deshalb das Etikett „pädagogisch" vorzuenthalten ist oder nicht, mag der Leser selbst entscheiden.

8. Schlußbetrachtung

Glen Mills betreibt in der Tat eine einseitig ausgerichtete Erziehung und Bildung und diese Einseitigkeit ist eine bewußte und gewollte, weil sie für die Zielgruppe der Einrichtung, mehrfach auffällige, gruppenorientierte (Gewalt-) Täter im Alter von 15 bis 18 Jahren, die passende Maßnahme darstellt und zu außerordentlich positiven Ergebnissen führt. Für Jugendliche, die in ihrer Kindheit einen Mangel an (guter) Väterlichkeit erfahren mußten, bedeutet diese Einseitigkeit einen heilsamen Ausgleich.

Für die Entwicklung vieler sozial auffälliger und delinquenter Kinder und Jugendlicher ist der ausgeprägt „mütterliche" Charakter der *lebensweltorientierten* und teilweise *therapeutisch* ausgerichteten Sozialpädagogik, wie sie derzeit in Deutschland propagiert und teilweise auch praktiziert wird, daher eher schädlich.[18] Diese Kinder und Jugendlichen brauchen, um zu einer *„eigenverantwortlichen und gemeinschaftsfähigen Persönlichkeit"* (§1 KJHG) heranwachsen zu können, ein Mehr an Klarheit und Verbindlichkeit von Grenzen und Normen, brauchen ein Mehr an Konfrontation, brauchen ein Mehr an vergessener „Väterlichkeit".

Literatur

AHRBECK, Bernd: Reine Selbstwertförderung reicht nicht aus – eine konfliktfreie Erziehung beschneidet kindliche Entwicklungsmöglichkeiten, in: Rilke, Hanns (Hrsg.): Für das Leben stark machen. Zur Förderung von besonders gefährdeten Kindern und Jugendlichen. Tagungsdokumentation 5. Rummelsberger Jugendhilfeforum 15. Oktober 1998. Rummelsberg 1999

ARBEITSGRUPPE „Geschlossene Unterbringung": Argumente gegen geschlossene Unterbringung in Heimen der Jugendhilfe. Frankfurt am Main 1995

BUNDESMINISTERIUM FÜR FAMILIE, SENIOREN, FRAUEN UND JUGEND: Elfter Kinder- und Jugendbericht. Bericht über die Lebenssituation junger Menschen und die Leistungen der Kinder- und Jugendhilfe in Deutschland. 2002

---

18 Ein Beleg dafür ist neben der alarmierenden Entwicklung der Kinder- und Jugendkriminalität in Deutschland die besorgniserregende Zunahme der Zahl der „Straßenkinder", wie sie insbesondere im letzten Jahrzehnt zu beobachten ist und das skandalöse Versagen der deutschen Jugendhilfe vor Augen führt. Nach seriösen Schätzungen handelt es sich dabei derzeit um 1500 bis 2500 Kinder und Jugendliche, die sich zumeist durch Bettelei, Prostitution, Drogenhandel und Kleindiebstähle über Wasser halten.

COHN, Jonas: Geist der Erziehung. Pädagogik auf philosophischer Grundlage. Leipzig/Berlin 1919
DERS.: Befreien und Binden in der Erziehung, in: ders.: Vom Sinn der Erziehung. Ausgewählte Texte, besorgt von Dieter-Jürgen Löwisch. Paderborn 1970
DERS.: Der gute Sinn der Sachlichkeit, in: ders.: Vom Sinn der Erziehung. Ausgewählte Texte, besorgt von Dieter-Jürgen Löwisch. Paderborn 1970
COLLA, Herbert E.: Glen Mills Schools – A private out-of-state residential facility, in: Beniers, S. u.a. (Hrsg.): Wie jugendhilfefähig ist Politik – wie politikfähig ist Jugendhilfe? – Beiträge zur IGfH-Jahrestagung 1999 in Nürnberg. Frankfurt am Main 2000
DERS.: Glen Mills Schools. Was bietet das US-amerikanische Internat für delinquente männliche Jugendliche? In: FORUM ERZIEHUNGSHILFEN. 6. Jg. (2000). 68-75
DERS. u.a. (Hrsg.): „Konfrontative Pädagogik". Das Glen Mills Experiment. Mönchengladbach 2001
DER SPIEGEL: Angriff auf die bösen Jungs. 12/1999. 118-137 http: //www.spiegel.de/panorama/0,1518,18564,00.html
DEUTSCHES JUGENDINSTITUT (Hrsg.): Die Glen Mills Schools, Pennsylvania, USA. Ein Modell zwischen Schule, Kinder- und Jugendhilfe und Justiz? Eine Expertise. München 2001 http: //www.dji.de/bibs/124_619_expertise2.pdf
DIE ZEIT: Die neuen Prügelknaben. http: //www.zeit.de/2002/31/Wissen/200231_b-schuljungen.html
DIE ZEIT: Nicht ohne meinen Papa. Trotz Patchwork-Familie und Scheidungswut: Kinder brauchen ihre Väter. 01/2003 http: //www.zeit.de/2003/01/V_8ater
ENGELHARDT, Walter Josef: Väterlichkeit als Beruf. Eine Annäherung aus Sicht der Männer und Jungen, in: KiTa aktuell BY. Nr. 5/1999. 106-109
FERRAINOLA, C.D.: Zur Notwendigkeit einer effektiven Veränderung stationärer Behandlungsmodelle delinquenter Jugendlicher, in: DVJJ-JOURNAL. 3/1999 (Nr. 165). 321-324
DERS.: Glen Mills Schools, in: COLLA, Herbert E. u.a. (Hrsg.): Handbuch Heimerziehung und Pflegekinderwesen in Europa. Neuwied/Kriftel 1999
FOCUS: Arme Jungs. Das benachteiligte Geschlecht. Nr. 32/2002
FOCUS-ONLINE: Zahl der Straftaten klettert weiter. 2003 http: //focus.msn.de/G/GP/-GPA/gpa.htm?snr=118976
FOERSTER, Friedrich Wilhelm: Strafe und Erziehung. Vortrag gehalten auf dem Dritten Deutschen Jugendgerichtstag in Frankfurt am Main. München 1913
FROMM, Erich: Die Kunst des Liebens. Frankfurt am Main 1989
GABERT, Erich: Das mütterliche und das väterliche Element in der Erziehung. Stuttgart 1949
GLEN MILLS GANG. Gefangen ohne Schloß und Riegel. Dokumentarfilm von Peter Schran (90 Min.). Hergestellt von Migra-Film GmbH 2000
GUDER, Petra: Ohne Schloß und Riegel – eine offene Alternative auch für den Umgang mit deutschen jugendlichen aggressiven Mehrfachtätern zwischen Jugendhilfe und Justiz? In: DVJJ-Journal. 2/1997 (Nr. 156). 123-136
DIES.: Glen Mills – Fragen an ein amerikanisches Modell für Problemkids. Interview vom 01.05.2000 in: Jugendsozialarbeit Online http: //www.news.jugendsozialarbeit.de/bis2000/000501GlennMills.htm
HEITGER, Marian: Wider den vermeintlichen Gegensatz von Mitmenschlichkeit und Sachlichkeit, eine falsche Antinomie in der gegenwärtigen Pädagogik, in: Vierteljahrsschrift für wissenschaftliche Pädagogik. Jg. 56 (1980). 411-446
HENSELER, Joachim: Wie das Soziale in die Pädagogik kam. Zur Theoriegeschichte universitärer Sozialpädagogik am Beispiel Paul Natorps und Herman Nohls. Weinheim/München 2000
JUSTIZMINISTERIUM BADEN-WÜRTTEMBERG: Jugendkriminalität. Positionspapier zu aktueller Lage und Reaktionsmöglichkeiten. 2002

KERSTEN, Joachim: Feindbildkonstruktionen, Konfrontation und Konflikt als Darstellung von sozialer Geschlechtszugehörigkeit, in: Widersprüche, 15. Jg. (1995). Heft 56/57. 103-117

DERS.: Risiken und Nebenwirkungen: Gewaltorientierung und die Bewerkstelligung von „Männlichkeit" und „Weiblichkeit" bei Jugendlichen der *underclass*, in: Kriminologisches Journal. 6. Beiheft 1997

KLEVE, Heiko: Thesen zur Lebensweltorientierung in der Sozialen Arbeit und Postmodernisierung der Gesellschaft, in: Das gepfefferte Ferkel. Online-Journal für systemisches Denken und Handeln. Februar 2003 http: //www.ibs-netword.de/ferkel/januar-2003-lebenswelt.shtml

LITT, Theodor: Führen oder Wachsenlassen. Eine Erörterung des pädagogischen Grundproblems. Stuttgart 1962

Lockenvitz, Thomas: Strafe muß sein. Das Prinzip Strafe in der Erziehung, in: Unsere Jugend. 50. Jg. (1998). 51-55

LÖWISCH, Dieter-Jürgen: Sitte, Legalität und Moralität in der Erziehung, in: Kant-Studien. 59. Jg. (1968). 212-229

DERS.: Haben Autorität, Gehorsam und Strafe einen erzieherischen Sinn? In: HEITGER, Marian (Hrsg.): Erziehung oder Manipulation. Die Problematik der Erziehungsmittel. München 1969

DERS.: Einführung in die Erziehungsphilosophie. Darmstadt 1982

DERS.: Johann Heinrich Pestalozzi: Meine Nachforschungen über den Gang der Natur in der Entwicklung des Menschengeschlechts. Darmstadt 2002

NATORP, Paul: Sozialpädagogik. Theorie der Willensbildung auf der Grundlage der Gemeinschaft, besorgt von Richard Pippert. Paderborn 1974 (Erstauflage: 1899)

NIEMEYER, Christian: Klassiker der Sozialpädagogik. Einführung in die Theoriegeschichte einer Wissenschaft. Weinheim/München 1998

NOHL, Herman: Pädagogik aus dreißig Jahren. Frankfurt am Main 1949

DERS.: Die pädagogische Bewegung in Deutschland und ihre Theorie. Frankfurt am Main 1988

OTTMÜLLER, Claus Otto: Glen Mills Schools. Ein Modell der Jugendkriminalrechtspflege in den USA. Pfaffenweiler 1988

PETERS, Friedhelm: Strafe und Heimerziehung, in: COLLA, Herbert E. u.a. (Hrsg.): Handbuch Heimerziehung und Pflegekinderwesen in Europa. Neuwied/Kriftel 1999

DERS.: Aus Alt mach Neu? Über Versuche, die geschlossene Unterbringung wieder populär zu machen, in: Forum Erziehungshilfen. 6. Jg. (2000a). 67

DERS.: Glen Mills-Schulen in Deutschland? In: Forum Erziehungshilfen. 6. Jg. (2000b). 76-80

SCHÄFER, Alfred: Zur Kritik der weiblichen Pädagogik. Bericht über eine Arbeitsgruppe, in: 23. Beiheft der Zeitschrift für Pädagogik. Erziehung und Bildung als öffentliche Aufgabe. Analysen – Befunde – Perspektiven. Beiträge zum 11. Kongreß der Deutschen Gesellschaft für Erziehungswissenschaft vom 21. bis 23. März 1988 in der Universität Saarbrücken. 139-147

SCHLEIERMACHER, Friedrich D.: Theorie der Erziehung. Die Vorlesungen aus dem Jahre 1826 (Nachschrift), in: ders.: Ausgewählte pädagogische Schriften, besorgt von Ernst Lichtenstein. Paderborn 1964

SCHÖNHÖFER, Thomas: Der Versuch einer vergleichenden Gegenüberstellung von Makarenkos „Gorki Kolonie" und Ferrainolas „Glen Mills Schools". Die Resozialisation straffälliger Jugendlicher in Gruppen. Diplomarbeit an der Georg-Simon-Ohm-Fachhochschule Nürnberg 2000 http: //mitglied.lycos.de/schoenhoefer/dipl1.html

SCHWABE, Mathias: Konfrontieren, kontrollieren, Grenzen setzen: „Dirty Work" oder unverzichtbare Elemente einer alltagsorientierten Erziehungshilfe? In: Forum Erziehungshilfe. 4. Jg. (1998). 235-245

DERS.: Grenzensetzen im Alltag der stationären Erziehungshilfen. Anlässe, Formen und Diskussions- bzw. Qualifizierungsbedarf, in: Evangelische Jugendhilfe. 77. Jg. (2000). 207-225
SEUS, Lydia: Böse Jungen – brave Mädchen? Abweichendes Verhalten und die soziale Konstruktion von Geschlecht, in: MÜLLER, Siegfried/PETER, Hilmar (Hrsg.): Kinderkriminalität. Empirische Befunde, öffentliche Wahrnehmung, Lösungsvorschläge. Opladen 1998
SPIEGEL-ONLINE: Böse Buben, kranke Knaben. 2002
http://www.spiegel.de/unispiegel/wunderbar/0,1518,217197,00.html
http://www.spiegel.de/unispiegel/wunderbar/0,1518,217209,00.html
http: //www.spiegel.de/unispiegel/wunderbar/0,1518,217316,00.html
STRAUB, Patrik: Ein Modell zur Bekämpfung der Jugendkriminalität in den USA: Das Konzept Glen Mills Schools. Universität der Bundeswehr München. 2001 http://www.unibw-muenchen.de/campus/SOWI/instfak/psych/krapp/Lehre/SWI/WT01-/JugKrim/19-Semarb.pdf
STURZENHECKER, Benedikt (Hrsg.): Leitbild Männlichkeit. Was braucht die Jungenarbeit?! Münster 1996
TISCHNER, Wolfgang: Der Dialog als grundlegendes Prinzip der Erziehung. Sein Begriff und seine Geltungsbegründung in neueren pädagogischen Theorieansätzen. Bern/Frankfurt am Main/New York 1985
DERS.: Das dialogische Prinzip in der Erziehung und die Entwicklungsstufen der kindlichen Aktivität, in: Pädagogische Rundschau. 39. Jg. (1985). 469-489
DERS.: Die Erziehung verhaltensauffälliger Kinder und Jugendlicher. Grundlinien einer dialogischen Heilpädagogik, dargestellt am Beispiel der Heimerziehung, in: Zeitschrift für Heilpädagogik. 44. Jg. (1993). 2-15
DERS.: Das pädagogische Verhältnis in der Erziehungshilfe, in: Unsere Jugend. Die Zeitschrift für Studium und Praxis der Sozialpädagogik. 52. Jg. (2000). 531-542
DERS.: Metakritik der Konfrontativen Sozialpädagogik, in: Sozialmagazin. 27. Jg. (2002). H. 2. 6-8
Ders.: Heimerziehung, in: SGBVIII-Online-Handbuch, hrsg. von Ingeborg Becker-Textor und Martin Textor. 2002 http: //www.sgbviii.de/S113.html
VIETEN-GROSS, Dagmar: Glen Mills Schools – eine Alternative zum Strafvollzug für straffällige Jugendliche in Amerika, in: DVJJ-Journal. 2/1997 (Nr. 156). 136-141
WEIDNER, Jens: Das schwierige Geschäft: Grenzen ziehen. Warum es gut ist, böse Buben schlecht zu behandeln, in: Sozialmagazin. 22. Jg. (1997). H. 1. 33-37
DERS.: Soziale Arbeit und Grenzziehung. Über sinnvolles Alltagshandeln mit Mehrfachauffälligen, in: standpunkt: sozial. 2/1999. 101-103
DERS. u.a. (Hrsg.): Gewalt im Griff. Band 1: Neue Formen des Anti-Aggressivitäts-Trainings. Weinheim/Basel 2000
DERS.: Methoden Konfrontativer Pädagogik. Erziehungs-ultima-ratio im Umgang mit Mehrfachauffälligen, in: Sozialmagazin. 27. Jg. (2002). H. 2. 39-45
WEISS, Karin: Einschliessen – Erziehen – Strafen, in: COLLA, Herbert E. u.a. (Hrsg.): Handbuch Heimerziehung und Pflegekinderwesen in Europa. Neuwied/Kriftel 1999
WOLFFERSDORF, Christian von: Jugendkriminalität und Gewalt im Brennpunkt der pädagogischen Diskussion, in: AFET-Mitgliederrundbrief 3. September 2002. 20-37
WOLTERS, Jörg-Michael: Konfrontative Sozialpädagogik. Streitschrift für ein endliches Umdenken in Jugendhilfe, Jugendstrafvollzug und Jugendpsychiatrie, in: Sozialmagazin. 26. Jg. (2001), H. 5. 27-33

Philipp Walkenhorst

Anmerkungen zu einer „konfrontativen Pädagogik"

1. Einleitung

In den letzten Jahren ist eine ganze Reihe von Publikationen erschienen, die sich sehr intensiv mit der lange gemiedenen Frage nach Grenzsetzungen in der pädagogischen Arbeit mit jungen Menschen befassen. In diesem Zusammenhang entwickelte sich auch die Diskussion um eine „konfrontative Pädagogik", deren Umrisse, soweit sie dem vorliegenden Schrifttum zu entnehmen sind, hier näher beleuchtet werden sollen. Inhaltlich speist sich diese nicht zuletzt aus der Auseinandersetzung um das Konzept der Glen Mills School in Glen Mills, Pennsylvania, USA (vgl. dazu u.a. OTTMÜLLER 1988, GRISSOM/DUBNOV 1989; GUDER 1997, 1998, 1999; DEUTSCHES JUGENDINSTITUT 2001) sowie das von Jens WEIDNER entwickelten Anti-Aggressivitäts- und Coolness-Training (WEIDNER 1990, 1996). Diese Perspektive gewann zusätzlich an diskursiver Bedeutung im Umfeld einer Debatte um „andere", effektivere und intensivere Konzepte der pädagogischen Förderung besonders „schwieriger" junger Menschen mit häufig auftretendem normabweichendem, externalisierendem, vor allem aggressiv-gewalttätigem bzw. gewaltaffinem Verhalten (vgl. z.B. WEIDNER/KILB/KREFT 2001) sowie um wirksamere Konzepte der Jugendarbeit mit „rechten" gewaltbereiten Jugendlichen und Cliquen (vgl. zur Übersicht WALKENHORST 1999b; HAFENEGER 2002, 468f.).

Im Hintergrund steht ein vielfach artikuliertes Unbehagen an einer so apostrophierten „Ratlosigkeit", „Unverbindlichkeit" und „Erklärungssucht" von Jugendhilfe bzw. ihrer Maßnahmen und Angebote (vgl. z.B. SCHNEIDER 1994, 26ff.; KOHLWAGE 1999; SCHOLZ 2001a, 93, 108; 2001b, 145, 146, 151, 155). Beispielhaft verweisen KILB und WEIDNER (2000, 380) auf Statements jugendlicher Teilnehmer des Anti-Aggressivitäts-Trainings (so habe noch nie jemand mit ihnen gesprochen, sie hätten gelernt, Verantwortung für ihre Tat zu übernehmen), welche ein deutlicher Indikator seien für „offenbar fehlenden pädagogischen Mut in vielen professionellen Handlungsfeldern. Offenbar fehlen stark fordernde und lebensbegleitend auch kritische und bewertende Elemente in der pädagogischen Beziehung nicht selten" (ebd.). Noch deutlicher wird WOLTERS (2001, 27), wenn er von der Gefangenheit sozialpädagogischen Denkens und Handelns in „vermeintlich wohlwollender Parteilichkeit, Mitgefühl und empathischen ‚Verstehen' ihrer Klienten" spricht. Der sozialpädagogisch bemäntelte Humanismus verkenne oder verleugne wahrheitswidrig unter dem Postulat angeblicher Gleichheit aller die besondere (Hilfs-)Bedürftigkeit real verschiedener Menschen. Er konsolidiere damit nur pseudo-legitimierte Ungerechtigkeit und sogar Inhumanität: „Mit der Außerkraftsetzung aller ‚Autoritäts'-verhältnisse wurden die Kinder bereits als mündig angesehen und ihnen – unter dem Deckmäntelchen humanistischer Erziehungsideale – in verantwortungsloser Weise zugemutet, sich selbst und gegenseitig ...erziehen zu können oder zu erziehen." (ebd.). Gefordert wird, den „entfesselten Kindern" „deutlich die Grenzen der Toleranz" zu zeigen (SCHNEIDER 1994, 29). Kritisiert wird zudem die Fixierung auf die (Gewalt-) Täter, der Versuch, die Phänomene durch Erklärung zu beseitigen (ebd., 35). Nicht zuletzt die Diskussionen um den Umgang mit Mehrfach- und Intensivtätern sowie um die geschlossene Unterbringung als Maßnahme der Jugendhilfe verweisen auf eine dahinter stehende Position, welche generell das Scheitern einer Pädagogik behauptet, die im Umgang mit problematischen Jugendlichen auf Konzepte der Hilfe und Unterstützung setzt und deutlich die Unverzichtbarkeit von Sanktionen und Repression als Mittel der Erziehung betont (dazu kritisch SCHERR 2000, 307 im Hinblick auf gewaltbereite „rechte" Jugendliche; SONNEN 1994 hinsichtlich der Diskussion um geschlossene Unterbringung; v. WOLFFERSDORFF 1998; DEUTSCHES JUGENDINSTITUT 1999).

Zur Rückgewinnung zumindest unterstellter verlorener pädagogischer Handlungsfähigkeit setzen sich die Protagonisten einer Konfrontativen Pädagogik für eine Akzentverschiebung der pädagogischen Grundhaltung ein, die deutlichere Berücksichtigung von Opferinteressen sowie die stärkere Integration konfrontativer Elemente in verschiedenen pädagogischen Handlungsfeldern, insbesondere in denjenigen, in denen Gewalttätigkeiten eine Rolle spielen (vgl. z.B. KILB/WEIDNER/KREFT 2001, 7).

Nun ist die Kritik an Zuständen pädagogischer Indifferenz und Nicht-Intervention sowie die Schlussfolgerung deutlicherer „Grenzziehungen" oder eines „robusteren" Ein- oder Durchgreifens nichts grundsätzlich Neues (vgl. z.B. BAURIEDL 1993; ROGGE 1993, 1995; WENDT 1995; UHL 1997; MÜLLER/LAUBACH 2003). Auch dezidierte Vertreter akzeptierender Jugendarbeit verweisen auf die Gefahr, dass „Akzeptanz" mit Übereinstimmung, Unproblematisch-Finden, Hinnehmen, Sicht-nicht-Einmischen oder Sich-Abfinden gleichgesetzt wird (vgl. KRAFELD 2000, 266).

Diesen kritischen Positionen ist zumindest aus zwei Gründen Beachtung zu schenken: zum einen aufgrund ihrer inhaltlichen Argumentation, zum anderen aufgrund ihrer Akzeptanz in der Praxis mit durchaus ambivalenten Auswirkungen. Die engagiert geführte Diskussion verdeutlicht zudem, dass vor Ort der Leidensdruck aus unterschiedlichsten Gründen hoch ist, dass man zumindest bei bestimmten Zielgruppen an die Grenzen der eigenen Möglichkeiten zu kommen scheint und dass das bisherige Konzept- und Handlungsrepertoire möglicherweise nicht (mehr) greift.

Insofern lohnt es sich schon, den bisher veröffentlichten Überlegungen zu einer konfrontativen Pädagogik nachzuspüren und zu erkunden, was eigentlich dahinter steht und welchen spezifischen Beitrag sie zur Förderung junger Menschen mit massiven dissozialen Verhaltensauffälligkeit zu leisten vermag. Hier stellen sich viele Fragen, so z.B.

- Um welche Zielgruppen geht es einer „konfrontativen Pädagogik" eigentlich? Wen hat „sie" dabei im Auge? Was sind die Anlässe dafür, sich überhaupt entsprechende Gedanken zu machen?
- Worin besteht die Kritik einer „konfrontativen Pädagogik" an bisherigen Verfahrensweisen, welche Verfahren werden mit welchen Argumenten kritisiert?
- Trifft die Kritik einer letztlich „butterweichen" Jugendhilfe überhaupt zu, die sich angesichts der Monsterkids vor lauter Verständnisseligkeit nicht mehr zu helfen weiß? Was wird überhaupt kritisiert? Die Konzepte und ihre theoretische Schwachheit? Die Schwäche der Menschen, die sie umsetzen? Die Ausbildung, die nur einseitige Konzepte vermittelt?
- Worin besteht eigentlich die Substanz einer „konfrontativen Pädagogik", was macht ihre Theorie oder Konzeption, was macht ihr Menschenbild aus? Welche Ethik steht hinter diesen Konzepten?
- Welcher spezifischen Verfahren bedient sie sich, die eine eigene „Pädagogik" im Sinne auch praktischen Handelns ausmachen, und welche spezifischen Wirkungen werden diesen Verfahrensweisen im Hinblick auf welche Verhaltensprobleme zugeschrieben? Welche Wirkungstheorie steht dahinter?
- Welche empirischen Grundlegungen erfährt dieser Ansatz? Gibt es Hinweise auf eine spezifische Überlegenheit solcher Handlungskonzepte in spezifisch beschriebenen Fällen?
- Wie ist dieser Zugang zu bewerten? Welche spezifischen Vorteile weist dieser Zugang auf, welche kritischen Momente sind in den Blick zu nehmen? Und: rechtfertigt die Substanz des Ansatzes eine eigene Pädagogik?

Ich verhehle nicht, dass mir einige Akzentsetzungen „konfrontativer Pädagogik" im Sinne der Herstellung von gegenseitiger Klarheit, Achtung und Respekt, Unterstützung und Grenzziehung sowie Konsequenz des erzieherischen Handelns sehr entgegenkommen. Sowohl in meiner Arbeit mit „schwierigen" Jugendlichen als auch in der universitären Arbeit mit Studierenden haben mir diese Überlegungen sehr geholfen, Transparenz herzustellen, Klarheit zu schaffen und (positive) Entwicklungen ingang zu setzen. Dennoch scheint mir der Anspruch einer eigenen Pädagogik sehr hoch gehängt und zunächst nicht haltbar zu sein.

So möchte ich im Folgenden versuchen, zumindest skizzenhaft vorliegende Bestandteile dieses Ansatzes zusammenzutragen, sie mit ähnlichen Positionen zu verbinden und in ein umfassenderes Konzept der Förderung erheblich auffälliger junger Menschen zu integrieren.

2. Begriffe, Zielgruppen und Grundorientierungen

Lexikalisch meint der Begriff der „Konfrontation" ein „Gegenüberstellen, um einen Widerspruch oder eine Unstimmigkeit auszuräumen" oder „Jemanden in die Lage bringen, sich mit Unangenehmen auseinanderzusetzen" (DUDEN 1985, 388). Das „Wörterbuch der Psychologie" von CLAUSS e.a. (1981, 332) definiert Konfrontation als „Gegenüberstellung; in der *Einzel-Gesprächstherapie* ein Auseinandersetzungsverhalten zwischen Therapeut und Patient über dessen Beziehungen zu seiner Umwelt oder zu sich selbst, manchmal auch über die Beziehungen zwischen Therapeut und Patient. In der *Gruppen-Gesprächstherapie* vollzieht sich die K. mehr zwischen den Patienten, durch Widerspruch, In-Frage-Stellen, auch durch Deutung u.a., also durch ‚Dialektik im Dialog'. Im Patienten wird eine Affekt- und Denkdynamik angeregt, die es ermöglicht, einstellungsartig fixierte Fehlüberzeugungen gegen Widerstand zu korrigieren und neue Einsichten zu entwickeln. K. kommt in Betracht, wenn unbewusste oder abgestrittene bzw. durch ‚Rationalisierung' maskierte Fehlhaltungen aufgedeckt und erschüttert werden sollen."

Verwendet wird diese Begrifflichkeit in unterschiedlichen Handlungsbereichen. Festzustellen ist seine Verwendung u.a. im Bereich der **Strafjustiz.** Hier verweist SCHOLZ (2001a, 93f.) auf die Begegnung mit dem „Konfrontativen" in verschiedensten Zusammenhängen: die Konfrontation des Straftäters mit der Gesetzesnorm, seine Konfrontation durch die Staatsgewalt als strafender Institution und ggf. auch die Konfrontation des Straftäters mit seinem Opfer im Rahmen eines Täter-Opfer-Ausgleichs.

Im Bereich der **Psychotherapie** werden konfrontative Verfahren u.a. bei Ängsten, Phobien und Zwängen eingesetzt. Gemeinsam ist diesen vor allem verhaltenstherapeutisch orientierten Verfahren, dass der Patient direkt oder imaginativ längere Zeit dem ihn ängstigenden Objekt oder der gefürchteten Situation ausgesetzt wird (systematische Desensibilisierung mit dem Ziel einer Etkoppelung von reiz und Reaktion). Blockiert werden dabei alle Versuche, sich z.B. räumlich oder gedanklich zu entziehen. Auch in der gestalttherapeutischen Konfrontation wird der Patient mit Situationen konfrontiert, in denen er nicht mehr weiter weiß bzw. auf die er sich normalerweise nicht einlassen oder die er meiden würde. Konfrontieren bedeutet in diesem Zusammenhang die Gegenüberstellung einer Erfahrungs- oder Sichtweise, die vom geäußerten Patientenstandpunkt abweicht mit der Folge des Durchbrechens „irrationaler" Kognitionen. Diese wirft aufgrund ihrer Andersartigkeit den Patienten auf seine eigenen Prämissen zurück und bewirkt eine Auseinandersetzung mit den problematisierten Aspekten des eigenen Lebenskonzeptes sowie mit der eigenen Lebensführung. Inhalte der Konfrontation sind die vermuteten Vermeidungsstrategien, logische Brüche und Ungereimtheiten, welche auf Konflikte hinweisen (vgl. z.B. MAURER 1988, 47f., 171f.).

Im Bereich **erzieherischer Methodik** wurde Konfrontation, wie COLLA (2001b, 21f.) vermerkt, vor allem als ein „Kernstück" im Alltagskonzept der vieldiskutierten Glen-Mills-School in Pennsylvania/USA diskutiert, wenngleich hier Uneinigkeit zu bestehen scheint. So sieht GUDER (2001) den mit dem Hilfsmittel des „Heißen Stuhls" (siehe unten) in Verbindung gebrachten Begriffsinhalt der „Konfrontation" im Hinblick auf die Glen Mills School als sehr einseitig an, da im deutschen Raum vor allem mit ständiger aggressiver Konfrontation assoziiert, während damit bei korrekter Begriffsdefinition ebenso Kritik, Ermahnungen, Erinnerungen, Hinweise und Anmerkungen verbunden seien. Insofern betrachteten sich die Glen Mills Schools „weder als Ursprung des ‚Heißen Stuhls; noch der in Deutschland propagierten ‚Konfrontativen Pädagogik'," (ebd., 192).

Im hier vor allem zu erörternden **(sozial-)pädagogischen Zusammenhang** wurde der Begriff der Konfrontation bzw. Konfrontativen Pädagogik in pointierter Auseinandersetzung mit akzeptierenden, klientenzentrierten und verstehenden Konzepten entwickelt, und zwar auf dem Hintergrund der Arbeit mit Kindern und Jugendlichen mit externalisierendem, nach außen gerichtetem Verhalten, insbesondere dissozialem und massiv aggressiv-gewalttätigem Verhalten bzw. Straftaten.

Welches sind nun immer wieder anzutreffende Kernbegriffe bzw. Metaphern dieser pädagogischen Grundorientierung?

Die Frage nach der **Bestimmung der Zielgruppen** eines solchen Ansatzes impliziert natürlich das Indikationsproblem: Welches Setting, welche Inhalte und welche Methoden sind für welche Förderbedarfe angemessen und erfolgversprechend?

Sehr deutlich wird, dass eine konfrontative Pädagogik nicht alle jungen Menschen zu ihrer Zielgruppe erklärt. Vielmehr geht es um die Frage nach den Grenzen „herkömmlicher" sozialpädagogischer Grundüberzeugungen und methodischer Vorgehensweisen angesichts der Klientel „einer kleinen, aber medial imposant auftretenden ‚Jugendkriminalitäts-Elite', die deutschlandweit, im Fall Mehmet 1999 sogar europaweite Popularität erlangt hat." (WEIDNER 2001b, 15). Diese seien kein Massenphänomen, aber „sie machen massenhaft Ärger" (ebd.). Interventionen fallen hier nicht leicht, denn diese Jugendlichen „haben etwas Irritierendes: Sie sind geradezu erziehungsresistent" (ebd.). Es handele sich fast immer um männliche Jugendliche. Meistens stammten sie aus broken homes, die besonders Gewalttätigen unter ihnen waren selbst Opfer kontinuierlicher Erziehungsgewalt. Und, sicher ganz wesentlich: diese Jugendlichen wiesen in der Regel keine primäre Veränderungsmotivation auf. Ihnen gehe es mit ihrem Verhalten (z.B. als Bedroher, Abzocker, Erpresser) recht gut. Ihr Verhalten sichere ihnen Respekt und Status bei den Peers und sei damit selbstverstärkend. Frühestens ab dem 20. Lebensjahr könne man auf intrinsische Veränderungsmotivation hoffen. Somit handele es sich um eine Gruppe junger Menschen, für die in Deutschland keine angemessenen Konzepte zur Verfügung stehen (WEIDNER 2001b, 15f.; vgl. auch WEIDNER/MALZAHN 2001; SCHOLZ 2001a, 128). Drastisch bis an die Grenze des Hinnehmbaren beschreiben HEILEMANN & FISCHWASSER VON PROECK (1998) im Kontext ihrer Erfahrungen aus der JVA Hameln das Klientel auch als „Topschläger", „Profischläger", die Profis seien „im Provozieren und Inszenieren von Unterwerfungsanlässen", Profis im „Zweikampf", Profis „im Bagatellisieren und Legitimieren ihres Verhaltens" sowie Profis „im Umgang mit Strafverfolgungsbehörden" (ebd., 228).

Im Focus konfrontativer Konzepte sind zudem „rechte", gewaltbereite und gewalttätige Cliquen und Gruppen. Bislang gelingt es der pädagogischen Praxis nur ansatzweise, gerade diese Jugendlichen in wirksamer Weise zu erreichen. Zumindest in Hinblick auf „rechte" Cliquen werden sie beschrieben als junge Menschen, die sich vielfach außerhalb von Einrichtungen und Angeboten der Jugendarbeit bewegen; sie treffen sich privat, auf öffentlichen Plätzen (Marktplatz, Buswartehäuschen etc.), in Kneipen, zum Grillen am See usw. „Schwierige" Zielgruppen, also männliche (aktionistisch orientierte) Jugendliche mit eher niedrigen Bildungsabschlüssen bzw. -ambitionen (Haupt- und Berufsschulen) und vor allem Jugendliche in der Szene (als Mitglieder, mit Führungsfunktionen) nehmen an Angeboten der politischen Bildung oder geschlechtsspezifischen Angeboten kaum teil. Allenfalls sind sie über Offene Jugendarbeit, Streetwork, sport-, körper- und erlebnisorientierte Angebote, über Einzelfallbetreuungen, Soziale Trainingskurse oder Anti-Aggressionstrainings zu erreichen. Die Konzeptskizze des Anti-Gewalt-Gremiums des Jugendhofs Hassloch beschreibt die Zielgruppen konfrontativen Vorgehens recht treffend: Es gehe um junge Menschen mit dissozialem, offenem und/oder verdecktem destruktivem Verhalten, das u.U. nicht eindeutig (als gewalttätig) fassbar ist, die Rechte anderer jedoch direkt oder indirekt beeinträchtigt (z.B. Manipulieren, Abwerten, Stören, Ausnutzen der Schwäche und Unreife anderer für eigene Zwecke, Zerstören, Beschädigen von Gegenständen). Es gehe nicht bzw. nur bedingt um Verhalten, das eher einmalig im Affekt geschieht, aus einer psychischen Ausnahmesituation resultiert oder im Zusammenhang mit einer allgemeinen Impulsivität und Steuerungsschwäche (z.B. als hyperkinetisches Syndrom) zu sehen ist (vgl. STEINHAUER 2001, 211).

Zudem sei davon auszugehen, dass gerade Mehrfachauffällige pädagogische Freundlichkeit und Milde als Schwäche ansehen (geht es hier wirklich um Freundlichkeit und Milde, oder eher um Ausbleiben von Konsequenzen, Indifferenz, die zu kritisieren ist?) und dass es hier Konzepte brauche, die eher mit Schlagworten wie „Grenzziehung", Realisierung eines „autoritativen Erziehungsstils" und „mehr Streitkultur" umschrieben werden können (vgl. WEIDNER 2001b, 14ff., 17).

Nicht zu den Zielgruppen des AAT im engeren Sinne zählen Jugendliche und Erwachsene, die sich in Konfliktsituationen sporadisch und dann im gesellschaftlichen Toleranzbereich angemessen verhalten (WEIDNER/MALZAHN 2001, 43).

Hinsichtlich des Alters der Adressaten wird in der Regel von Jugendlichen bzw. Heranwachsenden gesprochen. Das Konfrontative Interventionsprogramm (KIP) für Schulen hingegen zielt auf „gewaltbereite" Kinder und Jugendliche insbesondere in ihrer Rolle als Schüler.

Als *Zielsetzungen* konfrontativer Pädagogik werden benannt (vgl. WEIDNER 2001b, 8-9):

1. die Förderung von Handlungskompetenz angesichts eines konstatierten interaktiven Kompetenzmangels bei wiederholt aggressiv Agierenden, insbesondere Empathie, Frustrationstoleranz, Ambiguitätstoleranz sowie Rollendistanz
2. die Förderung prosozialen Verhaltens im Sinne der Hilfeleistung bzw. Unterstützung für andere, verbunden mit der Entwicklung der Fähigkeit zur Perspektivenübernahme
3. die Entwicklung der Fähigkeit des moralischen Urteilens sensu KOHLBERG insbesondere von der für Mehrfachauffällige typischen präkonventionellen Stufe zur konventionellen Moral.

Grundlegende *Annahmen konfrontativer Pädagogik* können in folgenden Punkten zusammengefasst werden:

1. Es wird davon ausgegangen, dass Menschen sich *frei* für ihr Verhalten und Verhaltensänderungen *entscheiden können*. Der Ansatz, Täter mit ihrem Handeln und dessen Konsequenzen zu konfrontieren, basiert auf dieser Prämisse. In der Besprechung z.B. von Straftaten wird vermittelt: „Ich will wissen, was Du wirklich getan hast und wer du bist. Ich bin stark genug, mit dir die Taten gründlich durchzuarbeiten und mich von dir nicht ablenken zu lassen. Ich werde die schmutzigen Details aushalten und nicht deshalb die Beziehung zu dir abbrechen, sondern auf dieser Grundlage mit dir daran arbeiten, dass du Entscheidungen triffst, dich künftig anders zu verhalten." (STIEHLS-GLENN 2001, 255). Provokation und Konfrontation lassen die Fassade vordergründig höflich-angepassten Verhaltens brüchig werden und geben damit den Blick frei auf das Verhalten von Tätern in Alltagssituationen.

2. Kritisch-konfrontatives Vorgehen stellt, so WOLTERS (2001, 28) in seiner „Streitschrift", nicht immer und allein das Positive und die Stärken der Adressaten in den Vordergrund, sondern auch und gerade die *Fehler und Schwächen* derer, um deren Korrektur man sich bemüht. Diese werden als Anlass zu korrigierender Intervention und Chance zum korrigierenden pädagogischen Einfluss gesehen. Aktuelle, durch Fehlverhalten eines Jugendlichen hervorgerufene Kritik und Konfrontation seitens des Pädagogen und damit auch der mögliche Konflikt zwischen beiden ist grundsätzlich gewollt. Er ist die eigentliche Arbeitsgrundlage des Erziehungsauftrages, für den der Pädagoge zuständig sei.

3. Inhaltlich präzisiert wird der o.g. Konfliktbegriff mit der Zielrichtung der *„Grenzsetzung"*. Der pädagogische Alltag bestehe nicht nur im Gewährenlassen, der Non-Intervention, sondern ebenso aus Konflikt- und Grenzsituationen, die schnelles Handeln und Eingreifen, die „professionelle Bereitschaft und Fähigkeit zur leidenschaftlichen Streitkultur – auch gegen den Willen des Probanden..." erfordern: „Nicht entschieden einzugreifen, sich (pseudo)to-

lerant verhalten heißt oft, Opfer billigend in Kauf zu nehmen" (WEIDNER 2001c, 62; kritisch z.B. STAHLMANN 2001). Grenzsetzung als essentielles, elementares und vor allem nachweislich effektives Wirkprinzip der Pädagogik setze nicht nur konsequentes und eindeutiges, sondern immer auch kritisches und konfrontierendes Erziehungsverhalten voraus (nicht nur im Falle tatsächlicher Grenzverletzungen). Dadurch, dass dort protestiert werde, Grenzen gesetzt werden, wo der „Zögling" sich falsch bzw. unangemessen verhält oder zu verhalten droht, gewinne die Pädagogik an Kontur und der Pädagoge an Profil (WOLTERS 2001, 28; WEIDNER 2001b, 16f.; zur Grenzsetzung durch Kampfkunst als Gewaltprävention z.B. NEUMANN 2002, 106; zur Grenzsetzung im Kindesalter z.B. ROGGE 1993, 1995; BÜTTNER 2001, 207).

4. Akzentuiert wird die Bedeutung der *Verbindlichkeit* getroffener Entscheidungen im Umgang mit den jungen Menschen. Die Kritik an der (vermeintlichen?) Unverbindlichkeit von Jugendhilfemaßnahmen, denen etwas anderes entgegengesetzt werden soll, ist einer der Kernpunkte des Unbehagens am (unterstellten) gegenwärtigen Umgang mit nicht tolerierbarem Verhalten junger Menschen. So geht es eigentlich um die „Verbindlichkeit des Unverbindlichen" (SCHOLZ 2001a, 115). Gekleidet wird dies in die Frage: „Kann ich ein an sich unverbindliches Angebot sozialer Arbeit ohne direkten staatlichen, also gerichtlichen Zwang mit einer Verbindlichkeit ausstatten, welche die Jugendhilfe nach dem KJHG nicht ‚verordnen' kann?" Und: „Wer soll die Verbindlichkeit herstellen? ... Wo also soll die Verbindlichkeit herkommen, wer kann sie durchsetzen und in welcher Form kann sie umgesetzt werden?" (ebd., 116). Zur Disposition steht damit auch das *Freiwilligkeitsdogma* sozialpädagogischen Handelns. Es wird als unverantwortlich betrachtet, Jugendhilfemaßnahmen nur dann zu gewähren, wenn die jungen Adressaten auch mitarbeiten wollen, sich freiwillig darauf einlassen wollen. Kritisiert wird die Attitüde, professionell gebotene Hilfe von der Einsicht und Kooperation der u.U. dazu noch gar nicht fähigen jungen Menschen abhängig machen zu wollen (WOLTERS 2001, 30).

5. Hinsichtlich der Art des Umgangs mit den eigenen Schützlingen wird häufiger die Metapher des „Streits" bzw. der *„Streitkultur"* bemüht. Es gehe eben nicht um das „pädagogische Abnicken aus Desinteresse", sondern um mehr Streitkultur und engagiertes Aushandeln von Normen, Spielregeln und angemessenen Verhaltensweisen der jungen Menschen (vgl. WEIDNER 2001b, 17).

6. Breiten Raum nimmt die Bestimmung der hinter den o.g. Metaphern stehenden *pädagogischen Grundhaltung* der Mitarbeiter ein. SCHAWOHL (2001, 204) kommt dieser Fragestellung schon recht nahe, wenn er in seiner Beschreibung des Anti-Aggressivitäts-Trainings die Maxime, jeden Klienten „so zu akzeptieren wie er ist und ihm Grenzen setzen, die er braucht", als einen der heikelsten Punkte sozialpädagogischer Arbeit betrachtet. WOLTERS (2001, 30) beschreibt gerade für die Arbeit mit dissozialen, gewaltorientier-

ten Kindern und Jugendlichen, die er hier als „Täter" bezeichnet, eine ebenso wohlwollende wie entscheidend und nachhaltig „kritische" Haltung gegenüber der Klientel. Anders als bei der eher rücksichtsvoll einfühlenden Arbeit mit „Opfern" seien die „Täter" konsequent mit ihren Defiziten zu konfrontieren, um die aufgetragene Verantwortung für die „Zöglinge" wahrzunehmen. Die betreffenden Kinder und Jugendlichen dürfen nicht sich selbst überlassen werden. Ihr Anspruch auf Hilfe und Unterstützung sei auch dort zu akzeptieren, wo die Betroffenen selbst diesen nicht als notwendig oder förderlich einsehen können oder annehmen wollen, weil sie entwicklungsbedingt ihre eigene Lage und Gefährdungssituation nicht realistisch beurteilen, geschweige denn die riskanten Folgen ihres Agierens für sich und andere abschätzen können (ebd.). Angenommen wird, dass eine kritisch-konfrontative Erzieherpersönlichkeit im engen Kontakt mit ihrer Klientel durch ihre Direktheit mehr bewirken könne als „alle ohnehin schon bekannten (und sich bereits wiederholt als wirkungslose Allgemeinplätze erwiesenen) Ermahnungen und Belehrungen oder Appelle an die Einsicht der Betroffenen. Allein die Kenntnis grundsätzlicher gesellschaftlicher Werte, Regeln und Normen....reicht kaum aus, um zu dessen Achtung und Einhaltung befähigt zu sein" (ebd., 28). HEILEMANN (2001, 58) spricht in diesem Zusammenhang pointiert von einem gewissen „Überlegenheitsvorrat" der Pädagogen oder Trainer, dem Eindruck der jungen Klienten, man könne von diesen in bestimmter Hinsicht noch etwas lernen.

Betont wird ebenso die Haltung der Empathie beim Pädagogen, ohne die die angestrebten Prozesse der Auseinandersetzung mit sich selbst und ggf. daraus resultierende Einstellungs- und Verhaltensänderungen nicht möglich wären (vgl. WOLTERS 2001, 27-28). Als grundlegendes pädagogisches Handlungsprinzip wird die Achtung und Wertschätzung der Persönlichkeit auch gewaltbereiter und gewalttätiger junger Menschen bei gleichzeitiger Verurteilung ihrer gewalttätigen Handlungen betrachtet (vgl. KILB/WEIDNER/KREFT 2001, 7). Unter der Überschrift „Die *Person schätzen, nicht aber ihr Handeln*" wird auf ein verbreitetes Missverständnis der Professionellen verwiesen, die Gleichsetzung von Wertschätzung der Person mit Zurückhaltung von Kritik sowie Übernahme der Weltsicht und Erklärungsansätze des Klienten (STIELS-GLENN 2001, 252; vgl. auch WENDT 1995). Eine solche „Wertschätzung" garantiere zwar eine relativ konfliktfreie Beziehung zum gewaltbereiten und gewalttätigen Klienten, jedoch um den Preis eines weiteren Realitätsverlusts beim Klienten. Die Übernahme seiner Deutungen bestärke den Täter in seiner Legendenbildung, und er werde sich im Recht, seine soziale Umgebung jedoch im Unrecht sehen. SPECK (1996, 199f.) spricht in diesem Zusammenhang von der Gefahr einer „pädagogische Missdeutung psychologischer Begriffe". Dissoziale Verhaltensweisen können sicher als Signalverhalten verstanden werden, mit dem ein junger Mensch auf ein bestimmtes eigenes Problem hinweisen will (Metapher des „Hilferufs"). Mit einer Generalisierung dieser Deutung verliert sich jedoch die moralische Dimension des Problems, da hiermit jegliches schädigendes Verhalten im Prinzip als „sinnvoll" erscheinen kann. Die ethisch gebotene Unterscheidung zwischen Täter und Opfer kann damit leicht irrelevant werden. Schlagen, Belügen, Erpressen o.ä. sind in diesem Sinne eben nicht einfache Verhaltensweisen, sondern implizieren die Verletzung eines anderen, Herabsetzung seiner Würde als Mensch und damit Missachtung, die nicht hingenommen werden kann. Eine Erziehung mache sich „lächerlich und zerstört sich selbst, wenn sie dem Kinde nicht bewusst machte, dass Bestimmtes nicht getan werden darf, und dass auf bestimmte Verstöße gegen das Prinzip der Achtung des Anderen eine Ahndung....folgt, die darauf abzielt, einen Schaden wiedergutzumachen, einer Wiederholung vorzubeugen, und sich zu entschuldigen, d.h. die Schuld gegenüber dem Anderen anzuerkennen, und ihn zu bitten, die Tat zu verzeihen." (ebd.).

Die Unterscheidung von Person und Verhalten wird als eine künstliche, aber pädagogisch hilfreiche angesehen. Sie gibt dem Helfer die Freiheit, sich kritisch zu äußern und zu einem Gegenüber für den Gewalttäter zu werden. Eine vertrauensvolle Beziehung bedeutet nicht das Fehlen von Konflikten. Eher kann das Ernstnehmen des Täters in dem, was er angerichtet hat, eine Grundlage für die Wiederherstellung seiner persönlichen Würde sein (vgl. STIEHLS-GLENN 2001, 252-253).

Aus dieser Positionierung heraus wird die deutliche Abgrenzung gegenüber einer Haltung des Übertrieben-Vorsichtig-Agierens unter Hinweis auf die „Erziehungsresistenz" Mehrfachauffälliger versucht (vgl. zum Folgenden WEIDNER 2001b, 18f.). So habe einerseits das interaktionistisch abgeleitete Stigmatisierungsverbot Professionelle derart beeindruckt, dass sie unter dem Siegel der Non-Intervention gar nicht mehr eingreifen mögen. Dies führe dazu, dass überfällige Wahrheiten den Probanden gegenüber verschwiegen werden. Als weiterer Grund pädagogischer Zurückhaltung wird die Konfliktangst professioneller Pädagogen benannt. Manches großzügige Gewährenlassen sei eben nicht einem konzeptionell begründeten anti-autoritären Anspruch geschuldet, sondern verweise vielmehr auf eine dahinter stehende Gleichgültigkeit oder auch Konfliktscheu der Professionellen. Kritisiert wird zudem der undifferenzierte Umgang mit dem sozialpädagogischen Postulat der Freiwilligkeit: Grenzziehungen und Aufzwingen von Gesprächen seien lange Zeit als professionell fragwürdige Interventionen betrachtet worden. Das „Aufzwingen" galt vor allem als Versagen, da man offensichtlich nicht durch Freiwilligkeit, Milde, warmherzige Worte und Engagement überzeugen konnte. Dahinter wird die Furcht Professioneller vor einem Beziehungsabbruch zu ihrem Klientel vermutet, wenn zu kritische, zu unangenehme, zu peinliche, defizit- und deliktbezogene Fragen gestellt werden, verbunden mit der Frage, wie sich denn die Arbeit ohne professionelle Beziehung gestalten könne. Als weitere Hintergründe der Unfähigkeit von Helfern, auf Gewalt angemessen einzugehen, werden benannt: die eigene Angst, die Angst, selbst angegriffen, geschlagen und verletzt zu werden, überwältigt, ohnmächtig, gedemütigt zu werden, Angst auch, feige und gelähmt zu sein; die Faszination der Gewalt auch für Helfer: das Sichtbarwerden der eigenen gewalttätigen Wünsche und Phantasien sowie die Sorge, dass die befürchtete Handlung, die

Gewalttat, dann wahrscheinlicher wird, wenn das Thema angesprochen und auch gegen die Abwehr des Täters beibehalten wird (vgl. STIEHLS-GLENN 2001, 258f.).

In der Folge spüren Täter oft diese Hemmungen der Sozialarbeiter und meiden ihrerseits das Thema, weil sie einerseits nicht über ihre hässlichen Seiten sprechen wollen, andererseits, weil sie den Helfer aufgrund seiner Angst schonen wollen. Gesehen wird die Gefahr, aufgrund der Angst vor dem Beziehungsverlust zur Klientel zu höflich, zu nachsichtig, zu schönredend zu sein (WEIDNER 2001b, 19f.). Resultat ist in jedem Fall, dass das Problemverhalten und die zugrunde liegenden Emotionen, Gedanken und Einstellungen nicht bearbeitet werden können und damit aufrechterhalten bleiben (STIELS-GLENN 2001, 260).

Konfrontative Ansätze hingegen sehen Glaubwürdigkeit und Einfluss der Professionellen gerade dann als gesichert an, wenn sie in der Lage sind, mit ihrer Klientel sozial akzeptierte Normen auszuhandeln, Alltagsstrukturen verbindlich zu machen, Grenzen des Agierens zu verdeutlichen und Normen- bzw. Gesetzesverletzungen auch gegen die Widerstände der Jugendlichen zu konfrontieren sowie Konsequenzen durchzusetzen (vgl. dazu WEIDNER 2001b, 17).

Immer wieder finden sich Verweise auf eine weitgehende Übereinstimmung konfrontativer Pädagogik mit einem *autoritativen Erziehungsstil* (BAUMRIND 1991; SILBEREISEN/SCHULER 1993, 278ff.; SCHNEEWIND 2002, 119f.). So zeigten diejenigen Kinder und Jugendlichen das meiste prosoziale Verhalten, welche von ihren Eltern „autoritativ" erzogen wurden. Diese Erziehung ist gekennzeichnet durch Merkmale der emotionalen Wärme, der Zuwendung, verständlich begründeter klarer Strukturen und auch Grenzen, entwicklungsgerechter Aufgaben und Herausforderungen. Hinzu kommt die Ermutigung zum selbständigen Handeln wie auch das gleichzeitige Bestehen auf der Einhaltung von moralischen Normen (vgl. auch UHL 1996, 48). Dieser Stil wird in Abgrenzung betrachtet zu einem autoritär-patriarchalischen Erziehungsstil einerseits sowie einem rein permissiven Erziehungsverständnis, das insbesondere hinsichtlich seines Devianzverständnisses die Ursachen bzw. Bedingungen dafür ausschließlich im gesellschaftlichen Kontext bzw. als Ausdruck und Konsequenz von Stigmatisierungsprozessen sieht. Als Vorteile eines autoritativen Erziehungsverständnisses werden benannt

- prosozialeres Verhalten der Probanden
- grössere Aufgeschlossenheit
- mehr Sozialkompetenz
- angemessen-durchsetzungsfähiges Alltagsverhalten (vgl. dazu WEIDNER 2001b, 10).

Gerade auf dem Hintergrund aggressiv-gewalttätigen Verhaltens gewinnt im Konzept einer konfrontativen Pädagogik das *Opfer* solcher Übergriffe einen besonderen Stellenwert. In einer sicherlich zugespitzten Sichtweise kritisiert HEILEMANN (2001, 48ff.) am Beispiel des Strafvollzugs die einseitige Täterorientierung der meisten justiziellen und auch sozialpädagogischen Maßnahmen. So sei das Delikt (z.b. die Körperverletzung) lange Zeit ein nur unwesentlicher Bestandteil des Behandlungs- bzw. Erziehungsprozesses gewesen. Jedoch handele der Vollzug letztlich im Auftrag der Opfer und erhalte sein Arbeitsmandat indirekt aus der Art des Delikts und dem Schädigungsumfang, den das Opfer erleiden musste (ebd., 49). Das gegenwärtige Beziehungsdreieck zwischen Täter, Opfer und Strafjustiz sei durch mangelndes Aufgabenverständnis und mangelnde Mandatstreue gegenüber dem Opfer gekennzeichnet (ebd., 50; zur Einbindung des Opferschutzes in schulische Gewaltprävention z.B. NEUMANN 2002). Damit gewinnen die Auseinandersetzung mit dem Opfer eigener Übergriffe sowie die Frage einer angemessenen Wiedergutmachung einen bedeutenden Stellenwert im Konzept konfrontativer Pädagogik.

Inwieweit aufgrund der bisher vorgestellten Orientierungspunkte eines spezifischen pädagogischen Handelns von einer „konfrontativen Pädagogik" gesprochen werden kann, bleibt zunächst offen. Zumindest existiert sie schon als Buchtitel, wenngleich KILB und WEIDNER (2000, 383) das Selbstverständnis einer konfrontativen Pädagogik begrenzen, die es „als solche ausformuliert noch nicht gibt." (ebd.). Sie wollen darunter zunächst nichts anderes als die Subsumtion konfrontativer Elemente unter das Aktions- und Reaktionsinventar von Pädagogen verstanden wissen. Gleichzeitig erfolgt eine Relativierung dahingehend, dass es eigentlich um eine Methodik, die der Konfrontation, gehe (WEIDNER 2001b, 7). Im Hinblick auf andere, vieldiskutierte sozialpädagogische Konzepte wird zudem eine Interventionssystematik angedeutet, in der konfrontative Methoden als die „ultima ratio" verortet werden, wenn akzeptierendes Begleiten, nicht-direktive Konzepte, empathische Einzelfallhilfe oder ein lebensweltorientierter Zugang nicht mehr ausreichen (ebd.).

WEIDNER hält kurz und knapp fest: „Auf der Grundlage einer vertrauensvollen, von Sympathie und Respekt geprägten Beziehung, gilt es die Folgen delinquenten Handelns beim Täter ins Kreuzfeuer der Kritik zu nehmen." (ebd. 2001b, 7). Er verweist darauf, dass dies keine grundsätzlich neue Position ist. Ihr sollte jedoch gerade in der Arbeit mit (jungen) Wiederholungstätern mehr Gehör geschenkt werden.

Diese Akzentsetzung, die vor allem von WEIDNER, WOLTERS und anderen auf dem Hintergrund der Arbeit mit gewaltbereiten jungen Menschen herausgearbeitet wurde, fußt auf hier noch einmal thesenhaft zusammengestellten Annahmen (vgl. hierzu insbesondere den Beitrag von WOLTERS 2001):

– „Klassisches" sozialpädagogisches Denken und Handeln verkennt bzw. leugnet die Unterschiedlichkeit der je spezifischen und sehr unterschiedlichen „Hilfsbedürftigkeit" ihrer Klientele.
– Pseudo-legitimierte Ungerechtigkeit und Inhumanität wird festgeschrieben, wenn auf dem Hintergrund ideologisch verbrämten Liberalismus die Bedürftigen trotz z.B. gebotener geschlossener Unterbringung sich letztlich selbst überlassen werden.

- „Freiheit, Gleichheit und Brüderlichkeit" sind ungeachtet notwendiger Differenzierungen diejenigen sozialpädagogischen Maximen, aufgrund derer dissoziale Täter vor dem Hintergrund politischer Korrektness und Fürsorge-Mentalität in den Stand eines Opfers (ihrer selbst und ihrer Geschichte) gehoben werden. Plattitüden wie „Alle Täter sind eigentlich Opfer" und „Die Adressaten da abholen, wo sie stehen" werden als Ausdruck des wahren Nicht-Verstehens betrachtet, die einem Klientel nicht gerecht werden, welches nach Grenzsetzung verlange, um ernst genommen und letztlich gerettet werden zu können.
- Mit der Außerkraftsetzung aller Autoritätsverhältnisse wurden die Kinder bereits als mündig angesehen und ihnen unter dem Deckmantel humanistischer Erziehungsideale zugemutet, sich selbst und sich gegenseitig erziehen zu können.
- Konfrontative Sozialpädagogik ist autoritativ im Sinne einer auf Einfluss, Ansehen oder Bedeutung bzw. Bedeutungszuschreibung basierenden Autorität des Pädagogen und eines darauf aufbauenden kritischen, direkten und direktiven Erziehungsstils.
- Der Pädagoge ist hier unmittelbar, initiativ, (an-)leitend und bestimmend tätig.
- Es werden nicht nur und durchgängig die Stärken und positiven Verhaltensweisen der Adressaten in den Blick genommen und gefördert. Fehler und Schwächen werden auch und gerade gesehen, um sie zum Anlass korrigierender Intervention und systematischer Bearbeitung zu machen. Der damit entstehende Konflikt ist grundsätzlich gewollt und die eigentliche Arbeitsgrundlage der Erziehung.
- Unmittelbar dort zu widersprechen, Grenzen zu setzen oder Ablehnung zu zeigen, wo der Zögling sich unangemessen oder falsch verhält oder zu verhalten droht, um seinen erzieherischen Einfluss geltend zu machen, ist ein Gewinn an Kontur für den Pädagogen und an Profil für die Pädagogik.
- Der Pädagoge ist das eigentliche Interaktionsmedium dieser Arbeit. Er soll für das, für was er einsteht, ein Modell oder Vorbild sein (und ist es faktisch immer, ob akzeptierend, konfrontativ, laisser-faire usw.).
- Zielgruppe konfrontativer (Sozial-)Pädagogik sind dissoziale, gewaltbereite junge Menschen. Gefragt ist hier die wohlwollende wie nachhaltig-kritische Einstellung gegenüber der Klientel, ihren Einstellungen und Verhaltensweisen. Ebenso gefragt ist die dezidierte Konfrontation mit ihren Defiziten.
- Selbstkritisch müssen sich konfrontativ arbeitende Pädagogen immer wieder fragen, inwieweit sie durch diesen Umgang mit den ihnen Anbefohlenen eigene Geltungsbedürfnisse befriedigen oder eigene Machtphantasien auf Kosten von Wehrlosen auszuleben suchen.

Gefordert wird ein genereller Paradigmenwechsel, ein Denken und Umdenken, welches konfrontative (und notfalls auch gegen den vordergründigen Willen junger Menschen agierende) pädagogische Interventionen zumindest auch in die Überlegungen einbezieht, wo ansonsten gut gemeinte Nichtreaktion als besonderer pädagogischer Fortschritt propagiert wurde (vgl. WOLTERS 2001, 31). Konfrontative Ansätze setzen auf ein professionelles Profil, das sich mit eigener streitbarer Position und moralischen Überzeugungen einbringt, sich als selbstbewusstes und kompetentes Gegenüber anbietet und einbringt. Angeboten wird den jungen Menschen, sich an inhaltlichen Positionen und pädagogischen Erfahrungsangeboten abzuarbeiten sowie den Pädagogen deutlich erkennbar als Gegenüber mit Interessen zu erleben und zu erfahren (HAFENEGER 2002, 469).

3. Methoden und Verfahrensweisen „konfrontativer Pädagogik"

Den dargelegten eher programmatischen Positionsbestimmungen entspricht eine Reihe erzieherischer „Handwerkstechniken", die einem konfrontativen Vorgehen zugeordnet werden.

Konfrontationsrituale sollen „eine dauerhafte Veränderung der mehrheitlich in den Gangs gelernten manipulativ-aggressiven Handlungstendenzen beim Jugendlichen" herbeiführen (COLLA 2001a, 75). Das Konzept hoch formalisierter Konfrontationsrituale gehört zum Kernbestand der Pädagogik der Glen-Mills-School. Dabei kommen COLLA zufolge die meisten Konfrontationen in der Logik des PPC-Konzeptes (PPC = Positive Peergroup Culture) nicht durch die Mitarbeiter, sondern durch die Jugendlichen selbst zustande. Dies auch ohne Rücksicht auf den Status der Schüler (ebd.). Um Konfrontationen nicht aus dem Ruder laufen zu lassen, sind diese hoch ritualisiert als gestufter Prozess zu verstehen, der in seinem Ablauf eingehalten werden muss (vgl. auch OTTMÜLLER 1988, 76f.; GRISSOM & DUBNOV 1989, 53; WEIDNER 2001c).

Diese Stufen der Konfrontation sind verschiedentlich näher beschrieben worden und sollen hier nur kurz skizziert werden:

1. „Friendly Non-Verbal" als freundliche Geste, normwidriges Verhalten umgehend zu ändern
2. „Concerned Non-Verbal" als ernste, deutliche Geste mit gleichem Ziel
3. „The Helpful Verbal" als verbale, freundliche Mitteilung, das Verhalten jetzt zu ändern
4. „Concerned Verbal" als deutliche Mitteilung, das betreffende Verhalten jetzt zu ändern, ggf. mit Unterstützung anderer Jugendlicher
5. „Request for Staff and/or Student Support" als Bitte des konfrontierenden Jugendlichen an andere Jugendliche oder Mitarbeiter, ihm zu helfen
6. „Touch for attention (Staff only)" als körperliche Berührung des konfrontierten Jugendlichen, um ihn auf den Ernst der Situation aufmerksam zu machen

7. „Physical Restraint (Staff only)" als physische Ruhigstellung des konfrontierten Jugendlichen durch Mitarbeiter.

Das Verhalten des Konfrontierten wird noch einmal Gegenstand der Gruppendiskussionen in seiner jeweiligen Wohneinheit. Ggf. wird der auf Stufe 7 konfrontierte Jugendliche dem Jugendrichter zur erneuten Disposition vorgestellt. Zumindest für die Glen Mills School stellt COLLA (2001b, 23) fest, dass in der Regel die meisten Konfrontationen mit der Stufe 4 enden. Sofern der Konfrontierte dann sein Verhalten ändert, ist die Angelegenheit damit erledigt. Wird die Stufe 6 erreicht, muss darüber schriftlich berichtet werden. Immerhin wird in diesem Zusammenhang auch erwähnt, dass von einweisenden Stellen die Ausgestaltung der letzten beiden Stufen gelegentlich im Grenzbereich zur Misshandlung (Körperverletzung) gesehen wird. Mit Verletzung der menschlichen Würde wurde bisher nicht argumentiert (ebd.). Gedeutet werden können diese ritualisierten Konfrontationen als „Hilfestellung, Verbindliches zu akzeptieren". Sehr deutlich werden sie gegen Drill und Denunziation abgegrenzt (SCHOLZ 2001a, 116).

„Verletzender Humor" (WEIDNER 2001b, 11 unter Bezug auf FARRELLY) wird als weiteres wichtiges Handwerkszeug provokativer Therapie angesehen, um den jungen Menschen zu provozieren, um das herauszuholen, was bei ihm „in Ordnung" sei, um seine Stärken zu bestätigen und die personalen Ressourcen zu aktivieren. (ebd., 12). Aufgegriffen wird hier insbesondere die Einschätzung der psychischen Verletzbarkeit junger Menschen, insbesondere junger Gewalttäter. In Anlehnung an FARRELLY (1994, 961) wird von einer weit verbreiteten Überschätzung der psychischen Fragilität gerade Mehrfachauffälliger ausgegangen. Der Umgang mit dieser Klientel sei, so auch WEIDNER (ebd.), dominiert von der Angst der Professionellen, der Jugendliche könne psychisch zusammenbrechen, wenn er mit den Folgen dessen konfrontiert werde, was er angerichtet hat. Dagegen zu setzen sei die Neugier gerade mehrfachauffälliger, „sozialarbeits- und psychologiegesättigter" (ebd.) junger Menschen hinsichtlich einer verblüffenden, humorvollen, paradoxinterventionistischen Arbeit.

Schlagartiger, radikaler, schneller Erkenntnisgewinn der Probanden soll evoziert werden durch das Setting des „heißen Stuhls" (WEIDNER 1996) sowie die „Hinter-dem-Rücken-Technik" (MORENO).

Der „heiße Stuhl" ist ein methodischer Bestandteil des Anti-Aggressivitäts-Trainings von WEIDNER. Schon MORENO sprach 1915 vom Begriff des „leeren Stuhls", mit dessen Hilfe der Klient einen Konflikt im Rollenspiel darstellt. Der imaginäre Widersacher sitzt dabei auf dem „leeren Stuhl". In der Gestalttherapie von F. PERLS sollte auf dem dann so bezeichneten „heißen Stuhl" die Person Platz nehmen, die an ihrer Psyche arbeiten will (vgl. Kriz 1985, 193). WEIDNER reicherte die ursprünglich sachlichen Feedbacks um provozierende und attackierende Elemente im Rahmen eines komprimierten konfrontativen Verhaltenstrainings an (WEIDNER 1996). Die provokativen Elemente entstammen den Annahmen der Provokativen Therapie nach FARRELLY & BRANDSMA (1986). Die Wirkungen dieser Provokationen werden insofern als erwünscht paradox beschrieben, als sich „ die Patienten durch diese Form des Umgangs auf Dauer mehr akzeptiert fühlen als durch eine stets ‚rücksichtsvolle-sensible' Behandlungsweise. Dieser ‚frische Wind', der alles Pathos hinwegfegt", wird als belebend für den therapeutischen Prozess empfunden (ebd., V). In der Konfrontativen Therapie (CORSINI 1994) kommt es zur Konfrontation zwischen den Vorstellungen der Person und der Wirklichkeit (ebd., 560). Angenommen wird, dass die dadurch erzeugte kognitive Dissonanz das eingeschliffene Denkmuster erschüttert mit der Folge einer Umstrukturierung des Denkens sowie einer Änderung des Verhaltens. Ziel des „heißen Stuhls" ist hier nicht mehr, den Klienten in der Gruppensitzung eine sachliche und ruhige Rückmeldung zu geben. Angestrebt wird stattdessen, ihn zu attackieren und ihn so zum Nachdenken zu zwingen. Im Antagonisten-Training werden die Gewalttäter auf diese Weise mit ihren potenziellen Gegnern konfrontiert, eine Auseinandersetzung, die kaum Ausreden zulässt (vgl. WEIDNER 2001a, 13-14).

Die *Hinter-dem-Rücken-Technik* beinhaltet zunächst die Erklärung und Rechtfertigung des Verhaltens des jeweiligen Probanden durch ihn selbst. Danach verlässt er symbolisch den Raum, begibt sich aus der Gruppe heraus und blickt nach außen. Die übrigen Gruppenmitglieder diskutieren „hinter seinem Rücken" über seine Einlassungen und ihn selbst, während der Proband zwar zuhört, jedoch nicht zusieht. Die u.U. harten Statements der anderen Gruppenmitglieder werden im Anschluss zusammen mit dem betroffenen Jugendlichen erörtert.

Auch das *Life-Space-Interview* wird immer wieder im Zusammenhang konfrontativer Techniken genannt (vgl. WEIDNER 1990, 19f.). Diese von FRITZ REDL in den vierziger Jahren des vergangenen Jahrhunderts in der stationären Erziehungshilfe entwickelte Technik soll in psychodynamischer Metaphorik das schwache „Ich" des Kindes stützen. Seine Ziele sind die therapeutische Auswertung von Ereignissen aus dem täglichen Leben sowie eine sofortige emotionale „erste Hilfe" (vgl. REDL 1987, 56). Diese wird betrachtet als „Einmassierung des Realitätsprinzips". D.h., das Kind wird dazu gebracht, den tatsächlichen Ablauf eines Konflikts unter Differenzierung der eigenen und fremden Anteile zur Kenntnis zu nehmen. In der verhaltenstherapeutisch-kognitiven Terminologie würde man bei solchen Fehleinschätzungen von kognitiven Verzerrungen, Bagatellisierungen oder Neutralisierungen mit dem Ziel der Verringerung kognitiver Dissonanzen, z.B. der Relativierung von Schuldgefühlen, sprechen.

Ein weiteres Moment konfrontativer Pädagogik ist die bewusste *Reaktion auf Kleinigkeiten*, um grössere Schwierigkeiten soweit als möglich zu vermeiden. Kritisiert wird die (deutsche) Vorgehensweise, kleine Normverstöße als jugendtypisch zu ignorieren und nur bei erheblichen negativen Vorkommnissen zu intervenieren. Gerade die kleinen Unregelmäßigkeiten und Inkonsequenzen seien, so WEIDNER (2001b, 22), erfolgversprechend auflösbar und der produktive Umgang damit beziehungsfördernd, sodass sie eine gute Basis zur Lösung auch großer Konflikte darstellen. Dies allerdings setze eine Konfliktbereitschaft der Professionellen voraus, eine Konfliktbereitschaft, die den Jugendlichen vertraut sei, welche die Mitarbeiter aber vielfach erst noch lernen müssten (zur verhaltenssteuernden Bedeutung eines entsprechenden Kontingenzmanagements vgl. BRACK 2001, 526f.)

Hinsichtlich des Settings wird zumindest implizit ein weiteres Moment „konfrontativer Pädagogik" sichtbar, die *Arbeit mit Gruppen* junger Menschen als weiterem wesentlichem Medium der Veränderung. Konfrontative Pädagogik fördert das Prinzip „Jugend erzieht Jugend" (WEIDNER 2001b, 12, unter Verweis auf klassische Konzepte der Kollektiv- und Gruppenerziehung z.b. verkörpert in KORCZAK's „Strafgesetzbuch", MAKARENKO's Kameradschaftsgericht, NEILL's Schulversammlungen in Summerhill). Junge Menschen setzen hier Altersgenossen Grenzen durch peer-group-pressure, durch prosozialen Gruppendruck. Ziel ist hier der Gleichklang von formeller und informeller Erziehungsstruktur und damit ein subkulturfreies Milieu. Die Normen der Mitarbeiter und der Jugendsubkultur streben Deckungsgleichheit an (WEIDNER 2001b, 12). Programmbegriff dafür ist die „positive peer-culture" (VORRATH/BRENDTRO 1974; vgl. zur Funktion der Gruppe auch GLASSER 1972, 69f.). SCHOLZ (2001a) verweist hier auf die „geniale Idee der *Glen Mills Schools",* das Regelwerk des Negativen aufzubrechen, und zwar aus sich selbst heraus. Soziale Arbeit muss hier ein System zur Verfügung stellen, welches die Jugendlichen im Prinzip beherrschen, das mit neuen, prosozialen Inhalten zu füllen sei: „Mit diesem für die Jugendlichen Neuen, dem Positiven müssen sie konfrontiert werden in ihrem ganzen Handeln – aber nicht von ‚oben', nicht von den inzwischen verhassten Sozialpädagogen und Erziehern, also denen, die das schon immer gepredigt haben, die sie ‚vollgelabert' haben, ohne dass es im Ergebnis nutzbringend gewesen wäre – so jedenfalls ihr Eindruck. Aus der Peer-Group selbst muss dieser ‚Druck', diese Beeinflussung in sie eindringen, damit sie aus sich heraus sich zum Positiven entscheiden können. ... ‚Status erlangen' durch die Betonung ihrer – wenn auch häufig begrenzten – Fähigkeiten, das macht Mut zu positivem Verhalten, lehrt, noch so geringe Ressourcen zu nutzen" (ebd., 116). Dem jungen Menschen, der sich inakzeptabel verhält, kann durch die Konfrontation mit Gleichaltrigen zudem die Möglichkeit genommen werden, sein Verhalten als „normal" zu bagatellisieren. Es wird vermutet, dass ein stärkerer Einbezug pädagogischer und sozialwissenschaftlicher gruppenorientierter Konzepte zumindest für delinquente junge Menschen noch einiges Innovationspotential beinhaltet (COLLA 2001a, 86).

Im Rahmen der Entwicklung eher konfrontativer Konzepte werden neben Einzelangeboten wie AAT und Coolness-Training sowie ähnlichen Konzepten auch *settingorientierte Gesamtkonzepte* erprobt. Hinreichend bekannt sein dürfte der Ansatz des „Konfrontativen Interventionsprogramms (KIP) für Schulen" von THERWEY und PÖHLKER (2001). Hier geht es nicht nur um einzelne Angebote, sondern die Ausrichtung der Gesamtkonzeption einer Schule auf einen konfrontativen Ansatz im Umgang mit gewaltbereiten Schülerinnen und Schülern. Dieses recht differenziert ausgearbeitete Programm versteht sich als Ergänzung der bereits vorhandenen sonder- und sozialpädagogischen Strategien im schulischen Raum, um dezidiert „Gewalttätern entgegenzuwirken und Gewaltopfern den nötigen Schutz vor Übergriffen zu garantieren" (ebd., 114). Die konfrontativen Maßnahmen richten sich „einzig und allein gegen die gewalttätigen Verhaltensweisen, die ein vernünftiges Miteinander in der Schule gefährden. Ein Großteil der Maßnahmen soll zusätzlich helfen, den ‚Tätern' den Nährboden für ihre gewaltsamen Aktionen zu entziehen, um somit die Entwicklung neuer Gewaltprobleme zu verhindern." (ebd., 122).

Gerade diese Autoren verweisen auf einen weitere deutlich akzentuierten Sachverhalt, die Einigkeit des Kollegiums hinsichtlich der zu erreichenden Ziele sowie der methodischen Wege dorthin (vgl. zur diesbezüglichen Schulwirkungsforschung z.B. AURIN 1990, 1999; HAENISCH 1994).

Kritische Anmerkungen

Nach dem Versuch, einige inhaltliche und methodische Grundpositionen konfrontativer Ansätze zusammenfassend zu verdeutlichen, möchte ich im Folgenden ausgewählte Aspekte kritisch beleuchten und daraus Perspektiven der Förderung von „schwierigen" jungen Menschen ableiten.

– *Unklare Zielgruppenbeschreibung:* Trotz aller recht plastischen bis drastischen Beschreibungsversuche bleibt es letztlich unklar, an welche junge Menschen sich konfrontative Ansätze richten. Weiter oben waren schon einige Kriterien bzw. Zielgruppenbeschreibungen genannt worden. Diese jedoch sind m.E. im Grenzbereich von Beschreibung und wertender Deutung angesiedelt. Bei aller notwendigen Verurteilung stellt sich schon sehr deutlich die Frage nach einer angemessenen und sachlich-distanzierten Terminologie. Hier ist der Kritik WALTER's (1999) am teilweise ausufernden aggressiven Sprachgebrauch und Etikettierungsverhalten einzelner Protagonisten konfrontativer Ansätze zuzustimmen. Bei aller klaren und nachdrücklichen Verurteilung dissozialen und gewalttätigen Verhaltens (nicht nur) junger Menschen ist m.E. deutlich darauf hinzuweisen, dass wir es immer mit Menschen zu tun haben, die nicht nur und ausschließlich „Top-Schläger" (HEILEMANN) oder „Mehrfachtäter" sind, sondern zunächst einmal junge Menschen „mit" aggressiven und gewalttätigen oder sonstigen delinquenten Verhaltensweisen (vgl. dazu WALKENHORST 1994, 73). Eine solche Beschreibung dient m.E. eben nicht der Verharmlosung des Nicht-Akzeptablen, sondern verdeutlicht eine differenzierte pädagogische Haltung, die sowohl den unabdingbaren und nicht zu beschönigenden Veränderungsbedarf beschreibt als auch die vorhandenen positiven Ressourcen und Potentiale in den Blick nimmt! Problematisch ist zudem die Vermengung der Kriterien der Gewaltbereitschaft und häufigen Gewaltausübung mit dem unspezifischen, jedoch des Öfteren verwendeten Kriterium der Mehrfachtäterschaft (vgl. z.B. WEIDNER 2001b, 7f.). So wies TRAULSEN (1999, 314f.) darauf hin, dass die meisten der mehrfach auffälligen registrierten jungen Straftäter sowohl im Bereich der leichteren als auch schwereren Straftaten überrepräsentiert sind. Dabei ist ihre Deliktstruktur besonders von schwerem Diebstahl geprägt, während Rohheitsdelikte weniger ins Gewicht fielen. Eine Gleichsetzung von Mehrfach- und Intensivtätern mit Gewalttätern erscheint mir in diesem Zusammenhang unzulässig, wenngleich auch solche jungen Menschen klarer Grenzsetzungen bedürfen. Ein dritter kritischer Punkt der Beschreibung der Adressaten liegt in den pädagogischen Schlussfolgerungen, die sich aus den Ergebnissen der Entwicklungspsychopathologie ergeben. Verschiedene Längsschnittstudien zur Vorgeschichte von Problemverhalten im Jugendalter verwiesen auf typische Vorläufer antisozialen Verhaltens in frühen Lebensphasen. Mit Geburtsbelastungen als Folge von Alkoholabusus und Untergewicht geht z.B. einher die Ausprägung eines „schwierigen" kindlichen Temperaments, die Entwicklung von hyperaktiven Störungen und Aufmerksamkeitsstörungen, oppositionellem Trotzverhalten, eine zunehmende Belastung der sozialen Kontakte bis zum Schuleintritt, die Entwicklung von Leistungsproblemen schon in den ersten Schuljahren, eine Tendenz zum Schulschwänzen, Lügen, Stehlen und zu Vorformen des Drogengebrauchs. Es entwickelt sich Aggressivität gegenüber den Mitschülern sowie das Gefühl, übermäßig bedroht und angegriffen zu werden. In der Adoleszenz intensivieren sich dann die Drogenprobleme, delinquentes Verhalten sowie Risikoverhalten im Straßenverkehr. Von diesen „early starters" zu unterscheiden sind Inzidenz-Phänomene der adoleszenzbezogenen Steigerung alterstypischer Devianz, die sich jedoch später wieder zurückbilden („late starters"; vgl. zusammenfassend PETERMANN/-WARSCHBURGER 1996, 133f.; FEND 2000, 441ff.; PETERMANN/PETERMANN 2001, 12ff.; MONTADA 2002, 869f.;). Zumindest die Zielgruppenbeschreibungen des AAT legen vordergründig nahe, dass es sich hier eher um so genannte „early starters" handelt. Inwieweit angesichts langjährig eingeschliffener Deutungs-, Interpretations- und Reaktionsmuster sowie möglicher komorbider Verhaltensstörungen die isolierte Teilnahme an einem AAT oder ähnlichen Programmen mehr als kurzfristige Wirkungen zeigt, erscheint mir schon angesichts der Störungsgenese fraglich, die bei einem frühen Beginn eher ein sehr stabiles aggressives Verhaltens erwarten lässt und ein komplexes, multimodales und langfristig angelegtes Vorgehen erfordert.

- *Überwertung der Pädagogenrolle:* Der Pädagoge wird in konfrontativen Kontexten zu einer dominanten und bestimmenden Figur des Settings hochstilisiert. Angesichts des stellenweise inszenierten „Crime-Fighter"-Habitus scheinen mir einige Selbstdarstellungen konfrontativ arbeitender Pädagogen an die Grenzen der Seriosität zu reichen. Wenn Pädagogen oder Therapeuten sich als „Kampagnenführer", „Anti-Gewalt-Manager", „Schlägertherapeuten" und „subkulturelle Helden" inszenieren (z.B.

HEILEMANN/FISCHWASSER VON PROECK 1998, 228, 229, 231), mag dies zwar eine individuelle Publizitätsbedürftigkeit illustrieren, ist aber vom sachlich-fachlichen Auftrag weit entfernt. Abgesehen von der fachlich unangemessenen Terminologie ist darauf hinzuweisen, dass der Erzieher im jeweils sehr komplexen und nicht nur durch den Jugendlichen und ggf. seine Clique markierten Erziehungsfeld „ein Faktor unter vielen" ist (vgl. z.B. GEISSLER 1982, 52f.; BREZINKA 1995, 199, 268ff.; OELKERS 2001, 257f.). Seine direkten, auf den Heranwachsenden gerichteten Handlungen und Interventionen wie Gespräch, Lob, Tadel, Strafe, Konfrontation sind keine isoliert zu betrachtenden Vorgänge. Die Stilisierung der „Erzieherpersönlichkeit" zum zentralen pädagogischen Faktor erscheint abstrakt wie in ihren Folgen bedenklich. Die sich verhältnismäßig rasch einstellenden Diskrepanzen zwischen erzieherischen Absichten und tatsächlich auftretenden Wirkungen können leicht zu der Annahme verleiten, nicht geplante Reaktionen der jungen Menschen deuteten auf Erziehungsunwilligkeit, absichtliche Auflehnung oder moralische Entwicklungsdefizite hin (GEISSLER 1982, 35). Eine allein auf die Wirkung der Erzieherpersönlichkeit abstellende Erziehung macht diesen zur dominanten Größe, abstrahiert jedoch von den Umgebungsvariablen und gerät in die Gefahr, die in sie gesetzten Erwartungen angesichts einer sehr komplexen, pluralen und widersprüchlichen Erziehungswirklichkeit nicht erfüllen zu können (ebd. 37). Diese Einseitigkeiten einer so personalisierten Sichtweise führen weniger zur Entwicklung des jungen Menschen als zu individualisierenden Fehlinterpretationen seiner Verhaltensweisen. Zu bedenken ist auch die mögliche kontraproduktive Modellwirkung solcher Vorgehensweisen im Hinblick auf die Trainingsteilnehmer oder andere junge Menschen (zur Komplexität gewaltförderlicher Strukturen z.B. STURZENHECKER 1995 am Beispiel eines Jugendhauses; der realitätstherapeutische Ansatz von GLASSER 1972 z.B. umfasst deshalb ein Behandlungs- ein Bewahr- und ein Ausbildungsprogramm, vgl. ebd., 72f.; weiterführend zum Verhältnis von Sanktionierung und Demütigung z.B. MARGALIT 1997, 305ff.).

– *Unklare Wirkungsannahmen:* Die vorliegenden Statements geben nur ansatzweise Auskunft darüber, wie der Wirkmechanismus konfrontativer Konzepte hinsichtlich einer Langzeitwirkung beschaffen sein soll. Zwar wird durchaus plausibel eine aktuelle Beeindruckung des jugendlichen Straftäters angenommen durch die Art und Weise, in der er angesprochen wird. CORSINI (1994, 555f.) geht davon aus, dass „Menschen unter geeigneten Bedingungen *plötzliche* und *anhaltende* Persönlichkeitsveränderungen zum Besseren durchmachen können". Im Hintergrund des von CORSINI selbst im wesentlichen illustrativ und metaphorisch erläuterten Konzeptes steht die aus der Humanistischen Psychologie bekannte Annahme einer „Selbstaktualisierungstendenz" des Menschen, eines dem Menschen innewohnenden Potentials zur Veränderung, Verbesserung oder Heilung seiner selbst. Die Funktion des Therapeuten wird darin gesehen, dieses Potential in konstruktiver Weise freizusetzen. Ausgehend von der weiteren Annahme fehlangepasster privater Logiken der Klienten (Annahmen über die Bedeutung von Stärke, Ehre und ihrer Verteidigung, einer feindseligen Umwelt und entsprechender eigener Reaktionsmuster) zielt die konfrontative Therapie auf die Erzeugung von Widersprüchen zwischen den Vorstellungen der Person und der Wirklichkeit. Die Erzeugung kognitiver Dissonanzen führt über Verwirrung und Spaltung zu einer Umstrukturierung und Neuorientierung des Denkens der Person. Abgesehen von der doch schmalen theoretischen Basis des Ansatzes bleibt unklar, welche Annahmen einer nicht nur momentanen, sondern dauerhaften Wirkung dieses Zugangs zugrunde gelegt werden. Zum einen impliziert die Dissonanzreduktion nicht zwingend die Wahl sozial erwünschter kognitiver Umstrukturierungen sowie Einstellungs- und Verhaltensänderungen. Wenn CORSINI (1994, 562) zudem die Zielgruppe seines Ansatzes beschreibt als „Menschen..., die sich der Therapie widersetzen, intelligent sind und sich ....einfallsreicher Methoden bedienen, um den Vorteilen der Therapie aus dem Weg zu gehen...", so ist schon zu fragen, ob diese Beschreibung auch diejenigen jungen Menschen umfasst, die als „early starters" eine langjährige und verfestigte Geschichte abweichenden Verhaltens hinter sich haben (vgl. zur Diskussion um die Vergleichbarkeit der Klientele von Glen Mills und deutschen Jugendstrafanstalten SCHOLZ 2001a, 114ff.). RICHARD SENNETT (2002, 268f.) illustriert den möglichen Verlauf der „Wandlung" eines jungen Drogendealers aus Philadelphia. Dieser beginnt während seines Gefängnisaufenthalts, an seinem bisherigen Leben zu zweifeln, bringt sich selbst das Lesen bei, beginnt, intensiv religiöse Schriften, den Koran und die Geschichte der Afro-Americans zu studieren und beschließt, nach seiner Entlassung ein anständiges Leben zu führen. Er kehrt an den Ort zurück, wo sein bisheriges Leben scheiterte, setzt seine gelernten und eben nicht „vergessenen" Verhaltensformen der Straße wiederum ein, jetzt jedoch mit einem gewandelten Selbstverständnis. Er hat nun gelernt, den Code der Straße für seine neuen Zwecke einzusetzen. Dieses Beispiel verweist m.E. auf eine bislang wenig ausdifferenzierte Perspektive, die des Angebots einer „neuen", „besseren" Lebensalternative, einer Herausforderung mit langfristiger Zielperspektive, auf die hin auch, aber eben nicht nur konfrontative Methoden ausgerichtet werden könnten. Hier geht es sicher nicht um Indoktrination. Jedoch stellt sich sehr wohl die Frage, junge Menschen für eine Alternative oder besser: für Alternativen zu begeistern, sie vielleicht (wie im AAT in der JVA Hameln) als Helfer in neuen Projekten zu engagieren, sie für öffentliche Projekte zu motivieren, mit ihnen neue Sinn- und Handlungsperspektiven zu erarbeiten und umzusetzen. Nicht nur die bislang berichteten (Re-)Integrationsprobleme der aus dem Students – Exchange – Programm der Glen Mills School zurückgekehrten Jugendlichen, sondern auch die zumindest zurückhaltende Bewertung des AAT durch OHLEMACHER e.a. (2001) sind m.E. ein Hinweis darauf, dass auch eine konfrontativ akzentuierte pädagogische Methodik

allein nur einen begrenzten Beitrag zur Verhaltensänderung der jungen Straftäter leisten kann.
- *Begrenzte Rolle des Gruppendrucks:* Die von Vertretern konfrontativer Pädagogik beschworene Kraft und Bedeutung der Gleichaltrigengruppe bedarf ebenfalls einer kritischen Betrachtung. Diese „Kraft" wirkt vermutlich nur bei sozialisierten Jugendlichen, die die „peer group pressure" auch in ihren Konsequenzen zu würdigen wissen. Nur: was besagt der positive Gruppendruck eigentlich? Die Tatsache, dass Druck von Gleichaltrigen (Konformitätsdruck) ausgeübt wird, ist als solche erst einmal wenig von Belang. Denn damit ist ja nicht in jedem Fall etwas an sich Gutes und Richtiges verbunden. Dass Gleichaltrige sich gegenseitig mehr oder weniger stark beeinflussen, ist ein gesichertes Wissen. Dass mit der Kenntnis dieser Sachverhalte Konzepte der Kollektiverziehung in unterschiedlichsten Kontexten durchgeführt wurden, ist auch seit langem bekannt (vgl. dazu WINKLER 2001). Dass Erwachsene mit ihrer Kenntnis dieser Sachverhalte solche Instrumente in der Führung junger Menschen einsetzen, ist ebenfalls hinreichend dokumentiert. Nur: was hilft uns das weiter? Das Instrument des Gruppendrucks selbst ist zunächst wertneutral und kann für die unterschiedlichsten Zwecke eingesetzt werden, von der öffentlichen Denunziation zur Erzwingung von Gruppenkonformität bis hin zur Erzeugung eines vielleicht erzieherisch wirksamen Gemeinschaftsgeistes und der Erfahrung des in der Gemeinschaft geborgen Seins. Es ist auch in diesem Zusammenhang an die Ziele der Erziehung im Sinne von Mündigkeit und Verselbständigung in sozialer Verantwortung zu erinnern. Wenn „prosoziales Verhalten" lediglich als außengeleitete Konformität mit vorgefundenen Normen verstanden wird, ist dies sicherlich nicht die Stufe moralischen Urteilens, die angestrebt werden sollte. Eine „vorübergehende Verhaltensanpassung" (WALTER 2001, 71) führt eben nicht automatisch zu dauerhafter Wahrnehmungs-, Deutungs- und Verhaltensänderung. Die „Anpassung" fehlsozialisierter oder untersozialisierter junger Menschen an Normen eines für sie anderen, neuen oder eben auch erzieherisch wirksamen Settings kann im Sinne der Übungs- und Gewohnheitsbildung sicher ein sozialisatorisch wesentlich Zwischenschritte auf dem Weg zum verantwortungsbewusst und selbständig handelnden Subjekt sein. Jedoch ist anzunehmen, dass die Verhaltensanpassung so lange andauert, wie das Setting und damit auch der Druck der spezifischen Gleichaltrigengruppe andauern, und sich danach (zumindest ohne Nachbegleitung) Rückfälle in gewohnte und u. U. problematische Wahrnehmungs-, Verarbeitungs- und Verhaltensmuster einstellen. In diesem Zusammenhang ist weiterhin nachzufragen, inwieweit die gruppenbezogene Konfrontation mit eigenem (Fehl-)Verhalten mit dem Ziel einer Einstellungs- und Verhaltensänderung verbunden ist und welche umfassenderen, auch in den Alltag transferierbaren positiven Verhaltensalternativen denn systematisch gelernt werden können (vgl. auch die kritischen Überlegungen zur Nachbegleitung im Glen-Mills-Projekt bei

WALTER 2001, 72; KÖRNER 2001, 52, 56f.; FEGERT 2001, 40f.; grundsätzlich zu Problemen der Gestaltung von Übergängen WALKENHORST 1993)
- *Ungelöste Transferproblematik:* Durch die Konzentration der Überlegungen auf die Person bzw. spezifische Persönlichkeitsmerkmale der Trainer/Pädagogen und die einseitige Betonung der didaktisch-methodischen Aspekte des Vorgehens laufen konfrontative Ansätze sicherlich Gefahr, sich auf einseitig – individualisierende Strategien einer gewaltpräventiven und auch interventiven Vorgehensweise zu reduzieren. Anders sieht dies dann aus, wenn, wie beim KIP, solche Überlegungen konzeptionell in ein komplexeres Setting eingebunden werden. Zudem stellt sich die Frage nach den differentiellen Effekten der so genannten „konfrontativen" Elemente der Gesamtstrategie. „Heißer Stuhl", Provokationstests etc. zielen ja im Wesentlichen auf die Kontrolle expressiver Aggression, auf Wut und Ärger ab. Schwieriger jedoch ist das Problem der instrumentellen Aggression in den Griff zu bekommen. Zweifellos hat es, von einem moralischen Standpunkt aus betrachtet, sehr viel für sich, den „Abzieher", den kühl kontrollierten Erpresser in aller Deutlichkeit und Konsequenz mit der Schändlichkeit seines Tuns, den Folgen für die Opfer zu konfrontieren. Sicher hat es ebenfalls viel für sich, sich dazu auch der Peer-Gruppe zu bedienen, die u.U. einen ganz wesentlichen (zumindest temporären) Einfluss auf den Betreffenden hat. Nur: wie hat man sich eine stabilisierende nachhaltige Wirkung zu denken? Wie ist es um die Rückkehr in die alten Milieus bestellt, z.B. nach Haftentlassung? Oder: wie ist es um die Arrestanten bestellt, die vielleicht im Jugendarrest kurze Zeit ein solches Training absolvierten? Wo sind die haltgebenden Strukturen in der Umgebung des jungen Menschen (siehe die Transfer-Problematik bei Glen Mills)? Wo ist die verhaltenskontingente schnelle korrektive Reaktion bei Verstößen gegen die (selbstgesetzten) prosozialen Normen? Angesichts der doch begrenzten empirischen Forschungslage zum Thema scheint es mir nicht sinnvoll, einen solchen Zugang (wie viele andere modischen Akzentsetzungen auch) in Abgrenzung oder Abwertung von „alten" Konzepten als Universallösung anzubieten. Auch hier gilt, dass Sozial- und Sonderpädagogik, Jugendarbeit und auch die Schule keine umfassenden Lösungen für alle sozialen Probleme anzubieten haben, die letztlich struktureller politischer Interventionen bedürfen (vgl. auch SCHERR 2000, 312ff.).
- *Begrenzte empirische Datenlage:* Die Datenlage ist schwierig zu beurteilen. Zwar gibt es einige wenige Untersuchungen zum AAT als einem Hintergrund des Denkansatzes. Diese Untersuchungen differenzieren leider nicht nach einzelnen Programmbestandteilen und deren Wirkung, sondern beziehen sich auf das Programm als Ganzes. Zudem gibt es einige Erfahrungsberichte, die jedoch weniger empirische Qualitäten haben. Letztlich bleibt vor allem eine programmatische und normative Plausibilität, die zumindest einige hilfreiche Denkanstöße bietet. OHLEMACHER e.al. (2001) legten eine Wirkungs-Evaluation des in der JVA Hameln

praktizierten Anti-Aggressivitäts-Trainings unter dem Aspekt der Legalbewährung vor. Diese nur auf das letztgenannte Kriterium abstellende Untersuchung kam zu keinen deutlichen Unterschieden zwischen einer Gruppe „Untrainierter" und den AAT-Trainierten. Lediglich die Rückfallintensität war bei den AAT-Trainierten geringer, jedoch unterhalb der Grenze zur statistischen Signifikanz. COLLA (2001a, 85) verweist darauf, dass der Ansatz einer positiven Peer-Group-Culture als Erziehung in Gruppen im Kontext einer Selbstorganisationstheorie jenseits plausibler Plädoyers noch einer genaueren Überprüfung bedürfe. So sei eine Auswertung der Erfahrungen mit Peer-Group-Projekten im Bereich der Prävention und Gesundheitsförderung ebenso angesagt wie die Untersuchung von Langzeiteffekten. Ebenso sei zu überprüfen, ob die Handlungsphilosophien der PPG auch in Deutschland die Adressaten im Setting eines Internates erreichten. Zumindest wird davon ausgegangen, dass der Bezug auf sozialwissenschaftliche Gruppenkonzepte innovatives Potential für die Arbeit mit delinquenten Jugendlichen in sich birgt (ebd., 86).
- *Unkritische Selbstinszenierung:* Die Selbstdarstellung konfrontativer Konzepte läuft allzu leicht Gefahr, in selbstgerechter Weise zu einer generellen Abwertung der bislang geleisteten pädagogischen Arbeit im Bereich der Prävention und Intervention bei gewalttätigem und politisch extremistischem Verhalten beizutragen. Selbst angesichts überforderter Pädagogen oder überzogener Erwartungen an spezifische Interventionskonzepte kann eine undifferenzierte, polarisierende Kritik den populistischen Ruf nach Verschärfung der Repression, nach Implementation weiterer Maßnahmen der Überwachung, Kontrolle und Sanktionierung sowie dem Ausbau freiheitsentziehender Maßnahmen und Einrichtungen unterstützen und verstärken, selbst wenn solche Positionen kaum durch Forschungsergebnisse und Erfahrungen gestützt werden. WALTER (1999, 23) fragt m.E. zu Recht, was eigentlich „gewisse Arten von Anti-Gewalt-Trainings so überaus attraktiv für die Medien" mache, ihre Betreiber so stolz, was ihnen so hohe gesellschaftliche und auch fachliche Akzeptanz verschaffe. Sensationsinteresse, Suche nach der endgültigen Problemlösung, Genugtuung über den (verbalen) Gegenschlag Faszination am „war on crime"? Vielleicht wird hier (bewusst oder unbewusst) die latente Verbrechensfurcht der Bevölkerung ausgenutzt zur Selbstinszenierung als „Erlöser" von allem Übel. Es scheint mir schon gefährlich, sich mit einem Vokabular des letztlich „harten Durchgreifens" in einen populistischen Mainstream einzuklinken, der weniger die substantiellen strukturellen Defizite der vorgehenden familialen Erziehung gewalttätiger junger Menschen sowie die offensichtlich ausgebliebenen erzieherischen Einwirkungen in Elternhaus, Kindergarten, Schule und Jugendhilfe thematisiert denn einseitig die hässliche Fratze gewalttätiger Schläger inszeniert, denen auch nur mit Härte beizukommen ist. Für mich besteht kein Zweifel an der Notwendigkeit, jungen Menschen Normen und Werte der demokratischen Gesellschaft zu vermitteln, Möglichkeiten und

Grenzen ihres Verhaltens zu verdeutlichen und auf der Einhaltung demokratischer Normen zu bestehen bzw. diese auch konsequent durchzusetzen. Dies bedeutet aber auch, die Erwachsenen in die Pflicht zu nehmen, sie mit ihrem eigenen, nicht selten indifferenten Verhalten zu konfrontieren, gewaltfördernde oder -tolerierende Strukturen von Schule, Jugendhilfe und Justiz aufzubrechen, komplexe „Langzeitprogramme" der Förderung prosozialer Strukturen (derer es ja viele und auch gut durchdachte gibt) umzusetzen sowie die personellen und finanziellen Ressourcen dafür zur Verfügung zu stellen. Zudem wird der wesentliche Unterschied zwischen einer generellen Kritik „der" Jugendarbeit oder „der" Sozialpädagogik und spezifischen, lokal zu verantwortenden Fehlern und Schwierigkeiten in einzelnen Einrichtungen verwischt. Eine herbeigeredete generelle Entwertung von Jugendarbeit und Sozialpädagogik jedoch schwächt deren Position zugunsten einseitig repressiver Maßnahmen. Dieser Akzentverschiebung darf nicht Vorschub geleistet werden durch eine Pauschalkritik, die die Fehler nur bei der Pädagogik, nicht jedoch in strukturellen Defiziten von Jugendpolitik sucht.

- *Unklares Selbstverständnis:* In verschiedenen Selbstdarstellungen und Projektberichten konfrontativer pädagogischer Arbeitsansätze scheint ein eher inkonsistentes Selbstverständnis dieser Perspektive auf. Einerseits geht es um die „konfrontative Methodik in der Pädagogik" (WEIDNER 2001b, 7), andererseits wird das Profil einer „konfrontativen Pädagogik" als umfassenderes Handlungskonzept für bestimmte Zielgruppen entworfen (ebd., 9f.). Konfrontierendes Vorgehen wird zudem als „ultima ratio" in eine (eskalierende?) Interventionssystematik pädagogischen Handelns integriert, wenn akzeptierendes Begleiten, eine non-direktive Gesprächsführung, einfühlsame Einzelfallhilfe oder lebensweltliche Zugänge nicht mehr fruchten. Hier würde ich angesichts der ohnehin vorhandenen und kaum noch überschaubaren „Pädagogiken", die sich meist als eher methodische Akzentuierungen pädagogischen Handelns erweisen, zumindest im jetzigen Stadium der Theoriebildung vor einem überzogenen Selbstanspruch warnen und im Sinne von Klarheit und Transparenz von der „konfrontativen Methodik" in der Arbeit mit jungen Menschen sprechen.
- *Undifferenzierte Pauschalkritik der Jugendhilfe:* Die prononciert vorgetragene Kritik an der mangelnden „Verbindlichkeit" von Jugendhilfemaßnahmen (z.B. SCHOLZ 2001a) gründet letztlich auf Plausibilitätsannahmen, reduziert Strukturvoraussetzungen der Jugendhilfe auf Versagen einzelner Mitarbeiter und kann in dieser Allgemeinheit sicher nicht akzeptiert werden. Die kritisierte Unverbindlichkeit, Schwäche und sogar vermittelte Gleichgültigkeit von Angeboten der Jugendhilfe ist aus verschiedenen Perspektiven zu betrachten. Das KJHG bzw. SGB VIII ist als Leistungs-Gesetz angelegt. Es folgt dem Prinzip der Freiwilligkeit der Annahme von Hilfen zur Erziehung durch die Familien bzw. Erziehungsberechtigten. Die Eingriffsschwelle für Instanzen der Hilfe und Kontrolle liegt sehr hoch, sodaß es z.B. im Bereich delinquenten Han-

delns der Kinder/Jugendlichen erst zu solchen Delikten und Auffälligkeiten kommen muss, die Anlass und Handhabe für eine Intervention der Jugendhilfe bieten, weil das Kindeswohl gefährdet erscheint. Das Freiwilligkeitsprinzip ist hier insofern von Vorteil, als ungerechtfertigte Kontrollen vermieden werden und Freiwilligkeit als Voraussetzung die Compliance der Erziehungsberechtigten und der jungen Menschen erhöhen kann. Der Nachteil besteht allerdings darin, das u.U. kein oder nur ein oberflächlicher Kontakt zu Erziehungsberechtigten und Familien zustande kommt, bei denen Unterstützung und Begleitung dringend notwendig wären (vgl. dazu HOOPS/PERMIEN/RIEKER 2000, 240). Zudem ist zu fragen, inwieweit junge Menschen mit der Entscheidung über Interventionen in ihre eigene Biographie z.B. im Hilfeplangespräch durch diese Vorgaben des KJHG/SGB VIII völlig überfordert sind. Weiterhin ist zu unterscheiden zwischen konzeptuellen Schwachstellen einer wie auch immer „akzeptierenden" oder „klientenzentrierten" Jugendhilfe einerseits und dem organisatorischen Unvermögen nicht nur von Jugendhilfe und Schule, sondern auch und vor allem der Justiz, in einem pädagogisch noch wirksamen Zeitrahmen auf straffälliges Verhalten junger Menschen schnell und konzentriert zu reagieren. Dies jedoch ist dann eben kein konzeptuelles oder Performanzproblem der Jugendhilfe, sondern ein weiteres strukturelles Problem. Hinzu kommt, dass (auch wenn nur wenig empirisches Material dazu vorliegt) zumindest die Frage nach dem Anteil an Verursachungsvarianz dissozialen Verhalten zu stellen ist, der allein durch unakzeptable Organisation von Förder- und Korrekturprozessen in der Biographie gerade von Mehrfach- und Intensivtätern zustande kommt. Auch dies ist eine andere Frage als die nach der methodischen Verbindlichkeit und Fachlichkeit der Professionellen (zu den langen Zeiträumen zwischen Straftatbegehung, Verurteilung und Sanktionsbeginn z.B. FEGERT 2001, 29). Ausgeblendet werden auch die vielen dysfunktionalen Konflikte zwischen Schule und Jugendhilfe in Deutschland, die ebenfalls die Entwicklung konsistenter und überzeugender pädagogischer Einrichtungen und Beeinflussung behindern und den betroffenen Jugendlichen damit in der Tat ein jämmerliches Bild von Pädagogen und ihrer Zusammenarbeit bieten (vgl. z.B. FEGERT 2001, 35 für das Verhältnis von Lehrern und Therapeuten in der Kinder- und Jugendpsychiatrie; THIMM 2003, 112ff. zur Kooperation Schule-Jugendhilfe). Konfrontative Pädagogik taugt sicher nicht zur Kompensation von Unzulänglichkeiten in der pädagogischen Grundversorgung von Jugendlichen und dadurch mitbedingten Auffälligkeiten (Langeweile, Ziel- und Perspektivlosigkeit im Alltag, vgl. STEINHAUER 2000, 208). Hier geht es vor allem um die Bereitstellung angemessener personeller und struktureller Ressourcen sowie einer entsprechenden Jugendhilfepolitik. Zutreffend ist die vorgetragene Kritik in jedem Fall hinsichtlich empirisch untersuchter „Verschiebefunktionen" von Jugendhilfe. Hier wurden Verantwortlichkeiten und Autoritätsfunktionen weder von den Institutionen eindeutig übernommen noch eindeutig abgelehnt und an die Erziehungsberechtigten zurückgegeben. Dagegen kam es zur kurzfristigen und halbherzigen Verantwortungsübernahme der Jugendhilfe. Wurde der „Fall" zu schwierig, erfolgte die Abgabe an Schule, Psychiatrie, Polizei oder Justiz (vgl. HOOPS/PERMIEN/RIEKER 2000, 248f.). In diesen Fällen übernahm die Jugendhilfe in den Familien nicht die Autoritätsfunktion und die Erziehungsaufgaben, die die Eltern an sie delegieren wollten. Sie befähigte die Eltern auch nicht, dieser Verantwortung selbst gerecht zu werden, wozu nicht selten ein gewisser Druck auf diese notwendig wäre. Auch für die betroffenen gefährdeten Kinder galt, dass Jugendhilfe ihre Möglichkeiten nicht wahrnahm, über einen gewissen gemeinsam von Eltern und Jugendhilfe ausgeübten Druck, klare Grenzsetzungen und ein attraktives Angebot sich hilfreich zu engagieren, um die Kinder von einem Einstieg in eine Delinquenzkarriere abzuhalten. Mit dieser Verfahrensweise werden durch die Jugendhilfe selbst bestehende Autoritätslücken in den Familien verstärkt. Gleichzeitig ist das manchmal auch notwendige Drohpotential der Jugendhilfe bald erschöpft. Wenn also die Kinder den Eindruck gewinnen, dass weder Eltern noch Polizei noch Jugendhilfe ihnen effektiv Grenzen setzen können, so trägt Jugendhilfe funktional durchaus zur Verfestigung delinquenter Verhaltensmuster und zugehöriger Situationsdeutungen bei (ebd., 250). Im schlimmsten Fall setzen hilflose Eltern und eine ratlose Jugendhilfe darauf, dass die Kinder mit erreichen der Strafmündigkeitsgrenze von 14 Jahren durch die Justiz wieder „zur Vernunft gebracht" werden. Letztlich bedeutet dies jedoch, dass die Kinder nicht nur die Konsequenzen ihres eigenen delinquenten oder dissozialen Verhaltens allein zu tragen haben, sondern auch die Folgen der misslungenen Verständigung mit ihren Erziehungsberechtigten, der Jugendhilfe, der Schule und der Psychiatrie (ebd., 251; vgl. auch PERMIEN/ZINK 1998, 130ff.).

Perspektiven

Inhalt des Beitrags ist der Versuch einer kritisch-konstruktiven Auseinandersetzung mit einigen vorliegenden Versatzstücken einer konfrontativen Pädagogik. Trotz aller hier vorgetragenen kritischen Anmerkungen sehe ich die in konfrontativen Konzepten sichtbar werdende Akzentuierung gegenwirkender und grenzsetzender Maßnahmen auf dem Hintergrund klar zu explizierender Menschenrechte und ihrer unbeschränkten Gültigkeit auch im pädagogischen Raum als eine notwendige und wesentliche Ergänzung aller Ansätze an, die die Förderung junger Menschen gerade mit externalisierenden Problemverarbeitungen im Auge haben. Welche Formen konfrontativer Methodik in welchen Einzelfällen und ab welchem Entwicklungsalter angemessen erscheinen und mit der Achtung der Würde des Menschen noch vereinbar sind, bedarf sicher einer längeren, hier den Rahmen sprengenden Erörterung.

Vor einiger Zeit machte SCHMIDT (1999) darauf aufmerksam, dass bei chronisch dissozial auffälligen Kindern und Jugendlichen die klassischen Behandlungsformen einschlägiger Einrichtungen nicht greifen. Nach seinen Angaben sind schätzungsweise 85% der Kinder- und Jugendlichenpsychotherapeuten ausgebildete Psychoanalytiker, die „mit dieser Gruppe nicht zurechtkommen". So hatte auch die WHO etwa vor 10 Jahren empfohlen, man solle solche Kinder nicht mit psychoanalytischer Therapie behandeln (ebd., 38). Gleichzeitig wird darauf hingewiesen, dass manche Jugendliche mit ihrem Risiko- und Gewaltverhalten Lebenslinien einschlagen, die deutlich und absehbar in deviante Karrieren und damit in Sackgassen einmünden. Konzepte rational gesteuerten Verhaltens legen die Einsicht dieser jungen Menschen in die Fehlerhaftigkeit ihres Verhaltens nahe. Es scheint jedoch so, dass viele diese Einsicht nicht realisieren. Eher fühlen sie sich selbst nicht schuldig. Gerade in der frühen Adoleszenz wird aggressives Verhalten als Schutz vor aggressiven Reaktionen anderer dargestellt und damit weitgehend unangemessen interpretiert. Auffallend waren zudem die Fehleinschätzungen gerade hoch aggressiver Jugendlicher hinsichtlich ihrer eigenen Möglichkeiten, ihrer Kompetenzen sowie der eigenen sozialen Attraktivität. Dagegen konnte die Hypothese, deviantes Verhalten resultiere im Wesentlichen einem tief verankerten Minderwertigkeitsgefühl, nicht bestätigt werden (vgl. FEND 2000, 452).

Allein auf Verständnis und Akzeptanz setzende Konzepte, aber auch Indifferenz und Duldung können in diesen Fällen in der Tat Anlass zu einer unangemessenen Selbstbestätigung und Beibehaltung untragbarer Verhaltensweisen bieten. Konfrontative Ansätze hingegen stellen einen Versuch der berechtigten pädagogischen Gegenwirkung dar, der m.E. jedoch in komplexere und multimodale Förderstrategie einzubinden ist. Eckpunkte einer solchen Strategie möchte ich nun abschließend umreißen.

Der gesellschaftliche Rahmen, innerhalb dessen auch die Problematik dissozial-delinquenten und aggressiven Verhaltens junger Menschen sowie entsprechende pädagogischer Strategien und Handlungskonzepte zu diskutieren ist, kann durch folgende Trends und Entwicklungen beschrieben werden (vgl. zusammenfassend BÜTTNER 2001, 203f.):

– die außerordentlichen Beschleunigungen gesellschaftlicher Veränderungen (am deutlichsten sichtbar an den Auswirkungen globaler wirtschaftlicher, technologischer und kommunikativer Entwicklungen),
– die Veränderungen der Familienformen und die damit einhergehenden Verunsicherungen, ob die bislang durch die traditionelle Familie erbrachten Sozialisationsleistungen noch erwartet werden können,
– die weltweiten Wanderungsbewegungen mit neuen Konfrontationen höchst unterschiedlicher Lebensformen und Vorstellungen zu Kindheit und Jugend,
– die Veränderungen in der Arbeitswelt, die keine klare Orientierung auf ein bestimmtes Berufsleben nach einer entsprechenden Ausbildung mehr

geben und die die Kompetenz verlangen, sich auf Flexibilität und damit
einen Verlust von Sicherheit einzustellen sowie
- die mediale Beeinflussung, die inzwischen einen Großteil der Ansichten
über gesellschaftliche Wirklichkeit bestimmen, unabhängig davon, ob die
dazu verwendeten Informationen einer Realitätsprüfung standhalten oder
nicht.

Im Hinblick auf die spezifische Fragestellung dissozial-aggressiven und gewalttätigen Verhaltens sind weiterhin folgende Aspekte zu berücksichtigen:

- auf der politischen Ebene: die immer wieder beklagte Tabuisierung, Verdrängung und Verharmlosung von Gewalt und Aggression, Fremdenfeindlichkeit und Rechtsextremismus. Als Folgen werden die Ausgrenzung der Jugendlichen oder die Pädagogisierung der Thematik beschrieben mit der Folge des Vorwurfs an die Jugendarbeit, diese Probleme nicht gelöst zu haben.
- auf der konzeptuellen Ebene: angesichts einer großen Vielfalt der unterschiedlichsten Konzepte und Programme eher wenig ausgewertete Erfahrungen, gründliche Untersuchungen, umfassende und langfristige Evaluationen und nur ansatzweise wissenschaftliche Begleitung.
- auf der jugendpolitischen Ebene: in der Regel minimale bis schlechte Infrastrukturbedingungen für eine „gute Jugendarbeit". Es gibt kaum neue Stellen. Vielfach werden MitarbeiterInnen der Jugendpflege und der offenen Jugendarbeit verpflichtet, neben ihren sonstigen Tätigkeiten auch für die „schwierigen" und gewaltbereiten Zielgruppen Angebote zu machen. Vermutlich ist das zentrale Interesse vieler Kommunen nach wie vor, das Problem, also die Jugendlichen, schnell von der Straße und aus der Öffentlichkeit an die Jugendhilfe zu delegieren (vgl. HAFENEGER 2002, 468f.).

Zugegebenermaßen sind dies eher „weiche" Variablen und Einflüsse, denen eher ein mittelbarer Zusammenhang mit der Entstehung und Aufrechterhaltung dissozial-delinquenten Verhaltens zugeschrieben werden kann. Sie machen jedoch deutlich, dass eine simple Rezeptologie individualisierend-pädagogischer Intervention bei den „Schwierigsten" kaum problemangemessen erscheint. Grundsätzlich bedürfen Kinder und Jugendliche mit langen und verfestigten Problemgeschichten (und diese sind ja eine wesentliche Zielgruppe konfrontativer Pädagogik) fast immer eines Bündels von verbindlichen und langfristigen Angeboten im Zusammenwirken mehrerer Institutionen.

Als Eckpunkte einer wirksamen Förderung können u.a. auf der *inhaltlichen Ebene* benannt werden:

- eine frühe Erkennung von Risikoentwicklungen, Hilfestellung und Intervention sowohl beim jungen Menschen als auch seiner Umgebung
- eine fachlich qualifizierte Differential- und Förderdiagnostik bei weitestmöglichem Einbezug des jungen Menschen selbst hinsichtlich der Zielbestimmung und Erfolgsbemessung von Förderangeboten

- der aktive Einbezug von Kindern und Jugendlichen in Verantwortung und Mitbestimmung, Pflichten und Rechte in Familie, Schule und Freizeit
- die fachliche Gründung der Förderung auf empirisch fundierten Modifikationskonzepten, insbesondere verhaltens- und handlungstheoretisch begründeten Ansätzen, um sowohl den Verhaltensanforderungen der Umgebung (Elternhaus, Schule, Ausbildung) als auch den (Selbst-) Wahrnehmungs- und Deutungsmustern der jungen Menschen gerecht zu werden (d.h. konsequentes und kontingentes Ermutigen und Bestätigen prosozialer und konstruktiver Verhaltensansätze, Nichtduldung und ggf. konsequente Konfrontation und Gegenwirkung inakzeptablen Verhaltens bei gleichzeitigem verstehenden, aber nicht billigendem Einlassen auf die jungen Menschen)
- die ethisch-normative Orientierung der Interventionen an den Grundsätzen der Menschenrechte und unserer demokratischen Verfassung,
- eine darauf gründende klare Strukturierung des Alltags sowie der erwarteten Lern- und Verhaltensleistungen durch transparente Normen, Regeln und Rituale mit dem Ziel der Stärkung der Eigenverantwortlichkeit des jungen Menschen und der eigenständigen Identifizierung mit Normen und Werten
- das Angebot einer Vielzahl von positiven Lern- und Aktivitätsgelegenheiten zur Erfahrung sozial akzeptierter Selbstwirksamkeit sowie spezieller Hilfen zur Bearbeitung spezifischer personaler Risikofaktoren (z.B. hoher Impulsivität)
- die Beachtung der Rolle von Übung und Gewohnheitsbildung durch Ritualisierungsprozesse bei der Ausformung und Stabilisierung positiver Wahrnehmungs- und Verhaltensmuster und
- soweit als möglich Einbindung der Peer-Gruppen in Schule und außerschulischen Programmen z.B. im Zusammenhang „positiver Gangs"

Auf der *institutionell-strukturellen* Ebene sind zu nennen

- die Vermeidung von entsozialisierenden Maßnahmekarrieren, wie sie immer noch zu beobachten sind, zugunsten langfristig angelegter individueller Fördersysteme, welche auch stabile, tragfähige professionelle Beziehungen ermöglichen
- die frühzeitige Kooperation von Schule und Jugendhilfe, um koordinierte Förderangebote bei problematischen Entwicklungen bereitstellen zu können
- die Konzeptualisierung und Aufrechterhaltung einer normen- und zielbewussten Schul- bzw. Einrichtungskultur als langfristig angelegter produktiver Gestaltung des Zusammenlebens
- das systematische Training des pädagogischen Personals für den förderlichen Umgang mit Störungen und Konflikten im Sinne aktiver Ermutigung positiven Verhaltens als auch aktiver Gegenwirkung bei nicht akzeptablem Verhalten
- die Konfrontation von Erziehungsberechtigten und Professionellen mit devianzbegünstigenden eigenen Verhaltensweisen und Indifferenzen

- die planvolle Gestaltung der Übergänge vom Kindergarten in den Primarbereich, vom Primar- in die Sekundarstufen I bzw. II sowie in die berufliche Qualifizierung.
- die pädagogische Qualifizierung von Sondereinrichtungen wie der geschlossenen Unterbringung in der Jugendhilfe, des Jugendarrests und des Jugendstrafvollzugs in der Jugendstrafrechtspflege, sofern diese als ultima ratio überhaupt infrage kommen.

Bezüglich der *sozialpolitischen Ebene* ist anzumerken:

- Eine Feuerwehrmentalität des kurzfristigen Löschens von jugendpolitischen Bränden durch eine zunehmend „verprojektierte" Jugendhilfe ohne Kontinuität ihrer Inhalts- und Beziehungsangebote trägt nicht zu langfristigen und verlässlichen Förderstrukturen bei.
- Jugendhilfe auf kommunaler Ebene kann und darf nicht zum Steinbruch für wohlfeile Sparmaßnahmen ohne Gegenwehr werden.
- Offene, unspezifische Angebote der Jugendarbeit sind ebenso von präventiver und interventiver Bedeutung wie spezifische Erziehungshilfen und müssen unter dieser Perspektive auch ihren wesentlichen Stellenwert behalten.

Die Anwälte einer „konfrontativen Pädagogik" haben in diesem Kontext zumindest eine alte und dennoch wesentliche Diskussion um die Rolle professioneller Pädagogen, um Wert- und Normorientierung in der Arbeit mit jungen Straftätern, aber auch in anderen pädagogischen Kontexten angefacht.

Jenseits der pädagogisch meist wenig hilfreichen Analysen und Diskussionen um die „Brüchigkeit" von Lebensentwürfen, um die begrenzte Geltung von Normen und Werten in der offenen und pluralistischen Gesellschaft machen solche Ansätze darauf aufmerksam, dass es auch unter Bedingungen von Individualisierung und Pluralisierung zumindest als denkbar (und wahrscheinlich als überlebensnotwendig) erscheint, sowohl für gemeinsame Normen und Werte, die diese Gesellschaft zusammenhalten und das Zusammenleben bei aller Verschiedenheit für alle Beteiligten einigermaßen erträglich zu gestalten, einzutreten, als auch diese öffentlich zu vertreten und in pädagogischen Kontexten auch durchzusetzen. Eine variantenreiche „konfrontative Methodik" begründet zumindest im gegenwärtigen Entwicklungsstadium keine eigene „Pädagogik". Dies scheint mir aber auch nicht notwendig zu sein, wenn es darum geht, im Umgang mit bestimmten Zielgruppen unter Einhaltung des berufsethisch Gebotenen zu verdeutlichen, dass normative Vorgaben, harte, aber faire Auseinandersetzung, Provokationen, schnelles und konsequentes Reagieren, die Pflege einer gesunden Streitkultur sowie eine klare unmissverständliche Selbstartikulation zu einer strukturierten, Orientierung und Halt gebenden Umgebung für junge Menschen beitragen, die, wie GLASSER (1972) es beschreiben würde, lange Zeit „unverantwortlich" gehandelt haben und nun in einem manchmal auch schmerzhaften Prozess neu lernen müssen, Verantwortung für sich und ihr Tun zu übernehmen.

Welche Denkanstöße sind nun aus der bisherigen Diskussion um konfrontative pädagogische Ansätze ableiten? Ich denke, es sind folgende:

- Hinsichtlich der in einer konfrontativen Pädagogik deutlich betonten „gegenwirkenden" Erziehungsmittel ist immer auf die *Voraussetzungen* dieser Gegenwirkung beim jungen Menschen hinzuweisen: „Kenntnisse" als ausreichende Unterweisung im Geforderten, genügend lange „Übung" als Merken und Trainieren angemessener Verhaltensweisen sowie ein ausreichendes Maß an Einsichts-, Übersichts- und Verantwortungsfähigkeit (GEISSLER 1982, 174f.). Für Institutionen und Mitarbeiter bedeutet dies, gerade die Regelkenntnisse und die Übung als Bestandteile des pädagogischen Alltags klar zu artikulieren und umzusetzen. Dies ist auch ein Plädoyer für strukturierte Schul- und Heimkonzepte, klare Regeln und Normen in Jugendhäusern und stationären Einrichtungen, den Abschluss und die kontrollierte Einhaltung von Verhaltensverträgen, die positive Beachtung auch bescheidener Verhaltensfortschritte sowie die Gegenwirkung selbst bei kleinen Regelverstößen, keine impliziten Zuschreibungen und unklaren Vorstellungen über das, was in einer Einrichtung erwünscht ist und was nicht. Nicht nur, aber eben auch Konzepte wie das KIP betonen die Konsequenz des Einhaltens von Verhaltensverträgen, Absprachen, Normen, zu denen man sich verpflichtet hat sowie die deutliche Auseinandersetzung mit den jungen Menschen, die sich nicht daran halten wollen. Dieser Streit muss ausgetragen werden, auch und gerade im Bereich der schulischen und außerschulischen Erziehungshilfe sowie Straffälligenpädagogik. Hier machen nicht zuletzt konfrontative Konzepte auf die hohe Bedeutung der Regelung und Strukturierung von alltäglichen Kleinigkeiten in pädagogischen Einrichtungen aufmerksam (für den Strafvollzug vgl. z.B. OTTO 1998, 35-37, z.B. Information von Neuzugängen über die geltenden Normen durch Betreuer, bevor diese verunsichert in die vertraute Subkultur „abtauchen"; klare Zugangsberechtigungen der Teilnahme an Freizeitgruppen, damit subkulturdominierte „Auswahlkriterien" nicht greifen).
- Der konfrontativen Konzepten immanente Ansatz einer dezidierten *Normen- und Werteorientierung*, die es aufrechtzuerhalten gilt, ist es sicherlich wert, angesichts der Diskussion um Werteverfall und Sinnverlust weitergedacht zu werden (vgl. dazu auch BREZINKA 1993; SPECK 1993, 1996). Jungen Menschen ist hinsichtlich der Entwicklung ihrer eigenen normativen Grundorientierung nicht mit einer grundsätzlich relativierenden bis völlig enthaltsamen Haltung der Umwelt und damit auch ihrer Erzieher geholfen. Sie brauchen die Auseinandersetzung mit Standpunkten, auch den Konflikt und produktiven Streit, um sich ihren eigenen Standpunkt bilden zu können. Hier sind neben den sonstigen Mitteln der moralischen Erziehung auch die pointierte Auseinandersetzung und der streitbare Diskurs im Sinne einer gepflegten „Streitkultur" hilfreich. So werden im konfrontativen Konzepten sehr verwandten Ansatz der Realitätstherapie Entschuldigungen für „verantwortungsloses Verhalten" nicht akzeptiert. Der

Verweis auf die eigene misslungene Biographie und das „broken home" entbindet nicht von der vollen Verantwortlichkeit für das eigene Tun in der Einrichtung (vgl. GLASSER 1972, 74f.). Konzepte wie die der Glen-Mills-School, aber auch viele einheimische Konzepte verweisen auf die Bedeutung von innerinstitutioneller Kontrolle der Einhaltung solcher Normen (vgl. für eine Sozialtherapeutische Wohngemeinschaft z.B. KNÖBL 1997, 354f.). Konzepte der Klassenrunde, des Schülerparlaments und andere Selbstverwaltungsansätze integrieren die jungen Menschen als aktiv Handelnde in das Institutionskonzept. Ob die GGI des Glen-Mills-Konzeptes oder die Gruppensitzungen des AAT im Detail das non-plus-ultra darstellen, ist eine andere Frage. Dass allerdings die jungen Menschen, soweit es ihrem Urteilsvermögen entspricht, in die Regelung ihrer eigenen Verhältnisse einbezogen werden sollten, steht, so denke ich, außer Frage. Ob es allerdings nur um die institutionsbezogene Umsetzung eines hoch differenzierten, sicher auch zweckmäßigen Normensystems gehen sollte, steht auf einem anderen Blatt. Ich würde auch und gerade bei schwierigen jungen Menschen Konzepte der KOHLBERGschen „Gerechten Gemeinschaft" (vgl. WALTER 2001, 70, 72) zur Entwicklung des moralischen Urteils für sinnvoll halten, welche auch das Experimentieren mit Normen, das Sammeln von Erfahrungen mit der Umsetzung und die Entwicklung von neuen Normen in den Vordergrund stellen. Nimmt man die Entwicklungstatsache des Jugendalters ernst, so bedeutet ein solches Vorgehen sowohl die (pädagogische) Schaffung indirekt wirkender Erfahrungsfelder als auch das aktive Miterleben, die „Einmischung" der Professionellen sowie ihre engagierte Beteiligung am Werden des jungen Menschen (vgl. z.B. FEND 2000, 470).

- Konfrontative Konzepte machen auch auf *andere Beteiligte* als die „klassischen" Zielgruppen junger Menschen mit problematischem Verhalten aufmerksam. Sie zwingen die Professionellen zu klaren und deutlichen Stellungnahmen und Interventionen. Eine institutionelle Kultur der klar formulierten Normen, Ansprüche an die Mitarbeit der „Klienten" sowie Konsequenzen von Normbrüchen und Nicht-Mitwirkungsbereitschaft kann die Mitwirkungsbereitschaft junger Menschen fördern. Umgekehrt besteht bei einer Mentalität der „Aufrechterhaltung von Ruhe und Routine in der Einrichtung", der Vermeidung von „Sand im Getriebe", der Abwehr lästiger Auseinandersetzungen, aber auch der eigenen Angst vor den jungen Menschen die Gefahr, dass sich diesbezügliche Interessen der Mitarbeiter mit Abwehrmechanismen und Veränderungsresistenzen der Klienten treffen und auf diese Weise institutionell abgesicherte subkulturfördernde Betreuungsroutinen unterstützen (für den Strafvollzug vgl. OTTO 1998, 34f.). Unabhängig vom jeweiligen Präventions- und Interventionskonzept wird hier in erster Linie für differenzierte Klärungsprozesse auf Seiten der Professionellen plädiert, um überhaupt Positionierungen hinsichtlich des Umgangs mit den jungen Menschen vornehmen zu können (vgl. zu Themen solcher Klärungen z.B. STURZENHECKER

1995, 164f.). Sie machen jedoch auch auf die Rolle der „scheinbar Unbeteiligten" oder „Zuschauer" aufmerksam, derjenigen, die untragbares Verhalten übersehen, die zusehen, wenn ein Mitschüler geschlagen oder erpresst wird, diejenigen, die diese Vorfälle aus welchen Gründen auch immer nicht anzeigen, sich einmischen oder andere zur Hilfe holen (zu den Folgen der „Duldung" unakzeptablen Verhaltens z.B. PETERMANN/-PETERMANN 2001, 77f.). Auch hier erscheint ein Programm der Konfrontation und des Stärkens dieser „Zuschauer" im Sinne einer an der Einhaltung der Menschenrechte orientierten Kultur des Umgangs miteinander bzw. der Stärkung von Zivilcourage recht plausibel (vgl. GALL 2001, 158; vgl. auch BREZINKA 1993, 172ff.).

– Konfrontative Konzepte erinnern an einen wesentlichen und in der ehrenamtlichen sowie professionellen Sozialarbeit häufig übersehenen Sachverhalt: *Hilfe und Freundschaft* dürfen nicht miteinander verwechselt werden. Professionelle Hilfe setzt darauf, dass der Klient eines Tages ohne seine Helfer auskommt. Der langdauernde, intensive Einsatz für Klienten kann nicht die Folge einer tiefen intimen Freundschaft sein wie auch der Umgang mit verletzenden Provokationen und/oder Manipulationen seitens des Klienten eine professionelle, unpersönliche Leistung darstellt (vgl. SENNETT 2002, 236f.). Die Furcht, durch klare und deutliche Sprache sowie klare Benennung von Sachverhalten die Zuneigung des Klienten zu verlieren, ist letztlich unprofessionell und langfristig für die Beteiligten zerstörerisch.

– Konfrontative Konzepte können auch weniger gefährdete junge Menschen *ermutigen, „Nein" zu sagen*, Verführungen zu widerstehen, Gruppendruck zurückzuweisen, deutlicher eigene Positionen zu beziehen und zu verteidigen. Nachzudenken ist über die Entwicklung und Umsetzung von Verhaltenstrainings, die junge Menschen befähigen, offensiv und auch angemessen konfrontativ sich gegen Verführungen, Gruppendruck und Erpressung zur Wehr zu setzen. GOLDSTEIN (1989) verweist im Zusammenhang von Drogenprävention auf große Schwierigkeiten junger Menschen, jenseits ihres Wissens um das „richtige" Handeln konkrete Verhaltensweisen zu realisieren, mit denen sie Techniken der Zurückweisung bzw. genereller des Umgangs mit angemessenen Bewältigungsstrategien in konkreten Situationen anwenden können. Allerdings wird hier der Akzent verschoben auf das differenzierte, sehr präzise Erlernen und Einüben von konkreten Verhaltensweisen in konkreten Situationen. Hier könnten weitere Perspektiven des Erlernens angemessen konfrontativer oder besser: offensiver Strategien des Sich-zur-Wehr-Setzens, der Zurückweisung unakzeptabler Zumutungen bzw. der Mitwirkungen an strafbaren Handlungen liegen. Als diesbezüglich relevante Verhaltensmuster werden genannt: die Bitte um Unterstützung durch andere, die Bewältigung eigener Furcht, der Einsatz von Selbstkontrolle, für die eigenen Rechte einstehen, sich auf eine schwierige Konversation vorbereiten, mit Vereinnahmung umgehen, auf Überredungsversuche, Anschuldigungen oder Gruppendruck reagieren oder auch Ärger

mit anderen zu vermeiden (ebd., 274; zu solchen Trainingsansätzen auch PETERMANN/PETERMANN 2000, hier: 102f.).
– Eine Perspektive, die neben den methodischen Möglichkeiten konfrontativer Auseinandersetzung auch konkrete Inhalte vertritt, müsste, wie KRAFELD (2000, 266) es formuliert, auch *inhaltliche „Schlüsselbegriffe"* wie z.B. den der „Gerechtigkeit" als Leitidee des pädagogischen Handelns formulieren und damit einen dezidierten inhaltlichen Standpunkt beziehen. Eine solche Positionierung bedeutet nicht allein die Wertorientierung und normative Fundierung der eigenen Arbeit. Gerade der Gerechtigkeitsaspekt fordert von den pädagogischen Mitarbeitern, über eine vordergründige und manchmal zu Recht kritisierte „Parteilichkeit" zugunsten unterprivilegierter junger Menschen hinaus sehr deutlich die Belange anderer Menschen in den Blick zu nehmen. Dies gilt insbesondere solchen Menschen gegenüber, die von der eigenen Klientel drangsaliert, stigmatisiert, bedroht werden oder an welchen Gewalt ausgeübt wird. Zumindest wäre mit einer solchen normativen Positionierung auch die ethische Legitimation für eine u.U. auch konfrontative „Einmischung" in die Lebenswelten gewaltbereiter junger Menschen gegeben. Allerdings hätte dies – gerade im Kontext extremistischer, zu Alltagsbeständen auch der (Erwachsenen-) Gesellschaft geronnenen Bewusstseinsinhalte – noch weitere Konsequenzen, nämlich die Auseinandersetzung mit eben dieser Gesellschaft und ihren Legitimations- und Gerechtigkeitsproblemen aufzunehmen (ebd., 267f.; vgl. zu Inhalten auch PARLAMENT DER WELTRELIGIONEN 1995; GALTUNG 2000; grundsätzlicher: BERGER 1996).

Letztlich ist zuzugeben, dass wir auch mit diesen Hinweisen uns nur auf dem Boden von Vorläufigkeiten und vermutlich suboptimalen Verfahrensweisen befinden. Nicht selten stehen in der Vielfalt vorgetragener Befunde und Sachverhalte persönliche Meinungen, gefühlsmäßige Beurteilungen, vermeintlich gesunder Menschenverstand und gewisse Traditionen im Vordergrund, wie es Jürgen WALTER (2002, 442) zuletzt in der Zeitschrift für Heilpädagogik formulierte.

Jedoch kann der Versuch einer umfassenderen Zusammenschau zumindest dabei helfen, eine den Aufgeregtheiten der Alltagsdiskussionen gegenläufige Diskussion ingang zu bringen, die zu einer Relativierung der Glaubensstreitigkeiten und Versachlichung der Debatte beiträgt sowie klare Positionierungen ermöglicht.

Literatur

AURIN, Kurt (1990): Gute Schulen – worauf beruht ihre Wirksamkeit? Bad Heilbrunn.
AURIN, Kurt (1999): Die gute Schule: Innere Schulentwicklung – Sicherung von Schulqualität. In: Sächsisches Kultusministerium (Hrsg.): Nachdenken über Schule. Dresden, 21-32.
BAUMRIND, Diana (1991): The influence of parenting style on adolescent competence and substance use. In: Journal of Early Adolescence, 11, 56-95.
BAURIEDL, Thea (1993): Verstehen und trotzdem nicht einverstanden sein. In: Psychologie heute, H.2, 30-37.
BERGER, Peter L. (1996): Demokratie und geistige Orientierung. Sinnvermittlung in der Zivilgesellschaft. In: WEIDENFELD, Werner (Hrsg.): Demokratie am Wendepunkt. Die demokratische Frage als projekt des 21. Jahrhunderts. Berlin, 450-466.
BRACK, Udo B. (2001): Kontingenzmanagement. In: LAUTH, Gerhard W./BRACK, Udo B./LINDERKAMP, Friedrich (Hrsg.): Verhaltenstherapie mit Kindern und Jugendlichen. Weinheim, 525-532.
BREZINKA, Wolfgang (1993): Erziehung in einer wertunsicheren Gesellschaft. München-Basel (3. verbesserte und erweiterte Auflage)
BREZINKA, Wolfgang (1995): Erziehungsziele, Erziehungsmittel, Erziehungserfolg. München-Basel (3. Auflage).
BÜTTNER, Christian (2001): Jugend und Gewalt. Über den Sinn von Grenzen und Strafen im Erziehungsprozess. In: deutsche jugend 49, H. 5, 203-211.
CLAUSS, Günter/KULKA, Helmut/LOMPSCHER, Joachim/RÖSLER, Hans-Dieter/TIMPE, Klaus-Peter/VORWERG, Gisela (Hrsg.) (1981): Wörterbuch der Psychologie. Leipzig.
CLEMES, Harris & BEAN, Reynold (1995): Ohne Regeln geht es nicht. Reinbek.
CLOER, Ernst (1982): Disziplinieren und Erziehen. Bad Heilbrunn.
COLLA, Herbert/SCHOLZ, Christian/WEIDNER, Jens (Hrsg.) (2001): „Konfrontative Pädagogik" – Das Glen-Mills-Experiment. Mönchengladbach.
COLLA, Herbert (2001a): Glen Mills School – A private out-of-state residential facility. In: COLLA, Herbert/SCHOLZ, Christian/Weidner, Jens (Hrsg.): „Konfrontative Pädagogik" – Das Glen-Mills-Experiment. Mönchengladbach, 55-92.
COLLA, Herbert (2001b): Glen Mills School – A private out-of-state residential facility. In: Deutsches Jugendinstitut e.V. (Hrsg.): Die Glen Mills Schools, Pennsylvania, USA. Ein Modell zwischen Schule, Kinder- und Jugendhilfe und Justiz? Eine Expertise. München, 9-28.
CORSINI, Raymond J. (1994): Konfrontative Therapie. In: ders. (Hrsg.): Handbuch der Psychotherapie. Weinheim-Basel, 555-570 (4. Aufl.).
DEUTSCHES JUGENDINSTITUT E.V./ARBEITSSTELLE KINDER- UND JUGENDKRIMINALITÄTSPRÄVENTION (Hrsg.) (1999): Der Mythos der Monsterkids. Strafunmündige „Mehrfach- und Intensivtäter". München.
DEUTSCHES JUGENDINSTITUT E.V. (Hrsg.) (2001): Die Glen Mills Schools, Pennsylvania, USA. Ein Modell zwischen Schule, Kinder- und Jugendhilfe und Justiz? Eine Expertise. München.
FARRELLY, Frank/MATTHEWS, Scott (1994): Provokative Therapie. In: CORSINI, Raymond J. (Hrsg.): Handbuch der Psychotherapie, Bd. 1. Weinheim-Basel, 956-977 (4. Aufl.).
FARRELLY, Frank/BRANDSMA, Jeffrey M. (1994): Provokative Therapie. Berlin (2. Auflage).
FEGERT, Jörg M. (2001): Die deutsche Debatte um Glen Mills Schools vor dem Hintergrund konkreter Reiseeindrücke. In: Deutsches Jugendinstitut e.V. (Hrsg.) (2001): Die Glen Mills Schools, Pennsylvania, USA. Ein Modell zwischen Schule, Kinder- und Jugendhilfe und Justiz? Eine Expertise. München, 29-41.
FEND, Helmut (2000): Entwicklungspsychologie des Jugendalters. Opladen.

GALL, Rainer (2001): „Verstehen, aber nicht einverstanden sein" – Coolness-Training für Schulen. In: WEIDNER, Jens/KILB, Rainer/KREFT, Dieter (Hrsg.): Gewalt im Griff. Weinheim-Basel, 150-171 (3. Auflage).

GALTUNG, Johan (2000): Menschenrechte für das nächste Jahrhundert. In: GALTUNG, Johan (Hrsg.): Die Zukunft der Menschenrechte. Frankfurt-New York, 7-157.

GEISSLER, Erich E. (1982): Erziehungsmittel. Bad Heilbrunn (6. Auflage).

GLASSER, William (1972): Realitätstherapie. Weinheim-Basel.

GOLDSTEIN, Arnold P. (1989): Refusal Skills: Learning to be Positively Negative. In: Journal of Drug Education 19, H. 3, 271-283.

GRISSOM, G. & DUBNOV, W. (1989): Without locks and bars. Reforming our Reform Schools. New York (Praeger).

GUDER, Petra (1997): Ohne Schloss und Riegel – eine offene Alternative auch für den Umgang mit deutschen jugendlichen aggressiven Mehrfachtätern zwischen Jugendhilfe und Justiz? In: DVJJ-Journal 8, H. 2, 123-136.

GUDER, Petra (1998): „Da hilft nur noch Knast – Lassen wir unsere Kinder sitzen?" In: DVJJ-Journal 9, H. 2, 140-145.

GUDER, Petra (1999): Glen Mills – Amerikanischer Mythos oder reale Chance? Ein Statement für eine konkrete Utopie im Rahmen der Gestaltung alternativer Handlungsansätze von Jugendhilfe und Justiz auch innerhalb des deutschen Jugendgerichtssystems. In: DVJJ-Journal 10, H. 2, 324-334.

GUDER, Petra (2001): Statement von Frau Petra Guder, Vorstandsvorsitzende Glen Mills Akademie Deutschland. In: Deutsches Jugendinstitut e.V. (Hrsg.) (2001): Die Glen Mills Schools, Pennsylvania, USA. Ein Modell zwischen Schule, Kinder- und Jugendhilfe und Justiz? Eine Expertise. München, 187-204.

HAENISCH, Hans (1994): Gute und schlechte Schulen im Spiegel der empirischen Schulforschung. In: TILLMANN, Klaus-Jürgen (Hrsg.): Was ist eine gute Schule? Hamburg, 32-46, (2. Auflage)

HAFENEGER, Benno (2002): Pädagogik und Jugendarbeit mit rechten Cliquen – eine zwischenbilanzierende Einschätzung. In: deutsche jugend (50), H.1, 466-473.

HEILEMANN, Michael/FISCHWASSER VON PROECK, Gabriele (1998): Kampagne gegen Gewalt. Das Management destruktiver Aggressivität. In: Zeitschrift für Strafvollzug und Straffälligenhilfe 47, H. 4, 228-231.

HEILEMANN, Michael (2001): Opferorientierter Strafvollzug. Über ein neues Professionalisierungsverständnis im Umgang mit Gewalt. In: WEIDNER, Jens/KILB, Rainer/KREFT, Dieter (Hrsg.): Gewalt im Griff. Band 1: Neue Formen des Anti-Aggressivitäts-Trainings. Weinheim-Basel, 48-61 (3. Auflage).

HOOPS, Sabrina/PERMIEN, Hanna/RIEKER, Peter (2000): Zwischen null Toleranz und null Autorität. Strategien von Familien und Jugendhilfe im Umgang mit Kinderdelinquenz. Opladen.

KILB, Rainer/WEIDNER, Jens (2000): „So hat noch nie einer mit mir gesprochen..." – Eine erste Auswertung zu Möglichkeiten und Grenzen des Anti-Aggressivitäts-Trainings und des Coolness-Trainings. In: DVJJ-Journal 11, H. 4, 379-384.

KILB, Rainer/WEIDNER, Jens/KREFT, Dieter (2001): Vorwort zur 3. Auflage. In: WEIDNER, Jens/KILB, Rainer/KREFT, Dieter (Hrsg.): Gewalt im Griff. Band 1: Neue Formen des Anti-Aggressivitäts-Trainings. Weinheim-Basel, 3. Auflage, 7-8.

KNÖBL, Walter (1997): Die Arbeit mit dissozialen und delinquenten männlichen Jugendlichen/Heranwachsenden in der Sozialtherapeutischen Wohngemeinschaft (WG). In: Zeitschrift für Strafvollzug und Straffälligenhilfe 46, H. 6, 350-355.

KÖRNER, Jürgen (2001): Die Glen Mills Schools aus kognitiv-entwicklungspsychologischer Perspektive. In: Deutsches Jugendinstitut e.V. (Hrsg.): Die Glen Mills Schools, Pennsylvania, USA. Ein Modell zwischen Schule, Kinder- und Jugendhilfe und Justiz? Eine Expertise. München, 50-58.

KOHLWAGE, Karl Ludwig (1999): Verfahren eingestellt. Straffällige Jugendliche brauchen spezielle Zuwendung und Förderung – aber ebenso sehr brauchen sie entschiedene Strafen. In: Deutsches Allgemeines Sonntagsblatt Nr. 28 vom 9.7.1999.
KRAFELD, Franz Josef (2000): Von der akzeptierenden Jugendarbeit zu einer gerechtigkeitsorientierten Jugendarbeit. In: deutsche jugend 48, H. 6, 266-268.
KRIZ, Jürgen (1985): Grundkonzepte der Psychotherapie. München.
MAURER, Thomas (1988): Konfrontation als therapeutische Technik und als Interventionsstil – eine vergleichende Diskussion der theoretischen Grundlagen und der Anwendungspraxis in Verhaltens- und Gestalttherapie anhand ausgewählter Studien. München.
MARGALIT, Avishai (1997): Politik der Würde. Über Achtung und Verachtung. Berlin.
MONTADA, Leo (2002): Delinquenz. In: OERTER, Rolf/MONTADA, Leo (Hrsg.): Entwicklungspsychologie. Weinheim, 859-873 (5. vollständig überarbeitete Auflage).
MÜLLER, Franz-Werner/LAUBACH, Hiltraud (2003): Liebe, Grenzen, Konsequenzen: Mut zur Erziehung. Mainz.
NEUMANN, Ulf (2002): Der „Weg des Kriegers" – Kampfkunst und die Bedeutung für Gewaltprävention. In: NEUMANN, Ulf/PERIK, Muzaffer/SCHMIDT, Wilhelm/WENDT, Peter-Ulrich (Hrsg.): Gewaltprävention in Jugendarbeit und Schule. Konzepte – Praxis – Methoden. Marburg, 89 -112.
OELKERS, Jürgen (2001): Einführung in die Theorie der Erziehung. Weinheim-Basel.
OHLEMACHER, Thomas/SÖGDING, Dennis/HÖYNCK, Theresia/ETHÈ, Nicole/WELTE, Götz (2001): „Nicht besser, aber auch nicht schlechter": Anti-Aggressivitäts-Training und Legalbewährung". In: DVJJ-Journal 12, H.4, 380-386.
OTTMÜLLER, Claus Otto (1988): Glen Mills Schools. Ein Modell der Jugendkriminalrechtspflege in den USA. Pfaffenweiler (= Beiträge zur rechtssoziologischen Forschung, Bd. 4).
OTTO, Manfred (1998): Nichtmitarbeitsbereite Gefangene und subkulturelle Haltekräfte. Schädliche Vollzugswirkungen und mögliche Gegenstrategien nicht nur im Jugendstrafvollzug. In: Kriminalpädagogik 26, H. 38, 34-42.
PARLAMENT DER WELTRELIGIONEN (1995): Erklärung zum Weltethos. In: KÜNG, Hans (Hrsg.): Ja zum Weltethos. Perspektiven für die Suche nach Orientierung. München, 21-44.
PERMIEN, Hanna/ZINK, Gabriela (1998): Endstation Straße? Straßekarrieren aus der Sicht von Jugendlichen. München.
PETERMANN, Franz/WARSCHBURGER, Petra (1996): Aggression. In: PETERMANN, Franz (Hrsg.): Lehrbuch der Klinischen Kinderpsychologie. Göttingen, 127-165 (2. korrigierte und ergänzte Auflage).
PETERMANN, Franz (1999): Sozialtraining in der Schule. Weinheim (2. überarbeitete Auflage).
PETERMANN, Franz/PETERMANN, Ulrike (2000): Training mit Jugendlichen. Förderung von Arbeits- und Sozialverhalten. Göttingen (6. überarbeitete Auflage).
PETERMANN, Franz/PETERMANN, Ulrike (2001): Training mit aggressiven Kindern. Weinheim (10. vollständig überarbeitete Auflage).
REDL, Fritz (1987): Erziehung schwieriger Kinder. Beiträge zu einer psychotherapeutisch orientierten Pädagogik. München (4. Auflage).
ROGGE, J. U. (1993): Kinder brauchen Grenzen. Reinbek.
ROGGE, J. U. (1995): Eltern setzen Grenzen. Reinbek.
SCHAWOHL, Horst (2001): „Von Glen Mills lernen" – Vom Interventionsrecht zur Interventionserlaubnis im deutschen Anti-Aggressivitäts-Training. In: COLLA, Herbert E., SCHOLZ, Christian & WEIDNER, Jens: Konfrontative Pädagogik – Das Glen-Mills-Experiment. Godesberg, 199-226.
SCHERR, Albert (2000): Gefährliche Nazis, überforderte Sozialarbeiter? Die Bekämpfung des Rechtsextremismus und der Auftrag der Jugendhilfe. In: Jugendhilfe 38, H. 6, 307-315.

SCHMIDT, Martin (1999): Referat. In: Arbeitsstelle Kinder- und Jugendkriminalitätsprävention am Deutschen Jugendinstitut/Bundesjugendkuratorium (Hrsg.): Der Mythos der Monsterkids. Strafunmündige „Mehrfach- und Intensivtäter". Ihre Situation – Grenzen und Möglichkeiten der Hilfe. München, 36-41.

SCHNEEWIND, Klaus A. (2002): Familienentwicklung. In: OERTER, Rolf/MONTADA, Leo (Hrsg.): Entwicklungspsychologie. Weinheim-Basel-Berlin, 105-127 (5. vollst. überarb. Aufl.).

SCHNEIDER, Peter (1994): Vom Ende der Gewissheit. Berlin.

SCHOLZ, Christian (2001a): Konfrontative Pädagogik im Grenzbereich von Jugendhilfe und Justiz. In: Colla, H. E., Scholz, Ch. & Weidner, J.: Konfrontative Pädagogik – Das Glen-Mills-Experiment. Godesberg, 93-139.

SCHOLZ, Christian (2001b): Statement von Herrn Christian Scholz, Richter am Amtsgericht in Lüneburg. In: Deutsches Jugendinstitut e.V. (Hrsg.) (2001): Die Glen Mills Schools, Pennsylvania, USA. Ein Modell zwischen Schule, Kinder- und Jugendhilfe und Justiz? Eine Expertise. München, 140-155.

SENNETT, Richard (2002): Respekt im Zeitalter der Ungleichheit. Berlin.

SILBEREISEN, Rainer K./SCHUHLER, Petra (1993): Prosoziales Verhalten. In: MARKEFKA, M./NAUCK, B. (1993): Handbuch der Kindheitsforschung. Neuwied, 275-288.

SONNEN, Bernd-Rüdeger (1994): Geschlossene Unterbringung von Kindern und Jugendlichen im Rahmen pädagogischer Intervention – Versuch einer Bestandsaufnahme. In: DVJJ-Journal 5, H. 3/4, 281-287.

SPECK, Otto (1993): Die moralische Dimension in der Erziehungshilfe. In: NEUKÄTER, Heinz/WITTROCK, Manfred (Hrsg.): Verhaltensstörungen. Erziehung – Unterricht – Beratung. Oldenburg, 34-42.

SPECK, Otto (1996): Erziehung und Achtung vor dem Anderen. München-Basel.

STAHLMANN, Martin (2001): Brauchen Kinder Grenzen? In: Unsere Jugend 53, H. 7/8, 348-350.

STEINHAUER, Bruno (2001): Das Anti-Gewalt-Programm. Ein Versuch offensiver Pädagogik in der stationären Jugendhilfe. In: WEIDNER, Jens/KILB, Rainer/KREFT, Dieter (Hrsg.): Gewalt im Griff. Neue Formen des Anti-Aggressivitäts-Trainings. Weinheim-Basel, 198-215 (3. Auflage).

STIELS-GLENN, M. (2001): Das Anti-Gewalt-Training in der Jugendgerichts- und Bewährungshilfe. In: WEIDNER, Jens/KILB, Rainer/KREFT, Dieter (Hrsg.): Gewalt im Griff. Neue Formen des Anti-Aggressivitäts-Trainings. Weinheim-Basel, 238-261 (3. Auflage).

STURZENHECKER, Benedikt (1995): Konflikt als Chance – für einen neuen Umgang mit Gewalt in der Jugendarbeit. In: Unsere Jugend 47, H.4, 155-168.

THERWEY, Michael/PÖHLKER, Reinhard (2001): Konfrontatives Interventionsprogramm (KIP) für Schulen; In: Weidner, Jens/Kilb, Rainer/Kreft, Dieter (Hrsg.): Gewalt im Griff. Weinheim-Basel, 112-149 (3. Auflage)

THIMM, Karlheinz (2003): Zur Kooperation von Förderschule und Jugendhilfe-Einrichtungen. In: Zeitschrift für Heilpädagogik 54, H.3, 110-116.

TRAULSEN, Monika (1999): Häufig auffällige Jugendliche. In: DVJJ-Journal 10, H.3, 311-316.

UHL, Siegfried (1996): Die Mittel der Moralerziehung und ihre Wirksamkeit. Bad Heilbrunn.

UHL, Siegfried (1997): Mit Ziel und Maß. Die Strafe aus der Sicht der Empirischen Erziehungswissenschaften. In: Jugend und Gesellschaft, H.4, 7-10.

VORRATH, H. H./BRENTRO, L. K. (1974): Positive Peer Group Culture. Chicago (Aldine Publ. Co.)

WALKENHORST, Philipp (1993): Grauzonen: Bündelung und Koordinierung von Hilfen als ungelöste Aufgaben der Behindertenhilfe und -politik. Dortmund 1993 (erstellt als Expertise für das Forschungsprojekt „Behinderte in Nordrhein-Westfalen" im Auftrage des Ministeriums für Arbeit, Gesundheit und Soziales NRW; Leitung: Prof. Dr. C. Adam).

Auszugsweise veröffentlicht unter dem Titel: Bündelung und Koordinierung von Hilfen als ungelöste Aufgaben der Behindertenhilfe und -politik (Expertise/Auszug). In: Ministerium für Arbeit, Gesundheit und Soziales des Landes NRW (Hrsg.): Behinderte Menschen in Nordrhein-Westfalen. Düsseldorf 1999, 343-352 (2. Auflage).

WALKENHORST, Philipp (1999a): Gewalt in der Schule. In: Der Bundesminister des Innern (Hrsg.): Extremismus und Gewalt, Bd. IV. Bonn (Schriftenreihe „Texte zur Inneren Sicherheit").

WALKENHORST, Philipp (1999b): Prävention aggressiven und fremdenfeindlichen Verhaltens junger Menschen. In: WIDMANN, Peter/ERB, Rainer/BENZ, Wolfgang (Hrsg.): Gewalt ohne Ausweg? Strategien gegen Rechtsextremismus und Jugendgewalt in Berlin und Brandenburg, 131-172.

WALTER, Joachim (1999): Anti-Gewalt-Training im Jugendstrafvollzug – Tummelplatz für „crime-fighter"? In: Zeitschrift für Strafvollzug und Straffälligenhilfe 47, H.1, 23-28.

WALTER, Joachim (2001): Was kann der deutsche Jugendstrafvollzug von den Glen Mills Schools lernen? In: In: Deutsches Jugendinstitut e.V. (Hrsg.): Die Glen Mills Schools, Pennsylvania, USA. Ein Modell zwischen Schule, Kinder- und Jugendhilfe und Justiz? Eine Expertise. München, 59-75.

WALTER, Jürgen (2002): „Einer flog übers Kuckucksnest" oder welche Interventionsformen erbringen im sonderpädagogischen Feld welche Effekte? In: Zeitschrift für Heilpädagogik 53, H. 11, 424-450.

WEIDNER, Jens (1990): Anti-Aggressivitäts-Training für Gewalttäter. Bonn.

WEIDNER, Jens (1996): Anti-Aggressivitäts-Training für Gewalttäter. Bonn (2. Auflage).

WEIDNER, Jens (2001a): Der „heiße Stuhl" in der sozialpädagogisch-psychologischen Praxis. In: WEIDNER, Jens/KILB, Rainer/KREFT, Dieter (Hrsg.): Gewalt im Griff. Band 1: Neue Formen des Anti-Aggressivitäts-Trainings. Weinheim-Basel, 10-14 (3. Auflage).

WEIDNER, Jens (2001b): Vom Straftäter zum Gentleman – Über konfrontative Pädagogik als Erziehungs-ultima ratio. In: COLLA, Herbert/SCHOLZ, Christian/WEIDNER, Jens (Hrsg.): „Konfrontative Pädagogik" – Das Glen Mills Experiment. Godesberg, 7-54.

WEIDNER, Jens (2001c): Über Grenzziehung in Sozialer Arbeit und Psychologie. In: WEIDNER, Jens/KILB, Rainer/KREFT, Dieter (Hrsg.): Gewalt im Griff. Band 1: Neue Formen des Anti-Aggressivitäts-Trainings. Weinheim-Basel, 62-72 (3. Auflage).

WEIDNER, Jens/MALZAHN, Ute (2001): Zum Persönlichkeitsprofil aggressiver Jungen und Männer. In: WEIDNER, Jens/KILB, Rainer/KREFT, Dieter (Hrsg.): Gewalt im Griff. Band 1: Neue Formen des Anti-Aggressivitäts-Trainings. Weinheim-Basel, 43-47 (3. Auflage).

WEIDNER, Jens/KILB, Rainer/KREFT, Dieter (Hrsg.): Gewalt im Griff. Bd. 1: Neue Formen des Anti-Aggressivitäts-Trainings. Weinheim-Basel (3. Auflage).

WENDT, Wolf-Rainer (1995): Ansprüche anerkennen und Ansprüche stellen – Soziale Arbeit hat einen zivilen Auftrag; In: Blätter der Wohlfahrtspflege-Deutsche Zeitschrift für Sozialarbeit, H. 10, 229-234.

WINKLER, Michael (2001): Ansätze einer Theorie kollektiver Erziehung – einige Bemerkungen zur Pädagogik der Glen Mills Schools vor dem Hintergrund der Aufgaben von Jugendhilfe. In: Deutsches Jugendinstitut e.V. (Hrsg.): Die Glen Mills Schools, Pennsylvania, USA. Ein Modell zwischen Schule, Kinder- und Jugendhilfe und Justiz? Eine Expertise. München, 76-97.

WISSENSCHAFTLICHER RAT DER DUDENREDAKTION (1985): Duden. Bedeutungswörterbuch. Mannheim-Wien-Zürich.

V. WOLFFERSDORFF, Christian (1998): Der neue Ruf nach geschlossenen Heimen. Anmerkungen zur Wiederkehr eines leidigen Themas. In: Kind, Jugend, Gesellschaft 43, H. 2, 36-41.

WOLTERS, Jörg-Michael (2001): Konfrontative Sozialpädagogik. Streitschrift für endliches Umdenken in Jugendhilfe, Jugendstrafvollzug und Jugendpsychiatrie. In: Sozialmagazin 26, H. 5, 27-3

Peter Rieker

„Akzeptierende" und „Konfrontative" Pädagogik: Differenzen – Gemeinsamkeiten – Entwicklungsbedarf[1]

Der richtige Umgang mit Jugendlichen, die durch delinquentes und extremistisch motiviertes Verhalten auffallen, ist immer wieder Gegenstand öffentlicher und fachlicher Kontroversen. In den letzten Jahren haben die Begriffe „Akzeptanz" und „Konfrontation" in diesen Debatten großen Stellenwert, sie unterliegen allerdings konjunkturellen Zyklen: „Akzeptanz" erfreute sich in den 1990er Jahren großer Beliebtheit, als rechtsextrem orientierte Jugendliche durch Sozialarbeit integriert werden sollten; inzwischen gelten die entsprechenden pädagogischen Konzepte weitgehend als gescheitert (KRAFELD 2002), stattdessen macht man sich Gedanken über die Chancen der „Konfrontation" – sowohl als Reaktion auf Extremismus (OSBORG 2002) als auch auf Delinquenz bei Jugendlichen (vgl. COLLA/SCHOLZ/WEIDNER 2001; DJI 2002). Teilweise werden diese Begriffe sogar zur Kennzeichnung pädagogischer Konzepte herangezogen, dann etwa, wenn „akzeptierende Jugendarbeit" und „konfrontative Jugendarbeit" einander gegenüber gestellt werden (z.B. HAFENEGER 2002: 468f.).

In diesem Beitrag soll die Frage geklärt werden, wie sinnvoll die Gegenüberstellung akzeptierener und konfrontativer Jugendarbeit bzw. Pädagogik ist. Dabei werden zunächst die mit den Begriffen Akzeptanz und Konfrontation assoziierten pädagogischen Konzepte kurz vorgestellt und hinsichtlich ihrer Konsistenz beleuchtet (1), bevor es um Unterschiede und Gemeinsamkeiten zwischen ihnen geht (2). Indem anschließend Erfahrungen aus pädagogischen Kontexten einbezogen werden, wollen wir Anhaltspunkten für die Praxisrelevanz dieser Konzepte erhalten (3). Abschließend werden die Erträge dieser Gegenüberstellung bilanziert und Entwicklungsbedarf skizziert (4).

---

1 Für interessante Anregungen, Ergänzungen und Hinweise zu einer frühen Fassung dieses Beitrags danke ich Ulrich BRÜGGEMANN, Andrea PINGEL und Renate SCHULZE.

1. Akzeptierende und Konfrontative Pädagogik

1.1 Akzeptierende Pädagogik

Der Begriff „akzeptierende Pädagogik" bezeichnet kein klar abgegrenztes Konzept, sondern eher ein Konglomerat verschiedener Vorstellungen und Strategien, die mitunter ganz unterschiedliche Aspekte betonen und auch Widersprüche bergen. Entwickelt wurden Vorstellungen zur akzeptierenden Pädagogik zunächst in der Drogenarbeit und später auch im Kontext der offenen und aufsuchenden Jugendarbeit. Bekannt geworden ist in diesem Zusammenhang das Konzept, das Franz-Josef KRAFELD seit den späten 1980er-Jahren für die Arbeit mit rechts- bzw. rechtsextremorientierten Jugendlichen entwickelt hat (vgl. KRAFELD 1996).

Mit „akzeptierender Jugendarbeit" wurde versucht, eine Alternative zu Aufklärung und Belehrung einerseits sowie zur Ausgrenzung und Bekämpfung rechtsextremer Bestrebungen andererseits zu entwickeln (KRAFELD 1992: 37). Für KRAFELD stehen dabei die Probleme im Vordergrund, die die Jugendlichen haben und nicht diejenigen, die sie machen. Indem man Jugendliche bei der Bewältigung ihrer alltäglichen Probleme unterstützt, sollen tragfähige Beziehungen zu ihnen aufgebaut werden. In seinen frühen Schriften betont KRAFELD – zumindest für die Kontaktphase dieser Beziehungen zwischen Sozialarbeitern und Jugendlichen – das Ziel der gegenseitigen Akzeptanz des Andersseins, auch wenn man sich als Sozialarbeiter z.B. menschenverachtende Äußerungen nur schwer anhören könne (KRAFELD 1992: 44). Später differenziert KRAFELD dann zwischen der Notwendigkeit, die Personen zu akzeptieren und ernst zu nehmen, ihr Verhalten jedoch nicht zu billigen, um so Lern-, Entwicklungs- und Veränderungsprozesse zu fördern (KRAFELD 2001: 508). Wichtig sei es für Sozialarbeiter, dabei authentisch zu sein, Grenzen aufzuzeigen und auf diese Weise die Balance zwischen personaler Nähe und professioneller Distanz zu halten (KRAFELD 2001: 510).

Grenzsetzungen werden nach Krafeld vor allem dann erforderlich, wenn Sozialarbeiter das Gefühl haben, die Äußerungen oder das Verhalten Jugendlicher nicht mehr aushalten zu können, wenn körperliche oder psychische Verletzungen drohen, wenn rechtswidrige oder propagandistische Aktivitäten unterstützt oder gedeckt werden könnten oder wenn Akzeptanz nur einseitig ist (KRAFELD 1996: 28). Allerdings sollten Grenzziehungen nicht durch Cliquen hindurch verlaufen oder zentrale Elemente der jeweiligen Jugendszene ausschließen. Zusammenfassend formuliert KRAFELD den Grundsatz: „Grenzen ziehen ohne auszugrenzen" (KRAFELD 1996: 28). Auch wenn KRAFELDS Ausführungen nicht immer eindeutig sind, so hat er doch klargestellt, dass es bei der „akzeptierenden Jugendarbeit" keineswegs darum geht, sich mit fragwürdigen Meinungen und Verhaltensweisen Jugendlicher abzufinden, sie hinzunehmen oder gutzuheißen (KRAFELD 1996: 36).

Der akzeptierenden Pädagogik lassen sich auch Ansätze zuordnen, die unter anderen Begriffen verbreitet werden. Parallelen zur akzeptierenden Sozialarbeit finden sich beispielsweise in anderen Konzepten offener Jugendarbeit oder lebensweltorientierter Sozialarbeit. Abweichendes Verhalten von Jugendlichen gilt dabei als Ausdruck von Suchbewegungen oder Experimentierverhalten bzw. als Versuch, unter den jeweils gegebenen Umständen zurecht zu kommen – und als solche müssten sie anerkannt werden (GRUNALD/THIERSCH 2001: 1139; Sturzenhecker 2001: 518). In der pädagogischen Arbeit seien daher sowohl Akzeptanz als auch Grenzsetzungen erforderlich (STURZENHECKER 2001: 519) bzw. Personen, an denen die Jugendlichen sich abarbeiten können (GRUNWALD/THIERSCH 2001: 1145). Dafür müssten den Jugendlichen zunächst vertrauensvolle, sichere Beziehungen angeboten werden, ihnen müsse geholfen werden, Selbstachtung zu entwickeln, ihre Kompetenzen und Fähigkeiten zu entfalten und Krisen konstruktiv zu bewältigen (STURZENHECKER 2001: 518f.). Zudem gelte es, sich auf die Lebenswelten der Adressaten zu beziehen, d.h. die Angebote müssen niedrigschwellig und erreichbar sein, die Klienten sollen befähigt werden, die Hilfen und Ressourcen in ihren Lebenswelten zu erschließen (GRUNWALD/THIERSCH 2001: 1137). Schließlich gilt es im Rahmen dieser Ansätze akzeptierender Pädagogik als wichtig, dass Jugend(sozial)arbeit in dialogische Prozesse eingebettet ist und in möglichst gleichberechtigten Aushandlungen mit allen Beteiligten gestaltet wird.

1.2 Konfrontative Pädagogik

Auch bei der „konfrontativen Pädagogik" haben wir es mit einem weichen Begriff zu tun, mit dem ein unspezifisches Spektrum pädagogischer Prinzipien bezeichnet wird. Der Begriff und die methodischen Grundlagen orientieren sich vor allem an einer Übertragung aus dem therapeutischen Kontext; er wurde in Anlehnung an die „konfrontative Therapie" (CORSINI 1994) und die „provokative Therapie" (FARRELLY/MATTHEWS 1994) entwickelt (vgl. SCHAWOHL 2001; WEIDNER 2002: 42). In der Regel ist sowohl dann von konfrontativer Pädagogik die Rede, wenn es um verschiedene pädagogische Alternativen und Ergänzungen zum Strafvollzug geht – z.B. Täter-Opfer-Ausgleich, Anti-Aggressivitäts-Training (AAT), Glen Mills School – als auch dann, wenn angemessene Interventionen bei gewaltbereiten oder gewalttätigen Mehrfachauffälligen, z.B. im Rahmen des Coolness-Trainings (CT) thematisiert werden (vgl. SCHAWOHL 2001; WEIDNER 2002).

In Abhängigkeit davon, welche Arbeitsbereiche und Interventionen jeweils im Vordergrund stehen, bezieht man sich im Rahmen konfrontativer Pädagogik auf unterschiedliche Grundlagen. Als Basis von AAT und CT wird ein „lerntheoretisch-kognitives Paradigma" angegeben (KILB/WEIDNER 2002: 298). In einem weiteren Sinne, hinsichtlich des Erziehungsverständnisses, beruft man sich auf die Typologie von Diana BAUMRIND (1967: 43ff.). Die konfrontative Pädagogik wird dabei einem autoritativen Erziehungsstil zugeordnet, der sich durch emotionale Wärme und Zuwendung, aber auch durch verständlich begründete, klare Strukturen und Grenzen sowie durch entwicklungsgerechte Aufgaben und Herausforderungen auszeichnet. Damit grenzt man sich sowohl von einem autoritär-patriachalischen Erziehungsstil als auch vom Laissez-Faire ab, das vor allem durch akzeptierendes Begleiten, permissives Verständnis und dadurch gekennzeichnet wird, dass die Ursachen abweichenden Verhaltens primär im gesellschaftlichen Kontext gesehen werden (WEIDNER 2002: 41f.). Bezüge werden auch zum Konzept eines induktiven Erziehungsstils (HOFFMANN/SALTZSTEIN 1967) gesehen, der sich ebenfalls durch das Bemühen auszeichnet, pädagogische Interventionen transparent zu machen und zu begründen.

Für Jens WEIDNER ist konfrontative Pädagogik auf eine spezifische, besonders auffällige Zielgruppe gemünzt und wird als Ergänzung zu solchen pädagogischen Angeboten verstanden, die eher mit Akzeptanz, Einfühlung, Lebensweltorientierung oder non-direktiver Gesprächsführung arbeiten (WEIDNER 2002: 39). Dabei sollen 80% der professionellen Persönlichkeit einfühlsam, verständnisvoll, verzeihend und non-direktiv bleiben, aber um 20% Biss, Konflikt- und Grenzziehungsbereitschaft ergänzt werden (WEIDNER 2002: 41). Grundlage konfrontativer Pädagogik ist eine durch Sympathie und Respekt geprägte Beziehung zwischen Pädagogen und Klienten, in der abweichendes Verhalten kritisiert und auf eine Verhaltensänderung hingewirkt werden soll. Dabei gehe es darum, „den Betroffenen (zu) akzeptieren, aber nicht seine Taten" (WEIDNER 2002: 39; vgl. auch SCHAWOHL 2001: 212) bzw. abweichendes Verhalten zu verstehen, aber nicht damit einverstanden zu sein (WEIDNER 2002: 42).

Konfrontative Pädagogik wird als interventionsorientiert charakterisiert, wobei in Anlehnung an die psychoanalytische Sozialpädagogik Fritz Redls ein breites Spektrum an Interventionen eingesetzt werden soll, um Neutralisierungstechniken aufzulösen und Schuld- und Schamgefühle zu wecken: Vom feinsinnigen, nonverbale Hinweis bis zu Sanktionen, die der Wiedergutmachung dienen. Beim AAT soll die schonungslose Offenheit im Rahmen verbaler Auseinandersetzungen den Jugendlichen helfen, neue Handlungsstrategien zu eröffnen (SCHAWOHL 2001: 206). Als wichtigste Methode wird dabei ein konfrontativ-provokativer Gesprächsstil angesehen (KILB/WEIDNER 2002: 298). Unter Bezug auf KORCZAK, MAKARENKO oder NEILL orientiert man sich dabei auch am Prinzip „Jugend erzieht Jugend", d.h. durch die Einbeziehung der peer-culture in den Erziehungsprozess soll Übereinstimmung zwischen den verschiedenen sozialen Bezügen Jugendlicher erreicht werden. Konsequente Grenzziehungen werden vor allem dann erforderlich, wenn dem Individuum Gefahr droht oder Menschen verletzt, geplagt, gekränkt werden (WEIDNER 2002: 43f.). Weidner betont, dass konfrontative Pädagogik dabei auf Schonräume und auf pädagogische Settings angewiesen ist, in denen kontinuierlich und verbindlich gearbeitet werden kann. Beim AAT werden die Klienten zu offiziellen Vertragspartnern, d.h. die Bedingungen werden in einem Kontrakt festgehalten, den alle Beteiligten unterzeichnen (SCHAWOHL 2001: 203).

1.3 Konzeptionelle Konsistenz

Bei einer genaueren Betrachtung zeigt sich, dass die Konzepte akzeptierender und konfrontativer Pädagogik nicht in allen Aspekten stimmig und konsistent sind. So wird im Rahmen der akzeptierenden Sozialarbeit mit Jugendlichen empfohlen, – bei Akzeptanz der Klienten als Menschen – unerwünschte Einstellungen und Verhaltensweisen nicht zu billigen (KRAFELD 2002: 508; KLOSE/SCHNEIDER 2002: 37), Impulse Heranwachsender zu kritisieren (SCHRÖDER 2002: 66) und durch Grenzsetzungen einzudämmen (STURZENHECKER 2001: 519), ablehnende Gefühle und Einschätzungen authentisch zu äußern sowie gegenüber den Klienten professionelle Distanz zu wahren. Dementsprechend bemerkt Stefan DANNER bei seiner gründlichen Analyse von KRAFELDS Konzept zur akzeptierenden Jugendarbeit, dass der „semantische Gravitationspunkt bei den Komponenten „Ertragen" und „Konfrontation" liegt"; KRAFELD vertrete „eine relativ formale, fast möchte man sagen minimalistische Auffassung von Akzeptanz" (DANNER 2001: 443). Hinzu kommt die Vorstellung, dass akzeptierende Sozialarbeiter – bei aller ernsthafter, möglichst gleichberechtigter Auseinandersetzung mit den Klienten – ein tieferes Wissen über die wahren Probleme der Klienten hat. Sozialarbeiter meinen über die Verhältnisse Bescheid zu wissen, die das Leben ihrer Klienten bestimmen, und haben auch klare Vorstellungen zu den richtigen Ergebnissen der Aushandlungen mit ihnen (GRUNWALD/THIERSCH 2001: 1140; KRAFELD 1996: 23). Für Danner zeigt dies, dass gemäß dem Konzept akzeptierender Jugendarbeit nicht die Jugendlichen ernst genommen werden, sondern vor allem die gesellschaftlichen Einflüsse, denen diese unterliegen (DANNER 2001: 445). Die Bezeichnung „akzeptierende" Jugendarbeit oder Pädagogik ist vor diesem Hintergrund mehr als fraglich und wurde wohl vor allem gewählt, um sich von den vorhandenen Ansätzen abzugrenzen.

Auch die konzeptionellen Überlegungen zu einer konfrontativen Pädagogik weisen Inkonsistenzen auf. Fragwürdig mutet zunächst die Begriffswahl für die skizzierten Ansätze an: Warum wird für ein pädagogisches Konzept, das überwiegend auf Einfühlungsvermögen, Verständnis, Verzeihen und Non-Direktion setzt und lediglich um 20% Konflikt- und Grenzziehungsbereitschaft ergänzt werden soll (WEIDNER 2002: 41), die Bezeichnung „Konfrontative Pädagogik" gewählt? Es kann vermutet werden, dass auch in diesem Fall die Abgrenzung von anderen Konzepten auf der Ebene von Schlagwörtern (Konfrontation vs. Akzeptanz) im Vordergrund steht, ohne dass die Konzepte, von denen sich abgegrenzt wird, gründlich zur Kenntnis genommen worden wären – sonst hätte man bemerken müssen, dass die „akzeptierende Pädagogik" erhebliches Konfrontationspotential enthält (vgl. auch SCHERR 2002: 305f.). Darüber hinaus wäre zu klären, wie die im Rahmen konfrontativer Ansätze in Anspruch genommenen Grundlagen – z.B. autoritativer bzw. induktiver Erziehungsstil einerseits, lerntheoretisch-kognitives Paradigma inclusive eines konfrontativ-provokativen Gesprächsstils andererseits – miteinander zu vereinbaren sind. Schließlich bleibt unklar, wie der für konfrontative

Pädagogik in Anspruch genommene Leitsatz „auf Kleinigkeiten reagieren, damit Großes erst gar nicht passiert" (WEIDNER 2002: 45) bei der Arbeit mit Mehrfachauffälligen eingelöst werden kann. Die konsequente Umsetzung dieser Maxime würde erfordern, präventive Arbeit früher anzusetzen und nicht erst mit Jugendlichen zu arbeiten, bei denen nur noch zur ultima-ratio pädaogischen Handeln gegriffen werden kann.

2 Gemeinsamkeiten und Unterschiede

Anders, als es das begriffliche Gegensatzpaar Akzeptanz-Konfrontation erwarten ließe, weisen die oben beschriebenen pädagogischen Ansätze erstaunliche Parallelen und Übereinstimmungen auf. Wenn bei der Gegenüberstellung akzeptierender und konfrontativer Pädagogik dennoch vor allem Gegensätze im Vordergrund stehen, dann deswegen, weil einseitige, unvollständige Zerrbilder der jeweiligen Ansätze konstruiert werden. Solch eine Konstruktion von Gegensätzen liegt beispielsweise dann vor, wenn man der akzeptierenden Jugendarbeit vor allem die Orientierung an den Problemen Jugendlicher, Unterstützung für eine befriedigende Lebensbewältigung und die Akzeptanz von Menschen mit kritikwürdigen Auffälligkeiten zuordnet, während für die konfrontative Pädagogik das professionelle Profil der Pädagogen betont wird, die sich mit streitbaren Positionen und moralischen Überzeugungen einbringen (HAFENEGER 2002: 469). Bei einer gründlichen und unvoreingenommen Betrachtung zeigen sich dagegen eine Reihe substantieller Gemeinsamkeiten.

Im Rahmen beider Ansätze sieht man sich mit guten Gründen in der Tradition Jörg KRAUßLACHS, der in den späten 1960er und in den 1970er Jahren in Hamburg mit Rockern gearbeitet hat (vgl. KRAUßLACH/DÜWER/FELLBERG 1990; KRAUßLACH 1981). KRAUßLACH spricht hinsichtlich Jugendlicher, die sich abweichend verhalten, zunächst von der Notwendigkeit einer problem- und konfliktorientierten Jugendarbeit und wendet sich explizit gegen eine Sauberkeits-, Verbots- und Disziplinierungspädagogik, die sich vor allem durch Reglementierung auszeichnet (KRAUßLACH 1981: 31). Wichtig sei es, dass Pädagogen und Jugendliche sich im Rahmen gemeinsamer Aktivitäten kennen lernen und tragfähige Beziehungen entwickeln. Zentral sei es weiterhin, Jugendgruppen in ihrer Bedeutung für den Einzelnen anzuerkennen und mit ihnen und nicht gegen sie zu arbeiten. Sozialarbeiter dürften Konflikten nicht ausweichen, sich dabei aber nicht in einen Teufelskreis von Stärkedemonstrationen und Dominanz verstricken lassen, sondern sollen eigene Positionen und Emotionen authentisch vertreten. Sie sollten das eigene Handeln erklären und begründen und bei den Jugendlichen um Erklärungen für deren eigenes Verhalten nachsuchen. Schließlich ist für Kraußlach auch die parteiliche, solidarische Entscheidung für die Jugendlichen, mit denen gearbeitet wird, eine wichtige Grundlage (KRAUßLACH 1981: 79ff.). Das schließt für ihn z.B. aus, als Sozialarbeiter mit der Polizei zusammenarbeiten. Das hört sich ziemlich akzeptierend an – allerdings muss man sich vor Augen halten, dass diese Prinzipien für Kraußlach Mittel sind, sich Interventionsberechtigung zu erwerben, was nur im Kontext langwieriger, konflikthafter Beziehungsarbeit möglich sei. Dies bedeutet, es geht nicht nur darum, die Jugendlichen zu akzeptieren, sondern von den Jugendlichen, mit denen man arbeitet, seinerseits akzeptiert zu werden, also von ihnen Autorität zugestanden zu bekommen (KRAUßLACH 1981: 67). Interventionsberechtigung ermögliche es dem Pädagogen, in schwierigen Situationen, z.B. wenn Aggressionen sich hochschaukeln oder gewalttätige Auseinandersetzungen drohen, einzuschreiten und bietet die Chance, mit Deeskalationssversuchen Gehör zu finden.

Für die akzeptierende Jugendarbeit bezieht man sich explizit vor allem auf den verständnisvollen, deeskalierenden, unterstützenden Umgang mit Aggressionen Jugendlicher im Kontext verbindlicher Beziehungsarbeit, so wie Kraußlach ihn beschrieben hat (KRAFELD 1996: 28ff.). Demgegenüber wird in Schriften zur konfrontativen Pädagogik vor allem auf das KRAUßLACH'sche Konzept der Interventionsberechtigung rekurriert, das es ermögliche, abweichendes Verhalten zu kritisieren (SCHAWOHL 2001: 201; WEIDNER 2002: 39). Beide Ansätze stellen jedoch nicht in Frage, dass verbindliche pädagogische Beziehungen und pädagogische Interventionen zusammengehören und notwendig sind, so wie bereits von Kraußlach konzipiert. Dies wird auch dadurch unterstrichen, dass sowohl in den Vorstellungen zur akzeptierenden als auch in denen zur konfrontativen Pädagogik zwischen den Klienten und ihrem Verhalten unterschieden wird: Die Jugendlichen, mit denen gearbeitet wird, sollen als Personen akzeptiert und ihnen soll Respekt und Sympathie entgegengebracht werden, aber ihr sozial unverträgliches Verhalten soll kritisiert bzw. durch Intervention bearbeitet werden (KRAFELD 2001: 508; WEIDNER 2002: 39).

Es darf jedoch nicht übersehen werden, dass die Konzepte akzeptierender und konfrontativer Pädagogik auf unterschiedlichen Arbeitsfeldern entwickelt wurden: Während sich die Protagonisten des akzeptierenden Ansatzes zumeist auf die offene Jugendarbeit und die Jugendsozialarbeit beziehen, wurde konfrontative Pädagogik aus therapeutischen Traditionen und im Kontext von Trainingsprogrammen entwickelt. Diese unterschiedlichen Entwicklungskontexte prägen die pädagogischen Konzepte, so dass eine vergleichende Betrachtung diese jeweiligen Bedingungen berücksichtigen muss.

Jugendarbeit und Jugendsozialarbeit, worauf sich akzeptierende Pädagogik in erster Linie bezieht, sind tendenziell mit breiten, unspezifischen Zielgruppen konfrontiert. Entscheidend ist dabei in der Regel das Territorialprinzip, d.h. gearbeit wird mit den Jugendlichen und „natürlichen" Jugendgruppen, die innerhalb eines Sozialraumes angetroffen und erreicht werden können. Auch wenn spezifische Jugendgruppen (z.B. gewaltbereite, rechtsextrem orientierte junge Männer) erreicht und eingebunden werden sollen, sind Sozialarbeiter in der Praxis dann auch mit anderen Jugendlichen (z.B. mit jungen Frauen, Kindern oder unentschiedenen jungen Männern) konfrontiert. Eine entscheidende Herausforderung dieser Arbeit kann also darin bestehen, adäquate Angebote für unterschiedliche Jugendliche zu realisieren. Da wir es auf diesem Arbeitsfeld mit weitgehend informellen Teilnahmebedingungen zu tun haben – d.h. die Jugendlichen müssen geworben und dauerhaft interessiert werden, wenn mit ihnen kontinuierlich gearbeitet werden soll – stehen die Mitarbeiterinnen und Mitarbeiter regelmäßig vor der Aufgabe, auf die Besonderheiten der Jugendkultur vor Ort zu reagieren. In diesem Zusammenhang muss auch die „natürliche" Dynamik innerhalb der beteiligten Cliquen sowie zwischen verschiedenen Jugendgruppen berücksichtigt werden. Außerdem geraten dabei zwangsläufig die situativen und biografischen Kontexte der Jugendlichen und ihres Verhaltens ins Blickfeld pädagogischen Handelns.

Bei weisungsgebundenen Maßnahmen, beim Anti-Aggressivitäts-Training oder beim Coolness-Training, also in den Kontexten, auf die man sich bei der konfrontativen Pädagogik bezieht, wird dagegen mit spezifischen Zielgruppen gearbeitet. Man hat es z.B. beim AAT größtenteils mit männlichen, älteren Jugendlichen aus bildungsfernen Milieus, häufig mit Migrationserfahrung zu tun, die über eine richterliche Auflage in eine Maßnahme vermittelt werden (KILB/WEIDNER 2002: 299). Jugendliche, die ähnliche Delikte begangen haben oder ähnliche Belastungen aufweisen (die z.B. gewaltbereit oder gewalttätig sind), werden in einem Kurs zusammengebracht, d.h. entscheidend ist dabei der Problembezug. Gewöhnlich kennen die Teilnehmer sich zuvor nicht, so dass die Dynamik in ihren „natürlichen" Cliquen keine Rolle für ihre Beteiligung spielt. Dadurch bleiben wichtige Kontextbedingungen – z.B. für Gewalthandeln – unberücksichtigt. Durch die Konzentration auf die Verhaltensebene werden außerdem die biografischen Bedingungen für das Handeln der Jugendlichen ausgeblendet (vgl. SCHERR 2002: 305ff.). Die Bedingungen der Teilnahme sind dabei formalisiert, z.B. dadurch, dass die Teilnehmer einen schriftlichen Vertrag unterzeichnen, mit denen sie sich für die zuvor festgelegte Kurdauer auf bestimmte Verhaltensweisen verpflichten. Die Teilnahme an solch einem Kurs erfolgt nur insofern freiwillig, als sie mit dem Verzicht auf repressive Maßnahmen belohnt wird, d.h. die Beteiligung ist zunächst strategisch-instrumentell motiviert. Auch der vorzeitige Abbruch eines Trainingskurses wird in der Regel mit einer Meldung an die weisungsgebende Stelle, z.B. das Jugendgericht, sanktioniert und kann für den Abbrecher unangenehme Konsequenzen nach sich ziehen. Allerdings ist auch eine weisungsgebundene Maßnahme darauf angewiesen, dass über die sekundäre Motivation (Teilnahmeverpflichtung im Zusammenhang richterlicher Weisungen) hinaus eine primäre (intrinsische) Motivation erreicht wird (SCHAWOHL 2001: 201).

Die unterschiedlichen Rahmenbedingungen der Praxisfelder, auf denen akzeptierende und konfrontative Pädagogik zur Anwendung kommen, tragen sicherlich dazu bei, dass die mitunter sehr ähnlichen konzeptuellen Grundlagen so verschieden umgesetzt werden, dass der Eindruck grundlegender Differenzen entsteht.

3 Praxiserfahrungen

In der pädagogischen Praxis mit Jugendlichen werden verschiedene Aspekte deutlich, die für akzeptierende und konfrontative Pädagogik gleichermaßen relevant sind. Dies zeigt sich in Berichten aus der pädagogischen Praxis und spiegelt sich auch im Material des Projekts „Rechtsextremismus und Fremdenfeindlichkeit" wider, auf das sich im Folgenden vor allem bezogen wird.[2]

3.1 Professionelle pädagogische Beziehungen

Die Professionalität pädagogischer Beziehungen und ihre Abgrenzung von persönlichen Beziehungen wird in der pädagogischen Praxis als wichtig erachtet, unabhängig vom Charakter des Angebotes. Allerdings erleben Sozialarbeiterinnen und Pädagogen auch professionelle Beziehung auf persönlicher Ebene und sie haben den Eindruck, dass professionelle Beziehungen auch durch persönliche Eigenheiten geprägt werden. Dies ist besonders dann der Fall, wenn man länger miteinander zu tun hat, und sich intensivere Kontakte entwickeln. Dabei lassen sich vor allem solche Jugendliche auf Sozialarbeiter und Beziehungen zu ihnen ein, bei denen sonstige Bindungen (z.B. zur Familie, zu Freunden) fehlen oder von ihnen als unbefriedigend erlebt werden – dies kann auch zeitlich begrenzt der Fall sein, dann etwa, wenn ein Jugendlicher im Gefängnis sitzt. Fachkräfte geraten auf diese Weise teilweise in die Rolle eines Lückenbüßers und/oder in Konkurrenz zu anderen Beziehungen der Jugendlichen. Rückschläge, Enttäuschungen oder das Scheitern solch intensiver professioneller Beziehungen werden auch von Pädagogen als persönliches Scheitern, bisweilen auch als persönliche Kränkung erlebt und müssen vom Einzelnen verarbeitet werden.

Vor allem im Zusammenhang offener Angebote kann sozialpädagogische Beziehungsarbeit den Charakter eines Familienersatzes erhalten, mit der Konsequenz, dass Jugendliche sich erst sehr spät von den Mitarbeitern und Mitarbeiterinnen bzw. von den besuchten Einrichtungen ablösen, d.h. es kommt vor, dass die „Jugendlichen" auch dann noch kommen, wenn sie älter sind und schon eigene Kinder haben. Ein Hinweis auf die Intensität, die diese Beziehungen auch für pädagogische Profis haben, kann darin gesehen wer-

---

2   Im Projekt „Rechtsextremismus und Fremdenfeindlichkeit – Jugendpolitische und pädagogische Herausforderungen" arbeiten Andrea Pingel, Renate Schulze (Sachbearbeitung) und Peter RIEKER am Deutschen Jugendinstitut, Regionale Arbeitsstelle Leipzig. Finanziell unterstützt wird das Projekt seit Juni 2000 durch das Bundesministerium für Familie, Senioren, Frauen und Jugend. Informationen über die Erfahrungen in der pädagogischen Arbeit mit rechts- bzw. rechtsextrem orientierten Jugendlichen wurden bei mehr als 30 Projektbesuchen im gesamten Bundesgebiet und bei verschiedenen Workshops mit Praktikerinnen und Praktikern gesammelt. Informationen zum Ansatz, zum methodischen Vorgehen und zu den Ergebnissen dieser Untersuchung sind dem vorliegenden Projektbericht zu entnehmen (PINGEL/RIEKER 2002).

den, dass es ihnen oft schwerfällt, sich nach einer Phase der Arbeit mit einer bestimmten Gruppe auf neue Gruppen einzulassen (vgl. auch BIMSCHAS 2002: 56). Es kann also vermutet werden, dass solche Dauerbeziehungen auch durch Sozialarbeiterinnen und Sozialarbeiter ermöglicht und gefördert werden, so dass sich in diesen Fällen die wechselseitigen Bedürfnisse nach einer Ersatzfamilie gegenseitig stützen. In der praktischen Arbeit wird auf unterschiedliche Weise versucht, die Bindung zwischen Sozialarbeiter/innen und Jugendlichen nicht zu exklusiv und intensiv werden zu lassen: Fragen, Entwicklungen und Unsicherheiten werden im Kollegenteam reflektiert, die Bezugspersonen der Jugendlichen wechseln ständig oder es wird darauf geachtet, dass es mehrere Bezugspersonen gibt; oder aber die Arbeit wird konsequent beendet, wenn die Jugendlichen ein bestimmtes Alter, bestimmte Entwicklungen oder Fähigkeiten erreicht haben.

Die Mitarbeiterinnen und Mitarbeiter von Trainingsprogrammen oder anderen stärker strukturierten Angeboten sind diesbezüglich in einer anderen Situation. Die kürzere Dauer, die größere persönliche Distanz und der festgelegte Ablauf verhindern gewöhnlich, dass sich persönliche Nähe entwickelt und vergleichbare Ablösungsschwierigkeiten offensichtlich werden. Biografieanalytische Aspekte werden im Umgang mit den Klienten dabei zugunsten von Versuchen, Verhaltensmodifikationen zu erreichen, vernachlässigt oder sogar ausgeblendet – was von jugendlichen Klienten übrigens als problematisch erlebt werden kann (vgl. WEIDNER 2001: 44). Vor diesem Hintergrund wird verständlich, dass auch die in diesem Bereich tätigen Pädagoginnen und Pädagogen ihr persönliches Erleben oder die Bewältigung persönlicher Herausforderungen eher nicht thematisieren. Über spezifische Probleme und Schwierigkeiten, die diese Arbeitsformen für die Betroffenen mit sich bringen, können an dieser Stelle lediglich Spekulationen angestellt werden. So kann vermutet werden, dass die fehlende Thematisierung sich dann als Problem erweist, wenn bestimmte Arbeitsphasen mit großen Unsicherheiten und Belastungen verbunden sind.

3.2 Regeln und Grenzsetzungen

Aus Sicht von Praktikerinnen und Praktikern ist es grundsätzlich wichtig, in der Arbeit mit Jugendlichen, die sich abweichend verhalten, Grenzen zu setzen und auf diese Weise Normen zu verdeutlichen. Man dürfe sich keinesfalls in Kumpanei und Mitwisserschaft verwickeln lassen, strafbare Handlungen sollten konsequent zur Anzeige gebracht werden. Auf diese Weise könne es gelingen, in der Arbeit mit Jugendlichen Klarheit und Transparenz herzustellen. Wenn man mit Cliquen arbeitet, könnten so auch die Jugendlichen unterstützt werden, die Straftaten ablehnen. Allerdings werden solch konsequente Abgrenzungen oder Reaktionen in der Praxis nicht immer als sinnvoll und möglich erachtet. Außerdem ist oft nicht klar, wie die zu akzeptierende Person vom kritikwürdigen Verhalten unterschieden werden soll, da beide untrennbar miteinander verbunden sind.

Besonders in der offenen und aufsuchenden Jugend(sozial)arbeit befürchtet man ferner, den Kontakt zu den Jugendlichen durch Kritik oder Grenzsetzungen so stark zu belasten, dass diese die Beziehung zu den Sozialarbeitern abbrechen und sie somit nicht mehr erreicht werden können. Darüber hinaus kann solch eine Abgrenzung für Sozialarbeiter/innen mit inneren Konflikten verbunden sein, d.h. sie befürchten mitunter, als Verräter angesehen zu werden und sich auch selbst so zu fühlen. Schließlich kann auch Angst um die persönliche Sicherheit dazu führen, dass bei regelwidrigem Verhalten weggeschaut wird oder dass Pädagogen gar nicht so genau wissen wollen, was Jugendliche getan haben oder planen. In der Praxis offener Angebote sind Regeln und Grenzen daher häufig ein Ergebnis von Aushandlungsprozessen, um die Beteiligung der Betroffenen und die Verbindlichkeit der Regeln zu erhöhen.

In stärker strukturierten Angeboten wird es zum Teil als schwierig erlebt, Ansatzpunkte für fruchtbare Diskussionen mit rechtsextremen Jugendlichen zu finden, weil die Jugendlichen sich nicht immer auf offene Gespräche einlassen, sondern nur ideologische Versatzstücke äußern. Mitunter wird daher zu provokativen Methoden gegriffen, die auch demütigende und manipulative Aspekte beinhalten können, um auf diese Weise Verfestigungen aufzuweichen und eine Öffnung zu erreichen. Solch ein Vorgehen kann unter Umständen die Gefahr des Machtmissbrauchs, der Einschüchterung oder sogar körperlicher Übergriffe bergen (vgl. auch WEIDNER 2001: 42). Hinsichtlich der Glen Mills School wird außerdem die Beobachtung mitgeteilt, dass das durch militärischen Kommandoton geprägte Klima Stigmatisierungsprozesse begünstigen kann (WEIDNER 2001: 46).

3.3 Pädagogik im Gruppenkontext

Den Gleichaltrigen wird in den hier relevanten pädagogischen Kontexten große Bedeutung beigemessen. Im Rahmen der Jugend(sozial)arbeit steht dabei die Cliquenarbeit mit „naturwüchsigen" peer-groups im Vordergrund, während man bei Trainingsprogrammen vor allem auf die direkten Rückmeldungen „fremder" Jugendlicher setzt, die die Rationalisierungs- und Vermeidungsstrategien ihrer Altersgenossen durchschauen und schonungslos offenlegen.

Im Rahmen der offenen und aufsuchenden Jugendarbeit gilt es in der Regel als erstrebenswert, Jugendliche nicht aus ihren Gruppen oder Cliquen herauszulösen, die für sie von großer Bedeutung sind, sondern mit diesen Gruppen zu arbeiten. Für Jugendliche sei das Zusammensein mit Freundinnen und Freunden oft das zentrale Motiv, eine Einrichtung zu besuchen oder an einem Angebot teilzunehmen. Allerdings berichten Praktikerinnen und Praktiker, dass sie zu Jugendlichen im Gruppenverband mitunter kaum tragfähige Beziehungen aufbauen können. Intensivere Beziehungen, in denen Entwicklungsprozesse angeregt oder Unterstützung gewährt werden kann, könnten in der Regel zu einzelnen Jugendlichen aufgebaut werden, z.B. in

Beratungssituationen. Von Gleichaltrigengruppen werden solche Beziehungen beargwöhnt, teilweise kommt es auch zu Anfeindungen der Gruppe. Pädagogen fühlen sich damit zum Teil vor die Entscheidung gestellt, ob man einzelne Jugendliche unterstützt – und auf diese Weise möglicherweise das Vertrauensverhältnis zur Gruppe gefährdet – oder ob trotz der ungewissen Erfolgsaussichten versucht werden soll, mit der ganzen Gruppe zu arbeiten.

Während im Rahmen offener Angebote nicht immer die Ansicht vertreten wird, rechtsextreme und fremdenfeindliche Äußerungen müssten umgehend aufgegriffen und thematisiert werden, ist man sich im Kontext von Trainingskursen weitgehend darüber einige, dass diese Themen bzw. Äußerungen angesprochen werden müssen, um für die Jugendlichen nicht noch interessanter zu werden. Unabhängig vom jeweiligen pädagogischen Angebot wurde in der Praxis allerdings die Erfahrung gemacht, dass bestimmte Gruppenkonstellationen Risiken für solche Konfrontationen bergen. In Gruppen, in denen die politischen Kräfteverhältnisse nicht geklärt sind, wird die Gefahr gesehen, dass entsprechende Ideologien gerade für Unentschlossene aufgewertet werden, wenn die Befürworter rechtsextremer Ideen in den Augen der Jugendlichen als Sieger aus einer Konfrontation hervorgehen. Der Versuch, sich als Pädagogen oder Pädagogin gegen entsprechende Äußerungen zu behaupten, wird dann besonders schwierig, wenn sich Bündnisse zwischen den Jugendlichen entwickeln, die es erschweren, geeignete Ansatzpunkte und Argumente zu finden. Pädagogen müssen daher nicht nur inhaltlich und argumentativ gut vorbereitet, sondern auch in der Lage sein, die Gruppendynamik in solchen Situationen einzuschätzen und im Sinne ihrer pädagogischen Ziele zu nutzen.

Abschließend bleibt festzuhalten, dass Pädagoginnen und Pädagogen, die mit rechtsorientierten und rechtsextrem orientierten Jugendlichen arbeiten, Akzeptanz und Konfrontation nicht als Gegensätze, sondern als sich ergänzende Facetten erleben. Regelmäßig weisen sie darauf hin, dass rechtsextrem orientierte Jugendliche Interesse an politischer Auseinandersetzung haben. Pädagogen können diesen Jugendlichen wichtige Reibungsflächen bieten. Dies ist in ihren Augen aber nur möglich, wenn es auch Gelegenheit zur Thematisierung und Bearbeitung persönlicher Probleme im Rahmen einer durch Vertrauen geprägten Beziehung gibt. Die Bearbeitung ideologischer und biografischer Aspekte sind in der Praxis demnach aufeinander angewiesen und sollten nicht gegeneinander ausgespielt werden.

4 Gemeinsame Herausforderungen und wechselseitige Bereicherungen

Für die pädagogische Arbeit mit Jugendlichen, die durch delinquentes oder extremistisch motiviertes Verhalten auffällig geworden sind, werden mit den Begriffen „Akzeptanz" und „Konfrontation" verschiedene Ansatzmöglichkeiten bezeichnet und einander gegenübergestellt. Bei genauerer Betrachtung wird allerdings deutlich, dass „akzeptierende Sozialarbeit" und „konfrontative Pädagogik" konzeptionell erhebliche Gemeinsamkeiten aufweisen. Dies kann nicht verwundern, gehören doch zu jeglicher pädagogischen Arbeit sowohl akzeptierende als auch konfrontative Aspekte. Nach Stefan DANNER kann es daher auch nicht darum gehen, sich in pädagogischen Beziehungen zwischen Akzeptanz und Nicht-Akzeptanz zu entscheiden, sondern es müssen Formen fordernder und nicht kränkender Nicht-Akzeptanz entwickelt und praktiziert werden (DANNER 2001: 457). Unterschiedlich sind dagegen vor allem die Arbeitsfelder, auf denen Ansätze „akzeptierender" und „konfrontativer" Pädagogik entwickelt und praktiziert werden. Dies hat zur Folge, dass konkrete Erfahrungen und Vorgehendsweisen nur bedingt miteinander vergleichbar sind und dass man sich in beiden Traditionen wechselseitig kaum differenziert zur Kenntnis nimmt. Zum Abschluss dieses Beitrags sollen sowohl Aspekte benannt werden, die arbeitsfeldübergreifend als Herausforderungen an eine akzeptierend-konfrontative Pädagogik deutlich werden als auch jene, in denen man voneinander profitieren könnte.

Professionelle pädagogische Beziehungen: Unabhängig vom jeweiligen Arbeitsfeld wird für die pädagogische Arbeit Professionalität gefordert – auch bei der Gestaltung der Beziehungen zu jugendlichen Klienten. Unklar bleibt aber in der Regel, wodurch professionelle Beziehungen gekennzeichnet sind und wie diese zu gestalten sind. In die Fachdiskussion werden dabei verschiedene Begriffe eingebracht: Das Handeln der Pädagogen soll regelgeleitetet und zweckgerichtet (POLLAK 2002: 82) bzw. durch „fachliche Parteilichkeit" (KLOSE/SCHNEIDER 2002: 38) gekennzeichnet sein, dabei sollen sie den personalen Bezug zu den Klienten erhalten (SCHRÖDER 2001: 66) und sich mit ihnen identifizieren, ohne quasinatürliche Beziehungen zu ihnen zu unterhalten (POLLAK 2002: 82f.). An anderer Stelle fordert man, pädagogische Beziehungen sollten sich durch Sympathie und Respekt (WEIDNER 2002: 39) bzw. durch wechselseitige Akzeptanz (KRAUßLACH 1981: 67) auszeichnen. Insgesamt entsteht der Eindruck, dass die inhaltlich letztlich unklaren Begriffe „Fachlichkeit" bzw. „Professionalität" verdecken, dass es bisher keine klaren Vorstellungen zur Gestaltung dieser Beziehungen gibt. Notwendig sind in diesem Zusammenhang unter anderem Möglichkeiten, Beziehungsfragen auch hinsichtlich subjektiver, persönlicher Aspekte zu reflektieren und zu thematisieren, um diese kontrolliert zum Bestandteil der eigenen Arbeit zu machen. Die Voraussetzungen und die Gestaltung pädagogischer Beziehungen wird im Rahmen stärker strukturierter Maßnahmen, die sich eher als konfrontativ verstehen, weniger erkennbar thematisiert als im Rahmen offener Angebote, die auch biografische Aspekte bei Klienten und Mitarbeitern einbeziehen können. In der offenen nd aufsuchenden Jugendarbeit verfügt man damit über zusätzliche Möglichkeiten zur Optimierung der eigenen Arbeit – auch wenn dieses Potenzial in der Regel nicht systematisch genutzt wird.

Regeln und Grenzsetzungen: Weitgehend Einvernehmen besteht darüber, dass pädagogische Fachkräfte neben der grundsätzlichen Akzeptanz, die sie ihren Klienten als Personen entgegenbringen sollen, ihnen gegenüber auch einen Entwicklungsauftrag haben, der es erforderlich macht, bestimmte Einstellungen oder Verhaltensweisen zu missbilligen, dagegegen zu intervenieren oder Grenzen zu setzen. In der Praxis offener Angebote, die sich häufig als „akzeptierend" verstehen, werden Interventionsbedarf und Grenzen sowohl auf der Grundlage persönlicher Einschätzungen oder pädagogischer Erwägungen als auch anhand strafrechtlicher Kriterien bestimmt. Mitunter ist in jedem Einzelfall abzuwägen, ob bei einer bestimmten Intervention nicht vielleicht die unerwünschten Konsequenzen dominieren, z.B. dann, wenn die Gefahr besteht, dass eine Clique sich zurückzieht und nicht mehr erreicht werden kann. In stärker strukturierten Maßnahmen gibt es in der Regel klare und transparente Regeln, die auch konsequent angewendet werden; dies gilt auch für Rahmenbedingungen und den Abschluss der pädagogischen Maßnahmen. Solch eine Klarheit und Konsequenz könnte für manch offenes Angebot eine Strukturierungshilfe und Bereicherung darstellen. Andererseits werden Regeln und Grenzen im Rahmen offener Angebote verschiedentlich zusammen mit Jugendlichen ausgehandelt; solche eine Partizipation steigert mitunter die Verbindlichkeit und Nachhaltigkeit von Normen, die dann eher unterlaufen würden, wenn Regeln als von außen vorgegeben erlebt werden.

Pädagogik im Gruppenkontext: Für die pädagogische Arbeit mit Jugendlichen spielen Gleichaltrigengruppen eine wichtige Rolle. In der „akzeptierenden Sozialarbeit" soll mit den natürlichen Cliquen gearbeitet werden, was in der Praxis aber teilweise mit Misserfolgserlebnissen verbunden ist, während man in der Einzelarbeit eher den Eindruck hat, produktive Entwicklungen anregen zu können. Gegenwärtig werden beide Arbeitsformen allerdings häufig in Konkurrenz zueinander erlebt, d.h. wirkungsvolle Einzelarbeit scheint die Gruppenarbeit zu gefährden und die Arbeit mit Cliquen erschwert es vielerorts, Einzelne zu erreichen. Wenn beide Arbeitsformen miteinander kombiniert werden können, dann gilt dies tendenziell als Ergebnis günstiger Zufälle. Sinnvoll erscheint es mir vor diesem Hintergrund, über die Verbindung von Cliquen- und Einzelarbeit nachzudenken und Vorstellungen dazu zu entwickeln, wie beide Arbeitsformen mit ihren jeweils spezifischen Potenzialen integriert werden können. In der „konfrontativen Pädagogik" setzt man eher auf themen- bzw. deliktspezifisch zusammengesetzte Gruppen, die hinsichtlich der Verdeutlichung und Sanktionierung eines neuen Normsystems besonders effektiv sein sollen. Im pädagogischen Prozess werden die Gleichaltrigen dabei systematischer berücksichtigt und eingebunden, als die natürlichen Cliquen in der „akzeptierenden Sozialarbeit". Schwierigkeiten werden allerdings deutlich, wenn es darum geht, die in der natürlichen Gruppe erarbeiteten Erkenntnisse und Veränderungen auf den Alltag zu übertragen, wo die Jugendlichen dann wieder mit ihrem gewohnten Umfeld konfrontiert sind.

Nicht nur vor diesem Hintergrund stellt die Verbindung pädagogischer Angebote zu außerpädagogischen Bereichen eine zentrale Herausforderung dar. Den Berichten aus der Praxis zufolge, haben Jugendliche ein feines Gespür für unterschiedliche Qualitäten von Anerkennung und Entwicklungsmöglichkeiten. Offenbar sind produktive Entwicklungen dann besonders wahrscheinlich, wenn

Jugendliche mit „richtigen" Autoritäten und erkennbaren Kompetenzen konfrontiert werden – z.B. dem Kapitän auf einem Segelschiff oder einem Bergführer der örtlichen Bergrettung. Motivationsfördernd wirkt es sich auch aus, wenn sie den Eindruck haben, dass es auf sie ankommt und sie sich in schwierigen Situationen wirklich bewähren können oder wenn sie nach der Vermittlung in ein Ausbildungs- oder Arbeitsverhältnis eigenes Geld verdienen können. Hierfür bedarf es zunächst der Integration pädagogischer und außerpädagogischer Angebote, die in der pädagogischen Praxis vereinzelt umgesetzt ist, aber weder in den Konzeptionen „akzeptierender" noch in denen „konfrontativer" Pädagogik systematischen Stellenwert hat.

Es ist sicherlich nicht immer möglich und wünschenswert, pädagogische Konzepte, die auf verschiedenen Arbeitsfeldern entwickelt wurden bzw. Anwendung finden, einander anzugleichen oder aufeinander zu übertragen. Doch solange „Akzeptanz" und „Konfrontation" vor allem als konkurrierende Ansätze verstanden und einander im Sinne eines „Entweder-Oder" gegenüber gestellt werden, bleiben interessante und produktive Entwicklungsmöglichkeiten blockiert. Wichtig wäre es stattdessen, dass man sich arbeitsfeldübergreifend zur Kenntnis nimmt, Anregungspotenziale nutzt und auf fragwürdige Abgrenzungsrhetorik verzichtet.

Literatur

BAUMRIND, Diana: Child care practices antecending three patterns of preschool behavior. In: Genetic Psychology Monographs 75 (1967), S. 43-88

BIMSCHAS, Bärbel: Charisma, Narzissmus, Dialog – In welchen Kontexten bewegt sich die jugendpädagogische Beziehung heute? Ein Tagungsbericht. In: Deutsche Jugend 50 (2002), S. 55-58

COLLA, Herbert E./SCHOLZ, Christian/WEIDNER, Jens (Hg.): „Konfrontative Pädagogik" – Das Glen Mills Experiment. Forum Verlag Godesberg, Mönchengladbach 2001

CORSINI, R.J.: Konfrontative Therapie. In: CORSINI, R.J. (Hg.): Handbuch der Psychotherapie – Band 1. Beltz, Weinheim 1994, S. 555-570

DANNER, Stefan: Was bedeutet „Akzeptanz" in der Pädagogik? In: Neue Sammlung 41 (2001), S. 425-462

DEUTSCHES JUGENDINSTITUT E.V. (Hg.): Die Glen Mills Schools, Pennsylvania, USA – Ein Modell zwischen Schule, Kinder- und Jugendhilfe und Justiz? Eine Expertise. München, Oktober 2002

FARRELLY, F./MATTHEWS, S.: Provokative Therapie. In: CORSINI, R.J. (Hg.): Handbuch der Psychotherapie – Band 2. Beltz, Weinheim 1994, S. 956-977

GRUNWALD, Klaus; THIERSCH, Hans: Lebensweltorientierung. In: Hans-Uwe OTTO; Hans THIERSCH (Hg.): Handbuch Sozialarbeit Sozialpädagogik. Luchterhand, Neuwied 2001, S. 1136-1148

HAFENEGER, Benno: Pädagogik und Jugendarbeit mit rechten Cliquen – eine zwischenbilanzierende Einschätzung. In: Deutsche Jugend 50 (2002), S. 466-473

HOFFMANN, Martin L./SALTZSTEIN, Herbert D.: Parent discipline and the childs moral development. In: Journal of Personality and Social Psychology 5 (1967), S. 45-57

KILB, Rainer/WEIDNER, Jens: „So etwas hat noch nie jemand zu mir gesagt ..." Aktuelle Auswertungen zu Möglichkeiten und Grenzen des Anti-Aggressivitäts- und Coolness-Trainings. In: Kriminologisches Journal, 34 (2002), S. 298-303

KLOSE, Andreas; SCHNEIDER, Thomas: Gratwanderung zwischen Kumpanei und Verrat – Ein kritischer Blick zur „Parteilichkeit" in der Lebenswelt-Arbeit. In: Jugendhilfe 40, Heft 1 (2002), S. 34-39

KRAFELD, Franz Josef: Akzeptierende Jugendarbeit – was ist gescheitert? Jugendarbeit im Umgang mit rechtsextremistischen Jugendlichen. In: Standpunkt Sozial, Heft 1/2002, S. 29-33

KRAFELD, Franz Josef: Akzeptierende Jugendarbeit mit rechten Jugendcliquen – eine Bilanz. In: Unsere Jugend 53 (2001), Heft 12/2001, S. 507-514

KRAFELD, Franz Josef: Die Praxis akzeptierender Jugendarbeit. Leske + Budrich, Opladen 1996

KRAFELD, Franz Josef: Grundsätze einer akzeptierenden Jugendarbeit mit rechten Jugendcliquen. In: Scherr, Albert (Hg.): Jugendarbeit mit rechten Jugendlichen. KT-Verlag, Bielefeld 1992, S. 37-45

KRAUßLACH, Jörg: Aggressionen im Jugendhaus. Konfliktorientierte Pädagogik in der Jugendarbeit. Jugenddienst-Verlag, Wuppertal 1981

KRAUßLACH, Jörg; DÜWER, Friedrich W.; FELLBERG, Gerda: Aggressive Jugendliche. Jugendarbeit zwischen Kneipe und Knast. Juventa, Weinheim/München 1990 (zuerst 1976)

OSBORG, Eckart: Akzeptierende Sozialarbeit mit Rechtsorientierten. Was kommt danach? In: Standpunkt Sozial, Heft 1/2002, S. 34-41

PINGEL, Andrea/RIEKER, Peter: Pädagogik mit rechtsextrem orientierten Jugendlichen. Ansätze und Erfahrungen in der Jugendarbeit. Deutsches Jugendinstitut e.V. – Projekt „Rechtsextremismus und Fremdenfeindlichkeit – jugendpolitische und pädagogische Herausforderungen", Leipzig 2002

POLLAK, Thomas: Was heißt „Beziehung" in der sozialen Arbeit? Psychoanalytische und professionstheoretische Aspekte. In: Deutsche Jugend 50 (2002), S. 78-85

SCHAWOHL, Horst: Von Glen Mills lernen. Vom Interventionsrecht zur Interventionserlaubnis im deutschen Anti-Aggressivitäts-Training®. In: COLLA, Herbert E./SCHOLZ, Christian/WEIDNER, Jens (Hg.): „Konfrontative Pädagogik" – Das Glen Mills Experiment. Forum Verlag Godesberg, Mönchengladbach 2001, S. 199-226

SCHERR, Albert: Mit Härte gegen Gewalt? Kritische Anmerkungen zum Anti-Aggressivitäts- und Coolness-Training. In: Kriminologisches Journal, 34 (2002), S. 304-311

SCHRÖDER, Achim: Beziehungen in der Jugendarbeit – wie sie gestaltet und reflektiert werden. In: Deutsche Jugend 50 (2002), S. 59-69

STURZENHECKER, Benedikt: Arbeitsprinzipien Offener Jugendarbeit mit latent rechtsorientierten Cliquen. Erfahrungen aus Westfalen-Lippe. In: Unsere Jugend 53 (2001), Heft 12/2001, S. 515-522

WEIDNER, Jens: Konfrontative Pädagogik. Erziehungs-ultima-ratio im Umgang mit Mehrfachauffälligen. In: Sozialmagazin 27 (2002), Heft 2, S. 39-45

WEIDNER, Jens: Vom Straftäter zum Gentleman? Über konfrontative Pädagogik als Erziehungs-ultima ratio. In: COLLA, Herbert E./SCHOLZ, Christian/WEIDNER, Jens (Hg.): „Konfrontative Pädagogik" – Das Glen Mills Experiment. Forum Verlag Godesberg, Mönchengladbach 2001, S. 7-54

Streitschrift

Jörg-Michael Wolters

Konfrontative Pädagogik – oder: Verstehen allein genügt nicht

Einleitung: Die Konfrontation der Pädagogenzunft mit der Konfrontativen Pädagogik

Mit ganz ähnlichem Titel und Anliegen, nämlich meinem Beitrag „Konfrontative Sozialpädagogik: Streitschrift für endliches Umdenken in Jugendhilfe, Jugendstrafvollzug und Jugendpsychiatrie" im SOZIALMAGAZIN (5/2001; 27-33), habe ich bereits engagiert für den hier thematisierten Ansatz geworben und damit die gewünschte Diskussion angezettelt, die immerhin mit unterschiedlichen Reaktionen über vier Hefte der ZEITSCHRIFT FÜR SOZIALE ARBEIT andauerte. Mit dem einer Streitschrift gebührenden journalistischen Ausdrucksmittel der Polemik hatte ich den gerade in der Arbeit mit dissozialen und gewaltbereiten Jugendlichen nachweislich kontraproduktiven Hang einiger Sozialarbeiter und -pädagogen zur (leider immer nur „ein-stück-weit-verstehenden") „Kuschelpädagogik" kritisiert, die als Rudimente oder Anhänger der antiautoritären „Verzieher" der 68er und folgenden Jahre in ihrer Friedliebigkeit und Harmoniebedürftigkeit den Konflikt – auch und gerade in der Erziehung und in der dazu erforderlichen Grenzsetzung – scheuen und verschmähen. Als auch heute noch spürbare Nachwirkung damaligen Kampfes gegen die Leistungsgesellschaft, der Kritik gegen Militarismus und Patriarchat erkennen sie aus ihrer grundsätzlichen Überzeugung heraus nicht das Konstruktive im Konflikt oder in der Krise und lehnen deshalb jedwede kritisch-konfrontative Haltung, erst recht von Pädagogen, als vermeintlich „autoritär" ab:

So fühlten sich doch einige der durch die Streitschrift kritisierten Pädagogen gleich derart provoziert, dass sie – paradoxerweise in ungezügelter Emotionalität und unkontrolliertem Affekt nun selber sehr gewalttätige Züge annehmend – die Konfrontative Pädagogik als „teutonische" und „unerträgliche Pädagogik", „gefährlichen Unfug" und „Brutal-Behaviorismus" beschimpften (so STRUCK 2001; 6) oder ihr die „Außerkraftsetzung elementarer Grundrechte (...) und Prinzipien moderner (ziviler!) bürgerlicher Gesellschaften" unterstellten (PETERS 2001; 6f.).

Aber mit dem Vorwurf einer „un-" oder „vor-demokratischen" Pädagogik (ebd.) wird allenfalls die Absurdität des auf Miss- oder völligem Un-Verständnis des Ansatzes basierenden und persönlichkeitsbezogenen Widerstandes offenbart: Wer nämlich Regeln und eine eindeutige Pädagogik zu deren Einhaltung, Kritik *bei* und Konfrontation *mit* Fehlverhalten, konsequentes erzieherisches Vorgehen und einen direktiven und fordernden Umgang für illegitim oder unmoralisch hält, leistet seinen pädagogischen Offenbarungseid. Stringenz, Eindeutigkeit, Konsequenz und Systematik in der Erziehung per se abzulehnen oder fälschlicherweise als antidemokratisch zu brandmarken, zeugt von jener autoritätsaversiven Haltung der in meinem Plädoyer angeprangerten Laisser-faire-"Pädagogen", die unter dem trügerischen Deckmäntelchen des Humanismus – und diesem nämlich ganz zuwider – im wahrsten Sinne verantwortungslos Kinder und Jugendliche lieber sich selbst überlassen, als zu intervenieren.

Das sozialpädagogisch und -ethisch kontraproduktive Leugnen der besonderen Bedarfslage der beschriebenen Klientel sowie der empirischen Belege für die höhere Effektivität kritisch-konfrontativer Verfahren lassen sich auch mit Despektierlichkeit nicht wegdiskutieren. Aber mit ihrem schon in gewohnter Weise pathetischen, nur leider insgesamt substanzlosen Aufschrei der Empörung stehen insbesondere STRUCK und PETERS Modell dafür, wie wenig der Ansatz der Konfrontativen Pädagogik überhaupt verstanden wird und welches Umdenken doch noch erforderlich ist, um die Sozialpädagogik auch gegen persönlich motivierte Widerstände einiger Ewiggestriger zu modernisieren, zu professionalisieren. So bleibt es also dabei: Ideologie, Ethos und Pathos mögen die üblichen Triebfedern sozialpädagogischer Helfer sein, aber eben allein noch längst kein Garant für die erforderliche professionelle Kompetenz. Während die Probleme, die Kinder und Jugendliche haben – und machen – ausufern, beschäftigen sich immer noch zu viele Sozialpädagogen statt mit Lösungen lieber mit sich selbst. Allein TISCHNER (2001) gelang mit seiner „Metakritik der Konfrontativen Sozialpädagogik" eine fachliche Replik, die sachliche, nüchterne und kenntnisreiche Argumentationen zur konstruktiven Auseinandersetzung liefert. Stellt er doch beispielsweise die Konfrontative Pädagogik auch in den interessanten Zusammenhang mit pädagogischen Klassikern wie NATORP oder COHN, die – als Neukantianer einer Befürwortung repressiver Pädagogik gänzlich unverdächtig – auch vom „Geist der Regel und der Ordnung" oder der Stufen der „Autorität der Sache" und „Autorität der Person" als erforderliche Vorstufen zur „Stufe der Freiheit" sprechen (ebd.).

Es ließen sich allerdings auch noch weitere Klassiker der Pädagogik ins Feld führen, wie

- ROUSSEAU (der die innere Natur des Menschen, seine individuelle Erlebnisfähigkeit, eigenen Erfahrungen, Gefühle und Leidenschaften sowie die Forderung nach einer diese Seelenverfassungen berücksichtigenden besonders leidenschaftlichen Pädagogik betonte und meinte, dass in der Erziehung nicht die leeren Worte, sondern das wahre Leben, die blanke Realität zukunftsbestimmend seien),
- PESTALOZZI (demzufolge die Natur des Menschen zur Destruktion neige und der Mensch ohne Grenzen gierig sei, sich also Erziehung keinesfalls im gutmütigen Gewährenlassen erschöpfen dürfe, sondern diesen beson-

deren Hindernissen entgegenzuwirken habe, d.h. Herz, Geist und Hand zugleich angesprochen und durch konkrete Erfahrungen entwickelt werden müssen),
- SCHLEIERMACHER (wonach Pädagogik letztlich ja auf der Einsicht von Sittlichem beruht und sich in den beiden Polen von „Unterstützung und Gegenwirkung" erst entfalten kann und insbesondere von der Einwirkung auf die Gesinnung lebt),
- HAHN (wonach der junge Mensch nur da seine Fähigkeiten entwickelt und Möglichkeiten aktualisiert, wo er sich im sachlichen und mitmenschlichen Bereich von Aufgaben in Anspruch und von Forderungen in die Pflicht nehmen lässt, und der den Preis für Selbstverwirklichung in der Selbstentsagung sieht),
- NOHL (der neben der Bildung von Herz und Hand besonders die Pflicht zur Übernahme sozialer Verantwortung forderte und dem selbstverständlichen Niveauunterschied zwischen Erzieher und Zögling als charakteristische Spannung in der pädagogisch fruchtbaren Beziehung erkannte),

aber auch PIAGET u.a., um die Richtigkeit und Wichtigkeit pädagogischer Grenzziehung, die immer eine Konfrontation des Kindes oder Jugendlichen mit den Ideen, Werten, Normen usw. der erziehenden Erwachsenen bedeutet, auch reformpädagogisch zu begründen. Dies sei hier aber nur am Rande bemerkt.

Und, um wieder auf die Ausgangslage zurückzukommen, resümiert am Ende des Disputs WEIDNER einmal mehr, dass Konfrontative Pädagogik doch als „Erziehungs-ultima-ratio" im Umgang mit „erziehungsresistenten" Mehrfachauffälligen gesehen werden müsse und weder politischen oder pädagogischen Hardlinern etwa bloß als Wiederbelebung autoritärer Strukturen dienen, noch als Schwarze Pädagogik missverstanden werden könne, in der es etwa keine von Sympathie und Respekt geprägte Beziehung zwischen Erzieher und Zögling gäbe (2001). Zur Vermeidung derartiger Missverständnisse spricht er von „Grenzziehung mit Herz" (in: COLLA/SCHOLZ/WEIDNER 2001; 16). Sprachlich versöhnlicher, eingängiger, aber in der Sache ebenso klar und kritisch votiert auch WEIDNER für das Ende der „Konfliktangst der Professionellen" und dafür, sich endlich mehr „einzumischen, einzureifen, zu widersprechen, nicht wegzuschauen (...), Streitkultur mit den Kids zu praktizieren" (ebd.18).

Die Gemüter mögen sich beruhigt haben und weiter beruhigen – aber der Konflikt zwischen den Lagern der „Lieben und der Bösen", der (vermeintlich) verstehenden Pädagogen auf der einen und der (vermeintlich) autoritären auf der anderen Seite bleibt bestehen, solange das Erstere sträfliches Dulden oder Nichtstun bedeutet und das Andere als reine Scharfmacherei dubioser Pädagogen verpönt wird. Dabei ist mit RAMB (1997) aber auch eine grundsätzliche Inkompatibilität beider Seiten zu konstatieren, die dieser, vorsichtig ausgedrückt, an „mentalen Hindernissen im Zusammenwirken von Sozialpädagogik und Jugendpsychiatrie" festmacht, was die ganze Sache noch erschwert. Ich halte es also im Folgenden mit der von TISCHNER ins Spiel gebrachte COHNschen „Autorität der Sache" und verfechte weiterhin jene Argumente meines ursprünglichen Aufsatzes und seiner persiflierenden Sprache; dies entspricht dem favorisierten konfrontativen Vorgehen auch mehr als ein rein intellektuelles und nur um friedlichen Konsens bemühtes. In Anspielung auf BETTELHEIM und sein Werk „Liebe allein genügt nicht" will ich im Folgenden darzulegen versuchen, dass Verstehen eine wesentliche Grundlage für konfrontatives pädagogisches Handeln – und nicht etwa das Gegenteil, wie Kritiker behaupten, ist, aber eben allein auch keineswegs ausreichend, um Konfrontative Pädagogik erfolgreich auszuüben. Verstehen allein genügt nicht – es muss das Rechte daraus folgen (FISCHER/KLAWE/ THIESSEN 1985). Und natürlich kommt es immer darauf an, das richtige Maß zu finden. Das erst macht aus der Erziehung eine Erziehungskunst, ein Handwerk, eine Profession.

Standortbestimmung

In erziehungswissenschaftlichen Wörter- und Handbüchern sucht man – abgesehen vom neuen KREFT/MIELENZ (2003) – das Stichwort „konfrontativ" immer noch vergebens. Das liegt zum einen daran, daß es sich bei den konfrontativen Ansätzen, wie sie zunehmend vor allem in der innovativen Arbeit mit gewaltbereiten und aggressiven Jugendlichen angewandt werden, meist um eklektizistische Verfahren ohne etablierten „Methoden"-Rang handelt, und zum anderen daran, dass – leider – konfrontative Umgangsformen mit der überantworteten Klientel keineswegs zur klassischen Theorie und Praxis der Sozialpädagogik zählen: Zu sehr scheint sozialpädagogisches Denken und Handeln schon historisch gefangen in vermeintlich wohlwollender Parteilichkeit, Mitgefühl und empathischen „Verstehen" ihrer Klienten. Ohne zu erkennen oder erkennen zu wollen, daß der sozialpädagogisch bemäntelte Humanismus im Postulat der angeblichen Gleichheit Aller nun die besonderen (Hilfs-)Bedürftigkeiten der real-verschiedenen Anderen im Grunde verkennt oder gar wahrheitswidrig leugnet, wird weiterhin „sozial" wie „menschlich" nur pseudo-legitimierte Ungerechtigkeit, ja Inhumanität konsolidiert. Ideologisch verbrämter Liberalismus, der z.B. trotz der im Interesse der Betroffenen eigentlich gebotenen geschlossenen Heimunterbringung doch lieber die Bedürftigen sich selbst überläßt, geriert zu verantwortungsloser Zumutung und damit Un-Menschlichkeit im sozialen und Pädagogen-Gewande.

Freiheit, Gleichheit und Brüderlichkeit sind ungeachtet erforderlicher Differenzierungen jene sozialpädagogische Maximen, aufgrund derer political correctnes und Fürsorge-Mentalität dissoziale Täter in den Stand eines Opfers (seiner selbst und Geschichte) oder psychisch Kranke in den Stand eines lediglich verkannten Genies heben. Hier irrt man zum Nachteil der Adressaten genauso, wie in der als Fortschritt gefeierten Bewegung der Antiautoritären Erziehung, die zur Vermeidung einer durch repressive Erziehungsmethoden dressierten „Autoritären Persönlichkeit" (a' la ADORNO, REICH, MARCUSE und anderen) ihr Heil darin sah, den Kindern nun zwecks Entfaltung ihrer Persönlichkeit nämlich so wenig Grenzen wie möglich zu setzen. Mit der Außerkraftsetzung aller „Autoritäts"-verhältnisse wurden die Kinder bereits als mündig angesehen und ihnen in verantwortungsloser Weise zugemutet, sich selbst und gegenseitig (eben kollektiv) erziehen zu können oder zu erziehen. Derartige und sinnverwandte Ideologien, historisch in der Entstehung der Sozialen Arbeit für die wahrhaft Geschundenen und Beladenen begründet, liegen offenbar immer noch vielen heutigen Sozialpädagogen zugrunde, so dass „Konfrontation" weitestgehend als Reizwort begriffen und Konfrontative Verfahren als autoritär oder, wie wir ja oben gesehen haben, gar faschistoid missverstanden werden. Konfrontieren aber bedeutet laut DUDEN lediglich „Gegenüberstellen, um einen Widerspruch oder Unstimmigkeiten auszuräumen" oder „jemanden in die Lage zu bringen, sich mit Unangenehmen auseinanderzusetzen". Ein gefühlloses oder auch nur wenig mit- und einfühlendes Gebaren ist daraus konsequenterweise gerade nicht abzuleiten. Im Gegenteil, setzt doch Konfrontation die erst durch Empathie (also die „Bereitschaft und Fähigkeit, sich in die Einstellungen anderer Menschen einzufühlen") entstehende Nähe oder Beziehung zur Persönlichkeit des Zukonfrontierenden voraus. Ohne jene Empathie, die dem Konfronteur nur zu gerne abgesprochen wird, wäre es schlichtweg kaum möglich, besagte Widersprüche, die es auszuräumen gilt, überhaupt zu erkennen, oder die Prozesse, die erforderlich sind, um den Konfrontierten schließlich dazu zu verhelfen, sich mit Unangenehmen auseinanderzusetzen, konstruktiv zu initiieren.

Die verbreiteten Widerstände innerhalb der Sozialpädagogen-Zunft gegen konfrontative Umgangs- und Vorgehensweisen im Bereich sozialpädagogischer Arbeitsfelder sind daher irrationaler Natur und liegen in der Verkennung deren Sinnhaftigkeit, Effektivität und in bestimmten Fällen sogar dringenden Erforderlichkeit begründet. Konfrontative Sozialpädagogik ist nicht „autoritär" im Sinne des totalitär Diktatorischen, sondern allenfalls „autoritativ" im Sinne einer auf Einfluß, Ansehen oder Bedeutung (oder der Zuschreibung derer) basierenden Autorität des Pädagogen und ein darauf beruhender wie bauender kritischer sowie direktiver Erziehungsstil. Letzteres impliziert, dass der Pädagoge unmittelbar und initiativ, (an-)leitend und bestimmend tätig ist. Kritisch-konfrontativ meint darüber hinaus auch, eben nicht nur permanent und allein das Positive, die Stärken der Adressaten in den Blick zu nehmen und fördern zu wollen, wie so oft romantizistisch in sozialpädagogisch verklärten Konzeptbeschreibungen plakatiert wird, sondern eben auch und gerade die Fehler und Schwächen derer zu sehen, um dessen Entwicklung man sich bemüht, und sie zum Anlaß zur korrigierenden Intervention und Chance zum korrigierenden pädagogischen Einfluß zu nehmen, sie gezielt aufzugreifen, um sie systematisch bearbeiten zu können.

Die anläßlich beispielsweise eines aktuellen Fehlverhaltens eines Jugendlichen hervorgerufene Kritik und Konfrontation vonseiten des Pädagogen und der so entstehende Konflikt zwischen beiden ist somit grundsätzlich gewollt und quasi die eigentliche Arbeitsgrundlage hinsichtlich des Erziehungsauftrages, für den der Profi ja schließlich zuständig ist. Dort unmittelbar zu protestieren, Grenzen zu setzen oder „nur" authentische Ablehnung zu zeigen, wo der „Zögling" sich falsch verhält oder sich zu verhalten droht, mit dem Ziel, seine Autorität, also seinen erzieherischen Einfluß geltend zu machen, gewinnt die Pädagogik an Kontur – und der Pädagoge an Profil. Grenzsetzung, ein essentielles, elementares und vor allem nachweislich effektives Wirkprinzip der Pädagogik, setzt nicht nur konsequentes und eindeutiges, sondern auch kritisches und konfrontatives Erziehungsverhalten immer (nicht unbedingt nur im Falle der tatsächlichen Grenzverletzung) voraus.

Die besondere Stärke der Pädagogik ist ja ganz im Unterschied zu den klassischen Psycho-Therapieformen gerade, daß die konkrete Person und individuelle Persönlichkeit des professionellen Helfers als eigentliches Interaktionsmedium in das Betreuungs- oder Behandlungsgeschehen eingebracht wird. Immerhin soll der Pädagoge ja im Wesentlichen für das, wofür er steht oder zu stehen vorgibt, ein Vorbild sein (Lernen am Modell, durch Nachahmung usw.) und ist es – oft fataler Weise – eben auch dann, wenn er es nicht mal merkt oder gar nicht sein will. Die Erzieherpersönlichkeit, egal ob im Umgang mit Kindern und Jugendlichen nun vornehmlich einfühlend, nachsichtig und „lieb" oder (ebenso einfühlend) kritisch-konfrontativ, hat stets immensen Einfluß, und dies um so mehr, sofern sie systematisch ins Spiel gebracht wird (FRISCHENSCHLAGER/MAYR 1985). Eine kritisch-konfrontative Erzieherpersönlichkeit dürfte im engen Kontakt mit seiner beispielsweise gewaltbereiten Klientel durch seine Direktheit sicher mehr bewirken als alle ohnehin schon bekannten (und sich bereits wiederholt als wirkungslose Allgemeinplätze erwiesenen) Ermahnungen und Belehrungen oder Appelle an die Einsicht der Betroffenen. Allein die Kenntnis grundsätzlicher gesellschaftlicher Werte, Regeln und Normen (wie, um im Bild zu bleiben, man dürfe sich nicht schlagen o.ä.) reicht kaum aus, um zu dessen Achtung oder Einhaltung befähigt zu sein. Gerade in der Arbeit mit dissozialen, gewaltorientierten Kindern und Jugendlichen, also „Tätern", sind sozialpädagogische Konzepte und Pädagogen gefragt, die ebenso wohlwollend wie entscheidend und nachhaltig kritisch der Klientel bzw. deren Einstellungen oder Verhaltensweisen gegenüber eingestellt sind und – natürlich anders als bei der eher rücksichtsvoll einfühlenden Arbeit mit „Opfern" – diese auch mit ihren Defiziten konsequent konfrontieren, um die der Pädagogik und den Pädagogen aufgetragene Verantwortung für die „Zöglinge" wahrzunehmen.

Die pädagogische Haltung

Die Frage, ob der Pädagoge willens und in der Lage ist, konfrontativ zu arbeiten, ist im wesentlichen abhängig von seiner „inneren Haltung", die in konkreten Arbeitssituationen dann auch nach außen hin sichtbar und im tatsächlichen Umgang mit den Kids dokumentiert wird. Da der Pädagoge systemimmanent weniger mittels spezieller Methoden und wissenschaftlichen Techniken, sondern vor allem mittels seiner eigenen Person und Persönlichkeit arbeitet, in dem er sie in den stets personenabhängigen und dann erst tragfähigen Beziehungskontext und Erziehungsprozeß einbringt, gewinnt die Frage nach der eigenen Haltung des Pädagogen entscheidende Bedeutung.

Diese Haltung – also das Ergebnis innerer Einstellungen, des Menschenbildes oder der dem Berufsbild und dem (sofern vorhanden) professionellen Selbstbewußtsein zugrunde liegende Ideologie des Pädagogen – wird somit in der täglichen Arbeit richtungsweisend wie handlungsanleitend. Betrachtet er Kinder und Jugendliche als weitgehend „mündig", autonom, entscheidungsfähig, überläßt ihnen die Wahl (pädagogische Angebote anzunehmen oder nicht), baut auf deren Selbstheilungskräfte und versteht sich selbst als fürsorgender „Entwicklungshelfer"? Werden Kinder und Jugendliche durch die anmaßende Bevormundung durch Erwachsene und in unmenschlicher Weise entmündigt oder bedürfen sie der (An-)Leitung und „Führung" durch die Autorität der Erwachsenen und ebenso deren Inschutz- wie „In-die-Pflichtnahme"? Haben Pädagogen überhaupt das Recht oder sogar die Pflicht, Kindern und Jugendlichen Grenzen zu setzen, korrigierend einzuwirken, vermeintlich bessere Modelle und Wege aufzuzeigen, um sie zu erziehen?

Derartige Fragen und Antworten hinsichtlich eigener, persönlich-intimer Überzeugungen, die hier gefordert sind, um professionelle pädagogische Arbeit überhaupt rechtfertigen zu können, gehen dabei weit über das hinaus, was die Reflektion der Rolle des Pädagogen und insbesondere des „Sozial"-Pädagogen hinsichtlich seiner gesellschaftlich-staatlichen Inanspruchnahme und Konsolidierung bestehender Verhältnisse betrifft. Sicher hat der Pädagoge auftragsgemäß die von der Gesellschaft definierten Werte, Regeln, Normen und Kultur zu transportieren und übt, ob er will oder nicht, grundsätzlich damit auch eine gewisse soziale Kontrolle aus, die zuweilen (wie z.B. im so genannten Doppelten Mandat der Jugendgerichtshelfer) deutlich zutage treten und offene Widersprüche aufzeigen. Geschichtlich tradierte Parteilichkeit für die Klientel steht meist der Tatsache entgegen, in wiederum staatlichen Sozialisationsinstanzen gewisse Kontroll- und Sanktionsaufgaben wahrnehmen zu müssen, die doch der (Wieder-)Eingliederung derer, die Probleme haben, oder machen, dient.

Während davon ausgegangen werden kann, daß derartige, längst diskutierte soziologische Fragestellungen in den Ausbildungsstätten für Pädagogik (wenn auch ohne eindeutiges Ergebnis) behandelt werden und hier also nicht weiter erörtert werden müssen, besteht der Eindruck, daß die kritische Selbstreflektion der zukünftig pädagogisch Tätigwerdenden akademisch nicht in ausreichendem Maße erfolgt. Wenn die Universität auch keine Stätte für Selbsterfahrung der Studenten ist, so kollidiert doch die bloße Wissensvermittlung aus erziehungswissenschaftlich relevanten Disziplinen mit der hier ja als zwingend erforderlich erachteten Entwicklung einer pädagogisches

Handeln legitimierenden Haltung des Pädagogen, die bei der Ausbildung aber paradoxerweise nicht berücksichtigt wird. Allenfalls wird die erwähnte Parteilichkeit des Sozialpädagogen mit seiner Klientel tradiert, so daß die wohl u.a. auch darauf basierende autoritätsphobe Sozialpädagogen-Mentalität immer noch en vogue zu sein scheint.

Freilich müssen sich auch konfrontativ arbeitende Pädagogen kritisch selbst reflektieren und sich fragen und fragen lassen, inwieweit sie durch diese Art des Umgangs mit Schutzbefohlenen nicht eigene Geltungsbedürfnisse zu befriedigen oder eigene Aggressionen und Machtphantasien zur Kompensation von realen Ohnmachtserfahrungen oder -gefühlen auf Kosten der Wehrlosen auszuleben suchen (dazu WALTER 1999). Weder hilflose „Softie-" noch repressive „Rambo"-Pädagogen, die je auf ihre Weise doch nur die Aufarbeitung eigener Unzulänglichkeiten mit dem Gestus und Habitus des gut meinenden Helfers kaschieren, sind gefragt, sondern Profis. Doch wenn mit NOHL das Verhältnis zwischen Erzieher und Zögling doch bitteschön als ein „leidenschaftliches" zu begreifen ist (was etwas anderes und vor allem mehr ist, als das technische oder wissenschaftliche know how des Akademikers), wäre darin zwar ebenso der „gute" (parteiliche, wohlwollend einfühlend-verstehende) wie der vermeintlich „böse" (autoritativ kritisch-konfrontative) Pädagoge aufgehoben, aber beiden gemein ist in der Leidenschaft zumindest ihre Begeisterung für die Sache. Mehr als um die Frage des *Wie* geht es um den pädagogischen Impetus und Pathos. Dabei ist eben die pädagogische Haltung, mit besagten dissozialen „Täter-Typen" erzieherisch-korrigierend konfrontativ umzugehen, keineswegs etwa feindselig, ja nicht einmal weniger wohlwollend, sondern ebenso ethisch wie professionell überlegen:

Statt Kinder und Jugendliche sich selbst zu überlassen, weil man – pseudo-liberalistisch – selbst die vorübergehende Unterbringung besonders Gefährdeter in geschlossenen Einrichtungen oder Abteilungen der Kinder- und Jugendpsychiatrie sozialpolitisch kategorisch ebenso ablehnt wie rechtzeitige (i.w.S. präventive) Verurteilung zu Jugendstrafe, wenn es sein muss, nimmt die Konfrontative Pädagogik durch frühzeitige Intervention die Betroffenen und deren Probleme ernst und deren Unterstützung wie Problembewältigung als zugewiesenen Arbeitsauftrag an, bevor durch Nichtstun alles zu spät ist. „Verwahrlosung", Drogen- und Stricherkarriere oder wiederholte Gewaltkriminalität sind ebensowenig zwingend immer nur passagèr wie psychiatrische Erkrankungen, sondern bedürfen häufig professioneller Hilfe, um Schlimmeres zu verhüten.

Kinder und Jugendliche sind stets Schutzbedürftige (und tendenziell der Erziehung systematisch Schutz-"befohlene"), die einen Anspruch auf Hilfe auch da haben, wo sie sie selber nicht als notwendig oder förderlich einsehen können oder annehmen wollen; sie sind nämlich (reifebedingt) meist gar nicht fähig, ihre Lage objektiv und realistisch zu beurteilen, geschweige denn Gefahren und Folgen erkennen zu können. Wohlgemerkt: Hier wird nicht der Repression das Wort geredet und nicht etwa die Verschärfung des Jugendstrafrechts o.ä. gefordert, sondern als unhaltbar, als unverantwortlich gebrandmarkt, daß Jugendhilfe oft nur dann „gewährt" wird, wenn die Jugendlichen „mitarbeiten"; und wenn nicht, tatsächlich auch versagt wird. Welch unprofessionelle Haltung liegt unserem „Wohlfahrtsstaat" und seinen zuständigen Sozialarbeitern da zugrunde, die gebotene Hilfe von der Einsicht und Kooperation ihrer doch dazu leider gerade unfähigen Adressaten abhängig zu machen. Mit dem liberalen Etikett, nicht Zwang anwenden, nicht gegen den Willen der Betroffenen agieren zu wollen, wird Gutgemeintes zur Bosheit und Hilfe zur Strafe. Mitarbeits- und Veränderungsbereitschaft dort vorauszusetzen, wo es naturgemäß geradezu unmöglich ist (nämlich bei Kindern und Jugendlichen), stellt das zukünftige Schicksal und damit die häufige Unabwendbarkeit kontraproduktiver Entwicklungen in das Belieben der Betroffenen. Das ist alles andere als humanistisch – oder professionell.

Gefordert ist also ein neues und Umdenken, das konfrontative, d.h. in diesem Sinne notfalls auch gegen den vordergründigen Willen der Kinder und Jugendlichen agierende Erziehungsmaßnahmen zwar nicht als conditio sine qua non begreift, aber dort ins Kalkül zieht und zuläßt, wo bisher wohlwollend gemeinte Nichtreaktion als besonderer pädagogischer Fortschritt aufgefaßt und vehement propagiert wurde und immer noch wird. Es ist nichts rühmliches und fortschrittliches daran, straffällig gewordenen Jugendlichen eine Auflage, Weisung und Bewährungsstrafe nach der anderen auszusprechen, wenn am Ende doch durch Akkumulation der schädlichen Erfahrungen und Folgen sowie dadurch nur bedingte Verfestigung dissozialer Einstellungen und Verhaltensweisen eine dann hochaufgeschaukelt lange Jugendstrafe zu verhängen ist, die viel zu spät kommt und deswegen, bekanntermaßen, auch zuwenig greift.

Wäre wenigstens im Jugendvollzug dann systematisch eine delikt- und defizitspezifische Behandlung der Insassen gegeben, um nachhaltig aufzuholen, was zuvor versäumt wurde, könnte zumindest noch eine „tertiäre Prävention" versucht werden. Jedoch: in der Regel bleibt auch diese aus. Der von pädagogischen Laien (Juristen) und somit Fachfremden geführte *Jugend*-Strafvollzug bietet Schule/Ausbildung, Freizeit/Sport und geriert so zur tiefsten „Pädagogischen Provinz", und das gerade dort, wo Sachverstand und professionelle Kompetenz wohl am dringendsten gefordert sind. Sozialerzieherische oder -therapeutische Maßnahmen wie spezielle Sozialkompetenzkurse und Verhaltenstrainings sind immer noch die Ausnahme (HEILEMANN 1994; WEIDNER/KILB/KREFT 1997) und sog. „Sozialtherapeutische Abteilungen" wie in Hamburg doch nur Regelvollzugseinrichtungen und reiner Etikettenschwindel. Gefordert sind defizitspezifische Vorgehensweisen in der Erziehung, die nicht den bloßen Omnipotenzphantasien der Pädagogen aufsitzend allgemein Gutes wollen oder tun, sondern das Gebotene, Besondere, das zur Kompensation, zum Abbau oder zur Vermeidung konfliktbehafteter Krisen oder Schwierigkeiten Einzelner geeignet ist. Viele Ansätze aber verkennen reale Bedarfslagen und gangbare Wege; sie produzieren Nichts und damit Stillstand, Falsches und damit Rückschritt oder Sinnloses und damit immer viel Zuwenig. Zwei Beispiele fehlender aber notwendiger pädagogischer

Konfrontation mit dem erzieherisch Wesentlichen sind „akzeptierende" oder „geschlechtsneutrale" Ansätze:

- So genannte „Akzeptierende Jugendarbeit" duldet nicht nur (z.B.) den Rechtsradikalismus ihrer Zielgruppe, sondern legitimiert und fördert ihn geradezu. Zum Thema pädagogischer Auseinandersetzung zum Zwecke der individuell-persönlichen wie gesellschaftlichen Problembewältigung jedenfalls wird das besondere Merkmal der sozial unverträglichen Auffälligkeit der Adressaten gerade nicht. Hier werden durch Vermeidung des konstruktiven Konfliktes bedeutsame erzieherische Chancen vertan. Hier täte die Konfrontation mit dem Irrsinn den Irren gut, aber dazu braucht es andere Konzepte, als anbiedernde Akzeptanz von gutmütig Untätigen.
- Koedukative Gleichmacherei, die z.B. darin gipfelt, gewaltbereiten Jungen „mädchen-typische" Angebote in dem Glauben machen zu wollen, es könnten so feminine (nicht aggressive) Anteile „belebt" sowie Einstellungs- und Verhaltensweisen nahegebracht werden, läuft den anerkannten Prinzipien geschlechtsspezifischer Pädagogik total zuwider. Hier ist der Ansatz der speziellen Jungen-Arbeit, der unter Berücksichtigung der (schon biologischen) Andersartigkeit von Jungen systematisch pro soziales „Mann-Sein" auf erfahrend-entdeckende, spielerische und vor allem selbstkritische Weise lehrt, plausibler und erfolgversprechender.

Beispiel Konfrontative Jungenarbeit – oder: Die notwendige Konfrontation mit der eigenen Gewalt

Auf die richtige Art und Weise mit dem Thema Gewalt konfrontiert können Jungs nämlich lernen, adäquat und sozialverträglich mit eigener Wut und Angst umzugehen. Am besten gelingt dies in den ohnehin üblichen kämpferischen Spielen und spielerischen Kämpfen untereinander. Aber viele besorgte Eltern und Pädagogen reagieren empört, wenn sie spielerisch miteinander rangelnde Kinder sehen und bringen sie daher auch sofort auseinander. Nicht nur, dass die Erwachsenen fürchten, die Kinder würden sich verletzten – nein, auch das kindliche Kämpfen selber wird verurteilt: es schüre Aggressivität und Gewaltbereitschaft und gewöhne daran, Konflikte zukünftig vermehrt oder gar permanent unfriedlich zu lösen. Außerdem, so die Vertreter der (falsch- oder nicht) verstehenden „Kuschelpädagogik", wolle man ja schließlich nicht dazu beitragen, dass Kinder autoritäre Persönlichkeiten würden, die sich in ihrem späteren Leben deswegen nur noch der Macht des Stärkeren bedienen oder sich ihr fügen könnten. Kämpferisches Spielen und spielerisches Kämpfen wird häufig als asozial und primitiv verabscheut, als unpädagogisch angesehen und daher oftmals verboten. Dies ist falsch. Aber zuvor eine Klarstellung: Hier ist natürlich nicht die Rede von echten Kämpfen, von wirklichen Hauereien wütender, tobender Kinder, die sich gegenseitig wehtun wollen. Hier ist vielmehr und ausschließlich die Rede vom geregelten Spiel – und nicht vom blutigen Ernst. Gerade *weil* es darum geht, besser mit seinen Aggressionen umgehen zu können und somit Gewaltprävention zu betreiben, sind nun aber Rangeln, Raufen und Ringen als regelgeleitetes kindliches Kämpfen in einem Kontext des sozialen Lernens von hohem erzieherischen Wert.

Zu glauben, wenn Jungs mit Holzgewehr und Flitzebogen spielen oder sich mit Stockschwertern duellieren käme es zur Verrohung der kindlichen Psyche, ist ebenso naiv wie der Gedanke absurd, dass dadurch die Hemmschwelle zum tatsächlichen Töten abgebaut würde. Manchen Eltern mag man derartige Vorurteile noch nachsehen – professionellen Pädagogen aber nicht. Natürlich kann man als Erwachsener aus eigenen Anteilen (Erlebnissen, Ängsten, Überzeugungen) heraus dagegen sein, dass in seinem Hause geschossen wird, egal ob kindlich phantasiert aus Plastikrevolver oder wirklich. Aber die Mär vom angeblich erzieherisch sinnvollen Verbot solcher Spielzeugwaffen aus dem Kinderzimmer zur Bewahrung des eigenen und des Weltfriedens darf sich nicht länger halten – und schon gar nicht das spielerische körperliche Kämpfen in die Verteufelung mit einschließen. Diese (Gewalt-)"Verbots-Pädagogik" aber führt zu einer kontraproduktiven Tabuisierung und Unterdrückung der in der emotionalen und kognitiven Entwicklung ganz normalen kindlichen Gewaltimpulse. Die so zwangsweise primitiv bleibenden und in ihrer Kontrolle ungeübten Gewaltimpulse aber sind gefährlich, und nicht die im Spiel phantasierten und in der Imagination gelebten. Denn in Spielhandlungen können die Gewaltimpulse in dem Sinne realisiert werden, dass sie sich real und echt anfühlen, also erlebbar sind, und dennoch gerade nicht real werden bzw. – so die These – ansonsten real werden müssen.

Der Zweikampf beinhaltet ja außerdem nicht nur das sportliche Wett-Kämpfen um Sieg und Niederlage – das vielleicht oft sogar nur peripher – sondern den Spaß an den Bewegungen und Erlebnissen des Raufens selbst, am körperlichen und kräftezehrenden Sich-Verausgaben, am Toben und Tollen überhaupt, dem ganzheitlichen und intensiven Spüren seiner Selbst (an der Grenze des Schmerzes und seiner eigentümlichen Lust daran), an dem Aufbringen letzter Kräfte und seines ganzen Willens. Lebendigkeit, Präsenz und Authentizität sind wesentliche Elemente des in der laufenden Auseinandersetzung am eigenen Leib Gefühlten. Bei jedem jugendlichem Wagnis, Risiko und Abenteuer, genau wie dem des Rangelns auch, zählt nicht das Endergebnis (das ist vergleichsweise langweilig), sondern immer der Prozess, die Auseinandersetzung als solche. Sich selber in Aktion und sich unmittelbar auswirkend zu erleben hat einen besonderen und ganz eigentümlichen Reiz, der Kinder verstärkt anspricht und auch ihrem speziellen Bewegungsdrang gerecht wird. Aber auch der Umgang und die Erfahrungen mit Konkurrenz sowie die Konfrontation mit Grenzen (Normen und Regeln oder eigener Leistung) sind lehrreich. Diese einzigartige psycho-physische und psycho-emotionale Spannung und die damit verbundene „Angstlust" kennzeichnen das, was Kinder und Jugendliche als Thrill und Kick am Ganzen so fasziniert. Der kindlich-zweikämpferische Umgang mit Oben und Unten (leibhaftig, also ganz real, ebenso wie ideell), mit Stärke und Schwäche (eigener und der der Anderen), mit Macht und Ohnmacht, Gut und Böse, Mut und Angst usw. erlaubt es, in einem relativ geschützten, weil nicht wirklich gefährlichen Rahmen, wichtige Erfahrungen zu machen, die im späteren Leben von Bedeutung sein werden. Umgekehrt lässt sich hier – nicht nur mit Blick auf die Psychoanalyse plausibel – konstatieren: Wer als Kind nicht spielerisch Kämpfen durfte und dadurch nicht gelernt hat, seine Impulse, Affekte, Kräfte zu dosieren, wird als Jugendlicher mutmaßlich (vielleicht auch ganz ungewollt) eher, sicher aber unkontrollierter Agieren, Schlagen oder als Erwachsener vermutlich auch der besonderen Faszination (ansonsten längst langweilig gewordener) Waffen erliegen. Destruktive Impulse und Wünsche nämlich, die nicht ausphantasiert und ausgespielt werden können, müssen ausagiert, müssen realisiert werden. Erst die Aggression (als normale Qualität) und Aggressivität (als rein destruktives Verhalten) spielerisch erfahren und ausleben zu dürfen ermöglicht die Bearbeitung dieses Phänomens. Unterdrückung, Leugnung und Verdrängung schaden nur. Die psychische Abspaltung aggressiver Persönlichkeitsanteile als nicht zum eigenen Selbst Gehörendes birgt erfahrungsgemäß die erhöhte Gefahr ihrer plötzlichen, unkontrollierten und exzessiven Entladung, und dies meist auch noch im Gefühl, selber gar nichts dafür zu können.

Die Moralisierung spontaner Gewaltimpulse verhindert es, zu lernen, die bei jedem Menschen vorkommenden Gewaltimpulse zu steuern, zu kontrollieren und ihr Ausleben in sozialverträglicher Weise zu gestalten. Hier wird also nur die allzu friedliebende Pädagogik am Ende gefährlich. Im Spiel und Spielen wird der Kampf seiner kriegerischen, barbarischen und vor allem existentiellen Inhalte beraubt und in einer hochzivilisierten, quasi vergeistigten Form in eine unterhalb (oder neben) der Realität stehende ritualisierte Banalität transformiert. Dies ist ähnlich, nur noch viel harmloser als im Sport. Der spielerische Zweikampf ist gänzlich undramatisch, wenn bestimmte Regeln verbotene Eskalationen (echte Wut und Verletzungstendenz) verhindern und schädliche Folgen des Rangelns und Raufens eindämmen. Erst die spezifisch geregelte Interaktion der Gegner unterscheidet den Spaß vom Ernst und erhebt spielerisches Kämpfen in den Rang einer eigenständigen pädagogischen, auf eine eigene Art „konfrontativen" Methode. Zur sozialerzieherisch verantworteten Konzeption des durch kämpferische Spiele und spielerische Kämpfe ritualisierten Konflikts ist demnach die Regel, das Reglement also ebenso erforderlich wie die fehlende Ernsthaftigkeit allen Geschehens. Das ist seit jeher Sinn jedes Spiels und Motivation allen Spielens. Die Wirklichkeit muss stets die Grenzen der Spielstruktur akzeptieren und darf sie nicht wirklich überschreiten. Nur die Generalisierung der Erfahrungen und Transzendenz der gewonnen Einsichten und Erkenntnisse in die eigene (vielleicht spätere) Lebenswirklichkeit spielen als Gelerntes in der Realität eine Rolle. D.h.: Im Spiel sind symbolische Realisierungen jenseits der Realität angelegt, die dennoch entlastende Auswirkungen für die Realität besitzen. So kann man sich im Spiel gefährlichen Impulsen auf ungefährliche Weise annähern. Die explorative und übende Lenkung, Einschränkung und Transformation der kampfbezogenen Aggressivität zugunsten des zum Partner gewordenen Gegners ist nicht nur Ausdruck kämpferischer Kultiviertheit, sondern schult durch Wiederholung die charakterlichen Qualitäten wie Achtung, Respekt und Fairness. Im Kontext der hochgradig kommunikativen Beziehungsdynamik des juvenilen Kämpfens werden die soziale Inhalte auf spielerische Weise transportiert und erlernt. Es findet also Soziales Lernen in Reinkultur statt, so dass sich auch und gerade aus Spielen mit kämpferischem Charakter besondere Erziehungs- und Bildungsmöglichkeiten ergeben. Sie werden damit zu einem sehr geeigneten pädagogischen Medium zur ganzheitlichen Entwicklungs- und vor allem sozialen Persönlichkeitsförderung.

Jungs dürfen nicht nur, sie müssen Kämpfen lernen! Das Kämpfen als solches ist ja nicht per se etwas Schlechtes, sondern nur die amoralische Art und Weise, nur der falsche Umgang mit Sieg und Niederlage: der Umgang mit eigener Überlegenheit und den eigenen Fehlern, die herabsetzende Behandlung der Schwächeren und Idealisierung der Stärkeren. Es ist die Frage der Ethik, die einen Söldner vom Krieger unterscheidet. Der Krieger – nach Auffassung traditioneller Kampfkünstler – ist ein kämpferisch gut ausgebildeter Ritter mit hoher Moral und strengem Ehrenkodex. Seine Tugenden sind neben Mut und Aufrichtigkeit die der Gerechtigkeit, Barmherzigkeit und: Mitgefühl. Solch ein ritterlicher Krieger kann Kämpfen, und *weil* er es kann, läßt er sich niemals leiten von Wut oder Hass (sie behindern gutes Kämpfen). Schwächere sind niemals seine Gegner. Es gibt also vorbildliche Männer, die keine „Weicheier", sondern stark, mutig, fit und eben gerade nicht streit- und kampfsüchtig sind. Sie sind beherzt und besonnen und dadurch jedem streitsüchtigen Gernegroß, der auf jede Provokation hereinfällt und meint, sich offensiv „verteidigen" zu müssen, überlegen. Gerade in der sozialpädagogischen Jungenarbeit werden aus diesem guten Grund ja immer mehr auch gezielt Rauf- und Kampfspiele eingesetzt, um Männlichkeit und Fairness in regelgeleiteten Situationen gleichermaßen zu vermitteln. Der Zusammenhang von ungekonnter, weil übertriebener Männlichkeit und Gewaltverhalten, von nicht gelungener Jungensozialisation und Männergewalt ist hinlänglich bekannt. Gewaltprävention heißt daher, gerade den Jungen kämpferisches Spielen und spielerisches Kämpfen zu ermöglichen. Aber es gilt sehr wohl auch in der Wahl der „Kampfarten" zu differenzieren. Die neue erziehungswissenschaftliche Disziplin der Budo-Pädagogik baut auf die erzieherische Wirkung in der Konfrontation mit den fernöstlichen Kampfkünsten (Budo), wie z.B. Aikido, Judo, Karate-Do oder Kung Fu, in deren originärer Philosophie und Übungspraxis stets die Transzendenz der Gewalt durch die Ausbildung zum „Friedvollen Krieger" steht:

Westlicher Kampfsport und fernöstliche Kampfkunst nämlich sind zwei völlig gegensätzliche Dinge: Im Kampf-"Sport" zählt der Sieg über einen Gegner, in der Kampf-"Kunst" nur der Sieg über sich selbst. Hier zählt nicht in erster Linie die äußere Leistung (Technik, Erfolg), sondern vielmehr die innere, d.h. „geistige" (psycho-emotionale) Entwicklung der menschlichen Persönlichkeit durch Ausübung eines ganzheitlichen „Körper-Seele-Geist"-Weges, dem philosophisch und spirituell bedeutsamen „Do". Do, d.h. der Weg als solcher, schult – und ihn zu gehen ist Wert und Ziel allein. Man hat zwar u.a. mit BOLLNOW (1978) den erzieherischen Wert des Übens rein der Übung willen auch für die westliche Pädagogik erkannt, aber bisher zu wenig in praktische Konzepte umzusetzen vermocht. Dagegen stehen in Asien seit eh und je die Übungen der vom Yoga inspirierten traditionellen Budo-Künste im Dienste der Weiterentwicklung des Menschen, seines Charakters, der reifen Persönlichkeit (die allein die „Meisterschaft" der Kampfkunst definiert) durch systematische Arbeit am ganzen Selbst zwecks Erlangung von körperlicher *und* geistiger Selbstbeherrschung. Der Kampf, d.h. das Verstehen der Ursachen von Aggressivität und Gewalt durch Selbsterfahrung im eigenen Erleben wird, wie jede Form und Technik der Kampfkunst zum Vehikel der (Selbst-)Erziehung zum „guten" Menschen.

Kämpfen-können im Sinne des Budo erfordert ein hohes Maß an Selbstkontrolle, körperlich-technischer wie geistiger Art, erfordert emotionale Gelassenheit und ungetrübte Konzentration. Vorsicht, Rücksicht, und Weitsicht werden systematisch geübt. Der Gegner wird zum Trainingspartner dafür, seine eigenen Unzulänglichkeiten (Angst, Wut, Überheblichkeit usw.) zu erkennen, zuzugeben und schließlich in den Griff zu bekommen, denn das allein erst ermöglicht „meisterlichen" Fortschritt. Den anderen als Partner und „Freund" bzw. „Weg"-Gefährten in der Gemeinschaft Gleichgesinnter wertzuschätzen ist stets oberstes Prinzip einer Budoschule, in der auf der Grundlage der ursprünglich buddhistischen Lebensideologie jedwede Gewalt allein als Zeichen von Unbeherrschtheit, mangelndem (Selbst)-Bewußtsein und absolute Schwäche gesehen und verboten wird. Nur der zum Sanft-Mut fähige und zum Gewaltverzicht entschlossene Kämpfer hat das Sich-beweisen-müssen nicht mehr nötig und verkörpert den zwar kämpfen-könnenden, aber eben nicht mehr -wollenden Friedvollen Krieger.

Insofern ist die Budo-Pädagogik offensichtlich eine (mittlerweile auch hinreichend empirisch überprüfte) Alternativmethode sozialpädagogischer Gewaltprävention und -reduktion, in deren Kontext das Instrument der erzieherisch wirksamen Konfrontation zwar im Sinne der hier primär angestrebten Selbsterfahrung eine ganz spezielle Auslegung und etwas Bedeutung hat, aber dennoch den gleichen Prinzipien konventionell Konfrontativer Pädagogik folgt: dem Lernarrangement, in dem der „Zögling" dem zu seinem Wohle als unausweichlich Angesehenem begegnen muss – und durch die systematische Intervention des Pädagogen auch wird....

Fazit

In der Praxis haben sich nach bestehender Forschungslage die konfrontativen Ansätze bewährt. Dennoch sind es oft Projekte engagierter Minderheiten der Zunft und Szene gegen den Mainstream. Und trotz der Erfolge scheinen diese Verfahren den meisten, den „üblichen" Pädagogen (die hier ja mit ihrer unbegründeten und auf mangelndem Verstehen basierenden Abwehrhaltung konfrontiert werden sollten) partout nicht zu liegen. Statt professionell die geeigneten Methoden anzuwenden, bedienen sie sich lieber weniger effektiver („sanfteren"), wenn diese der eigenen Menschenidee und Persönlichkeit mehr entsprechen und wenn es doch auch schon reicht, die Adressaten einfach nur immer wieder „da abzuholen, wo sie stehen".

Aber derartige Platitüden, die nicht zu Unrecht auch oft Gegenstand karikierender Witze über farb- und wirkungslos bleibende Sozialpädagogen werden, sind mehr Ausdruck wahrhaftigen Nicht-Verstehens als des gerne ins Feld geführten hermeneutischen Einfühlen-könnens. Sie taugen nichts, um mit jener schwierigen Klientel umzugehen, die am meisten nach deutlicher Grenzsetzung verlangt, um ernst genommen und – vielleicht – „gerettet" zu werden. Mit Hools und Faschos am Lagerfeuer auf der eigenen Gitarre jüdische Lieder singen, bringt nichts und reiht sich in das Ensemble wiederholt gutgemeinten Versagens jener vergeblich bezahlten Pädagogen, deren ganze (Pseudo-) Professionalität sich in der an Distanzlosigkeit grenzenden echten oder vorgegaukelten Parteilichkeit erschöpft, aber dem „Bösen" – auch und gerade um *der* „Bösen" willen – nichts entgegenhält. Es muss darum gehen, über (Um-)Erziehung und den gezielten pädagogischen Einfluss der (von der Zielgruppe als bedeutsam erlebten) Erzieherpersönlichkeiten – um derentwillen Kinder und Jugendliche sich ja überhaupt nur einlassen – nämlich dort Widerstand zu leisten, wo er notwendig ist und notfalls auch Konsequenzen für Fehlverhalten zu ziehen, anstatt immer nur auf das Gute im Menschen zu hoffen und die Parteilichkeit als Alibi für Laissez-faire und Nicht-Sanktion zu mißbrauchen. Verstehen allein genügt eben nicht...

Literatur

BOLLNOW, O.: Vom Geist des Übens. Eine Rückbesinnung auf elementare didaktische Erfahrungen; Freiburg, 1978

COLLA, H. E./SCHOLZ, C./WEIDNER, J. (Hrsg.): Konfrontative Pädagogik. Das Glen Mills Experiment; Mönchengladbach 2001

FISCHER, D./KLAWE, W./THIESSEN, H..J.: (Er-)Leben statt Reden; Weinheim, 1985

FRISCHENSCHLAGER, U.; MAYR, W.: Erzieherpersönlichkeit und Handlungskompetenz im Alltag sozialpädagogischer Arbeitsfelder; (Diss.), 1982

HEILEMANN, M.: Geschichte des Antagonistentrainings; in: Zeitschrift für Strafvollzug und Straffälligenhilfe 43/1994, S. 331-336

PETERS, F.: Konfrontative Sozialpädagogik á la J.M. WOLTERS; in: Sozialmagazin 10/2001, S. 6-7

RAMB, W.: Einige mentale Hindernisse beim Zusammenwirken von Sozialpädagogik und Jugendpsychiatrie; in: Praxis der Kinderpsychologie und Kinderpsychiatrie 5/97, S. 181-186

STRUCK, P.: Unerträgliche Pädagogik; in: Sozialmagazin 9/2001, S. 6

TISCHNER, W.: Metakritik der Konfrontativen Pädagogik. Zum Beitrag „Konfrontative Sozialpädagogik" von Jörg-Michael Wolters; in: Sozialmagazin 2/2002, S. 6-8

WALTER, J.: Anti-Gewalttraining im Jugendstrafvollzug – Tummelplatz für ‚crime fighte'?; in: ZfStrVo 1/99, S. 23-27

WEIDNER, J./KILB, R./KREFT, D. (Hrsg.): Gewalt im Griff. Neue Formen des Anti-Aggressivitäts-Trainings; Weinheim, 1997

WEIDNER, J.: Konfrontative Pädagogik; in: Sozialmagazin 02/2002, S. 39-45

WOLTERS, J.-M.: Erlebnis- und sportorientierte Ansätze in der sozialpädagogischen Praxis; in: Soziale Arbeit 5/90, S. 174-178

WOLTERS, J.-M.: Kampfkunst als Therapie. Die sozialpädagogische Relevanz asiatischer Kampfsportarten, aufgezeigt am Beispiel des sporttherapeutischen Shorinji-ryu-Karatedo zum Abbau der Aggressivität und Gewaltbereitschaft bei inhaftierten Jugendlichen; Frankfurt, Paris, New York 1992a (^{2}1999)

WOLTERS, J.-M.: Praktisches Anti-Aggressivitäts-Training; in: Soziale Arbeit, 4/98a, S. 128-134

WOLTERS, J.-M.: Erlebnis – Erfahrung – Erkenntnis: ‚Körper-Seele-Geist' -Therapie für Schläger; in: MschKrim. 4/98b, S. 130-139

WOLTERS, J.-M.: Friedvolle Krieger. Kurse für Gewalttäter; in: Sozialmagazin, 6/98c, S. 48-56

WOLTERS, J.-M.: Kampfkunst in der Kinder- und Jugendpsychiatrie; in: Becker, P./Koch, J. (Hrsg.): Was ist normal?; Weinheim 1999, S. 173-180

WOLTERS, J.-M.: Soziale Sporttherapie; in: Stimmer, F. (Hrsg.): Lexikon der Sozialpädagogik und Sozialarbeit; München, 2000, S. 650-654

WOLTERS, J.-M.: Der Jugendknast – Über die ‚Pädagogische Provinz'; in: Sozialmagazin, 1/2000, 27-32

WOLTERS, J.-M.: Konfrontative Sozialpädagogik: Streitschrift für endliches Umdenken in Jugendhilfe, Jugendstrafvollzug und Jugendpsychiatrie; in: Sozialmagazin 5/2001, S. 27-33

WOLTERS, J.-M.: Den Finger in die Wunde gelegt. Stellungnahmen zu den Leserreaktionen; in: Sozialmagazin 10/2001; S. 7-8

WOLTERS, J.-M.: Kampfkunst für Jungen. Friedvolle Krieger-Kurse als budopädagogische Antwort auf jungentypische Gewaltbereitschaft; in: Das Baugerüst – für Jugend- und Bildungsarbeit, 3/2001, S. 88-92

WOLTERS, J.-M.: Rangeln, Raufen und Ringen. Vom sozialpädagogischen Wert kindlichen Kämpfens; in: Unsere Jugend 5/2003, S. 195-201

Praxiskonzepte

Michael Stiels-Glenn/Penelope Glenn

Stirn an Stirn – Streiten lernen helfen: Praktische Anmerkungen zu einer fälligen Paradigmenverschiebung

Bei Fortbildungen, in vielen Supervisionen und Besprechungen werde ich von Sozialarbeitern, Sozialpädagoginnen[1] und anderen psychosozialen Fachkräften gefragt, was ich von Anti-Aggressivitäts-Trainings und von konfrontativer Pädagogik halte. Diese Anfragen mehren sich immer dann, wenn es einen einschlägigen Bericht zum Thema im Fernsehen gab. Die Fragen scheinen begleitet von einem leisen Schaudern, weil Medienmacher gern spektakuläre Szenen wählen, in denen konfrontative Pädagogik[2] reduziert wird auf Anschreien und Herumschubsen.

Gegner des Ansatzes verkürzen aus den verschiedensten Gründen konfrontative Pädagogik auf massives Vorgehen, Eingriffe in Freiheitsrechte, auf bedingungslose Verhaltensanpassung, auf Verlust von Individualität und Kritikfähigkeit, auf erheblichen Gruppendruck (HARTMANN 1997; WALTER 2002, 71f.). Vor dem Hintergrund der deutschen Geschichte weist man darauf hin, dass falsch verstandene Erziehung unter ungünstigen Umständen zu Bevormundung und Entmündigung führen, „im Extremfall sogar zum Terror entarten kann" (WALTER, ebd.). Solche Argumente haben neben fachlichen Einwänden oft einen ideologischen Hintergrund, der um die Auseinandersetzung mit den Themen Macht, Zwang, Konflikt und Pädagogik rankt. Hierzu werde ich später einige Anmerkungen machen.

Ich führe seit 1991 Anti-Gewalt-Trainings mit erwachsenen Gewalttätern durch und arbeite auch in meiner psychotherapeutischen Einzelarbeit konfrontierend mit Gewalttätern und Sexualstraftätern. Ich habe dabei im Lauf der Jahre – mit wachsender Sicherheit über die zugrunde liegenden Wirk-

---

1 Meine Anmerkungen gelten auch für Pädagogen, Psychologen und Ärzte, Erzieher, usw. Aus Gründen der Lesbarkeit werde ich im weiteren Text die männliche Schreibweise verwenden (auch weil ich ein Mann bin). Gemeint sind aber immer männliche und weibliche Fachkräfte. Das gilt nicht für Klienten: Hier sind meistens männliche Klienten gemeint. Physische Gewalttätigkeit von Mädchen und Frauen sind – trotz einiger Berichte (hier SCHMITT 2002) – eher Randerscheinungen und in der Jugendszene eher den männlichen Jugendlichen imitierend.

2 Diesem Irrtum scheinen selbst Experten zu erliegen wie SCHÜLER-SPRINGORUM (2002,112) in einem Beitrag für die Expertise des dji zur Glen Mills School.

prinzipien – eigenständige Formen der Konfrontation entwickelt. Mir ist die Voraussetzung immer wichtiger geworden, die Person des Klienten zu achten, mich aber mit ihrem Verhalten kritisch auseinanderzusetzen. Deshalb bedauere ich, wenn sich Kollegen einer skandalisierenden Mediendynamik unterordnen, die ständig auf der Suche nach spektakulären Bildern ist, und so dazu beitragen, dass ein verzerrtes Bild von Konfrontation in der Arbeit mit straffälligen Männern und Gewalttätern entsteht.

Konflikte machen Angst

Moderne Gesellschaften versuchen, Unglück, Gewalt und Tod aus ihrem Blickfeld zu bannen. Im Zeichen der Globalisierung und der Propagierung des wirtschaftlichen Erfolges wurde der Begriff des sozialen Konfliktes tabuisiert. Diese Gesellschaften scheinen das Zeitalter der Konfrontation hinter sich gelassen zu haben. Es geht nicht mehr um eine kämpferische Auseinandersetzung mit der Welt, sondern darum, Streit aus dem Weg zu gehen (ROUDINESCO 2002, 15f.).

Auch viele Mitarbeiter aus Pädagogik und Sozialarbeit haben jahrzehntelang Konflikte mit ihren Klienten vermieden. Dies geschieht aus mehreren Gründen. Der wichtigste: Konflikte machen Angst. Früher formten Gewalt, Willkür und Leiden den psychischen Apparat der Menschen. Im Mittelalter war das Leben der Menschen ständig bedroht, ein Dasein ohne Sicherheit, gegen das nur starke (aber auch willkürhafte) himmlische oder irdische Mächte schützen konnten (ELIAS 1991, Bd. 1; RICHTER 1986, 1992; BERGER/LUCKMANN 1990). Leben war gefährlich.

Mit zunehmender Naturbeherrschung wurden Gefahren zum kalkulierbaren Risiko. Über die Denkfigur des Risikos wird die Realangst eingedämmt, wird verdrängt, verleugnet oder auf seltene Großereignisse/Katastrophen verschoben[3]. Hilflosigkeit, Kontrollverlust, Angst müssen nicht mehr unmittelbar ertragen werden. Man triumphiert über die Angst und die Hilflosigkeit, man geht kalkulierbare, berechenbare Risiken ein, man hat alles unter Kontrolle, es läuft alles nach Plan – scheinbar.

Nach ELIAS sind Gewalt und Willkür im historischen Prozess der Zivilisation stetig zurückgegangen (vgl. auch FOUCAULT 1994). Die heutige Gesellschaft ist – im Gegensatz zur öffentlichen/veröffentlichten Meinung – keineswegs ein unsicherer Ort. Abgesehen von kriegerischen Auseinandersetzungen, in denen alle zivilisatorisch erarbeitete Zurückhaltung immer wieder verloren

---

3 Mit dem Mechanismus der Verschiebung wird die Angst vom Nahen, Alltäglichen zum Seltenen, fernen Delikt verschoben: Mit dem (seltenen) Flugzeugunglück wird der (häufige) Unfall im Straßenverkehr oder Haushalt abgewehrt, mit der Kreutzfeld-Jakobschen Krankheit die alltägliche Bedrohung durch Salmonellen. 1.700 Drogentote binden die Aufmerksamkeit gegenüber mehr als 20.000 Alkoholtoten. Die Angst vor dem Überfall in der U-Bahn bindet die Ängste vor Übergriffen im sozialen Nahraum.

geht, ist es in der europäischen Gesellschaft nicht unruhig. In einem Diskurs der Skandalisierung (Löpscher 1992) werden Gewalttaten öffentlich verurteilt (vgl. die Debatten um elterliche Gewalt und Körperstrafen in der Schule).

In dem Maß aber, in dem physische Gewalt aus dem alltäglichen Leben verschwindet, sinkt die Angst vor Gewalt keineswegs. Sie wirkt „im Untergrund" weiter (WILMS 2002, 400)[4]. Die Medien berichten über Verbrechen rund um den Globus und rund um die Uhr. Dadurch kommt es beim Medienkonsumenten zu dem Gefühl, es geschähen ständig immer mehr Verbrechen. Die Konkurrenz zwingt die Reporter, sich im Wettlauf auf die gleichen Delikte zu stürzen[5]. Gemäß der Mediendynamik wird auf die Affekte der Rezipienten gezielt – besonders auf deren Angst. Die Zuschauer werden beim Sehen der Bilder zu Zeugen, zu Voyeuren und sind gleichzeitig zur Hilflosigkeit verurteilt: Das Geschehen ist bereits passiert, es ist weit weg. Dieser Kontrollverlust erzeugt Wut und auch Scham – auch über die Rolle des Voyeurs. Über die schamlose Darstellung wird erreicht, dass die Aufregung (und Erregung) die Hilflosigkeit erzeugt und sie zugleich ersetzt. Dabei soll die Frage nach den Verantwortlichen für das Geschehen aus der Position des Schocks in öffentliche Empörung führen.

Zur Erhöhung der Angst hat etwas Anderes ebenfalls beigetragen: Früher hatten die meisten Männer leibliche Erfahrungen mit gewalttätigen Auseinandersetzungen. Sie wussten, wie es sich anfühlt, Schläge zu bekommen und sie auszuteilen. Dieses Erfahrungswissen relativierte die Angst[6]. In dem Maß aber, in dem diese realen Erfahrungen zurückgehen, bleibt nur die Vorstellung darüber, wie sehr Schläge schmerzen – ohne eine reale eigene Erfahrung. Diese fiktive Angst lässt sich kaum beruhigen. Im Gegenteil: je länger etwas nicht geschieht, vor dem man sich fürchtet, umso mehr wächst die latente Beunruhigung.

---

4   Dabei wählen die Medien hochselektiv aus, worüber und wie sie berichten; der Anteil der Gewaltdelikte an der Gesamtkriminalität beträgt lediglich 3-4%, ihr Anteil in der medialen Berichterstattung aber 50 %. Weitere diskutierenswerte Effekte der Mediendynamik sind das sog. Kriminalitätsparadoxon: So werden alte Menschen selten Opfer von Straßengewalt, die meisten haben aber Angst davor; Jugendliche und Heranwachsende werden oft Gewaltopfer, fürchten das aber nicht besonders; (PFEIFFER 2001) die Entkopplung von Zahlen und Emotionen: rückgängige Zahlen bei Mißbrauchsdelikten sorgen nicht für eine Entspannung in der Bevölkerung (WILMS 2002); dafür sorgt die Dunkelfelddebatte, die alle amtlichen Zahlen aushebelt.
5   Dies zeigt z.B. Michael Moore in seinem Dokumentarfilm „Bowling for Columbine" sehr schön. Die erzeugte Angst der Medienkonsumenten macht abhängig von Medien, ist also umsatzfördernd.
6   Ein schönes Beispiel für die auftretenden Affekte in Kästner, Erich: Das fliegende Klassenzimmer; In Fortbildungsmaßnahmen für Pädagogen fragen wir (Udo Witt und ich) regelmäßig nach eigenen Gewalterfahrungen in Kindheit und Jugend: Die meisten älteren Pädagogen kennen noch aus eigener Erfahrung strafende Eltern, prügelnde Lehrer und Prügeleien auf dem Schulhof und auf der Straße, jüngere Kollegen kennen das weniger. Auch insoweit sollte die These von der „ständig zunehmenden Gewalttätigkeit" kritisch hinterfragt werden.

Das Wort Konfrontation kommt aus dem lateinischen confrontatio („Gegenüberstellung"), abgeleitet aus con = mit und Frons = Stirn (KLUGE 1999). Es geht also wörtlich um einen Konflikt Stirn an Stirn (daher kommt auch die Redewendung: sich behaupten). Dieser Gedanke führt bei vielen Menschen sofort zu körperlicher und psychischer Anspannung. Zentral vor einem anderen Menschen zu stehen bedeutet leiblich, dass sich die Blick-, die Körper- und die Bewegungsachsen frontal gegenüberstehen. Es scheint nur ein Vor oder Zurück zu geben. Die archaischen Ängste und Notfallprogramme (VON DITFURTH 1991, 163ff.) „rechnen" mit der Möglichkeit des (körperlichen) Kampfes und mit einer potenziellen, im Extremfall tödlichen Niederlage. Konfrontation heißt: „Wenn Du jetzt weiter willst, musst Du an mir vorbei oder über mich hinweg." Es geht also letztlich um das Einleiten und Führen eines Konflikts.

Wenn uns bei dem Gedanken an eine Konfrontation z.B. Angst überfällt, werden wir unruhig: Der Herzschlag beschleunigt sich, die Atmung verändert sich, die Knie werden weich, manchmal erstarrt man (Vorbereitung für den Totstellreflex). Die Schließmuskeln drohen zu versagen, man hat „Schiss"; das ist biologisch sinnvoll, weil volle Blase und Darm bei der Flucht hindern oder als Versuch, einen Angriff durch Ekel des Gegners abzuwehren. Man spürt Bewegungsdrang in den Füßen und Beinen (Fluchtreflex) oder aber man springt auf, reckt sich, macht sich breit, die Stimme wird lauter (Droh- und Imponiergesten, um den Gegner abzuschrecken). Mit einer konfrontativen Annäherung geht bei den Beteiligten – vor allem wenn es Männer sind – eine wachsende muskuläre Anspannung einher, ein Sich-aufrichten, Sich-größer-machen.

Sich auseinandersetzen gefährdet Nähe, Geborgenheit oder das Nebeneinander. Abstand nehmen heißt, Distanz aufzubauen, vielleicht Raum zu haben, um auszuholen und zu schlagen. Der Andere ist weit genug weg, um aufstehen, weggehen, verlassen zu können, wenn er nicht einverstanden ist. Man kann ihn nicht mehr leiblich erreichen, ihn festhalten, Er ist autonom. Man sitzt nicht mehr nebeneinander, hat nicht mehr den gleichen Blickwinkel, sondern hat sich gegenseitig im Blick, aber auch im Visier. Man beobachtet vorsichtig und mit hoher Wachsamkeit die (körperliche, seelische und geistige) Bewegung des Anderen.

Täter oder „Täter"?

Diese automatisch ablaufenden Prozesse spielen in der Arbeit mit Gewalttätern eine Rolle. Weil die Täter Angst machen, wird eine Konfrontation komplett vermieden und das Thema wird ausgespart[7]. Das finde ich erschreckend häufig auch bei Pädagogen und Therapeuten. Es wäre zu untersuchen, inwieweit nicht die Angst vor Gewalt und der Versuch, sie zu bewältigen, bei der Berufswahl von Pädagogen und Sozialarbeitern eine Rolle spielen

---

7   So erklärte Christian Pfeiffer am 18.9.2002 im WDR 5, die „Jugendämter pennen bei Konflikten".

(SCHNACK/NEUTZLING 1990, 148ff.). Indem man sich gewalttätigen Klienten zuwendet und ihnen „hilft", schützt man sich davor, deren Opfer zu werden. Man identifiziert sich mit diesen Klienten gegen die „feindliche" Umwelt und macht sich so als Helfer unentbehrlich. Im Austausch dafür wird man vor dessen Aggressivität geschützt. Man befürchtet, Konflikte würden die Bildung einer Vertrauensbasis gefährden, die für Veränderungen erforderlich ist.

Der Leiter einer großen kinder- und jugendpsychiatrischen Klinik (ROTTHAUS 2002, 96) stellt z.B. fest, dass Erzieher bei pädagogischen Maßnahmen auch sekundäre Motive verfolgen, wie Bequemlichkeit, Scheu vor Auseinandersetzungen und dem Wunsch, sich vor den Klienten, den Eltern, sich selbst und vor der Öffentlichkeit als „gute" Erzieher zu profilieren. Wenn man der Arbeit mit Gewalttätern nicht aus dem Weg gehen kann, „entscheiden sich" viele Pädagogen, die Täter zu Opfern der Umstände oder der eigenen Lebensgeschichte zu machen. Aber eine Auseinandersetzung mit der Gewalttätigkeit der Klienten auszusparen, bedeutet letztlich eine Verweigerung von echter Beziehung; weil ein wichtiges Feld ausgeklammert bleibt, entsteht nur eine Teilbeziehung. Die Täter werden Phantasien entwickeln, warum keiner mit ihnen über ihr problematisches Verhalten spricht. Billigen die Interaktionspartner ihr Handeln? Handeln die vielleicht ähnlich? Oder haben sie Angst vor ihnen?

Ich frage in Fortbildungen mit Pädagogen häufig die Teilnehmer, welche Assoziationen ihnen einfallen, wenn sie das Wort „Täter" hören. Es tauchen meist Begriffe auf, die mit aktivem Handeln assoziiert sind: Aktiv, stark, handelt, fügt jemandem etwas zu, durchsetzungsstark, brutal, eiskalt-berechnend, impulsiv, unkontrolliert, bedrohlich, nicht beeinflussbar, mächtig, usw. Ähnliche Eigenschaften werden den Tätern durch die modernen Massenmedien zugeschrieben (vgl. KLICHE 1999, WEBER/NARR 1997). Bei dem Wort „Opfer" werden umgekehrt Schwäche, Passivität und Leiden assoziiert. Diese zugeschriebenen Bedeutungscluster werden dann aber häufig mit der Realität verwechselt. Es wird kaum erkannt, dass es sich um ein Konstrukt handelt. Solche „Vor"-Urteile haben ja auch die Funktion, intuitiv die eigene Wahrnehmung zu organisieren und die Umwelt rasch und effektiv zu bewerten, um eine drohende Gefahr zu erkennen und sich vorbereiten zu können durch Vermeidung, Flucht, Gegenwehr usw. Wenn der Täter *nur* als Täter gesehen und alle Opfer-Anteile ausgeblendet werden, herrschen „Behandlungskonzepte" von Isolation, drakonischer Bestrafung und Kontrolle vor, dann wird viel von Konfrontation gesprochen. Dabei können sich die Behandler noch als Beschützer der Gesellschaft fühlen. Oder aber der Täter wird nur als Opfer z.B. der eigenen Biographie, der Umstände, der gesellschaftlichen Mangellagen, usw. gesehen und die Täter-Aspekte, die ja Angst einjagen, werden ausgeblendet.

Zum Opfer passt das Berufsrollenprofil von Sozialarbeitern und Pädagogen gut! Das Helfer-Profil fördert eine Zuwendung zu Opfern, weil sie dort ihre erlernte Berufsrolle am besten umsetzen können, nämlich Beratung, Empathie, Unterstützung, Trost, usw. Diese Fertigkeiten wären bei einer Arbeit mit Tätern wegen deren aggressiver Eigenschaften aber für Helfer selbstgefährdend. Wenn Pädagogen trotzdem mit Tätern arbeiten müssen, werden zur Angstvermeidung häufig „Täter" zu „Opfern" umdefiniert. Sie hatten eine schlechte Kindheit, schlechte Bildungschancen, Drogenprobleme, usw. Damit muss der beängstigende Täteranteil nicht mehr ertragen werden, er verschwindet. Man arbeitet wieder mit einem Opfer.

Durch den klischeehaften Gebrauch der Begriffe „Täter" und „Opfer" müssen die Behandelnden ihre eigene innere Spannung nicht ertragen, dass im Patienten gleichzeitig Täter- und Opferanteile vorhanden sind. Die Anteile im Straftäter, die hilflos und überfordert sind, die keinen Durchblick mehr haben, die von Panik erfüllt sind, stören das klare Bild.

Deshalb werden solche Anteile bei Tätern nicht nur ignoriert, sondern aktiv abgewehrt. Oft zeigt sich – tragischerweise im Nachhinein, dass gerade diese klischeehaften Vereinfachungen verhindern, dass reale Gefahren rechtzeitig wahrgenommen und Gegenmaßnahmen eingeleitet werden können. Wer beruflich mit diesen Klienten zu tun hat, kennt die Reaktion des sozialen Umfelds auf Versuche, etwas differenzierter über Täter-Schicksale zu berichten – die Zuhörer wollen es nicht wissen! Dahinter steht die Auffassung, wenn ein Täter auch diese Anteile in sich hat, wäre er zu exkulpieren.

Exkurs 1: Traumatisierte Täter

Ein altes Problem ist die Frage, ob Täter zugleich Opfer sein können (BODE 2002, KLUTTIG 2002, STIELS-GLENN 2003). Das darf nicht verwechselt werden mit der oben beschriebenen Tendenz, den Täter in ein Opfer umzudefinieren, um die eigene Angst zu bewältigen. Überlegungen zu traumatisierten Tätern stoßen bei vielen konfrontativ orientierten Pädagogen und Therapeuten auf wenig Resonanz, weil es zwei klassische Missverständnisse gibt:

- Der Versuch des Verstehens einer Tat ist gleichbedeutend mit deren Billigung;
- Wenn der Täter als Traumaopfer dargestellt wird, wird damit der Schaden und die Gefahr verleugnet, die von diesem Täter ausgeht.

Diese Annahmen sind nachvollziehbar, weil eigene Opferanteile von den Tätern, ihren Rechtsanwälten und wohlmeinenden Helfern gern benutzt werden, um nicht die Verantwortung für die Delikte übernehmen zu müssen.

Es gibt keine zwingenden Zusammenhänge zwischen Traumatisierung und kriminellem Verhalten. Die Mehrheit der Eltern, die ihre Kinder misshandeln, wurden in ihrer Kindheit weder missbraucht noch mssßhandelt. Und die Mehrzahl misshandelter und missbrauchter Kinder werden als Erwachsene nicht straffällig. Deshalb sollte in der Täterarbeit der Begriff der Traumatisierung nicht inflationär benutzt werden. Studien weisen aber ein erhöhtes Risiko für Gewalt und Kriminalität bei Erwachsenen nach, die als Kinder misshandelt oder vernachlässigt wurden (VAN DER KOLK 2000, KLUTTIG 2002).

Im erlittenen Trauma wirken Überforderung und das Gefühl von mangelnder oder fehlender Kontrolle über die Situation, über sich selbst und über andere Personen zusammen. Um das zu verarbeiten, begehen einige männliche Traumaopfer später Handlungen, mit denen sie sich beweisen, dass *sie* jetzt Macht und Kontrolle über andere haben. Mit diesem Versuch, eigene Traumatisierungen durch Straftaten zu „heilen", müssen die Täter kläglich scheitern. Das Trauma bleibt auch nach einem Delikt virulent, es kommen erhebliche Schuldgefühle und Scham (HILGERS 1997) hinzu. Beides führt in Spannungszustände, die als Reparaturversuch erneute Delikte nach sich ziehen: der Wiederholungszwang zeigt sich tragischerweise auch hier.

Viele Täter, die ich in Behandlung hatte und habe, haben eine Lebensgeschichte voller komplexer Traumatisierungen, zum Beispiel:

- Misshandlungen, oft schwer und lang andauernd, ohne dass die Umgebung interveniert;
- Sexuellem Missbrauch;
- Vernachlässigung und Verwahrlosung: So wurden zwei meiner Klienten zusammen mit Geschwistern halbverhungert aus Wohnungen gerettet, nachdem die Eltern sich tagelang nicht um die Kinder gekümmert hatten;
- Ereignissen, in denen Kinder zu Augen- und Ohrenzeugen werden von Misshandlungen der Erwachsenen untereinander. Dabei sind Traumatisierungen durch Zeugenschaft bisher nur ungenügend konzeptualisiert (vgl: STIELS-GLENN/WITT 2000);
- Medizinische Eingriffe und Operationen im Kindesalter; der traumatisierende Charakter wird oft übersehen, weil es sich um lebensrettende und heilende Maßnahmen handelt, die ja stets „nur zum Besten des Kindes" geschehen. Gerade diese Formulierung steht in einem perversen Widerspruch zu den Qualen z.B. einer Chemotherapie, einer Dialysebehandlung oder wiederholter chirurgischer Eingriffe, z.B. nach Verbrennungen. Das Kind verbindet „zum Besten" mit Qualen;
- Ständige Bloßstellung und Beschämung vor Anderen wegen körperlicher Defizite wie Stottern oder Bettnässen. Sie wurden von Erwachsenen und Gleichaltrigen gehänselt, oft ohne Beziehungen, in denen diese Belastung aufgefangen werden konnte.

In der Biographie von Straftätern finden sich häufig solche Dauerbelastungen, die zu strukturellen Vorschädigungen führen können[8].

In der Arbeit mit Tätern muss das Auftauchen eines Traumas von Verleugnungsverhalten unterschieden werden. Bei der sinnvollen Bearbeitung der begangenen Delikte in einer zugewandten Konfrontation kommt es manchmal dazu, dass ein (möglicherweise dem Behandler und dem Klienten

---

8   Um zu prüfen, ob Straftaten dysfunktionale Bewältigungsversuche früherer Traumata sind, würde sich eine gründliche Betrachtung aller Delikte lohnen, die nicht unmittelbar mit Eigentumsdelikten, Wirtschaftskriminalität, usw. zu tun haben.

unbekanntes) Trauma aktiviert und der Täter damit während der Arbeit retraumatisiert wird. Dies geschieht selten und kann auch erkannt werden.

Nach meinen Erfahrungen mit Deliktkonfrontationen in der Einzelarbeit und in Gruppen zeigt sich verleugnendes Verhalten in einer anfangs dickfellig erscheinenden, unempathischen Haltung. Die Täter nutzen ihnen bekannte „Erklärungen", um die Verantwortung für die begangenen Delikte den Umständen und der Situation, dem Opfer, anderen Personen, dem Alkohol, usw. zuzuordnen – nur nicht sich selbst. Insistiert der Pädagoge, schlägt die Stimmung oft in gereizte Abwehr um. Die Täter versuchen dann, den Behandler durch Drohungen, Entwertungen oder Erzeugen von Schuldgefühlen von seiner Konfrontation abzubringen. Nicht selten wird versucht, die Vorgänge ins Lächerliche zu ziehen. Wenn die massiven Verleugnungen durchgearbeitet wurden, wechselt der Affekt in betretenes Verhalten, Scham und Schuldgefühle, kleinlaute Erklärungen oder Schweigen.

Wenn allerdings ein Täter bei der Konfrontation mit einem Delikt plötzlich Anzeichen hoher körperlicher Erregung (Schwitzen, Erröten, unsicherer Blick, Stottern/Stammeln) zeigt oder wie abwesend und unaufmerksam wirkt, muss der Behandler aufmerksam und bereit sein, die beginnende Konfrontation zu stoppen, damit es nicht zu einer Überflutung durch traumatisches Material kommt.

Die Grundhaltung bei der konfrontativen Pädagogik muss sein, den Klienten mit seinen Täter- *und* Opferanteilen zu erkennen und beide Seiten zu bearbeiten. Wenn Straftaten als Bewältigungsversuche von früheren Traumata begriffen werden, leuchtet sofort ein, dass eine Bearbeitung von Traumata ein Beitrag zur Rückfallprävention ist.

Angst vor Affekten?

Wenn Sozialpädagogen Konfliktthemen ansprechen, dann meistens unter dem Primat der Vernunft. Zwei Sätze sollen das verdeutlichen: „Nun beruhigen Sie sich doch erst einmal!" und: „Das kann man doch vernünftig regeln." Nun sind Ruhe und Vernunft nicht verkehrt. Aber wenn man aus Angst vor negativ bewerteten Affekten einfach Vernunft fordert, werden wichtige Wege zu Konfliktlösungen geradezu verbaut. Ich kann mir nicht erklären, warum Affekte von Pädagogen oft als nicht professionell bewertet werden. Die Emotionsforschung (CIOMPI 1972, 1996; SCHERER 1984; DAMASIO 1999) hat nachdrücklich darauf hingewiesen, dass Denken und Fühlen nicht voneinander zu trennen sind: kein kognitiver Prozess läuft ab ohne emotionale Bewertung. Und kein Gefühl entsteht und verläuft ohne eine kognitive Besetzung.

Das ist schon aus evolutionsbiologischen Gründen gut verständlich: Um überleben zu können, mussten unsere Vorfahren alles, was ihnen begegnet, sofort bewerten. Angst (vor bedrohlichen Situationen), Vorsicht, Misstrauen und Schreckhaftigkeit (vor unbekannten Situationen), Ekel (vor schlecht riechenden Nahrungsmitteln), Erregung (bei drohender Gefahr), Imponiergesten und Wut (bei konfliktträchtigen Situationen) waren unter Umständen lebensrettend. Auch der Wunsch nach Versöhnung und Befriedung diente wichtigen evolutionären Zwecken – nämlich dem Abbau von Spannungen, um auszuruhen und der ungestörten Aufzucht des Nachwuchses.

Emotionen sind innere, leibnahe Bewegungen. Sie bewegen Menschen und finden stets auch einen körperlichen Ausdruck. Emotionen fragen nicht, ob sie gerade passen oder sein dürfen – sie kommen. Wann allerdings Emotionen entstehen und welche, ist auch abhängig von der kognitiven Bewertung einer Situation (vgl. ELLIS). Wenn jemand mich im Bus anschaut, kann ich denken, der findet mein Gesicht interessant, oder der macht sich über mich lustig; oder aber: der sucht Streit mit mir. Diese innere Bewertung führt zu jeweils unterschiedlichen Gefühlen (Beruhigung oder Empörung oder Angst oder Ärger).

Deshalb ist es keine Lösung, Emotionen zu unterdrücken, ohne sie vorher erkannt und wertgeschätzt, validiert zu haben.
Ich will das an zwei Beispielen deutlich machen:

Man begegnet einem traurigen oder depressiven Menschen. Meist erkennt man rasch seine emotionale Verfassung, auch ohne dass darüber geredet wird. Das Gesicht und die Körperhaltung drücken den Affekt aus. Häufig reagiert man darauf, indem man sagt, es sei doch alles nicht so schlimm oder das sei kein Anlaß, den Kopf hängen zu lassen. Hinter diesen Worten steht nicht nur der Wunsch zu helfen, sondern auch die Sorge, der Traurige könnte zu weinen beginnen oder an Suizid denken, wenn wir die Trauer direkt ansprechen. Oft führt aber gerade der Satz, es sei doch alles nicht so schlimm, zu mehr Schwierigkeiten in der Kommunikation.

Genauso ist es im Kontakt mit reizbaren und ärgerlichen Menschen. Da wächst rasch das Bemühen, ihn nicht noch mehr zu reizen. Man „ignoriert" vielmehr den Ärger des Gegenübers und sagt z.B.: „Beruhige Dich doch! Darüber braucht man sich doch nicht aufzuregen!" Der Ärger geht bei dem so angesprochenen Menschen in der Regel nicht zurück. Er wächst, weil der Betreffende sich nicht verstanden fühlt. Bei aggressiven Menschen entsteht zusätzlich ein anderer Effekt. Weil und solange Andere ständig zu beruhigen versuchen, kann man sich herrlich aufregen. Man braucht sich nicht selbst zu regulieren, das geschieht durch den Interaktionspartner.

In beiden Fällen ist es wichtig, zunächst das Gefühl zu benennen und es damit anzuerkennen. Eine Bemerkung wie: „Ihnen geht es wohl schlecht, Sie sind traurig!" oder im zweiten Fall: „Sie sind aber ganz schön wütend!" verbessert die Kommunikation. Die Betreffenden fühlen sich in ihrer affektiven Verfassung verstanden. Sie beginnen vielleicht zu weinen oder zu schimpfen, aber der Zugang ist da – wenn Pädagogen keine Angst vor den Gefühlen haben.

Jetzt – und erst jetzt – ist der Weg frei für Fragen, was die Ursachen sind und wie man mit dem Gefühl umgehen kann. Dabei sind unterschiedliche Methoden hilfreich, wie Emotionen durch veränderte Einstellungen verändert werden können, wie z.B. die Rational-Emotive Therapie, die Hypnotherapie, die Provokative Therapie, die Gestalttherapie.

Die Vermeidung von Konflikten hat Folgen

A. Bei den Klienten:

– Wachsende Allmachts- (Omnipotenz-)phantasien:
– sinkende Fähigkeiten zur Realitätsbewältigung:
– Verstärkung des problemerzeugenden Verhaltens und der dahinter stehenden Identität:

Aggressive Männer haben in ihrer Lebensgeschichte gelernt, dass ihr aggressives Verhalten den meisten Menschen in ihrer Umgebung Respekt und Angst einflößen. Dadurch können sie sich häufig durchsetzen. Warum aber soll man Verhalten aufgeben, das erfolgreich ist?

Die Täter müssen sich dabei fragen, warum die Umgebung ein solches Verhalten toleriert.

Eigentlich kann es darauf nur folgende Antworten geben: Entweder finden die Anderen das aggressive Verhalten insgeheim gut oder aber keiner kann diesen Gewalttäter stoppen. Dadurch wachsen Allmachtsphantasien. Diese Phantasien führen dazu, dass der Gewalttäter sein Tun wiederholt, um die Macht erneut zu genießen. Aber diese Omnipotenzgefühle machen den Täter zugleich einsam und unsicher: Wer soll ihnen Einhalt bieten, wenn sie „ausrasten"? Nur sie selbst (oder der „liebe Gott"/Allah, wenn sie daran glauben), weil alle anderen zu schwach dazu sind. Man kann deshalb davon ausgehen, dass sein aggressives Handeln auch ein Schrei nach Begrenzung ist.

Wenn es aber Probleme und Konflikte im Leben gibt, ist für aggressive Täter klar, dass es an den Anderen liegt, nicht an ihnen selbst. Es ist „dumm gelaufen", der Sachbearbeiter beim Sozialamt oder Arbeitsamt ist ihnen „blöd gekommen". Dadurch kommt es kaum zu einer kritischen Selbstreflexion, weshalb man überall aneckt.

Wenn Pädagogen versuchen, auf aggressive Ausbrüche besänftigend und beruhigend zu reagieren, sich zum Freund und Helfer dieser Männer zu machen, ohne sie mit ihrem aggressiven Verhalten zu konfrontieren, dann wird die Weltsicht dieser Männer weiter verdreht. „Wenn alle so wären wie mein Sozialarbeiter, dann käme ich prima klar!" Es kommt also zu einer Koalition: Ich und mein Sozialpädagoge gegen die böse Umwelt.

Selbst wenn ein Gewalttäter Zweifel an seinem Verhalten hat, wird er durch eine andere Form der Rückmeldung aus seinem Umfeld festgelegt und in der Identität verstärkt: „Du kannst nicht anders! Du bist eben reizbar!" Oft wird das auch von Pädagogen verstärkt durch falsche Erklärungen: Der Täter hatte eine schlechte Kindheit, einen gewalttätigen oder alkoholabhängigen Vater, eine schlechte Schul- oder Berufsausbildung, Probleme in der Beziehung usw.

Stirn an Stirn – Streiten lernen helfen: 173

Vielleicht wurden die Täter in der Kindheit und der Jugend oft allein gelassen. Vielleicht hat ihnen niemand geholfen, mit ihrer Wut und Enttäuschung umzugehen. Solche falsch verstandenen sozialpädagogischen Erklärungsansätze sind gut gemeint, aber logisch fragwürdig, psychodynamisch lückenhaft und in ihren Auswirkungen meist katastrophal (FARRELLY/BRANDSMA 1986, 48ff.). Der Täter wird durch solche Interventionen in seiner aggressiven Identität festgelegt, *weil* er eine problematische Biographie oder schwierige Lebensverhältnisse hat. Jede Veränderung wird damit schwierig, wenn nicht unmöglich, die Kompetenzen und die Ressourcen zur Veränderung werden verschüttet. Als Ergebnis solcher Interventionen kann für gewalttätige Männer die Notwendigkeit sinken, ihr Verhalten zu verändern und sich auf die Bedürfnisse und Erwartungen des sozialen Umfeldes einzustellen.

Was können die Opfer solcher Männer für deren Lebensgeschichte? Wer Probleme mit sich oder mit Bezugspersonen in seiner Biographie hat, soll dafür Hilfe suchen und bekommen. Aber diese Begründungen rechtfertigen nicht sein Handeln in der Gegenwart, mit dem er ja nicht nur Andere stört oder schädigt, sondern auch sich selbst[9].

Im Umgang mit diesen Tätern muss zunächst gefragt werden, warum nicht alle Jungen mit schlechten Kindheit, einem gewalttätigen oder trinkenden Vater, einer schlechte Schul- oder Berufsausbildung, Problemen in der Beziehung usw. reizbar und gewalttätig werden. Die pädagogische Argumentation muss dann in die Richtung entwickelt werden, wie der Gewalttäter trotz schlechter Kindheit, trotz des gewalttätigen oder alkoholabhängigen Vater, trotz einer schlechte Schul- oder Berufsausbildung, Problemen in der Beziehung usw. auf gewalttätiges Verhalten verzichten kann.

B. Bei den Helfern:

- Sinkende Aufmerksamkeit im Prozess
- Wachsende Angst
- Wachsende Aggressionen

Helfer vermeiden oft Konfrontationen mit gewalttätigen Klienten, weil sie Angst haben vor deren Emotionen und deren Aggressivität. Sie sind ständig damit beschäftigt, ihre eigene Unruhe und Angst unter Kontrolle zu haben und zu verbergen. Deshalb sinkt ihre Aufmerksamkeit für das, was real in der Beziehung zwischen Klient und Pädagogen passiert. Damit die Angst unter Kontrolle bleibt, müssen sie versuchen, den Klienten zufriedenzustellen, indem sie seine Weltsicht unterstützen. Die Angst wird nicht geringer, sondern bleibt und wächst, weil man nicht immer zustimmen kann. Dahinter wächst

---

9 In Trainings mit Gewalttätern fragen wir stets, welche negativen Folgen aggressives Handeln auch für die Täter hat: Gerichtsverfahren und Strafen, Kosten und Schadensersatzleistungen, Ärger in der Familie und im sozialen Umfeld und nicht zuletzt eigene Verletzungen.

die Wut auf sich (weil man keinen Einhalt gebiete), auf die Institution (weil man von ihr gezwungen wird, sich mit solchen Klienten zu beschäftigen), auf andere Helfer (die ihm diese Arbeit nicht abnehmen) und auf den Klienten selbst. Je weniger ein Helfer mit der Aggression eines Klienten umgehen und ihr etwas entgegensetzen kann, desto mehr verstärkt sich diese Wut – bis hin zu Wünschen danach, der Klient möge doch sterben oder zumindest inhaftiert werden. Aus der anfänglichen Zuwendung wird dann eine förmliche Höflichkeit, die aber hohl ist. Es kommt dann zum Pseudokontakt, was der Klient spürt. Die Koalition ist sowieso brüchig: Sobald Pädagogen Erwartungen an Klienten richten, werden sie zur Zielscheibe von Aggressionen und Vorwürfen. Auch die daraus folgende Enttäuschung führt zu Ärger über den Klienten.

Exkurs 2: Das Problem beginnt früh

Entwicklungspsychologische Beobachtungen[10]

Wer sich mit Fragen der konfrontativen Pädagogik ernsthaft beschäftigt, kommt nicht umhin, die entwicklungspsychologische, kinder- und jugendpsychiatrische Literatur und Erziehungsratgeber zu studieren. Eine wachsende Zahl von Büchern und Artikeln beschäftigt sich mit Erziehungsproblemen und mit der wachsenden Aggressivität von Kindern und Jugendlichen.

Noch vor vierzig Jahren, so z.B. du Bois, hätten Eltern keinen Gedanken darauf verschwendet, ob klare erzieherische Regeln und Verbote für Kinder schlecht seien oder diese schädigen können (in OMER & VON SCHLIPPE 2002, 12). Es wurde alles getan, damit Kinder die von Erwachsenen erlassenen Regeln einhielten und sich diese zu eigen machen. In der Kritik der „Aushandlungspädagogik", im Extrem der „Antipädagogik" (Übersicht bei ROTTHAUS 2002) wurde gefordert, Kinder und Jugendliche müssten die bestehenden Normen überprüfen und Normen selbst neu definieren.

Mit einer sinkenden Kinderzahl in den Familien wuchs die Wichtigkeit des Kindes für seine Eltern stetig an. Die Bindung in modernen Kleinfamilien ist eng und ambivalent. Im Binnenraum wird eine hohe Intimität und Geborgenheit versprochen (z.B. durch Werbung, Schlager, usw.) und von den Eltern angestrebt. Die Kinderzahl in Familien ist gesunken und den Kindern wird viel mehr Aufmerksamkeit gewidmet. Ihnen werden – zumindest in den Mittelschichten – viel mehr Möglichkeiten zur Entwicklung geboten. Auf die Wunschkinder werden aber auch hohe Erwartungen projiziert: Man tut viel für sie und erwartet entsprechend Erfolge, Liebe und Dankbarkeit. Wo früher von mehreren Kindern eines klug, das andere handwerklich geschickt, das dritte sehr sportlich war – und ein „dummes Kind" auch dazwischen sein

---

10 Von Dr. med. Penelope Glenn, Fachärztin für Kinder- und Jugendpsychiatrie

konnte – müssen Kinder in modernen Familien alle Qualitäten in sich vereinigen – und dürfen nicht Mittelmaß, schon gar nicht „dumm" sein[11] (LEMPP 1992).

Der Druck dieser Erwartungen ist gekoppelt mit der Vorstellung, dass Kind müsse bei so viel Aufmerksamkeit und Förderung immer glücklich und zufrieden sein. Wenn es dann Langeweile hat oder unzufrieden ist, löst dies bei den Eltern häufig Schuldgefühle und Frustrationen aus. Kinder spüren das und vermuten, die Eltern hätten mit Recht Schuldgefühle: es stünde ihnen also etwas zu, was die Eltern ihnen vorenthalten. Es meldet seine Ansprüche an und macht den Eltern Vorhaltungen (OMER & VON SCHLIPPE 2002, 9).

Die Eltern fragen sich, ob sie wirklich genug, alles getan haben, um ihr Kind glücklich zu machen. Wird es sich später beklagen und ihnen Vorwürfe machen (wie die Eltern selbst auch ihren Eltern gegenüber Vorwürfe gemacht haben)? Wird es sich von den eigenen Eltern enttäuscht abwenden?

Kinder in Kleinfamilien werden so übermäßig narzisstisch aufgeladen, aufgebläht – wofür das Anwachsen von narzisstischen Störungen in der Psychotherapie spricht. Sie spüren früh ihre Wichtigkeit für die Eltern (Großeltern). Sie fordern und merken, wie schlecht sich die Eltern abgrenzen können, wie sie ein schlechtes Gewissen bekommen. Man kennt die Szenen im Supermarkt vor der Kasse: das vierjährige Kind möchte den Schokoriegel, der Elternteil findet das unvernünftig. Das Kind quengelt, schreit, wirft sich unter Umständen auf den Boden, usw. Die anderen Kunden werden aufmerksam, der Erwachsene bekommt Meinungen zu hören. Er ist im Mittelpunkt des Interesses, schämt sich wegen der Szene, weil alle scheinbar seine erzieherische Inkompetenz erleben. Er hat kein „liebes, verständiges Kind". Und so bekommt das Kind am Ende meist die Süßigkeit und hat gelernt, dass sich der Aufstand lohnt.

ROGGE verweist darauf, dass sich viele Eltern nur unzureichend mit ihrer eigenen Lebensgeschichte auseinandergesetzt haben. Sie wollen alles anders und besser machen als die eigenen Eltern. Erziehung wird damit zum Hochleistungssport und die Kinder werden zu Objekten und Projektionsflächen, die jene Anteile ausleben – müssen, die ihren Eltern verwehrt wurden (ROGGE 1993, 27).

Zugleich verspricht und verlangt die postmoderne Gesellschaft von ihren Mitgliedern – auch und gerade von Kindern und Jugendlichen – ein hohes Maß an Autonomie. Diese Autonomie kann oft nicht gelebt werden. Das daraus resultierende Maß an Enttäuschungen und Kränkungen sorgt für Wut und Enttäuschungen, die dann innerhalb der Familien oft für eine Eskalationsspirale (OMER & VON SCHLIPPE 2002, 12) sorgen.

---

11 Dieses Dilemma verschärft sich weiter, wenn Eltern wegen Problemen der Empfängnisfähigkeit große Mühen auf sich genommen haben, um ein Kind zu bekommen, z.B. durch künstliche Befruchtung, Samenspende von Fremden, usw. Dann lasten auf diesem Kind, dessen Werden so viel Kraft gekostet hat, doppelte Erwartungen.

Die genannten Beiträge aus der Kinder- und Jugendpsychotherapie und der Pädagogik machen deutlich, dass Kinder Konflikte und Begrenzung brauchen, damit sie sich entwickeln können. Konfliktfreie Erziehung gibt es nicht, so ROTTHAUS (2002, 94). Sie erscheint nicht einmal erstrebenswert, weil es für Kinder wichtig zu lernen ist, dass Konflikte ausgetragen werden können, ohne dass die Beziehung Schaden nimmt. Deshalb plädiert ROTTHAUS auch für Zwang in vernünftigem Maß, der von Kindern geradezu als befreiend (!) erlebt wird, weil sie dadurch Eindeutigkeit und Klarheit des Erwachsenen erleben. Sie werden so von überfordernden Entscheidungen, beispielsweise von der quälenden Wahl zwischen schneller Wunschbefriedigung und langfristiger Zielorientierung befreit. Nur wenn und nur weil Dinge schwierig sind, beginnen Kinder nachzudenken und Problemlösungen zu suchen. Stoßen sie auf Hindernisse, sind sie zwar zunächst frustriert und ärgerlich auf die Quelle ihrer Frustration. Aber sie beginnen Lösungen zu suchen oder Kompromisse auszuhandeln (vgl. auch FARRELLY/BRANDSMA 1986,47). Fehlt diese Frustration, brauchen diese Fähigkeiten nicht entwickelt zu werden[12]. Dabei müssen Forderungen nicht einmal ausführlich begründet und Einsicht verlangt werden, weil damit dem Gegenüber nicht nur ein Verhalten, sondern eine innere Einstellung abverlangt werden. Die Forderung „Weil ich das so will... richtet sich nur auf das Verhalten und lässt die innere Vorstellungs- und Gefühlswelt des Gegenübers unangetastet (ROTTHAUS 2002, 106).

Kinder und Jugendliche in guter Weise zu begrenzen setzt voraus, dass Eltern, Lehrer und Bezugspersonen es ertragen, dass Kinder und Jugendliche – zumindest zeitweise – wütend auf sie sind. Sie dürfen wütend sein, frustriert, usw. Setzt man nicht rechtzeitig Grenzen, so wird das Kind zum Jugendlichen und Erwachsenen, wird körperlich immer kräftiger und hat das Gefühl, alles stehe ihm zu. Die letztlich notwendige Auseinandersetzung mit den Größenphantasien wird dann schwieriger.

Pädagogischer und therapeutischer Raum, Spielraum entstehen nur durch Grenzen. Grenzen legen fest, wo Innen und wo Außen sind. An Grenzen ändern sich Regeln. Umgekehrt gilt: Mit der Aufstellung von Regeln entsteht eine Grenze. Grenzen sind für die meisten Menschen kränkend, weil es die eigenen Vorstellungen von völliger Freiheit und Macht enttäuscht. Das Gefühl: „Bis hierher und nicht weiter! Nicht jetzt, nicht hier, nicht so! Nicht mit mir!" löst Frustration aus und Ärger auf die begrenzende und einschränkende Person. Genau diesen Ärger wollen viele Eltern wie auch wohlmeinende Pädagogen vermeiden.

Aber Grenzen gestalten Räume und Zeiten, sie geben auch Sicherheit (ROGGE 1993, 9, 39ff.). Grenzen verlocken, auszuprobieren, ob sie veränderbar sind. Grenzen rufen zu Grenzgängen auf. Und hier, genau an dieser Stelle

---

12 Die Längsschnittstudie des Mannheimer Zentralinstituts für seelische Gesundheit, eine der international großen Studien, hat festgestellt, dass Kinder, deren Kindheit nahezu problemlos verlief, als Erwachsene große Probleme mit schwierigen Lebenslagen haben, während Kinder, deren Biographie ein mittleres Niveau von Entbehrungen, Verlusten und Konflikten aufwies, später Probleme besser bewältigten.

beginnt das spannende Spiel mit der Konfrontation. Eine Grenze zu halten, ohne dabei starr und rigide zu sein, ist die pädagogische Herausforderung. Die Konfrontation, die dem Grenzverletzer zeigt: „Du bist dabei, eine Grenze zu überschreiten!" und die Lösung von sozialen Konflikten durch Aushandeln sind zwei Seiten der Medaille. Hier liegt das Missverständnis, dem viele Gegner einer konfrontativen Pädagogik erliegen. Sie verwechseln eine lebendige Beziehung mit einem Kasernenhof.

Zwang, Macht und Streit sind notwendig

Hinter der Ablehnung von Konflikten und Konfrontation stecken ideologische und biographische Themen. Es geht vor allem um die Auseinandersetzung von Sozialarbeit und Pädagogik mit den Themen Zwang, Macht und Streit. Hier toben wahre „Glaubenskriege".

Pädagogen sind – oft aufgrund ihrer eigenen Lebensgeschichte – teilidentifiziert mit ihren Klienten (vgl. ROGGE 1993, 27). Sie haben sich als Kinder und Jugendliche selbst ohnmächtig und hilflos gefühlt. Sie erinnern sich an ihre ohnmächtige Wut gegenüber den Zwängen und den mächtigen Erwachsenen und Institutionen[13]. Sie wollen ihren Klienten diese Gefühle ersparen- und machen sie damit auch zur Projektionsfläche ihrer eigenen, oft mangelhaft bearbeiteten Biographie. Dass Ungleichheit strukturell angelegt ist, dass es reale Machtgefälle gibt, wird gern vergessen. Deshalb setzen Pädagogen ungern Grenzen. Sie wollen mit ihren Klienten „vertrauensvoll" zusammenarbeiten, ein guter Freund sein, diese sollen nicht ärgerlich sein auf sie. Konflikte – so das Denkmuster – gefährden eine vertrauensvolle Zusammenarbeit.

Vor allem der Begriff der Macht ist negativ besetzt. Macht wird von Pädagogen und Therapeuten geradezu verteufelt und vorschnell mit Machtmissbrauch verwechselt. Macht ist ein Phänomen, das sich in Beziehungen zwischen Menschen abbildet. Macht muss wahrgenommen, ausgeübt, aber auch von den Partnern anerkannt werden. Bleibt diese Anerkennung aus, so ist man mit seiner Macht am Ende oder man muss zur Gewalt greifen (die nicht das Einverständnis der Interaktionspartner braucht). Nur derjenige, der Macht hat, kann etwas tun und übernimmt so Verantwortung für das, was in seinem Machtbereich geschieht (STIELS-GLENN 1996).

Wer Macht hat, dem können Neid und Konkurrenz begegnen. Er kann sich auch unbeliebt machen und andere werden sich an ihm reiben. Pühl (1988, 10) wies in diesem Zusammenhang darauf hin, dass in hierarchisch strukturierten Teams den Mitgliedern Halt und formale Orientierung gegeben wird. Das Angstniveau sei hier geringer als in kollektiv strukturierten Teams,

---

13 Interessant sind hier die Beiträge der Expertise des dji zur Glen Mills School (2002). In dieser Auseinandersetzung werden sogar die Grund- und Menschenrechte und pädagogische Ideale bemüht.

in denen scheinbar alle alles machen können und dürfen. Dort schlagen nämlich die informellen Hierarchien durch.

Wer dagegen ohnmächtig ist, kann nichts tun – leider (!?). Ohnmacht fördert Verantwortungslosigkeit. Diese Position ist bequem. Wenn Pädagogen die ihnen durch Berufsrolle und institutionelle Zusammenhänge gegebene Macht nicht bewusst annehmen, vagabundiert die Macht und ein Anderer – meist der Klient – wird die Macht an sich reißen. Mit dem Zurückziehen auf Ohnmacht im (sozial-)pädagogischen Bereich, mit der Weigerung, die Macht aus ihrer Berufsrolle anzunehmen und auszufüllen, verhindern Pädagogen persönliches Wachstum – besonders bei ihren gewalttätigen Klienten. Ich halte diese Haltung für eine besondere Form des Machtmissbrauchs.

Ein wichtiges Ziel von konfliktorientierter Pädagogik ist, ihren Klienten zunächst bei einer Anpassung an die soziale Umgebung zu helfen. Hier höre ich sofort die Proteste der Berufskollegen. Aber aus dieser sozialen Umgebung sind die Täter immer wieder hinausgeflogen, waren sogar inhaftiert, weil sie die Spielregeln nicht beherrschen. Die freie Entfaltung der Persönlichkeit ist ihnen so gar nicht (oder zu sehr hohen Kosten) gelungen. Anpassungsfähigkeit an gesellschaftliche Strukturen ist doch eine Voraussetzung dafür, dass man drinnen bleibt und sich dann frei entfalten kann. Insoweit entspricht das Verhältnis dem von Pflicht und Kür beim Eiskunstlauf.

Erst wenn die Regeln verstanden sind und eingehalten werden können, wenn Grenzen erkannt und grundsätzlich beachtet werden können, dann kann ein Klient – der in der Regel nicht in einer beneidenswerten und gesicherten sozialen Situation ist – es sich leisten, sich auch zu widersetzen. Gerade für den Widerstand ist diese Sensibilität notwendig.

Von Konfliktvermeidung zur Konfliktfähigkeit

Ich halte für die Pädagogik und Sozialarbeit einen Paradigmenwechsel von der Konfliktvermeidung zur Konfliktbearbeitung, zur Konfrontation, für erforderlich.

Für ein gezieltes Ansteuern von Konflikten gibt es viele gute Gründe:

– Konflikte sind gut, schreibt PREKOP (1989, 51), weil sie den Verlust der eigenen Persönlichkeit verhindern, der bei einer Verschmelzung droht. Das Zulassen und Entwickeln von Konflikten sorgt für die Entwicklung von Autonomie. Das Einnehmen einer klaren Position sorgt dafür, dass es den Klienten leichter fällt, sich gegen (aber auch durch) diese festen und klaren Positionen abzugrenzen und eine eigene Meinung zu entwickeln bzw. verteidigen (DU BOIS in OMER & VON SCHLIPPE 2002, 13). Es muss also nicht Einvernehmen herrschen zwischen den Interaktionspartnern – im Gegenteil! Das wäre langweilig. Unterschiedliche Auffassungen sichern Autonomie und stellen eine Herausforderung dar an aggres-

sive Männer: Sie spüren, dass der Pädagoge sie schätzt und trotzdem nicht alles hinnimmt. (Übrigens auch umgekehrt: Ich bin in meiner Arbeit mit Gewalttätern und durch die Beziehung zu ihnen immer direkter und offener geworden und habe die Lust am Streit gelernt; das ist für die TeilnehmerInnen in meinen Supervisionen und Fortbildungen zumindest sehr gewöhnungsbedürftig.)
Damit man diese Erfahrung machen kann, braucht man Konfliktpartner, die bereit sind, sich in einen Konflikt einzulassen und ihn nicht aus Angst vermeiden. Diese Partner müssen den Klienten für stark und kompetent genug halten (FARRELLY/BRANDSMA 1986, 55f.), den Konflikt zuzulassen und produktiv zu bearbeiten. Sie müssen in der Lage sein, seine affektive Erregung (PREKOP 1989, 64ff.) zu ertragen oder sogar zu fördern. Sie müssen sich für stark genug halten, der Wucht des Klienten standzuhalten, sie zu „überleben". Sie helfen ihm bei der Bewältigung der Spannungen; diese Erfahrung ist eigentlich die wichtigste: Die Beziehung trägt – durch Probleme und Konflikte hindurch. Der Klient erlebt, dass er *mit* seiner Aggression angenommen wird und dass er Hilfe dabei erfährt, die destruktiven Anteile zu meistern. Damit verringern Konfrontationen auf Dauer intrapsychische Spaltungen.

- Aggressive Klienten brauchen ein Gegenüber, das dem Klienten aufrichtig rückmeldet, wie sein Verhalten auf ihn selbst und mit Wahrscheinlichkeit auf das gesamte soziale Umfeld wirkt. Pädagogen, die nicht konfrontieren, fallen als ein solches Gegenüber weitgehend aus. Die Verweigerung eines offenen Feedbacks hilft gerade aggressiven Klienten nicht, ihr Verhalten zu regulieren. Damit ist ihre Integration in die Gesellschaft erschwert, Frustrationserlebnisse sind die Folge und erhöhen den Stress. Pädagogen sollten deshalb aus der Helferposition in eine Trainerposition wechseln: Ich arbeite bei Straftätern immer mit Metaphern aus der Welt des Sports: Bevor man im Eislauf die Kür läuft, muss man die Pflicht beherrschen. Wer in der Gesellschaft klarkommen will, muss zunächst die geltenden Regeln kennen und sie einhalten können. Erst auf dieser Basis können Widerspruch, eigene Wege und auch Opposition gelebt werden, ohne dass es die Klienten aus der Gesellschaft herauskickt. Oder: Es geht weder um den totalen Sieg oder die totale Niederlage. Im Leben gibt es wie in der Fußball-Bundesliga gewonnene, unentschiedene oder verlorene Spiele. Aber es gibt ein Rückspiel und einen Tabellenstand. Es gibt auch eine nächste Saison. Ebenso wichtig für die Arbeit mit Gewalttätern ist der Hinweis, dass sie prüfen müssen, ob die Anzeigetafel funktioniert: Bei Gewalttätern werden verlorene Spiele oft doppelt angezeigt, gewonnene Punkt oft vergessen. Die Täter haben nie gelernt, reale Erfolge auf sozialem Gebiet zu sehen und in ihre Bilanz mit einzubeziehen. Hier müssen Pädagogen also zur „Reparatur" der Anzeigetafeln anleiten.
- Wer fördern will, muss fordern! Im Umgang mit Gewalttätern wird fast reflexhaft eine Schonhaltung eingenommen – schon allein um die Männer nicht zu reizen! Damit werden Gewalttäter unterfordert, ihre Frustra-

tionstoleranz wird nicht entwickelt. Im Grunde werden die Entwicklungspotenziale der Täter nicht gefördert (FARRELLY/BRANDSMA 1986). Vielmehr wird unterschwellig vermittelt, dass dieser Klient zu schwach ist, um sich zu verändern.

Das Ansteuern, Eröffnen und das Durchstehen eines Konflikts in seiner Eskalations- und Deeskalationsphase hilft dem Klienten, seine Spannungstoleranz und seine Frustrationstoleranz zu erhöhen. Im Alltagsleben sind Frustrationen und Konflikte unvermeidbar. Aggressive Klienten sind oft unfähig, diese mit angemessenen Mitteln zu führen und fallen aus Sozialbezügen heraus. Ein konfliktorientiertes Herangehen fördert diese Fähigkeiten und trägt zu einem erhöhten Gefühl von Selbstwirksamkeit bei: Der „locus of control" liegt auch im Konfliktfall eher bei den Klienten.

Prozess der Auseinandersetzung

Pädagogische Arbeit mit Gewalttätern muss den Weg einer wohlwollenden, aber auch konsequenten Konfrontation gehen. Eine Konfrontation, eine Auseinandersetzung als eine besondere Form der Begegnung, in der Körper, Meinungen, Gefühle aufeinanderprallen.

Konflikte sind beziehungsstiftend. Konflikte sind etwas, das man gemeinsam hat. Mit einem Klienten einen fälligen Konflikt zu beginnen und auszutragen setzt voraus, dass man ihm die Stärke und die Fähigkeit zutraut, diese Konfrontation zu überstehen und sie für die eigene Entwicklung zu nutzen.

Die Konfrontation mit den problematischen Seiten des Klienten hat Tiefenwirkungen: Sie nimmt den gesamten Klienten mit seinen Anliegen ernst. Dieses Ernstnehmen heißt eben nicht, dass der Klient bekommt, was er sich wünscht. Die Erfüllung von Wünschen hat selten zufrieden gemacht. Oft verbergen sich hinter Wünschen ganz andere Anliegen. Der Klient bekommt vielmehr das, was er braucht. Das Prüfen von Wünschen, deren Modifikation oder gar Ablehnung ruft Frustrationen hervor. Diese müssen bearbeitet werden.

Dazu gehört die Anerkennung des Affekts. Man sieht und benennt die Wut, die Enttäuschung, den Ärger, die Frustration, die Resignation. Man muss verstehen, dass unsere Reaktion sie erst hervorgerufen hat. Und das wird dem Klienten gegenüber auch so benannt. Hier findet man in der Biographie aggressiver Klienten oft einen interessanten und wichtigen Unterschied: In ihrer Kindheit und Jugend wurden sie frustriert. Aber wenn sie ihre Gefühle über die Frustration zeigten, wurden sie entweder ein zweites Mal bestraft, weil sie diese Gefühle hatten („Warte, ich werde dir Grund zum Heulen geben!" ist eine typische Ankündigung). Oder diese Gefühle wurden ignoriert. Damit konnte die aggressive Erfahrung nicht in die Person integriert werden.

Trotz dieser auftretenden Gefühle des Klienten bleibt man bei seiner Haltung und damit wird die Bearbeitung des Konflikts und die Integration der Affekte möglich. Allein das Vertrauen, dass der Klient in der Lage ist, mit der Konfrontation umzugehen, macht ihn zum aktiven Gestalter der eigenen Biographie (BRANDSMA/FARRELLY 1986, 51), zum entscheidungsfähigen Menschen statt zum Opfer seiner Biographie und der Umstände.

Ein wichtiges Axiom aus der Systemtheorie lautet: Handle stets so, dass die Anzahl der Möglichkeiten wächst! (VON FOERSTER 1993a, zit. nach ROTTHAUS 2002, 152). Durch die eigene Haltung, durch die Bereitschaft zur Konfrontation, kann und muss der Klient seine eigene Meinung weiterentwickeln. Nur so kommt er aus der Haltung des „Es muss immer nach meinem Willen gehen oder es handelt sich um eine absolute Niederlage!" heraus. Eine gut geführte Konfrontation lehrt, dass es niemals nur ein Entweder-Oder gibt, sondern dass die Sowohl-aus-auch-Perspektive nützlich ist für das Begreifen unserer Welt (ROTTHAUS 2002, 152).

Wenn Pädagogen beginnen, konfrontativ zu arbeiten, brauchen sie zu Beginn oft ein starres System von Regeln. Im Konflikt mit ihren Klienten berufen sie sich dann auf diese Regeln. Dies ist eine Hilfe für den Beginn, angsterzeugende Konflikte einzugehen. Wenn aber die Regeln zum Fetisch werden, wenn Regeln keine Ausnahme zulassen, werden sie rigide. Und sie verleihen dann wie Gesetze dem Konfrontierenden Macht, hinter der er aber verschwindet. Das erzeugt erneut Zorn bei den Konfrontierten. Die Anrufung von „objektiven Regeln" ist gleichbedeutend mit der Abschaffung persönlicher Verantwortung (V. FOERSTER, nach ROTTHAUS 2002, 133).

Konfrontationen sind schwierig, wenn sie von oben nach unten kommen, nicht auf „gleicher Augenhöhe". Klienten sollen nicht jede Kontrolle verlieren, sondern Hilfen bei der Selbstbemächtigung erhalten. Dazu müssen alte Strukturen erschüttert werden. Allerdings müssen Pädagogen auch Machtkämpfe von Machtspielen unterscheiden lernen. Wer um die Macht kämpft, wird rasch verbissen; es geht rasch (auch für Pädagogen) um totalen Sieg oder vernichtende Niederlagen[14]. Machtspiele dagegen haben etwas Sportliches und helfen Klienten, zwischen den beiden genannten Extremen auch das Unentschieden, Hinspiele und Rückspiele, den Tabellenstand zu sehen. Die Arbeit mit solchen Metaphern kann Klienten helfen, aus ihrem extremen Schwarz-Weiß-Denken zu kommen.

Erfahrene Konfliktpädagogen setzen ihre eigene Person als Instrument der Arbeit ein. Sie brauchen die Regeln nicht mehr so dringend, sondern entscheiden danach, was ihr Gefühl ihnen sagt. Aus dem: „Das ist hier verboten!" wird dann ein „Das will ich nicht!" Damit ist der Konflikt viel persönlicher, authentischer. Und es fordert den aggressiven Klienten dazu auf, sich

---

14 Hier habe ich in der Supervision von unerfahrenen Anti-Gewalt-Trainern erlebt, dass diese selbst der Faszination der eigenen Macht und Aggressivität erliegen und Teilnehmer mit Freude zusammenstauchen oder dass sie in Krisen schlecht eine „Niederlage" hinnehmen konnten. Meine Erfahrungen zeigen, dass mit zunehmender Erfahrung im Ansatz diese Verhaltensweisen wieder nachlassen.

auseinanderzusetzen mit dem Willen, der Auffassung eines anderen Menschen (im Alltag sind das Nachbarn, Vermieter, Arbeitgeber, usw.)

Wenn die Regeln bekannt und beherrscht werden, dann kann die Auseinandersetzung beginnen, in einen Prozess des Aushandelns zu kommen. Wo ist die Position des Klienten, wo die des Gegenübers? Wie weit und wo kann man sich entgegenkommen? Wo bleibt etwas unvereinbar – und damit muss auch eine Spannung ertragen werden? Ein Konflikt, der gut durchgestanden worden ist, macht die meisten Klienten stolz und froh. Er erhöht ihre Integration innen wie außen. Er lernt zu streiten, ohne dass er sich durch unangemessenes Verhalten aus dem Spiel wirft. Dieses positive streitbare Verhalten muss von Pädagogen entsprechend gelobt werden. Eine gut geführte Konfrontation lehrt, dass es niemals nur ein Entweder-Oder gibt, sondern dass die Sowohl-aus-auch-Perspektive nützlich ist für das Begreifen unserer Welt (ROTTHAUS 2002).

Literatur und Quellen

BERGER, P./LUCKMANN, T.: Die gesellschaftliche Konstruktion der Wirklichkeit, Frankfurt/Main 1990
BODE, G.: Traumabehandlung – EMDR in der forensischen Psychiatrie, in: OSTERHEIDER, Michael (Hrsg.): Forensik 2001 – Innovative Konzepte, Dortmund 2002
CIOMPI, L.: Affektlogik, Stuttgart 1982
CIOMPI, L.: Die emotionalen Grundlagen des Denkens, Göttingen 1997
DAMASIO, A.: The Feeling of what happens, New York/San Diego/London 1999
Deutsches Jugendinstitut (Hrsg.): Die Glen Mills Schools – ein Modell zwischen Schule, Kinder- und Jugendhilfe und Justiz? Eine Expertise, München 2002
VON DITFURTH, H.: Der Geist fiel nicht vom Himmel, Reinbek 1991
ELIAS, N.: Über den Prozess der Zivilisation, Frankfurt/Main 1991 (16. Auf.)
ERDHEIM, M.: Die gesellschaftliche Produktion von Unbewußtheit, Frankfurt/Main 1984
FARRELLY, Frank/BRANDSMA, J.: Provokative Therapie, Berlin-Heidelberg 1986
FOUCAULT, M., Überwachen und Strafen, Frankfurt/Main 1994
HARTMANN, S.: Köpfe mit Nägeln, in: Sozialmagazin 22. Jg. 1997, Heft 4
HILGERS, M.: Scham – Gesichter eines Affekts, Göttingen 1997
KLICHE, T.: „Kinderschänder", das Böse und die Sicherheit. Soziale Repräsen-tationen von Psychologie und Psychotherapie im Diskurs über Kindesmissbrauch in deutschen Printmedien 1997-1998; in: RIETZ, I., KLICHE, T., WAHL, S. (Hrsg.): Das Image der Psychologie, Lengerich 1999
KLUGE Etymologisches Wörterbuch der deutschen Sprache, Berlin/New York 1999
KLUTTIG, T., Victim or Perpetrator – PTSD in Forensic Psychotherapy, Paper presented at the 11th annual Conference of the International Association for Forensic Psychotherapy, Stuttgart 2002 (unveröffentlichtes Manuskript
LEMPP, R.: Die autistische Gesellschaft, Tübingen 1992
LÖPSCHER, G.: Definitionsschwierigkeiten oder: Eine Orientierungshilfe der Psychologie in den semantischen Nebelschleiern des Aggressionsbegriffs, in Kriminologisches Journal Heft 1/1992
OMER, H. und VON SCHLIPPE, A.: Autorität ohne Gewalt, Göttingen 2002
PFEIFFER, C.: ethisch divergierende Männlichkeitskonzepte und Gewalt (Vortrag am 7.3.2001 in Eickelborn)

PREKOP, J.: Hättest du mich festgehalten, München 1992
PÜHL, H., Angst in Gruppen und Institutionen, Frankfurt/Main 1988
RICHTER, H. E.: Umgang mit Angst, Hamburg 1992
ROGGE, J.: Kinder brauchen Grenzen, Reinbek 1993
ROGGE, J.: Eltern setzen Grenzen, Reinbek 1995
ROTTHAUS, W.: Wozu erziehen? Heidelberg 2002
ROUDINESCO, E.: Wozu Psychoanalyse, Stuttgart 2002
SCHERER, K. und EKMAN, P.: Approaches to Emotion, Hillsdale-London 1984
SCHNACK, D./NEUTZLING, R.: Kleine Helden in Not, Reinbek 1990*
SCHMITT, G.: Der Mann als Opfer in: Bewährungshilfe 49. Jahrgang, Heft 4/2002
STIELS-GLENN, M.: Ohnmacht, Macht und Verantwortung in psychosozialen Berufen, in: Sozialmagazin 21. Jg. 1996, Heft 7-8
STIELS-GLENN, M. und WITT, U.: Gewalt, Prävention und die Rolle von Zeugen in: Sozialmagazin, 25. Jg. 12/2000
STIELS-GLENN, M.: „Täter-Opfer" – „Opfer-Täter" in:Bewährungshilfe 49. Jahrgang, Heft 4/2002
STIELS-GLENN, M.: Straftat als Traumafolge, in: Forensische Psychiatrie und Psychotherapie 2003
Van der Kolk, B./MCFARLANE, A und Weisaeth (Hrsg) Traumatic Stress, Paderborn 2000
WALTER, J.: Was kann der deutsche Jugendstrafvollzug von den Glen Mills School lernen in: dji 2002
WEBER, H.-M. und NARR, W.-D.: Zur aktuellen Debatte über Strafverschärfungen für Sexualstraftäter, in: BewHi (44. Jg.) Heft 1/1997
WILMS, Y.: Alltagsvorstellungen von Kriminalität in: BewHi 49. Jg.:, Heft 4/2002

Rainer Kilb

Der Einsatz konfrontativer Techniken bei Ablöseprozessen Jugendlicher in pädagogischen Maßnahmen und Einrichtungen

Wenn Jugendliche älter, aber nicht erwachsener werden...

Es war einmal ein Jugendclub, in dem hatten sich die sozialpädagogischen Fachkräfte seit längerer Zeit mit immer denselben Jugendlichen alltäglich beschäftigt, da geholfen, dort den „Ausputzer" gespielt ... die SozialarbeiterInnen sprachen längst von „ihren Kids". Aber auch „ihre Kids" beschäftigten sich nahezu täglich mit den Fachkräften, die sie entweder liebevoll mit Pit und Pulle, Jo und Moppel, Geli und Micki oder manchmal nicht mehr ganz so liebevoll mit „Wichser", „Schlampe", „Penner" oder „Arschloch" ansprachen. Man verstand sich trotz alledem; man wusste ja um die vermeintlichen Hintergründe dieser Codierungen.

Die Fachkräfte arbeiteten nach einem Konzept der sogenannten Raumaneignung, d.h. die Jugendlichen sollten die Clubräume als die Ihrigen betrachten lernen, diese selbst ausgestalten können, um sich dann besser mit dem ganzen Haus identifizieren zu lernen. Allmählich waren aus den Jugendlichen junge Erwachsene geworden (ca. 40% aller BesucherInnen der Offenen Kinder- und Jugendarbeit in großstädtischen Ballungsräumen sind junge Erwachsene und damit keine Jugendlichen mehr!). Die Gruppe schmolz immer mehr auf einen kleinen Kern zusammen, der ein unausgesprochenes und somit „heimliches" Hausrecht ausübte: Bevor das Haus geöffnet wurde saß man schon spalierförmig vor dem Eingang, kiffte dort und spie den Zugangsweg im Sinne einer ekelerregenden Zugangs- und Territorialsperre derart zu, dass deren Überwindung nur ihnen selbst und den Fachkräften, die das ja gewohnt waren, gelang. Ihre Botschaft hieß: Nur wir selbst haben hier Zugang! Und sie kam an. Gleichzeitig wurde immer häufiger von „damals" erzählt, als noch mehr los war.

Die SozialarbeiterInnen schwankten zwischen der Sehnsucht nach Wiederherstellung der „historischen Situationen" und eines Neuanfangs, natürlich mit Einbezug „ihrer Kids", der jetzt jungen Erwachsenen. Je länger dieser Zustand andauerte, um so kleiner und frustrierter und um so schwieriger wurde die „Restgruppe". Das Signal, welches bei den Fachkräften landete, war das einer immer größer werdenden Hilfebedürftigkeit. Offensichtlich war aber das, was „Ihre-Kids" als Hilfe benötigten, im Club nicht mehr zu erhalten und so zerstörten sie diesen und damit ihre „eigenen" Räume zunächst vorsichtig und später immer öfter und zuletzt radikal; zwischenzeitlich wurden Pulle, Pit und Micki noch bedroht: und mit einem abschließenden Inferno endet diese Geschichte und bildet die finale Sequenz eines offensichtlich nicht ganz gelungenen „Auszuges" aus dem Jugend(zu)Hause. Dass der Auszug dann diese aggressiv-destruktiven Formen trägt macht ihn zu einem eindeutigen Signal mit Endgültigkeitscharakter, von „Ihre-Kids" wohl adressiert an sie, die pädagogischen Fachkräfte.

Es stellen sich hier eine ganze Palette von Fragen:

– Hatten die PädagogInnen vielleicht „vergessen", in grenzüberschreitenden Situationen entschieden und eindeutig zu reagieren, den Jugendlichen den „Aneignungscharakter" der Räume vielleicht sogar abzusprechen?
– Oder: wurde das konzeptionelle Verständnis der „Raumaneignung" bei den Fachkräften von den Jugendlichen in „Eigentum" uminterpretiert?
– Sind sich PädagogInnen und Kids beziehungsmäßig vielleicht zu nahe gekommen?
– Existierte möglicherweise sogar ein gewisses Abhängigkeitsverhältnis der Fachkräfte zu den „Kids"?
– Oder: hatten es die PädagogInnen einfach nur versäumt, „Ihre-Kids" zum richtigen Zeitpunkt auf einen Abschied einzustimmen, diesen dann zu inszenieren und damit leichter durchzusetzen?
– Oder: können pädagogisch lancierte Ablösungen heute überhaupt noch gelingen, wenn es kaum Zukunftsaussichten für größere Gruppen junger Erwachsener gibt?
– Wenn nicht: wie ist dann der gesetzliche Auftrag zu verstehen und wie geht man fachpolitisch damit genau um?

Um die insgesamt komplexe Thematik erfassen zu können, sollen folgende Einzelaspekte diskutiert werden:

– Was ist der gesetzliche Auftrag und welche fachlichen Interpretationen existieren bezogen auf diese Übergangssituation?
– Veränderte gesellschaftliche und psychosoziale Situationen in der Übergangsphase zum Erwachsensein/Erwachsenenstatus.
– Traditionelle und neue Verläufe dieses Übergangs.
– Komplexe Struktur im Ablösungsprozess zwischen AdressatInnen, Fachkräften und fachlichem Auftrag.
– Was benötigen junge Erwachsene in dieser Phase und was kann hier genau sozialpädagogische Arbeit leisten?
– Welche konzeptionellen, methodischen und professionellen Kompetenzen sind hierbei gefragt?
– Lassen sich Ablöseprozesse dieser Art überhaupt steuern?

Gesetzlicher Auftrag und fachliche Interpretationen

Der Gesetzgeber sieht sowohl bei der Jugendarbeit (Paragraph 11 Kinder- und Jugendhilfegesetz (KJHG)) als auch bei der Jugendsozialarbeit (Paragraph 13 KJHG) eine obere Altersgrenze von 27 Jahren (Paragraph 7 KJHG) vor – mit zwei Ausnahmeregelungen: (1) Insbesondere für die Aufgabenverständnisse der Jugendverbandsarbeit (Paragraph 12 KJHG) sollten auch Personen, die das 27. Lebensjahr vollendet haben, in angemessenem Umfang einbezogen werden können (vgl. Paragraph 11 KJHG, (4)). Dieser Passus bezieht sich auf die Entwicklungen von Selbstorganisationsfähigkeit und Eigenverantwortlichkeit zur Wahrung der Kontinuität und Stabilität des Verbands- und Gruppenlebens (vgl. MÜNDER u.a., S.163). Dies ist theoretisch auch auf neue Formen der Jugendarbeit wie selbstorganisierte Projekte auslegbar. Der Akzent würde aber hier auf einer dadurch eher abgesicherten Gewährleistung von Angeboten für o.a. Altersgruppe und nicht orientiert auf ein Auffangen möglicher individueller Entwicklungsverzögerungen einzelner (junger) Erwachsener liegen.

(2) Solche „Entwicklungsverzögerungen" müssten über „Hilfen für junge Volljährige" (Paragraph 41 KJHG) bearbeitet werden, allerdings auch nur in begründeten Einzelfällen wie z.B. wenn schulische und/oder berufliche Ausbildungen oder bereits laufende sozialpädagogische Hilfen mit Vollendung des 21. Lebensjahres noch nicht abgeschlossen sind und gleichzeitig die „Reife für die Teilhabe an der Gemeinschaft nicht erreicht ist" (vgl. MÜNDER u.a., S. 310ff.). Unter „Reife" fallen hier das Erreichen einer altersadäquaten Autonomie, Selbständigkeit und Persönlichkeit. In Abgrenzung zu diesen eher „personenbezogenen Mängellagen" wird das Bundessozialhilfegesetz (BSHG, Paragraph 72) für sogenannte „externe Mängellagen" im Arbeits-, Wohn-, Bildungs- und kulturellen Bereich als zuständig bezeichnet.

Interessant ist hierbei ein gewisser Widerspruch im gesetzlichen Verständnis. Einerseits wird in einem unterstellten Trend zur Subjektorientierung in der Jugendarbeit, die ja bis zum Abschluss des 27. Lebensjahres angeboten wird, darauf verwiesen, dass das Angebot „an personaler Begleitung und Orientierungshilfe durch integrierte Beratungsfunktionen in Einrichtungen der Jugendarbeit auszubauen" wäre (vgl. MÜNDER u.a. S 162f.); diese Aufgabenauslegung ist fachlich in der Nähe zur Jugendsozialarbeit und den Erzieherischen Hilfen platziert. Zumindest bei letzteren wird aber eine Angebotsausweitung auf die höhere Altersgruppe der 22-27jährigen deutlich erschwert, obwohl sich sicherlich gerade bei einer solchen noch in Einrichtungen der Jugendarbeit verbliebenen Adressatengruppe die „sozioökonomische Verselbständigung (...) auf immer spätere Lebensjahre ausgedehnt hat" (MÜNDER u.a. S. 163).

Dieser Trend hin zu schwieriger gewordenen Übergangssituationen junger Volljähriger und vermutlich auch über 27jähriger findet eine deutliche empirische Bestätigung durch die Fallzahlentrends, die zwischen 1991 und 1999 für die Entwicklungen der Hilfen für junge Volljährige mit +75% und die der erzieherischen Hilfen für unter 18jährige mit -6,3% feststellbar sind (vgl. ELFTER JUGENDBERICHT, 325).

Veränderte gesellschaftliche und psychosoziale Situationen in dieser Übergangsphase

Es sind zwei Entwicklungen, die dieser Phase den Charakter einer so genannten *„Zwischenexistenz"* verleiht (vgl. BÖHNISCH, S. 202ff.). Zum Einen tragen hierzu die Verlängerung von Bildungs- und Ausbildungsphase bei, zum Anderen sind es die bekannten Unsicherheiten in der Erwerbskarriere und der sozialen Lebensplanung, die junge Erwachsene an jugendlichen Lebensformen „kleben" lässt.

Darüber hinaus stellt HEITMEYER u.a. (1998) in seinen diversen Untersuchungen zur Gewaltbereitschaft bei Jugendlichen eine Überforderungs- und Aufschiebungstendenz bei einer Vielzahl von Entscheidungsoptionen einerseits und einem gewissen altersabhängigen Entscheidungsdruck andererseits fest. Hieraus und aus der daraus sich ergebenden Angst vor möglichen falschen Entscheidungen resultiere eine *Gegenwarts- und Gelegenheitsorientierung* an Stelle einer Zukunftsorientiertheit.

In der psychosozialen Entwicklung insbesondere bei jungen Männern bilden sich durch verschiedene Faktoren zunehmend *Diskrepanzen zwischen Ideal-Ich und Real-Ich* heraus (vgl. FEND, BAACKE). Diese rufen extreme Formen ökonomischer und soziokultureller *Selbstinszenierungen* hervor, die stilistisch und in ihrem symbolischen Gehalt eher in *jugendkulturellen Kontexten* verortet sind.

Ökonomische Abhängigkeiten bei gleichzeitiger soziokultureller Selbstständigkeit verfestigen als ambivalente Einwirkungen und Entwicklungen das in dieser Altersphase ohnehin schon recht diffuse Lebensgefühl.

Letztendlich stellten Individualisierungstendenzen bei gleichzeitig sich verändernden Milieustrukturen die jungen Erwachsenen vor größere Bewältigungsprobleme hinsichtlich von Selbstwertigkeit, sozialer Orientierung, sozialen Rückhaltes und sozialer Integration.

Durch eine *„Biografisierung"* des Übergangs von Jugend- in das Erwachsenenalter werden nach Böhnisch unbearbeitete Bewältigungsprobleme eher mitgeschleppt. Dies erschwere oder verhindere gar den Eintritt in und die Übernahme von Erwachsenen zugeordneten Rollen.

Insgesamt stellt sich somit die Frage, ob es entwicklungspsychologisch betrachtet noch sinnvoll ist, überhaupt von einer Altersphase in Verbindung mit ganz bestimmten normierten Entwicklungsschritten zu sprechen oder ob eher der Begriff der biografischen Lebensphase der „Zwischenexistenz" ohne präzisen Alterskorridor angemessener wäre.

Neue Verläufe des Übergangs: „Zwischenexistenzen"

Die Übergänge dieser Phase, ehemals relativ eindeutig in der Reihenfolge Schulabschluss – Ausbildung/Studium – Erwerbstätigkeit/Familiengründung verlaufend, hat sich heute eher in eine Jo-Jo-Bewegung (vgl. WALTHER/ STAUBER) hin modifiziert. Sie findet also immer häufiger nicht mehr linear sondern reversibel statt. „Außerdem werden sie asynchron, weil sie sich in verschiedenen Lebensbereichen nach unterschiedlichen Rhythmen und Logiken vollziehen. Biografische Schritte müssen häufiger (oder können) zurückgenommen werden, weil sie sich nicht umsetzen lassen oder den eigenen Erwartungen nicht entsprechen" (a.a.O.). Junge Menschen fühlten sich in dieser Phase weder als Jugendliche noch als Erwachsene. Dies ist entwicklungspsychologisch gesehen nicht unproblematisch, da die Identitätsentwicklung in der Phase der späten Adoleszenz eigentlich abgeschlossen ist. Sie entpuppt sich an dieser Stelle dann ggf. wieder als krisenbegleiteter Neufindungsprozess mit einer ganzen Reihe neuer Risiken und Bewältigungsanforderungen.

Komplexe Struktur im Ablösungsprozess zwischen AdressatInnen, Fachkräften und fachlichem Auftrag

Unterzieht man die in o.a. Geschichte eines „aggressiven Auszugs" stattfindende Ablösung einer analytischen Betrachtung, so lässt sich ein solcher Ablöseprozess unter sechs Aspekten diskutieren.

(1) Zunächst geht es um eine *Ablösung der Fachkräfte von den Jugendlichen* oder jungen Erwachsenen. Liebkosend akzentuierte Namenscodierungen gegenüber den Fachkräften lassen sich m.E. auch als Konservierungsversuch infantil geprägter Beziehungen zwischen mittlerweile jungen Erwachsenen und erwachsenen Fachkräften deuten. Am Erhalt einer solchen gegenseitigen Infantilisierung scheinen beide Seiten ein Interesse zu haben. Der Sprachgebrauch „meine Kids" der SozialpädagogInnen ließe sich ebenfalls in diese Richtung hin lesen mit möglichen (unbewussten) Motiven von gewünschten, aber vielleicht nicht vorhandenen eigenen Kindern oder von eigenen Projektionen. In einer solchen Beziehungsausgestaltung werden möglicherweise helfende Impulse mit nichtreflektierter Kumpanei verwechselt. Einem ausbalancierten professionellen Nähe-Distanz-Verhältnis würde diese Motivlage bei Fachkräften widersprechen. Ihnen wäre eine pädagogisch begründete Distanzierungshaltung im Sinne eines adressatenorientierten Impulses weg von der eigenen Person erschwert. Nicht zu vergessen sind sicherlich auch strategisch akzentuierte Interessenlagen. Fachkräfte, die „mit den Alten (und Schwierigen) können" dürften einen höheren sozialen Status im KollegInnenkreis besitzen, den man sicherlich nur ungern bereit ist aufzugeben.

(2) Umgekehrt müssen die *AdressatInnen,* bereit sein, sich *von den Fachkräften zu lösen.* Diesem Prozess können eigene traumatisch wirkende Bruchsituationen genauso entgegenstehen wie eine für junge MigrantInnen häufig vorfindbare doppelte Bruchsituation in der Adoleszenz (vgl. KILB, 173ff.). Diese brechen mit der „Herkunftskultur", um sich von den Eltern distanzieren zu können. Fachkräften in der Jugendhilfe und der Sozialen Arbeit können in diesem Konfliktgemenge biografisch begründete projektive, Objekt- und Ersatzfunktionen zufließen, mit denen nur schwer umzugehen ist. Weiterhin können die über Fachkräfte erfahrbare Selbstwertigkeit, soziale Orientierung und sozialer Rückhalt einer Ablösung dann im Wege stehen, wenn solcherart Bewältigungsleistungen im Alltag der AdressatInnen ansonsten rar gesät sind oder im Zusammenhang einer fehlenden Integration von überstarkem Ideal-Ich aus der Kindheit und Real-Ich der Jugendzeit ein lebenslanger Hunger nach Bestätigung entstanden ist (vgl. ZIEHE, 77f.). Das „Hotel-Mama-Syndrom" lässt sich hier auf zahlreiche Bereiche der Jugendhilfe und der Sozialen Arbeit übertragen.

(3) Weiterhin müssen sich die jungen Erwachsenen *von den anderen BesucherInnen* insbesondere in den gruppenbezogenen Settings zumindest *temporär* und *territorial loslösen* können. Auch hierdurch kann sozialer Rückhalt und „regulierte" soziale Orientierung verloren gehen. Jugendhilfe, hier insbesondere Jugendarbeit als soziale Kontaktbörse, als Forum zwischengeschlechtlicher Beziehungsarrangements in einem Kontext sozialer Kontrolle und sozialen Austauschs müsste als „Angebot" aufgegeben werden (Integrationsdimension). Die betroffenen jungen Erwachsenen müssten diese Sozialbezüge entweder in selbst organisierter Form außerhalb der Institutionen weiterführen, sich also zu anderen Gruppen hin orientieren.

(4) Es geht darüber hinaus um die *Aufgabe eines „angeeigneten Sozialraums"* (vgl. DEINET*),* also eines morphologischen wie milieugeprägten Handlungsraumes mit Aktivitäten und sozialen Bezügen, mit regressiven wie regulativen Eigenschaften, mit Gelegenheiten und Geschichten. In der Retrospektive erinnern sich Erwachsene, die früher in der Jugendarbeit verkehrten, am häufigsten an gleichaltrige Freundschaften (soziale Rückhaltsdimension), spezifische Ereignisse und Geschichten (biografische „Halte-Punkte") sowie an „streitbare Personen" (soziale Orientierungsdimension) in diesem Kontext.

(5) Mit dem Abschied verbunden ist das bewusste *Heraustreten aus einer biografischen Phase* der Rollenexperimente, der Identitätsentwicklung mit Entdeckungs-, Auswahl-, Erprobungscharakter sowie Ablehnungs- bzw. Identifikationsentscheidungen: eine Suchen-Erproben-Findungs-Zeitspanne.

(6) Zuletzt geht es um eine Bewältigung von Ängsten vor diesem Heraustreten, vor dem Übergang ins Ungewisse. Je unklarer sich ein zukünftiger Weg abzeichnet um so schwieriger gestaltet sich die Ablösung von bestehenden vermeintlichen Sicherheiten.

Sämtliche dieser Faktoren können in diesem Prozess zusammenkommen oder korrespondieren miteinander. Sie bilden insgesamt eine äußerst komplexe Situation ab. In der Regel werden Jugendliche diese Übergänge vielleicht in o.a. Jo-Jo-Bewegung schaffen und sich dann sukzessive zurückziehen. Die anderen aber können leicht in eine in o.a. Geschichte angedeutete Spirale geraten, die sich dann explosiv oder implosiv entladen kann, wenn in den einzelnen Handlungsebenen vorher wenig methodisch bezogen auf Ablösungsziele hin gearbeitet wurde. Um sich nicht trennen zu müssen, können sich in einem solchen Fall dann „Lernprozesse" einschleichen, in denen Mechanismen der Selbstinfantilisierung und von regressivem Verhalten bei den AdressatInnen sowie diesen gegenüber Infantilisierung oder Übersteigerung und Dramatisierungen von Problemzuschreibungen von Seiten der Fachkräfte wirksam werden.

Interessant ist in diesem Zusammenhang, dass es bisher kaum konzeptionelle Vorstellungen und methodische Ansätze gibt, wie bzw. mit denen diese meist äußerst schwierige pädagogische Abschiedssituation anzugehen ist. Es wird offensichtlich davon ausgegangen, dass sich Jugendliche wie von selbst in Erwachsene auflösen und die Angebote verlassen.

Was benötigen junge Erwachsene in dieser Phase und was könnten Jugendhilfe und Soziale Arbeit dabei leisten?

Sicherlich wird ein Teil der für die Jugendhilfe typischen AdressatInnengruppen den einer „normalen" Altersentwicklung gemäßen „Abgang" vollziehen, der meist in Form einer ritualisierten Distanzierung von Einrichtung, BesucherInnen und Fachkräften stattfindet. Man kommt nur noch kurz vorbei und verweist auf die Kneipe, das Cafe, die Personen in und mit denen man jetzt verkehrt, zeigt sich hierbei vielleicht in neuem Outfit, ignoriert ganz gezielt die Fachkräfte und jüngeren BesucherInnen. Später erscheint man nur noch ganz punktuell und geniest den Blick zurück ins eigene „biografische Museum". Man ist in eine neue Rolle hineingewachsen, deren Ausgestaltungselemente kaum noch kompatibel mit den Milieubestandteilen der Jugendhilfe erscheinen. Man hat sich gewissermaßen von alleine vielleicht mit anderen zusammen ausgegliedert und gibt sich mit einem Mythos-Status („Ah..der hat damals..") bei den jetzigen BesucherInnen zufrieden.

Aber was benötigen junge Erwachsene, denen dieser Schritt der Selbstablösung nicht oder nur schwer gelingt, die sich (ungewollt) mit einer Verlängerung dieser Lebensphase herumschlagen müssen? In den Großstädten und Ballungsräumen sind dies in großer Zahl junge männliche Migranten.

Aus der bisherigen Analyse lassen sich mehrere Ansatzpunkte auf zunächst drei Handlungsebenen ableiten, an denen die Soziale Arbeit und Jugendhilfe, nicht aber unbedingt die Jugendarbeit, gefragt wäre.

(1) Zum Einen dürfte es bei zahlreichen der in der Jugendhilfe verbliebenen jungen Erwachsenen um *unbewältigte Kindheits- und Jugendprobleme* (vgl. BÖHNISCH, 206) gehen, die häufig eine Kette von Nachfolgeproblematiken ausgelöst haben. Vielleicht ist in einigen Fällen hieraus ein gewaltaffines und/oder kriminelles Milieu entstanden mit einer eigenen Dynamik, die sich über „tangierende" Sozialarbeit allein kaum noch bearbeiten lässt. Solche jungen Erwachsenen gelten häufig als nicht mehr motivierbar für Orientierungs-, Begleit- und Hilfeangebote. Es muss dann erst ein geeigneter Zeitpunkt abgewartet werden, wie z.b. eine gerichtliche Auflage, zu dem Interventionen möglich sind.

Ansonsten benötigen junge Erwachsene an dieser Stelle spezifische pädagogische Settings, die in der Jugendhilfe nur dann möglich wären, wenn sich eine Einrichtung konzeptionell auf die gezielte sozialpädagogische Arbeit mit einer ganzen Gruppe Betroffener oder Einzelner eingestellt hat. Dies bedeutet, dass im Sinne einer Hilfeplanung adäquat indizierte Hilfe- und Förderkonzepte entwickelt werden müssten, deren gelingende Umsetzung aber z.T. professionelle Kompetenzen erfordern (z.B. Diagnostisches, therapeutisches Vermögen), die aber zum Beispiel in der Jugendarbeit in der Regel nicht vorfindbar sind. Im Einzelnen ginge es hierbei um die spezifische fachliche Ausgestaltung einer intensiveren beratenden, coachenden Begleitung und die Integration von Elementen der tagesgruppenähnlichen Angebote (Paragraph 32 KJHG), von intensiveren Formen der Einzelfallhilfe (Paragraphen 30/35 KJHG) sowie von betreutem Wohnen (Paragraph 34 KJHG). Diese Unterstützungsmaßnahmen ließen sich entweder im Rahmen einer Hilfe für junge Volljährige (Paragraph 41 KJHG) bzw. bei Älteren nach Paragraph 72 BSHG an das (ehemalige) Spektrum der Jugendarbeit/Jugendhilfe anbinden. Es kann unter Umständen in einzelnen Fällen sinnvoll sein, dass im Verständnis eines milieuorientierten Ansatzes, ein solches Projekt selbst aus der Jugendarbeit/Jugendhilfe „auszieht", und sich z.B. in eine Institution „Jugendbüro" verwandeln müsste. Der Transfer hin zu solchen Projekten würde unter Nutzung von in der Jugendarbeit/Jugendhilfe entstandenen personenbezogenen Vertrauensverhältnissen stattfinden und über die Personenkontinuitäten eine geeignetere Grundlage bilden im Vergleich etwa zu neuen und fremden AnsprechpartnerInnen aus dem originären Spektrum der erzieherischen Hilfen (Paragraphen 27ff. KJHG).

Aber auch bei einer solchen Indikation sollte abgewogen werden, ob nicht auch ein Trennungs- oder Ablöseprozess zu den bisherigen professionellen erwachsenen BegleiterInnen angesagt sein könnte.

(2) Eine zweite Handlungsebene wäre die einer *Hilfe bei institutionellen Übergängen*, die i.d.R. schon frühzeitig an der Schlüsselstelle Grundschule-Hort/weiterführende Schule und dann von Schule zu Ausbildung/Arbeits-/Beschäftigungs-/Berufsorientierung/alternative Lebenssequenzen (Freiwilliges soziales oder ökologisches Jahr etc.) angeboten werden sollte. Auch hierbei kann es um eine Entscheidung zwischen der Integration solcher Hilfen z.B. in

das Feld der Jugendarbeit oder die Kooperation z.B. mit Projekten der Jugendsozialarbeit (Paragraph 13 KJHG, BSHG, AFG) gehen (vgl. HAMMER). Auf diesen beiden Handlungsebenen würde es unter Umständen um die Frage gehen, ob MitarbeiterInnen der Jugendarbeit/Jugendhilfe selbst in eine neue professionelle Rolle eintreten könnten, um zu einer gelingenderen Entwicklung von jungen Erwachsenen in dieser Phase beizutragen. Ein solcher Transfer entspräche im Übrigen der „Philosophie" einer Flexibilisierung erzieherischer Hilfen und wäre sicherlich besonders in der Arbeit in Sozialen Brennpunkten, der Streetwork und der Milieuarbeit sinnvoll. Mit einer Übernahme dieser Tätigkeiten wären aber o.a. erweiterte Qualifikationen erforderlich.

(3) Eine dritte Handlungebene läge im Bereich einer *Hilfe bei Rollenübergängen* junger Erwachsener, die ebenfalls in Stufenbewegungen oder alternativ im Feld der Jugendarbeit/Jugendhilfe selbst bzw. in Form einer externen Begleitung durchführbar ist. Die von Walther/Stauber unterstellte Jo-Jo-förmige Übergangsgestaltung deutet auf eine Hin-und-her-Bewegung zwischen alten und neuen Rollen bzw. deren ortsspezifische Umfelder und Milieus hin. Sozialpädagogisches „Geschick" würde in diesem Zusammenhang bedeuten, dem Rollenwechsel mit entsprechenden symbolischen Gesten, einem jeweils rollenadäquaten Verhalten und Habitus entsprechen zu können.

Eine zweite Option auf dieser Ebene könnte die *Zuweisung einer neuen Rolle* innerhalb eines Feldes z.B. der Jugendarbeit sein. So müssten junge Erwachsene gegebenenfalls ab einem klar mit ihnen festzulegenden Alterszeitpunkt in neue Rollen hineinwachsen können, in denen sie Verantwortungsfunktionen für andere mit übernehmen (z.B. Schlüsselverantwortung, Streit- und KonfliktschlichterIn, Verkauf, Mithilfe bei Angeboten, Vorstandsaufgaben bei freien Trägern etc.); sie würden die BesucherInnenrolle nach und nach eintauschen gegen die AnbieterInnenrolle im Sinne einer Dienstleistungserbringung für andere. Bei einem solchen institutionsinternen Rollenwechsel bedarf es meistens eines ritualisierten Übergangs. Rituale helfen bei einem Übergang von einem Zustand zu einem neuen Zustand hin. Sie müssen in ihrer Ausgestaltungsform dann die Sequenzen des Abschlusses einer bisherigen Rolle und des Beginns einer neuen Rolle verkörpern.

Alternativ hierzu wäre der *Impuls* zu setzen, die neue Rolle an einem hierfür *geeigneteren Ort* zu spielen und möglicherweise eine partielle Begleitung in Form eines Mentorings anzubieten. Beide Wege sollten den jungen Erwachsenen Impulse zu einem *neuen Entwicklungsbewusstsein* geben können; im ersten Fall würde der neue Lernprozess auf eine erst später zu vollziehenden Ablösung zielen.

Als Zwischenfazit lassen sich folgende Aspekte zur Arbeit mit dieser Altersgruppe im Bereich der Jugendhilfe festhalten:

1. Eine sich überwiegend pädagogisch verstehende Jugendarbeit und Jugendhilfe geht in der Regel an den Lebensrealitäten junger Erwachsener vorbei, da diese die Hilfen der Jugendhilfe nur in Verknüpfung mit Per-

spektiven zukünftiger Existenzsicherung im schulischen, Ausbildungs-, Berufs- und Wohnbereich als sinnstiftend erfahren können.
2. Jugendhilfe muss deshalb eine Kombination von sozialer Entlastung und individueller Betreuung erbringen, gleichzeitig aber den Anspruch einer selbstverantworteten Lebensführung vermitteln und damit verbundene gewöhnlich außerhalb ihres Spektrums zu erbringende Anpassungsleistungen.
3. Eine sich auf „Schonraumpolitik" begrenzende Jugendhilfe verfehlt ihre gesellschaftspolitische Zielrichtung und wird auch dem individuellen Anspruch junger Erwachsener nicht gerecht
4. Eine gelingende Zusammenarbeit zwischen Jugendhilfe und den Bereichen Arbeit, Wohnen, soziale Sicherung und Ausbildung ist für die Arbeit mit dieser Zielgruppe unverzichtbar.
5. Jugendhilfe, die nur aus eigener Kraft versucht, mit jungen Erwachsenen eine Lebensperspektive zu entwickeln, entmündigt und infantilisiert ihr Klientel (vgl. HAMMER).

Welche konzeptionellen, methodischen und professionellen Kompetenzen sind hierbei gefragt?

Zu einem bewussteren Umgang mit Übergangs- und Ablösesituationen würde zunächst eine *Berücksichtigung* dieser Phasen in den *Konzeptionen* der Einrichtungen und Angebote gehören. Konzeptionelle Überlegungen bezogen auf Alters- und Entwicklungsaspekte existieren derzeit z.B. im Bereich der Jugendarbeit lediglich für die Gruppierungen der Kinder, der 12-14Jährigen und der Jugendlichen. Bei den Konzepten für 12-14Jährige steht der Übergang vom Kindesstatus zum Jugendstatus, von Kindheit zur Jugend im Mittelpunkt. Konzeptionelle Ansätze, die auf eine Herauslösung, also auf eine Beendigung der Zeit in Jugendeinrichtungen zielen, existieren dagegen kaum. Anders im Bereich der erzieherischen Hilfen (Paragraphen 27ff. KJHG), in denen sogenannte Nachbetreuungsformen im Anschluss etwa an stationäre oder intensivere ambulante (Tagesgruppe, Intensive pädagogische Einzelfallhilfe) Angebote eher üblich geworden sind.

In diesem Zusammenhang sollten folgende Aspekte thematisiert werden:

(1) die Frage von Alters- oder Lebensphasenorientierung;
(2) die augenblicklichen Ausformungen und Strukturen der Übergänge von einer in die andere Alters-/Lebensphase;
(3) der biografische Faktor „Zeit";
(4) spezifische Erfahrungen mit Ablösungsprozessen im Feld der Jugendarbeit wie etwa konzeptionelle Phasenaspekte von Raumaneignung und sukzessive Raumenteignung statt Raumzerstörung beim „Auszug", Personenbezug und Personen-Distanzierung bei der Ablösung.

Sämtliche Aspekte wären nach geschlechterspezifischen und, quer hierzu, nach ethnisch-kulturellen Besonderheiten zu differenzieren.

Bisherige altersgruppenorientierte Konzeptionen beinhalten meist lediglich die jeweilige Einstiegs- bzw. Anfangssequenz und nicht das Ende einer Lebensphase.

Methodisch wären mehrere Handlungsebenen relevant. Zum Einen ginge es um eine bewusst gestaltete Arbeit mit Einzelnen im Sinne einer individuellen Coaching-ähnlichen Begleitung; andererseits bietet sich gerade in dieser Fragestellung auch die gezielte Arbeit mit Peers oder vergleichbaren Gruppenkontexten an. Es kämen dabei verschiedene Arbeitsansätze je nach Setting in Frage:

a. auf der eher *informellen Kommunikationsebene* zwischen Fachkräften und betreffenden Jugendlichen könnten z.b. auf habituelle Entwicklungen zielende veränderte Formen der persönlichen Ansprache oder eine unter diesem Aspekt stattfindende Verantwortungsdelegation stehen;
b. auf einer *formell-rechtlichen Ebene* ginge es wieder stärker um die Vermittlungen altersrelevanter gesetzlicher Bestimmungen (z.B. Volljährigkeit), um ein Einstimmen und Vorbereiten auf einen neuen rechtlichen Status;
c. auf der Ebene *„informeller Beratung"* oder auch im Gruppenkontext wären rollen-reflexive (Altersadäquanz, Lebensphasenentsprechung, Perspektivenorientiertheit) Elemente angesagt;
d. auf einer *zeitbezogenen Ebene* könnte mit symbolischen Inszenierungen, Ritualisierungen zeitlicher Phasenabschnitte, grenzgängigen Erfahrungen und Festivitäten o.ä. gearbeitet werden, die gleichermaßen einen Ersatz für verschwundene Initiationsriten darstellen würden (vgl. AX), etwa in Form von Aufnahme- und Abschlussfesten, Abschlussfahrten, Jahresfesten mit rückblickendem Charakter: „Würdigungen" des Vergangenen – Erwartungen an das Zukünftige, Bewusstmachen persönlicher und gruppenbezogener Epochen, Feedback zu Gruppenentwicklungen;
e. auf einer *funktionalen und organisatorischen Ebene* müssten entweder neue rollenbezogene Zuordnungen und Erwartungen an die jungen Erwachsenen („internes Altern/Erwachsenwerden") herangetragen werden, also die Übernahme von (honorierten) Dienstleistungen für andere oder ein „Auszug", Abschied bzw. Übergang inszeniert werden. Hier wäre z.B. eine Kombination von abschließender Fete und Fahrt und eine anschließende kurze (symbolische) Hausschließung oder Kontaktaussetzung denkbar.

Welche *professionellen Kompetenzen* wären nun notwendig, um solche Ablöseprozesse effektiv ausgestalten und begleiten zu können?

Zunächst geht es um das grundlegende Verständnis einer „erzieherischen Begleitung" für einige Jugendliche und junge Erwachsene im Rahmen von Jugendarbeit und Jugendhilfe. Auf unsere Fragestellung bezogen würde dies bedeuten, Alters- bzw. Lebensphasen mit teilweise individuell und gruppenbezogen sehr unterschiedlichen Entwicklungen stärker konzeptionell zu integrieren, diese also zum Gegenstand pädagogischen Handelns werden zu lassen.

In der praktischen Umsetzung wären methodische Kompetenz und Kreativität in der Gestaltung von Übergängen zum Erwachsenenstatus gefragt.

Handlungsfördernd wären weiterhin die Fähigkeit, Impulse im Prozess zwischen zunächst partizipativ angelegter Regulation/Kontrolle im jüngeren Alter hin zur Selbstregulationsfähigkeit setzen zu können.

Ganz entscheidend für eine Arbeit mit älteren Jugendlichen/jungen Erwachsenen ist aber die persönliche Fähigkeit, Auseinander-Setzung als Objekt der Abarbeitung und Distanzierung, der „temporär-situativen Gegnerschaft" gegenüber den AdressatInnen auszuhalten und bei sich selbst Distanzierungen zu diesen zuzulassen, ja diese sogar in geeigneten Situationen als Impulse zur Ablösung initiieren zu können. Es reicht nicht, lediglich „loslassen" zu können.

Darüber hinaus ist die Fähigkeit gefragt, AdressatInnen von einem Rollenverständnis in ein neues zu begleiten, diese Übergänge zu fördern, also auch anschieben zu können.

Letztendlich wäre das Know-how zu und die Kooperationsfähigkeit mit den existenzsichernden Politikfeldern und Angeboten wichtig.

Es sind eher die „kantigen", die fordernden, konfrontierenden und gleichzeitig auffangenden PädagogInnen, die Erinnerungs-Eckpunkte in der Retrospektive früherer AdressatInnen der Jugendhilfe markieren und nicht die „immer-und-alles-akzeptierende" Fraktion.

„Temporär-situative Gegnerschaft" oder: Konfrontative Elemente als pädagogische Sonderkompetenzen

Eigentlich sollte zum handlungsbezogenen Verhaltensinventar einer pädagogischen Fachkraft eine möglichst große Breite im Spektrum zwischen Akzeptanz und Verhaltensverstärkung einerseits und Kritik-, Konfrontations- und in extremen Situationen auch Verurteilungs- und sogar Ablehnungsvermögen des Klientverhaltens andererseits gehören. Denn gerade in der Ausschöpfung einer solch vielstufigen Palette verschiedener Verhaltenslevel drückt sich die Kompetenz differenzierten pädagogischen Gestaltungs- und Reaktionsvermögens aus. Anbiederndes und meist auf eigenen Ängsten aufbauendes Verständnis für extremere Regelverletzungen insbesondere in der sozialpädagogischen Arbeit mit schwierigen Einzelnen und/oder Gruppen können dagegen realitätsfremde biografische Entwicklungen fördern: *„Der Erziehungsauftrag an uns wird zwischen Eltern ohne Zeit und überforderten Lehrern hin und hergeschoben, wir gewinnen Freiraum in diesem Chaos, und der gefällt uns. Wir verwildern in diesem Vakuum, dessen Ränder aus Watte sind und dessen Grenzen wir selbst setzen. Dass es auch noch andere Gren-*

zen gibt, merken wir erst wieder, wenn vor uns ein brennendes Haus steht, das wir angezündet haben, und hinter uns drei Polizisten, die erstaunlich fest zupacken. Unsere Spielregeln sind unlogisch und schwer zu durchschauen, aber auch ein Schlag ins Gesicht ist ein Rausch, denn er hinterlässt ein Gefühl, das eindeutig ist..." (KÖNIG 1993,. 3). Dieses Statement eines Heranwachsenden weist auf ein für die letzten dreißig Jahre fast klassisches Missverständnis in zahlreichen pädagogischen Kontextbezügen hin. Die Rolle des Pädagogen/der Pädagogin ist dabei auf eine weitgehend jegliches Verhalten akzeptierende Basis und allein auf die verstärkenden Impulse bei als positiv interpretierten Entwicklungen reduziert. Im Beurteilungskatalog zahlreicher autoritär sozialisierter meist männlicher Klienten (mit Migrationshintergrund) wird dieses Verhalten als zu nachsichtig und als schwach identifiziert und verurteilt, bei vielen Fachkräften aber gleichzeitig als verständnisvolles Einfühlungsvermögen „verbucht". Dieses „pädagogische Missverständnis" – von den Jugendlichen häufig als „Gelaber" etikettiert, von den Fachkräften dagegen umschrieben als „noch nicht zugänglich" – ist zum Kommunikationsmuster zahlreicher pädagogischer Beziehungen geworden und lässt Entwicklungsmöglichkeiten eher erstarren als gedeihen.

Wichtig erscheint aber gerade für die altersspezifische pädagogische Tätigkeit, die jeweils geeignete Balance zwischen o.a. beiden Verhaltenseckpolen austarieren zu können. Für den „konfrontierenden Pol" wären auf den diversen fachlichen Handlungsebenen folgende pädagogische Haltungen (Stile) und Techniken relevant:

- die *Verhaltensspiegelung* in der Einzelfallarbeit, -beratung (etwa mit Tätern) und in der (therapeutischen) Kleingruppenarbeit z.B. in Form des Rollenspiels: Verhaltenskonfrontation in einer Gruppe oder auf dem „heißen Stuhl";
- die Konfrontation als Level in oder als Glied/Stufe einer *verhaltensbezogenen Reaktionskette* in der pädagogischen Beziehung bei Regelverletzungen oder bei Nichteinhaltens getroffener Vereinbarungen (Erziehungs- und Hilfepläne § 36 KJHG);
- die *personale Konfrontation* mit einer geschädigten Einzelperson oder Gruppe mit dem Ziel, erlittenes Opferleid nachempfinden und/oder ausgleichen zu können;
- die *intrapersonale Konfrontation* mit sich selbst in therapeutischen Prozessen (z.B. bei psychichen Abspaltungen);
- die *interpersonale Konfrontation* als Gegenüberstellung unterschiedlicher Interessen und Konfliktverständnisse in Streitschlichtungen und Mediationsverfahren;
- die *provokative Konfrontation* als Training (Desensibilisierung).

Diese persönliche Handlungskompetenz der entschiedenen Grenzziehung, des aktiven Schützens anderer oder fremden Eigentums, des persönlichen Intervenierens in angespannten Situationen, des Dagegensetzens und Verurteilens, des produktiven Provozierens ist dabei an strengen ethischen Maßstäben zu orientieren, die immer auf transparente gruppenorientierte und einzelfallbezogene Zielsetzungen pädagogischer Kontexte bezogen sein müssen und nicht auf eine persönliche Inszenierung einzelner Fachkräfte zielen dürfen.

Lassen sich Ablöseprozesse überhaupt steuern?

Vor dem Hintergrund, dass es gar nicht selten zu heftigsten Ablöseinszenierungen junger Erwachsener an und mit Gegenständen und Personen insbesondere im Feld der Offenen Jugendarbeit kommt – das Feuerlegen und die vermutlich damit beabsichtigte totale Vernichtung sämtlicher (biografischer) Spuren scheint besonders „attraktiv" zu sein – vor diesem Hintergrund stellt sich nicht nur für den Kostenträger die Frage nach Steuerungsmöglichkeiten solcher Situationen. Die bisher als „präventive Maßnahmen" häufiger von Fachkräften oder Trägern praktizierten meist längerfristigen Einrichtungsschließungen erscheinen unter Kostengesichtspunkten ebenfalls schwer legitimierbar, sodass sich die Frage nach alternativen Optionen umso dringlicher stellt.

Neben den bisher dargestellten weitgehend inhärenten Qualifizierungsmodellen geht es hier aber auch einmal wieder um die generelle Frage nach dem Selbstverständnis bestimmter Arbeitsfelder der Jugendhilfe wie z.B. der Offenen Jugendarbeit mit benachteiligten und damit auch häufig problematischen Kindern, Jugendlichen und jungen Erwachsenen zu arbeiten. Können diese AdressatInnen in diesem teilweise gezielt nicht-pädagogischen Handlungsfeld überhaupt das bekommen, was sie eigentlich zur Orientierung, Stabilisierung und damit zur persönlichen Weiterentwicklung benötigen, was sich aber vom gesetzlichen Hilfekanon her eher bei den erzieherischen Hilfen wiederfindet? Dort aber fehlen oftmals die geeigneten Zugänge zu den Hilfeangeboten z.B. für zahlreiche junge MigrantInnen. Einer dieser Zugänge könnte aber genau das Arbeitsfeld der Offenen Jugendarbeit sein, vorausgesetzt diese beiden Bereiche würden sich fachlich deutlicher in komplementärer Form zueinander ausrichten. Eine Gelegenheit, dies zu tun könnte die zwangsläufig notwendige Neuorientierung der Offenen Kinder- und Jugendarbeit vor dem Hintergrund einer flächendeckenden Ausweitung von Ganztagsschulen sein.

Eine zweite grundsätzliche Fragestellung bildet sich im Zusammenhang mit der tendenziellen Auflösung allein altersabhängiger Entwicklungsphasen ab. Könnte es hierbei nicht wieder mehr um altersübergreifende Kultur- und Soziale Arbeit gehen, möglicherweise sowohl in gemeinwesen- ,aber auch in milieu- oder lebensstilorientierten Bezügen?

Literatur/Quellen

AX, D.: Brauchen westliche Industriestaaten männliche Initiation? in: PÄD Forum 8/2002
BAACKE, D. (2000): Die 15-18jährigen. Einführung in Probleme des Jugendalters. Weinheim/Basel
BÖHNISCH, L. (2001): Sozialpädagogik der Lebensalter. München/Weinheim
BMFSFJ (2002): Elfter Jugendbericht. Berlin
DEINET, U. (1999): Sozialräumliche Jugendarbeit. Leverkusen
FEND, H. (2000): Entwicklungspsychologie des Jugendalters. Leverkusen
HAMMER, W. (2000): Angebote der Jugendhilfe für Jungerwachsene (Vortrag JET)
HEITMEYER, W. u.a. (1998): Gewalt. Weinheim/München
KILB, R. (1998): Multikulturelles Konzeptmuster in der Jugendarbeit; in: DEINET, U./STURZENHECKER, D. (1998) Handbuch Offene Kinder- und Jugendarbeit. Münster
KILB, R. (2003): Wenn Jugendlicher älter aber nicht erwachsener werden – Probleme und Gestaltungsansätze bei Ablöseprozessen in der Jugendarbeit; in: deutsche jugend. Weinheim
KÖNIG, P. (1993): Wir Vodookinder; in: Kursbuch 113 Deutsche Jugend. Berlin
STURZENHECKER, B.: Handbuch Offene Jugendarbeit. Münster
KING, V. (2002): Die Entstehung des Neuen in der Adoleszenz. Leverkusen
MÜNDER, J. u.a. (1993): Frankfurter Lehr- und Praxiskommentar zum KJHG. Münster
STADT FRANKFURT AM MAIN (Jugendamt) (1994): BesucherInnenstatistik Offene Kinder- und Jugendarbeit. Frankfurt/M.
STADT FRANKFURT AM MAIN (1977): Entwicklungsplan der Jugendfreizeitstätten. Frankfurt/M.
WALTHER, A./STAUBER, B. (2002): Yo-yo's at work – ein europäisch-vergleichender Blick auf Handlungsspielräume junger Frauen und Männer; in: Neue Praxis 3/2002, Neuwied
WEIDNER, J./KILB, R./KREFT, D. (1997): Gewalt im Griff (Band 1)- Neue Formen des Anti-Aggressivitätstrainings. Weinheim/Basel
WEIDNER, J./KILB, R./JEHN, O. (2003): Gewalt im Griff (Band 3) – Weiterentwicklung von Anti-Aggressivitäts- und Coolnesstraining. Weinheim/Basel
WULF, C. u.a. (2001): Das Soziale als Ritual. Leverkusen
ZIEHE, T. (1975): Pubertät und Narzissmus. Sind Jugendliche entpolitisiert? Köln

Eckart Osborg

Der konfrontative Ansatz der subversiven Verunsicherungspädagogik in der Präventionsarbeit mit rechten und rechtsorientierten Jugendlichen

Vorbemerkung

Verunsichern und Konfrontieren sind keine Neuerfindungen in der Pädagogik[1]. Sie waren schon immer Bestandteil pädagogischer Praxis, unabhängig davon, wieweit sie tatsächlich verbreitet waren oder sind. In der Theorie- und Methodendiskussion der Sozialpädagogik sind sie allerdings erst mit den Kontroversen um das Anti-Aggressivitäts-Training (AAT) und das Coolness-Training (CT) wieder stärker ins Bewusstsein der Fachöffentlichkeit gelangt. Wenn beide Elemente schon immer Bestandteil gerade erfolgreicher (sozial)pädagogischer Arbeit waren, so ist die Benennung einer pädagogischen Richtung mit diesen Attributen im „Firmenschild" nur gerechtfertigt, wenn sie den Kern oder das Wesenselement des Ansatzes ausmachen. Gibt es eine solche Rechtfertigung?

Verständnis versus Grenzen setzen

Ob die vorherrschenden Paradigmen von Hilfe, Unterstützung und Verständnis noch als geeignetes (oder gar sozialpädagogisches) „Allheilmittel" für Formen der schweren Jugenddelinquenz gelten können, die nicht (nur) durch ein passageres jugendtypisches Verhalten gekennzeichnet sind, wird z.Zt. in der fachlichen Auseinandersetzung heftig diskutiert[2]. Während die beiden erstgenannten Aspekte Hilfe und Unterstützung weiterhin in der Fachöffentlichkeit unumstritten sind (in der politischen Debatte mag das anders sein), kann dies nicht für das Verständnis gelten. So kann die eigene schwere Kind-

---

1 Darauf haben jüngst hingewiesen: SIMON, Wo Zuwendung nicht hilft, hilft Konfrontation? SOZIALEXTRA 4/03, S. 38f.; KUNSTREICH, Der Kaiser ist ja nackt, SOZIALEXTRA 4/03, S. 41f.; SCHERR, Das richtige Rezept für harte Jungs? SOZIALEXTRA 4/03, S. 42f.; WINKLER, Verliebt in das eigene Programm, SOZIALEXTRA 4/03, S. 44f.

2 WEIDNER, Konfrontative Pädagogik: Theoretische und methodische Grundlagen für einen Umgang mit mehrfachauffälligen jungen Menschen in: standpunkt: sozial, 3/2003

heit, können traumatische Erlebnisse, etc. (also die „Sozialisation"), keine Tat entschuldigen. Selbst erlittenes Leid und Unrecht berechtigt nicht dazu, es anderen anzutun. Der in der Rezeption therapeutischer Modelle durch die Sozialpädagogik entstandene Begriff des „Verständnisses" ist in diesem Zusammenhang problematisch. Im umgangssprachlichen Verkehr bedeutet „Ich habe Verständnis dafür.", dass ich selbst in der gleichen Situation so oder ähnlich handeln könnte. Und weil man *mir* dies doch bitte nicht übel nehmen soll, tue ich dies auch nicht. Dies ist eine klare (jedenfalls Teil-) Entschuld(ig)ung, die Schuld des anderen wiegt nicht so schwer, als dass daraus eine ernsthafte Verstimmung oder Beziehungsstörung resultieren würde. Das „Verständnis" beruht auf dem Prinzip der Gegenseitigkeit und der Vorwegnahme der Umkehr der Rollen: Auch mir könnte es ja passieren. Damit wird deutlich, wozu im mitmenschlichen Verkehr das Verständnis gut ist: Für das Verzeihen von Fahrlässigkeit, von Beziehungs- und anderen Unfällen. Es ist aber fraglich, bei welchen Gruppen von Jugendlichen wir bei aggressiv-sozialdestruktivem Verhalten von einem „Unfall" sprechen können, unabhängig davon, dass alle Jugendlichen ihr Verhalten so darstellen möchten. Verständnis hilft auch nur sehr begrenzt. Wegen der Abwehr ihrer Kindheitserlebnisse missverstehen diese Jugendlichen das ihnen entgegengebrachte Verständnis jedenfalls als Entschuldigung (= Entschuldung). Verantwortung übernehmen zu lernen, also auch für das eigene Tun, (reale) Schuld zu tragen, muss zu den pädagogischen Lernzielen gehören. Allenfalls in Situationen, in denen es vor allem bei „ertappten Jugendlichen" zu starken Selbstanklagen, -bezichtigungen und -entwertungen kommt, kann das von PädagogInnen entgegengebrachte Verständnis entlastend wirken.

Verständnis hat sehr unterschiedliche Wirkungen, je nach dem, mit welcher Art von Jugenddelikten wir es zu tun haben. Jugendliche befinden sich allgemein in einer Phase des inneren Umbruchs und der Identitätsneufindung, lösen sich darin von den Moral- und Rechtsvorstellungen der Eltern, um eigene zu entwickeln, probieren eigene Konfliktlösungen aus, versuchen Grenzen auszutesten und können dabei auch Phasen haben, in denen sie Delikte begehen. Verständnis ist auch hier nicht angezeigt, sondern Grenzen setzen. In der „Grenze" sind symbolisch die Rechte anderer Menschen dargestellt und verbürgt. Sie ernst zu nehmen gehört ebenfalls zum sozialen Lernprozess. Jugendliche wollen sich auch reiben, wollen daran bemessen, wie stark sie schon sind.

Dies hat meist aber keine weitreichenden Folgen, wenn statt Grenzen mit Verständnis reagiert wird. Diese Phase „wächst sich aus". Es gibt aber ganz offenbar auch eine (auf die Gesamtzahl bezogene: kleine) Gruppe von Jugendlichen, bei denen sich manifeste Anzeichen für einen Prozess einer kriminellen Persönlichkeits- und Charakterentwicklung finden. Der in dieser Hinsicht gefährdete Jugendliche würde Verständnis im Sinne seiner inneren Rechtfertigungen missverstehen: es bestätigt ihn nur in seiner Auffassung, dass er „dem Türken eins draufhauen" kann, was ja seiner Ansicht nach sowieso sein Recht ist. Solche Persönlichkeitsstrukturen („Dissozialität", "schwere Persönlichkeitsstörung", strafrechtlich: "schädliche Neigungen", "krimineller Charakter") sind das Resultat eines langanhaltenden Prozesses, in dem unterschiedliche Faktoren zusammenwirkten. Diese sind immer wieder unter vielen Blickwinkeln beschrieben worden: als Kinder, die oft ungewollt, jedenfalls meist ohne ausreichende Zuwendung und Empathie in früher Kindheit aufwuchsen, produzierten sie die ersten Reaktionsbildungen ("Wenn ich nicht bekomme, was ich denke, das ich brauche, dann habe ich das Recht, es mir zu nehmen"). Daraus entstehen schwere Selbstwertprobleme, Aggressivität, Schul- und Lernprobleme mit der Folge weiterer Ablehnung und Ausgrenzung der Umwelt und ihrer inneren Reaktion darauf: "Dann werde ich eben so, wie ihr mich nicht wollt" (die sog. negative Identitätsbildung). Am Ende dieses Prozesses steht ein von der Gesellschaft nicht akzeptierbares Sozialverhalten – mit dem aber diese Jugendlichen "kein Problem haben".

Heilpädagogik, zusätzliche therapeutische Angebote in der Heimerziehung, Milieutherapie, sozialpädagogische Intensiv- und/oder Einzelbetreuung, AAT und CT, die Liste der pädagogischen Methoden lässt sich beliebig verlängern, sie haben alle ihre Bedeutung, denn einen "Königsweg" in der pädagogischen Arbeit und Behandlung solcher Jugendlicher hat es nicht gegeben und wird es nicht geben. Immer zeigten diese Methoden bei einigen Jugendlichen positive Wirkung, bei anderen nicht. Die unterschiedlichen Methoden, die zunächst jeweils wie Moden die Diskussion beherrschen, in der Hoffnung, sie brächten nun *die* Lösung des Problems, ihr ständiger Wechsel ist ein Antwortversuch auf ein bestimmtes Phänomen, die häufige "Unerreichbarkeit" der Jugendlichen. Diese resultiert aus einem fehlenden Leidensdruck, denn die Jugendlichen leiden nicht an dem, was sie anderen antun, vielmehr verschafft es ihnen innere Entlastung. Die verinnerlichten negativen Beziehungserfahrungen als Ursachen für ihr Verhalten sind tief und massiv abgewehrt (sehr viel massiver als jene Abwehr, die wir alle als psychischen Schutz benötigen) und damit i.d.R. einer Einbeziehung in die pädagogische Arbeit und Auseinandersetzung entzogen. Eine solche Abwehr, die z.T. auf Persönlichkeitsspaltungen beruht, blockiert jede Lernfähigkeit und Persönlichkeitsentwicklung, jede (Nach)Reifung. Auf dieses Phänomen beziehen sich Methoden, die mit heftigen konfrontativen Elementen arbeiten: Tatfolgenkonfrontation, angreifende Rückmeldungen auf dem heißen Stuhl, das Aushalten müssen von Provokationen, die die Selbstwertbalance in Frage stellen, beim CT, etc.

Das gilt auch für rechte und rechtsorientierte bzw. entsprechend gefährdete Jugendliche. Es gibt eine Vielzahl von Hinweisen auf ähnliche Persönlichkeitsstrukturen von allgemein kriminellen und rechtextremistischen Jugendlichen. Es handelt sich sehr häufig um Jugendliche, die bereits schwerwiegende kriminelle Delikte begangen haben oder neben den spezifischen Straftaten aus rechter Gesinnung in allgemein kriminelle Delikte verstrickt sind (Raub, Computerdiebstahl, schwere Körperverletzung, Nötigung). Auch gab es bereits zu bestimmten Anlässen eine punktuelle Zusammenarbeit der rechten mit der allgemein gewaltkriminellen Szene in Hamburg[3]. Umgekehrt ist ein Großteil von Jugendlichen, die nach erfolgreicher sozialpädagogischer Präventionsarbeit die rechte Szene verlassen haben, in die allgemein kriminelle übergewechselt, insbesondere in die Drogenkriminalität. Auch die inzwischen vermehrt erschienenen psychologischen Untersuchungen[4] bestätigen, dass diese Jugendlichen als Kinder in ihren Familien die ‚Ausländer' waren: ungeliebt, ausgegrenzt, abgeschoben[5].

Verunsicherung als pädagogisches Prinzip wird dort vorab gebraucht, wo Selbstgewissheit bis hin zu quasi-religiösem Glauben das Sich-in-Frage-Stellen-Lassen von vornherein verhindert. Politische Ideologien werden als Weltanschauungen verstanden und damit ist ein rationaler, an Aufklärung interessierter Diskurs nicht mehr möglich. Es ist aus zwei Gründen dringlich, eine Methodik zur Verfügung zu haben, die diese Abwehrmauer wieder durchdringbar machen kann. Einmal, weil eine Ursache besteht darin, dass innerhalb dieser Ideologie die allgemein menschlich-kulturellen Grundwerte nicht mehr geteilt werden („Du sollst nicht töten"), zum anderen, weil die daraus entspringenden Haltungen nicht mehr nur Privatsache sind, sondern andere Menschen und Gruppen und letztlich die demokratische Gesellschaft selbst in ihrer Existenz bedrohen. Dieser Zusammenhang rechtfertigt auch die Anwendung *subversiver* Elemente, ohne deshalb mit gleichen Mitteln der Menschenverachtung zu agieren; die Mittel bleiben auf Emanzipation gerichtet.

Solche Methoden erschrecken, wenn sich SozialpädagogInnen mit diesen Jugendlichen identifizieren. (Dabei handelt es sich eigentlich um eine sog. „projektive Identifikation": man identifiziert sich nicht mit dem Jugendlichen, der ein schweres kriminelles Delikt begangen hat, mit seinen aggressiven, evtl. mörderischen Gefühlen, sondern setzt sich an seine Stelle. Es geht dann darum, wie man die Situation der Konfrontation für sich selbst erleben würde). Diese Jugendlichen passen häufig nicht zu dem Menschenbild, mit dem SozialpädagogInnen leben und arbeiten. Für rechts orientierte und rechte Jugendliche wird die Kontroverse nicht in der gleichen Schärfe geführt,

---

3   Mündliche Mitteilung des Hamburger Verfassungsschutzes auf der Tagung „Der aktuelle Rechtsradikalismus zwischen Normalität und Tarnung, Hamburg, 2001; siehe auch Legge, Polizeiliche Erkenntnisse zur Jugendkriminalität, in: standpunkt: sozial 1/2002, S. 18. (Tagungsberichte) über „kriminelle Vor-Karrieren" rechter Jugendlicher mit Bezug zur Trierer Studie

4   Die Studie von Wahl und anderen (WAHL, BLUMTRITT, TRAMITZ, „Fremdenfeindlichkeit", Opladen 2001), die Untersuchung von MENSCHIK-BENDELE/OTTOMEYER, Sozialpsychologie des Rechtsradikalismus, Opladen 1998; in Österreich, sowie die von LEMPA, Das Geschrei der Ungewollten, desgl. MARNEROS, „Hitlers Urenkel – Rechtsradikale Gewalttäter – Erfahrungen eines wahldeutschen Gerichtsgutachters, Bern/München/Wien, 2002 belegen dies. Und die Personenbeschreibungen von TRAMITZ („Unter Glatzen" „Unter Glatzen – Meine Begegnungen mit Skinheads", München 2001) lassen die Ergebnisse buchstäblich nacherlebbar werden.

5   OSBORG, Emotionale Schwierigkeiten in der präventiven Arbeit, in standpunkt: sozial 3/1993, S. 60ff.

wenngleich auch hier die unterschiedlichen Positionen zu finden sind. Ihr Verhalten scheint noch abstoßender als das der sonstigen delinquenten Intensiv- oder Serienstraftäter zu sein (wenn z.B. ein Skin seinem auf dem Boden liegenden Opfer so lange mit seinen Springerstiefeln auf den Kopf springt, dass dieser mit dem Erdboden eine ebene Fläche bildet), so dass die Bereitschaft auch von SozialpägogInnen, ihnen mit Verständnis zu begegnen, geringer ausfällt. Auch scheint die menschenverachtende Ideologie der Rechten hierfür von Bedeutung zu sein.

Das Verhältnis der subversiv-konfrontativen Verunsicherungspädagogik zu anderen Methoden

Dabei wird auch übersehen, dass die o.g. abwehrzentrierten Methodiken nicht losgelöst vom übrigen anerkannten sozialpädagogischen methodischen Handlungs- und Erfahrungsfundus zur Anwendung kommen. Auch in der Präventionsarbeit mit rechtsorientierten Jugendlichen ist das Moment der Akzeptanz der Person von entscheidender Bedeutung, ja lange war der Ansatz der „akzeptierenden Sozialarbeit" von Krafeld *der* Ansatz für die Arbeit mit rechten Jugendlichen.

Obwohl der Begriff der Akzeptanz, der jedenfalls außerhalb der Fachwelt geradezu zu Missverständnissen einlädt, von KRAFELD jetzt durch den wenig griffigen und zunächst nebelhaft wirkenden Begriff der „gerechtigkeitsorientierten Sozialarbeit" ersetzt worden ist[6]; wird Sozialarbeit auch weiterhin eine akzeptierende Komponente haben müssen. Dies hat in der Sache liegende Gründe: wenn rechts orientierte Jugendliche nicht von vornherein aus einer Sozialarbeit mit präventiven Zielsetzungen ausgegrenzt werden sollen, wird man sie zunächst so akzeptieren müssen wie sie sind, „sie dort abholen müssen, wo sie stehen". Aber nicht nur dieses eher „taktische" Moment, überhaupt erst einmal eine Kontaktaufnahme zu dieser Klientel zu ermöglichen, ist hierfür maßgebend. Der größte Teil dieser Jugendlichen hat in der eigenen Sozialisation schwerwiegende emotionale Deprivierungen erlitten, die immer auch mit einer Missachtung der Wertschätzung ihrer Person einhergegangen sind.

Wenn Jugendliche, die ein solches Schicksal durchlebt haben, sich verändern sollen, so benötigen sie zunächst einmal eine Erfahrung, die sie bis dato nicht gemacht haben, nämlich als Personen akzeptiert, angenommen zu werden. Es hat aber nur eine Akzeptanz der Person des Jugendlichen zu erfolgen, nicht seiner Gesinnung, nicht seines Verhaltens, erst recht nicht einer möglichen Tat. Die Funktion der Haltung wie der Ideologie für den Jugendlichen kann man „verstehen". Verstehen heißt aber nicht billigen, sondern in-

---

6   Siehe KRAFELD, Von der akzeptierenden zu einer gerechtigkeitsorientierten Jugendarbeit, DJ 2000, S. 266ff.

nerlich nachvollziehen zu können, was im anderen abgelaufen ist. Das ist schwierig, weil wir auf einen Menschen mit einer unbekannten Biographie treffen. „Verstehen" ist also nicht der Regelfall, sondern eher das Nicht-Verstehen, die Fremdheit. Die angemessene Reaktion auf Fremdheit ist Neugier, Interesse am Anderssein, an der Lebensgeschichte und deren Bedeutung für die jetzige Lebenssituation – in der Selbstwahrnehmung des Jugendlichen wie in den eigenen Gedanken hierzu. Die passende Kommunikationsform ist die Frage[7]. Beim Versuch zu verstehen muss darüber hinaus zum Ausdruck kommen, dass es sich um einen aus eigener Sicht für ihn untauglichen und ihm nicht gut tuenden Bewältigungsversuch seiner Probleme handelt. Das Angenommensein ist dabei die Voraussetzung, dass sich ein Jugendlicher auf eine Beziehung einlässt. Diese wiederum ist der Boden dafür, neue Normen und Regeln zu beachten, sie für sich selbst als verbindlich anzunehmen und sie zu „internalisieren". Temporär müssen PädagogInnen daher notgedrungen die Spaltung mitmachen und sich im täglichen Kontakt auf die „nette" Seite der Persönlichkeit des Jugendlichen konzentrieren und über längere Zeiträume überblenden, was der Jugendliche getan hat. Aber es darf dabei das Bewusstsein nicht verloren gehen, dass es sich um eine Spaltung handelt! Es handelt sich also um eine Gratwanderung zwischen „Akzeptieren" auch der Abwehr und Warten i.S. von Erspüren eines Zeitpunkts, an dem die Auseinandersetzung von Seiten der SozialpädagogInnen sich von selbst anbietet oder aktiv gesucht werden kann (d.h. auch um „Warten können" seitens der Sozialpädagogen).

Je nach Situation sind die Jugendlichen mit den Grenzen zu konfrontieren, die Polizei und Justiz im Auftrag der Gesellschaft ihrem Verhalten in Form von Strafen ziehen.

Während die Akzeptanz (im Sinne von Achtung der Persönlichkeit) den Zugang ermöglichen und eine Entwicklung zu einer vertrauensvollen Beziehung fördern soll, gehört zur Präventionsarbeit auch Krisenintervention (Stützung bei Konflikten mit Eltern, Hilfestellung bei Wohnungs- oder Arbeitsplatzverlust, Gespräche über Probleme in der Partnerschaft, insbesondere aber auch bei gerichtlichen Verfahren). Einige Jugendliche beenden auf Grund dieser Beziehungserfahrung ihre Kontakte zur rechten Szene und übernehmen von den SozialpädagogInnen deren sozial verträgliche Wertorientierungen, sie entwickeln andere als gewalttätige Konfliktlösungsfähigkeiten. Auf der anderen Seite wäre eine Erwartung unrealistisch, (nur) so und ohne die Auseinandersetzung mit der politischen Ideologie eine erfolgreiche Präventionsarbeit mit rechten Jugendlichen leisten zu können, denn Gewaltlegitimation und Gewaltanwendung gehören zu den politischen Grundprinzipien nationalsozialistisch geprägter Politik.

---

7 siehe dazu S. 14

Auseinandersetzen, verunsichern, konfrontieren

In letzter Zeit hat Krafeld als zusätzliches Element die Thematik der Gerechtigkeit eingeführt, die „gerechtigkeitsorientierte Sozialarbeit". Der Begriff eignet sich gut zu einer Thematisierung und Relativierung der subjektiv höchst unterschiedlichen und natürlich interessenbezogenen Vorstellung von Gerechtigkeit und damit auch dazu, mit den Jugendlichen über ihre politisch-gesellschaftlichen Denk- und Vorstellungsweisen ins Gespräch und in Auseinandersetzungen zu kommen. „Auch rechtsextremistische Jugendliche erfahren gesellschaftlich bedingte Ungerechtigkeiten."[8] Dies greift aber immer noch zu kurz. Der Ansatz der „gerechtigkeitsorientierten Sozialarbeit" bietet zwar objektiv die Möglichkeit, durch Fragen nach dem Ursprung der Gerechtigkeitsvorstellungen auch familiäre Hintergründe („Wie war das bei Euch zu Hause?"), bzw. den Sozialneid zu thematisieren, mit der Projektion, Ausländer und Asylanten hätten es besser („die bekommen alles in den Arsch geschoben"). Das mag genügen, wenn man eindimensional einem soziologischen Erklärungsansatz für die Ursachen von Rechtsradikalität folgt. Rechtsextremistische Weltbilder sind dann (nur) das Resultat der Verdrängung gesellschaftlicher Problemlagen[9] in der Mitte der Gesellschaft, die zu Theorien der Ungleichheit (im Sinne von Ungleichwertigkeit) und in der Folge zu Fremdenfeindlichkeit und Rassismus führten. Oder das Gewaltphänomen wird darauf zurückgeführt, dass in unserer Risikogesellschaft die Jugendlichen, die „auf Grund fehlender Ressourcen den ‚Übergang' zu einer autonomie-orientierten Identität nicht schaffen", „Verfügung über andere" als Selbstdurchsetzung erlangen wollen, „um Anschluss, Sicherung oder Aufstieg zu erreichen" (HEITMEYER[10]). WAHL[11] bemerkt zu Recht, dass solche Ansätze nur die letzten Glieder einer Ursachenkette erfassen. „Bestimmte Ausdrucksformen (dieser Fremdenfeindlichkeit) sind sicher auch jugendkulturell überformt, vor allem in der Rechtsrockszene und im Einsatz überfallartiger Gewalt gegen Minderheiten"[12]. Aber die Musik dient nicht nur dem Transport rechter Botschaften, sondern der Rhythmus der Rockmusik gibt den Takt des Zuschlagens vor[13]. Und Morde, Verfolgungsjagden etc. können nicht ein-

---

8   KRAFELD,, DJ 2000, S. 267
9   KRAFELD, Akzeptierende Jugendarbeit – was ist gescheitert, SOZIAL EXTRA 9/2000, S. 20
10 HEITMEYER u.a, Bielefelder Bechtsextremismus-Studie, Weinheim 1993; HEITMEYER/MÜLLER, Fremdenfeindliche Gewalt, Bad Godesberg 1995
11 WAHL, (Hg.) Fremdenfeindlichkeit, Antisemitismaus, Rechtsextremismus, Berlin 2001. S.195
12 KRAFELD, Akzeptierende Jugendarbeit – was ist gescheitert?, SOZIALEXTRA 2000, S. 20
13 MENSCHICK-BENDELE/OTTOMEYER, erklären die in den Texten der Rockbands enthaltenen „ermutigenden Sätze" (S. 46) , die mit intensiven Gefühlen und Bildern verbunden sind, als Ich-Stabilisatoren, die sie „zitierbereit und zur Ich-Stützung immer bei sich tragen" (S.42)., eine „Bewaffnung für den Kopf", Lempa, a.a.O., S. 75

fach als „jugendtypische Überformungen" von Fremdenfeindlichkeit abgetan werden. Mit einer solchen Erklärung kann allenfalls die Akzeptanz der Gewaltbereitschaft erklärt werden, nicht aber die „Fähigkeit", selbst Gewalt anzuwenden und dies häufig in Formen äußerster Brutalität, ungehemmt und ohne irgendeinen Funken von Empathie für das Opfer.

In diesen Erklärungsansätzen kommt die psychische Struktur der Täterpersönlichkeiten und deren Bedeutung zu kurz. In ihren Taten wie Parolen spiegelt sich ein weit über Fremdenfeindlichkeit hinausgehender, auf Vernichtung und physische Auslöschung abzielender Hass. Diese (wirklichen oder potentiellen) Täter hatten, so LEMPA, auf Grund ihrer Sozialisationsbedingungen von vornherein keinerlei Chance, sich dem allgemeinen Gesellschaftsvertrag zur gewaltfreien Befriedigung elementarer Bedürfnisse entsprechend zu verhalten. Der auf Vernichtung abzielende Hass ist im übrigen ein gemeinsames Merkmal der Gewalt anwendenden rechten Skins, anderer Rechtsextremer und der sich nicht selbst „die Hände schmutzig machenden" politisch aktiven Funktionäre der Neonazis (der „Schreibtischtäter"). Letztere liefern den rechten Skins und gewalttätigen Neo-Nazis aber die *Schlag*worte, die Bewaffnung im Kopf.[14] Man kann davon ausgehen, dass es sich bei vielen Anhängern der Neo-Nazi-Szene um schwer beziehungsgestörte Persönlichkeiten handelt, auch wenn diese Störungen nur bei einem Teil von ihnen durch weitergehende soziale Auffälligkeiten hervortreten. Zur Täterpersönlichkeit gehört. i.d.R. darüber hinaus, dass Einstellungen und Verhaltensweisen primär gefühlsgesteuert sind, so dass die Denkfähigkeit des Individuums in den Dienst emotionaler Antriebe und aggressiver Bedürfnisbefriedigungen gestellt wird und rationale Steuerungen entsprechend häufig fehlen.

Rechte Jugendliche – gewöhnliche Kriminelle oder politisch motivierte Täter?

Diese Persönlichkeitsmerkmale sowie die Tatsache, dass viele Jugendliche offenkundig nur Bruchstücke nationalsozialistischer Ideologie „aufgeschnappt" haben und sie ihre Ansichten nicht rational argumentativ vertreten können, haben dazu geführt, dass viele Autoren den Taten dieser Jugendlichen das Politische absprechen wollen[15], was zu der Konsequenz führt, dass man sich (gar noch verständnisvoll?!) mit ihren Motiven, ihren Problemen befassen müsste.

Psychosoziale Ursachen (z.B. „schlimme Kindheit", mangelnde Versorgung und Zuwendung, zu knappe materielle Ressourcen, Arbeitslosigkeit, Perspektivlosigkeit) dürfen aber nicht dazu verwandt werden, das Geschehen

---

14 LEMPA, a.a.O., S.75
15 siehe dazu ACKERMANN, Im Grunde unpolitisch, nur verführt? Zur deutschen Debatte über ausländerfeindliche Jugendliche, in: Neue Praxis, 1993, S. 293ff.

als ein nicht politisches zu betrachten. Politisch werden persönlich-biographische Motive dann, wenn hieraus Vorstellungen über einen zunächst subjektiv wünschenswerten Zustand einer Gesellschaft und dazugehöriger staatlicher Institutionen erwachsen und diese in die Öffentlichkeit transportiert werden, in der Absicht, sie durchzusetzen. Insofern gehört auch der Wille zur Machtentfaltung (durch Diskussion/Propaganda, Organisation, Gewalt) zum genuin Politischen (über Hitlers psychopathische Persönlichkeit, wie über die psychologischen und massenpsychologischen Voraussetzungen und Wirkungen des Nationalsozialismus gibt es viele Untersuchungen[16], niemand bestreitet deshalb, dass es eine verbrecherische Politik war). Andere Autoren halten eine Auseinandersetzung auf der Ebene der politischen Ideologie für wenig sinnvoll, da die rechten Parolen und Schlagwörter dazu gebraucht würden, die Erwachsenenwelt zu provozieren[17]. Dies ist sicher auch ein Moment. Aber NADIG weist darauf hin, dass es sich in Wirklichkeit nur um eine Scheinablösung handeln würde. Die Angst gegen alles Fremde, die Suche nach Nestwärme in der Gruppe („Kameradschaft"), die Suche nach „Führer"persönlichkeiten, die sagen, wo es lang geht, all das spricht dafür, dass es sich nur um Verschiebungen von Wünschen aus der frühen Kindheit handelt, die nun nicht mehr auf die Familie, sondern die rechte Szene gerichtet seien.[18]

Die Bedeutung der Nazi-Ideologie

Die von KRAFELD in den Mittelpunkt gerückten Ungleichheitsvorstellungen sind nur ein Element nationalsozialistischer Ideologeme. Die nationalsozialistische Ideologie bietet für ein nicht-rationales Verhalten hervorragende Rationalisierungen: Sie kritisiert die Dominanz rationaler Prinzipien, betont umgekehrt, dass endlich „Gefühle" Geltung beanspruchen dürfen, bietet hierfür ein entsprechendes legitimierendes Verständnis von „Geschichte", bietet politisch nutzbare Mythen an, „reaktiviert" germanische Gottheiten oder erfindet neue (Hitlers „Vorsehung") etc.

Die *Faszination der* nationalsozialistischen Ideologie ist durch eine Reihen von Funktionen bestimmt. Sie bietet:

---

16 z.B. HELM STIERLIN, Adolf Hitler, Frankfurt/Main 1995
17 Funk-Hennings,Angst, Hass und Gewalt in unserer Gesellschaft – dargestellt an der Musikszene der Skinheads. Vorüberlegungen zu einer Jugendkultur, in: Gregor SAUERWALD, Angst – Fremde in der Zweidrittelgesellschaft. Eine Herausforderung für das Sozialwesena, Münster/Hamburg 1994, S. 61
18 NADIG, Selbstkonstituierende Gewaltexplosionen,. Die rituelle Bearbeitung von Angst und Bedrohung in rechtsrextremen Jugendgruppen, In: KASCHUBA, W. (Hg.): Kulturen, Identitäten, Diskurse: Perspektiven europäischer Ethnologie, Berlin 1995, S. 210-228

– konkrete Feinde, auf die sich lebensgeschichtlich aufgestaute Gefühle von vernichtendem Hass, Wut und Rache lenken lassen.
– eine eigene „Moral" und ein eigenes Rechtsbewusstsein, das von den allgemein in unserer Gesellschaft und Kultur anerkannten menschlichen Grundwerten abgekoppelt ist und ihnen erlaubt, was allen verboten ist, nämlich diese Gefühle in Gewalthandlungen auszuleben, ihren Hass abzuführen. Dabei können sie in rauschähnliche Zuständen geraten, die sie später zu wiederholen trachten.
– die Rechtfertigung von Gewalt. Die Täter bekommen so keinerlei Schuldgefühle (Gewissensbisse), im Gegenteil, sie haben in einem Prozess der „Umwertung aller Werte" vor sich selbst und ihrer Gruppe etwas sozial Wertvolles vollbracht. Resultat ist, dass der für schwer gestörte und dissoziale Jugendliche kennzeichnende geringe innere Leidensdruck für ihre Taten ganz verschwindet. Die aus gestörten Sozialisationsprozessen herrührenden dissozialen inneren Haltungen, denen sonst soziale Ächtung droht, erscheinen ihnen nun nicht mehr als ein Problem, welches sie lebensgeschichtlich bewältigen müssen, sondern als positive Haltung, als „Lösung" des (politischen/sozialen) Problems. Die Täter stilisieren sich zum „Opfer" um, wenn sie dabei von staatlicher Repression betroffen werden.
– Eine Kompensation der starken Selbstwertprobleme: Die Identifizierung „als Deutscher" in Form eines kollektiven Überlegenheitsgefühls durch die Abwertung anderer Völker oder ethnischer Gruppen verschafft ihnen einen Selbstwertersatz – durch bloße Zugehörigkeit.

Die rechte Szene bietet den Jugendlichen eine Hasskultur an, d.h. sie bietet für den lebensgeschichtlich aufgestauten Hass Personengruppen als „Schuldige" an, sie kultiviert diesen Hass, indem sie Vorurteile verfestigt, mit entsprechenden Liedern die Emotionen anheizt und das Ausleben von destruktiver Aggressivität in Form von Gewalt gegen die ausersehenen Opfer(gruppen) legitimiert. Zugleich bietet die *Zugehörigkeit* zu solchen Gruppen weitere „Gewinne", die in der Diskussion der Ursachen bereits ihren Niederschlag gefunden haben:

– „Nestwärme", sich angenommen und zugehörig fühlen zu können, voll füreinander einzustehen, insbesondere seine eigene Gesundheit einzusetzen, wenn andere Gruppenmitglieder angegriffen werden („Kameradschaft"), einhergehend mit einem Narzismus des Körpers und eines aggressiven „Angeturnt"-seins, das sie vor depressiven „Durchhängern" schützt, ferner sich durch die Gruppe wesentlich stärker zu fühlen, Macht ausüben zu können („mit jedem fertig zu werden..."), eine Karriere ohne Leistungen machen zu können, die Lust an Verbotenem, Provokationsmöglichkeiten etc.
– eine bestimmte „Sinngebung", die Idealisierung alles Deutschen, des Führers oder anderer Funktionäre des Dritten Reiches etc.
– Die Sinngebung liegt für das Individuum darin, dass die eigene für nichtig befundene Existenz einen Sinn darin erhält, für ein (idealisiertes) grö-

ßeres Ganzes zu leben (z.B. „für Deutschland kämpfen – für Deutschland sterben"). Zugleich gelingt eine psychologische Teilhabe an Macht und Größe. Auch die Vorstellung der Rechten, dass sie heroisch die undankbare Aufgabe übernähmen, Ordnungsaufgaben zu erfüllen („Ausländer raus"), die von der Gesellschaft ersehnt, vom Staat aber vernachlässigt werden, verschafft ein Gefühl von Bedeutung und Sinn.
- eine Weltanschauung; die nationalsozialistische Ideologie will Weltanschauung sein, also eine umfassende Erklärung des Geschehens auf der Welt bieten. Neben den Angeboten zur Sinngebung enthält sie Ursachenerklärungen für geschichtliche Prozesse und „selbstgemachte" Gottheiten („Vorsehung", germanische Götter) und damit sowohl eine Überhöhung (religiöse Weihe) wie subjektive Gewissheit, die sonst nur Sekten zu bieten haben. Psychodynamisch kommt weiter hinzu, dass rechtsradikale Skins von „außen" nichts annehmen können. Autarkie ist ein angestrebter Überlebensmodus dieser Jugendlichen[19].

Die Nazi-Ideologie bietet darüber hinaus „Orientierung" durch ein einfaches Weltbild. Hierzu gehören sehr vereinfachte Zusammenhangsmuster, die für alle Probleme eine simple Erklärung bieten und damit die Unübersichtlichkeit und Komplexität des politischen und wirtschaftlichen Geschehens „beseitigen" (Stichwort „Globalisierung") und die die Realität bestimmenden anonymen und unsichtbaren wirtschaftlichen und sozialen Gesetze (Markt, Ökonomie) durch eine Personifizierung und Ethnisierung ersetzen[20] und damit zugleich auch die „Schuldfrage" für die Übel der Welt „beantworten" („das internationale Judentum und der Bolschewismus").

Es wirkt auf deren Anhänger in sich geschlossen, was für gefährdete (Ich-Schwache) Jugendliche eine zusätzliche Quelle der Faszination darstellt.

Primär gefühlsgesteuerte, Gewalt anwendende rechte Skins und andere Rechtsradikale haben in aller Regel geistige An- und Wortführer, „belesene" Skins oder „nur" politisch aktive Neo-Nazis (Schreibtischtäter), dies meist Leute mit Abitur, zu denen Skins aufschauen. Den ideologischen Anführern argumentativ unterlegene Sozialarbeiter verstärken ungewollt die falsche Vorstellung der übrigen Gruppenmitglieder von der Überlegenheit der nazistischen Ideologie.

Die akzeptierende, gerechtigkeitsorientierte Sozialarbeit mit Rechtsradikalen muss grundsätzlich um die politische Dimension ergänzt werden.

Mit der Ausklammerung der inneren Affinität der gefährdeten Jugendlichen zu Elementen nationalsozialistischer Ideologie werden diese in ihrer Suche auch nach politischer Identität allein gelassen. Das verbreitete Abstellen auf eine bloße Gewaltprävention und die politischen Überzeugungen der rechtsradikalen Jugendlichen unbeachtet zu lassen, kann schon deshalb nicht erfolgreich sein, weil Gewaltanwendung bei der Durchsetzung der eigenen politischen Ziele ein konstituierendes Element der Nazi-Ideologie darstellt.

---

19 siehe dazu MENSCHIK-BENDELE/OTTOMEYER, u.a, a.a.O.1998, S. 41 ff, 55/56
20 LEMPA, a.a.O., S. 86

Rechtsradikales Gedankengut und dessen emotionale Bedeutung müssen daher ein zentraler Gesprächs- und Diskussionsstoff von Jugendarbeit sein. Es reicht nicht, ihnen sport- und erlebnispädagogische Angebote zu machen, ihnen bei der Bewältigung aktueller Krisen hilfreich zur Seite zu stehen, in der Hoffnung, dass sich die Jugendlichen durch so geförderte Beziehungen aus der rechten Szene heraus lösen. Diese klassischen Angebote der Freizeitarbeit sind wichtig für die Beziehungsaufnahme, die Entwicklung alternativer Konfliktbewältigungs- und befriedigender Lebensperspektiven außerhalb der rechten Szene und ohne die Droge Gewalt, die Stützung der Jugendlichen, *wenn* sie sich von ihren rechtsradikalen Freunden lösen und distanzieren *wollen*. Aber hierzu müssen sie erst gebracht werden, in dem die aus der Nazi-Ideologie resultierenden Versprechen und Gewinne in Frage gestellt werden. Die politische Ideologie sollte aktiv zum Gegenstand von Gesprächen und Diskussionen gemacht und die Auseinandersetzung gesucht werden. Hierfür gilt auch das schon erwähnte Prinzip, „den Klienten da abzuholen, wo er steht". Das bedeutet z.B. das Anschauen von Kriegs- und anderen Propagandafilmen, die die Jugendlichen sehen, das Studieren ihrer Fanzines, ihrer Lieder und sonstigen Publikationen, um sie darauf ansprechen zu können, je nach dem, was in der Gruppe aktuell ist, *nach ihrer konkreten ideologischen Orientierung, dem Grad ihrer bloßen Affinität oder Gruppenintegration = den richtigen „Cocktail" mixen*[21], sich auf ihren Ideologiemix, und ihre Symbolik etc. einlassen zu können.

Damit ist es aber leider nicht getan. Es wartet dann eine weitere spezifische Schwierigkeit: die sog. Unerreichbarkeit der Jugendlichen:

- Die gewohnte pädagogische „Aufklärung" versagt, da Skins und Neo-Nazis das anerkannte moralische Bezugssystem und den gesellschaftlichen Grundkonsens „Du sollst nicht töten" nicht teilen. Das macht Pädagogen argumentativ hilflos. Skins und Neonazis sind oft nicht aus Unkenntnis historischer Tatsachen „rechts"; rechtsradikale Jugendliche finden es – wenn sie es nicht leugnen – richtig, dass Millionen Juden vergast wurden und sind von KZ-Besuchen weder berührt, noch sonst emotional betroffen.
- Diese Jugendlichen sind häufig nicht an Wahrheit interessiert, wenn sie den emotionalen Bedürfnissen entgegen steht („Es soll nicht wahr sein").
- Sie verfügen über eine tendenziell paranoide Grundeinstellung. Die Welt wird in ein Freund-Feindschema unterteilt. Nur Gleichgesinnte sind Freunde, eine dritte Position gibt es nicht. Hierzu gehört, dass das Gute, Wahre, Richtige sich nur bei einem selbst oder in der eigenen Gruppe befindet, das Falsche, das Böse aus der eigenen Sicht immer in der Außenwelt. Geistige Nahrung von anderen wird daher als „vergiftet" misstrauisch abgelehnt.

---

21 siehe dazu Bernd WAGNER, in: KALB/PETRY/SITTE (Hg.), Rechtsextremistische Jugendliche – was tun?, Weinheim/Basel 1999, S.124

- Sie suchen auch auf Grund ihrer Ich-Schwäche und Identitätssuche eine glaubensmäßige Gewissheit, die keinen Zweifel zulässt. Mit ihr wird je nach Integrationsgrad in die rechte Szene die Richtigkeit des eigenen Denkens „abgesichert".

Die Verunsicherungs- und Konfrontationspädagogik

Um Missverständnisse zu vermeiden: Diese Verunsicherungs- und Konfrontationspädagogik als „Präventionsmaßnahme" darf auf keinen Fall isoliert, also ohne die bekannten und bewährten Prinzipien sozialpädagogischer Arbeit, des Grenzen-Setzens in einer haltgebenden und der die Persönlichkeit, den Wert und die Würde des Jugendlichen achtenden Grundbeziehung eingesetzt werden, aus der heraus ihm auch Unterstützung in persönlichen Krisensituationen zuteil wird. Des Weiteren wird es darauf ankommen, die sonst in der rechten Szene bedienten emotionalen Grundbedürfnisse nach Solidarität, Sicherheit und Anerkennung zu befriedigen (z.b. durch prestigeträchtige Funktionszuweisungen im Projekt etc.).

Ziele sind:
- Das Auflösen („Zerbröseln") der politischen Rechtfertigungsideologie und langfristig die Rücknahme der eigenen Aggressionen auf die zu Feinden stilisierten Personengruppen (z.B. Ausländer, Juden, Behinderte, Obdachlose).
- Das Durchschauen der eigenen Rationalisierungen, wodurch der Jugendliche seine Selbstgewissheit verliert und wieder lernfähig wird, möglichst auch auf die Hintergründe seiner Einstellung stößt, so dass er selbst „so nicht mehr sein will".
- Die Rückführung auf und Auseinandersetzung mit den Quellen der eigenen Aggression, u.a. den familiären Ursprüngen[22].

Methodisches Ziel ist die Selbstoffenbarung des Denkens und Fühlens, das sich nicht mehr nur im Inneren des Jugendlichen abspielen, sondern mit Hilfe eines speziellen Vorgehens in den Diskurs mit den Pädagogen einbezogen werden soll.

---

22 Im Doku-Film „Vertauen gegen Gewalt" konfrontiert die Filmemacherin Gerlinde Böhm den Jugendlichen Percy, als dieser sich schwärmerisch vorstellt, wie er als Offizier im 2. Weltkrieg in den Bunker hinter den Linien seine Befehle erteilt hätte, dass dies angesichts seiner Schulleistungen ja wohl nicht sehr wahrscheinlich gewesen wäre, er vielmehr als einfacher Soldat gekämpft und wahrscheinlich gestorben wäre. Percy räumt dies ein und sagt nach einer kurzen Pause „Für das Vaterland zu sterben – dann hätte mein Leben einen Sinn gehabt". Die sozialpädagogische Arbeit kann hier direkt ansetzen und fragen, warum sein Leben ohne den Heldentod keinen Sinn hat. – Sein jetziges Leben erfährt für ihn offensichtlich erst durch sein rechtsextremistisches Engagement einen Sinn.

Als selbstverständlich wird ein eigenes gelebtes Grundverständnis vorausgesetzt, die Würde anderer Menschen – auch die der rechten Jugendlichen – zu achten und auch sonst auf dem Boden unserer Verfassung zu stehen und danach zu handeln.

Zur methodischen Arbeit der Verunsicherungs- und Konfrontationspädagogik gehört ein verändertes Rollenverständnis:

Die von den Jugendlichen favorisierten Ideologeme sollten ernst genommen werden als Ausdruck eines Versuchs, die Welt und ihre Situation darin zu verstehen, ihr Leben bewältigen zu wollen, eine Lösung für ihre persönlichen Probleme zu finden. Das hat Konsequenzen für die Art, den Jugendlichen zu begegnen.

Das Rollenverständnis beinhaltet:

– *nicht überzeugen zu wollen und nicht moralisierend zu argumentieren* – darauf sind diese Jugendlichen „eingeschossen"[23]
 Die Jugendlichen haben zunächst von sich aus keinen Grund, ihre politische Weltanschauung (und damit ihren untauglichen Selbstheilungsversuch) in Frage zu stellen. Versuche, die Jugendlichen von *ihrer* Ideologie abzubringen, führen nur zu einer Kampfbeziehung, in der der Jugendliche immer Gewinner bleibt. Ziel sollte vielmehr sein, dass der Jugendliche sich selbst, oder die Jugendlichen sich untereinander in Frage stellen.
– *eine neugierig-neutrale Grundhaltung in dem Diskurs einnehmen*
 (nicht zu verwechseln mit Gleichgültigkeit, mit dem Verbergen der eigenen Ansichten und Werthaltungen und deren Begründungen).

Methodische Merkmale einer Verunsicherungs- und Konfrontationspädagogik sind vom moralischen Bezugssystem der Klienten auszugehen. Ausgangspunkt ist ihr eigenes Wertesystem. Verbrechen an ausländischen Mitbürgern sind für sie keine. Daher argumentieren wir z.B. an der (auch richtigen) impliziten These entlang, dass das nationalsozialistische System und der von Hitler geführte Krieg sich gegen das deutsche Volk gerichtet hat. Wir nutzen damit ihre eigenen Ich-Ideale, um den Nationalsozialismus zu entidealisieren. Dies ist das *subversive* Element des Ansatzes. Zur Veranschaulichung sollte hierzu bildliches Dokumentationsmaterial als sinnlich erfahrbare Diskussionsebene gegen die Gefühlsabwehr eingesetzt werden[24].

Hauptbestandteil des Diskurses ist zunächst das Fragen. Fragen führen dazu, sich ernst genommen zu fühlen. Dabei gilt es für die SozialpädagogInnen auch, die Macht von Fragen wieder zu entdecken. Ziel ist die Selbstoffenbarung. Insistierende Fragen sind pädagogisch zulässig und einzusetzen.

---

23 MENSCHIK-BENDELE/OTTOMEYER, u.a, a.a.O.1998, S. 42
24 Das Forschungsprojekt „Entwicklung von Handlungskonzepten für die Präventionsarbeit mit rechtsorientierten Jugendlichen", in dessen Rahmen das Konzept einer Verunsicherungs- und Konfrontationspädagogik entstanden ist, wird hierfür spezielle Videoclips mit jeweils passendem historischen Material (Dokumentaraufnahmen von Reden, Kriegszerstörungen Augenzeugenberichte, u.a.) erstellen.

Gelegentlich sollten sie penetrant aufrechterhalten werden: „Warum? Das habe ich noch nicht verstanden" ... „Wie passt dies mit jenem zusammen" ... „Erkläre mir das mal genauer..."

Die Jugendlichen sollen ihre Position erklären. Hieran sind wir ernsthaft interessiert. Mit diesen Fragen werden die Jugendlichen zugleich dazu gebracht, ihre widersprüchliche Ideologie offenzulegen.

Außerdem sollten ihre mitschwingenden Gefühle angesprochen werden, ihre Bedeutung für die Argumentation wäre dann aufzudecken. Die Rationalisierungen für Gewalt sollten z.b. in Frage gestellt werden. Wenn die Mordlust während des Absingens von Hetzliedern *wahrnehmbar* ist, muss diese angesprochen werden. Das ermöglicht ein Aufdecken der konkreten Funktion der Ideologie und deren Faszination zur Rechtfertigung der eigenen Lust, zu töten, am besten wiederum in Frageform: „Sag mal, kann es sein, dass Du die Vorstellung, die Ausländer hätten hier nichts zu suchen, deshalb übernimmst, damit Du einen Grund hast, zuzuschlagen?" Auch sonst ist es sinnvoll, die emotionalen Gewinne zu analysieren und die Jugendlichen mit ihnen zu konfrontieren.

Wenn wir die Jugendlichen verunsichern wollen, eignen sich z.B. folgende Reaktionsweisen:

- Permanenten Ebenenwechsel praktizieren: Von der Sachebene zur Beziehungsebene springen und umgekehrt.
- Je nach Situation evtl. auch mit Ironisierung arbeiten, um mit den beiden Ebenen in der Diskussion zu spielen, ob nämlich gemeint ist, was gesagt wurde, oder ob es gemeint ist, wie es gesagt wurde. Die Jugendlichen sollen in diesen Augenblicken nicht wissen, woran sie sind.
- Paradoxe Interventionen verwenden, keine „erwarteten" Antworten geben.
- Argumentative Schlagfertigkeit durch genauere Kenntnisse auf der Sachebene erwerben oder ausbilden.
- Sich von einem moralischen Tabubruch (z.B. „Es ist doch richtig, dass die Juden umgebracht wurden.") nicht schocken lassen oder sich empört abwenden, sondern nüchtern darauf hinweisen, dass in keiner Kultur, in keinem zivilisierten Land Mord erlaubt ist.
- Die von den Jugendlichen vorgebrachten Argumente in allen Konsequenzen ausmalen.

Hierzu wollen wir sie auch konfrontieren mit den Widersprüchen zwischen ihrer Ideologie und ihrem eigenen Verhalten: z.B., dass der Deutsche als der fleißigste Mensch der Welt gilt und dann die eigene Arbeitsmoral und –willigkeit aufzeigen, den Hass auf „Assis" (sog. Asoziale, wie Kriminelle, Obdachlose etc.) – und die Verbreitung allgemeiner Kriminalität unter rechtsradikalen Skins, die Ablehnung von Drogen unter dem Gesichtspunkt „sauberer Deutscher" zu sein – und der hohe Alkoholkonsum in der rechten Szene sowie die Droge „Gewalt".

Wir wollen sie konfrontieren mit ihren Wertbegriffen und der historischen Realität (z.B. mit den deutschen Tugenden von Ehre, Schutz von Schwächeren etc., und anderseits mit der Ermordung wehrloser Kriegsgefangener, Frauen und Kinder, mit der Verleugnung der Realität, z.b. der Idealisierung des Führers und dem Desaster seiner Kriegsführung, u.a. Stalingrad, oder mit der idealisierten „von Sieg zu Sieg eilenden" deutschen Wehrmacht zu Beginn des Krieges und den zerstörten deutschen Städte als „Krieg nach innen"). Wir thematisieren ihre Rationalisierungen und politischen Illusionen („Die Bevölkerung steht hinter uns") und ihre politische Realität (kleine politische Minderheit), oder die sog. Auschwitz-Lüge mit Himmlers Ansprache in Kattovitz an die Wachmannschaften und das SPIEGEL-Interview von dem SS-Arzt Hans Münch über die Leichenverbrennungen in Auschwitz etc.

Resümee

Die subversive Verunsicherungs- und Konfrontationspädagogik ist eine nondirektive Methode der Präventionsarbeit mit rechten und rechtsorientierten Jugendlichen. Sie sagt nicht, was Jugendliche denken sollen. Sie fragt, warum der Jugendliche glaubt, dass seine Einstellung und Verhaltensweise die richtige ist, weckt Zweifel durch Aufzeigen der eigenen Widersprüche, die der Jugendliche preisgibt, die wir ihm zurückspiegeln, mit denen wir ihn konfrontieren[25]. Wir tun dies in der Absicht und Hoffnung, dass der Jugendliche seine Positionen in Frage stellt und aufgibt, ohne dass wir das von vorn herein kenntlich machen. Insofern handeln wir subversiv. Das schließt weder das authentische Beziehen von eigenen Positionen aus (die Jugendlichen wissen, wo wir „stehen"), erst recht nicht das Einschreiten und Sanktionieren, wenn es zu Gewalt, Diskriminierung oder verfassungsfeindlichen Aktivitäten im Rahmen der Jugendarbeit kommt, oder die Konfrontation mit den Folgen ihrer Taten.

Die Verunsicherungs- und Konfrontationspädagogik respektiert die Autonomie des Individuums und hält an seiner Verantwortung fest, lässt entsprechende Ausflüchte nicht zu. Es wird primär das „Ich", nicht das „Über-Ich" angesprochen. Der Appell ans „Über-Ich" hat erfahrungsgemäß nur eine kurzfristige Wirksamkeit. Die Verunsicherungs- und Konfrontationspädago-

---

25 Obwohl sie nicht in sozialpädagogischer, sondern in wissenschaftlicher Absicht handelt, geht TRAMITZ in den Interviews zu ihrem Buch „Unter Glatzen" mit den rechten Straftätern sehr ähnlich um. Sie beschreibt, wie es ihr gelungen ist, Einblick in die abgewehrten Erinnerungen an Situationen der Kindheit dieser Jugendlichen und Jungerwachsenen zu erlangen, obwohl diese zunächst nicht über ihre Kindheit sprechen wollten oder das Stereotyp parat hatten, ihre Kindheit sei gut verlaufen.. Sie verfährt genau wie hier methodisch dargestellt: nachfragend, insistierend, und mit Lücken, Widersprüchen konfrontierend. Dort ist dokumentiert, wie wirkungsvoll sich die Methode bei den meisten Interviewten erweist.

gik spricht das „Ich" an, indem Rationalisierungen in Frage gestellt und die eigentlichen Motive und Gefühle angesprochen werden. Abgespaltene Gefühle können so evtl. wieder reintegriert werden. Sie verwickelt die Jugendlichen in innere Auseinandersetzungen, die sie in ihrer Gruppenisolation nicht führen können und wollen. Das stärkt auch die psychischen Kräfte für eine ihrer Entwicklungsphase entsprechenden konflikthaften Ablösung von den Eltern, wobei in der rechten Szene die neuen Führerpersönlichkeiten deren Stellung eingenommen haben.

Die Verunsicherungs- und Konfrontationspädagogik hat das Ziel, die eigentlichen, aber verdrängten Quellen der Aggressivität wieder bewusst zu machen, so dass sie von den Objekten, auf die sie verschoben worden war, wieder abgezogen werden kann. Darauf erst kann auf die zu Tage tretenden Konflikte sozialpädagogisch orientierend reagiert oder es können andere Verarbeitungsangebote gemacht werden[26]. Sie eröffnet damit Chancen, dass der stillgestellte Lern- und Reifungsprozess der Einzelpersönlichkeiten wieder in Gang gesetzt wird. Aber hierzu müssen angesichts des fehlenden Leidensdrucks und des häufig auch fehlenden Unrechtsbewusstsein selber aggressivere (i.S. von aggreddere = herangehen) Formen pädagogischen Handelns eingesetzt werden, die sonst überflüssig oder kontraproduktiv wären. Die Abwehrmechanismen, insbesondere der der Umkehr der eigenen Opfer- in die Täterposition, ist zu massiv und verschafft zu viele Gewinne, als dass diese ohne Verunsicherung und Konfrontation im Kontext von Akzeptanz im Sinne von Achtung und Hilfestellung mit Aussicht auf Erfolg pädagogisch aufgeweicht werden könnten.

---

26 Von einigen Aussteigern aus der rechten Szene wird berichtet, dass sie Therapien gemacht haben. Quelle: der Psychoanalytiker H.E. RICHTER während der Tagung „Vom Affekt zum Gedanken zur Tat – Das Hexeneinmaleins des Faschismus", in Zürich 1996.

Stefan Schanzenbächer

Wider die Resignation!
Konfrontative Lösungen für gewalt-besetzte Situationen in der stationären Jugendhilfe – das Konzept K.L.A.R.

1. Vorbemerkung und Vorerfahrungen

Die in diesem Band dargestellten Grundlagen einer konfrontativen Pädagogik finden in vielen Handlungsformen praktische Anwendung, so zum Beispiel als Anti-Aggressivitäts-Training© und Coolness-Training© (HEILEMANN & FISCHWASSER-VON PROECK 2001, WEIDNER 1997, SCHANZENBÄCHER 1997, 2003). Besonders fruchtbar für die sozialpädagogische Praxis erscheint uns allerdings eine Implementierung in einen stationären Kontext. Hier liegen auch besondere Schwierigkeiten im Umgang mit aggressiver und gewaltbereiter Klientel, wie nachfolgende Äußerungen einer pädagogischen Fachkraft verdeutlichen:

„Die Kinder und Jugendlichen, die uns von den Jugendämtern vermittelt werden, sind zunehmend aggressiver und schwieriger. Aus Kostengründen können wir gar nicht mehr auswählen, sondern sind gezwungen, solche Personen aufzunehmen. Wir können und wollen sie schon deshalb nicht einfach aus unserer Einrichtung werfen, sondern müssen mit ihnen zurecht kommen. Praktisch sind wir dadurch aber an einen Punkt geraten, wo wir nicht mehr weiterwissen. Unsere bisherigen Konzepte taugen nicht mehr für solche problembeladenen Situationen. Wir benötigen dringend Alternativen" (Herr Hamann[1], Leiter einer stationären Jugendhilfeeinrichtung in Berlin).

Eine solche Alternative bietet das vom Autor entwickelte Konzept *Konfrontative Lösungen für allgemeine Regeleinrichtungen (K.L.A.R.)*, das in diesem Beitrag vorgestellt werden soll. Erste positive Ergebnisse aus der konkreten Umsetzung erzielte er als Leiter der Jugendwerkstatt Griesheim des Caritasverbandes Frankfurt e.V. (Caritasverband Frankfurt e.V., Jahresbericht 1997/1998, DARNSTÄDT 2001, SCHANZENBÄCHER 1999). Während hier zu Lande noch intensiv die Frage diskutiert wurde, wie sich Modelle im Umgang mit gewaltbereiter und schwierigster Klientel gestalten sollen oder ob sich ausländische Projekte nach Deutschland transportieren lassen[2], konnte

---

1 Alle Namen sind aus Gründen der Anonymität geändert.
2 Hier beispielsweise Glen Mills, etwa: PETERS (2000), Guder (2000), V. WOLFFERSDORFF (2000), FÖRSTER (1999), VIETEN-GROß (1997).

der Caritasverband Frankfurt/Main e.V. bereits auf erste Erfahrungen zurückgreifen.

Über den Zeitraum von knapp einem Jahr arbeiteten sieben Jugendliche im Alter zwischen 16 und 19 Jahren wöchentlich 40 Stunden im Rahmen eines Beschäftigungsprojektes in einer Jugendwerkstatt. Alle Jugendlichen kamen aus einem sozialen Brennpunkt eines westlichen Stadtteils von Frankfurt am Main (vgl. SCHANZENBÄCHER 1995). Neben eines klaren Normenkatalogs und transparenten Motivationssystems wurde ein Konfrontationsritual eingeführt, das sich an den „Seven Levels of Confrontation" (OTTMÜLLER 1988: 76f., WEIDNER 1997 a) von Glen Mills anlehnte. Erfahrungen aus dieser Zeit fließen im nachfolgenden Text zur Verdeutlichung der Ausführungen ein.

2. Die pädagogischen Prinzipien von *K.L.A.R.*

K.L.A.R. arbeitet auf der Basis von sicheren, verlässlichen Beziehungsangeboten „mit deutlichen Erwachsenen (...), mit Erwachsenen, die hochgradig verbindlich an den Kindern (und Jugendlichen) (..) dranbleiben, sie konfrontieren, sie zu Veränderungen nötigen. Diese können und sollen auch (...) strenge Handlungen sein, bei denen wir nachdrücklich und außerordentlich ernst die Kinder (und Jugendlichen) mit dem, was sie getan haben, konfrontieren, ihnen auch deutlich machen, dass ihr Handeln für andere, vielleicht auch für sie selbst unerträglich und kaum verzeihlich ist" (Winkler 1999).

Das Recht des jungen Menschen auf Förderung seiner Entwicklung und auf Erziehung zu einer eigenverantwortlichen und gemeinschaftsfähigen Persönlichkeit als Leitsatz des Kinder- und Jugendhilfegesetzes (KJHG, § 1 Abs. 1 SGB VIII) stellt eine wesentliche Grundlage der Bestrebungen dar.

Dabei ist auf dem Hintergrund eines christlichen Menschenbildes unser Engagement getragen:

– vom Glauben an die Ressourcen der jungen Menschen,
– von der Überzeugung, dass zum Ernstnehmen die Auseinandersetzung gehört,
– von der Sympathie für die Kinder und Jugendlichen, die uns den ganzen Menschen in den Blick nehmen läss,
– vom Wissen um das Gute im Menschen.

Wesentliche Anforderungen, die WINKLER ausführt, bilden auch die pädagogischen Prinzipien dieser Konzeption, nämlich:

– die Schaffung von emotional sicheren und transparenten Arrangements,
– die Erzeugung von Kontrolle, die Lebensverhältnisse zu signalisieren vermag und nicht Willkür bedeutet,
– die Bereitstellung von Orten, „in welchen stützende Ordnungen zu finden und zu erlernen sind",

Wider die Resignation! 221

- die Herbeiführung von Konfrontation, die Beschämung erzeugt aber auch zugleich soziale Kompetenzen stärkt,
- die Einbeziehung von Kollektiven, die Gruppenerfahrung zugänglich macht und Instanzen der Selbstkontrolle etabliert.

Für die Umsetzung dieser Prinzipien in die Praxis orientieren wir uns auch an den Ansätzen der Glen Mills Schools, Philadelphia, USA (COLLA et al. 2001, GRISSOM & DUBNOV 1989, WEIDNER 1986).

3. Ziele

Mit dem Konzept *K.L.A.R.* verbinden wir insbesondere folgende Ziele:

- Stärkung des Selbstbewusstseins
- Vermittlung alternativen Verhaltens als Problemlösungsstrategie und Entwicklung eines tragfähigen pro sozialen individuellen Lebensentwurfs
- Ursachen und Wirkungen des einzelnen Verhaltens verdeutlichen und begreifbar machen, wie eigenes Verhalten auf andere wirkt (Selbst- und Fremdwahrnehmung)
- Förderung der Einsicht in Fehlverhalten, Übernahme von Eigenverantwortung und Entwicklung autonomen Verhaltens
- Motivation zu Arbeit und Leistung
- Subkulturelle Einflüsse minimieren bzw. ganz ausschließen
- Einübung demokratischer Entscheidungsstrukturen, Entwicklung von Kritikfähigkeit
- Unterstützung bei der beruflichen Integration und Förderung vorhandener persönlicher und sozialer Ressourcen
- Bewährung in anderen gesellschaftlichen Zusammenhängen
- Abbau von Ängsten und Unsicherheit
- Richtiges Erkennen einer gewaltträchtigen Situation und die Einsicht entwickeln, dass Aggressivität keine realen Vorteile und keine echte Anerkennung bringt
- Umwandlung von körperlicher in verbale Konfliktlösungskompetenz und Ausbau kommunikativer Kompetenz
- Vermeidung künftiger Straftaten durch die Veränderung von Gewaltmustern und die Entwicklung neuer Lebensziele auf der Basis neuer, gelernter Verhaltensweisen
- Vermittlung von Werten und Normen/Gewissensbildung
- Soziale Integration und Abbau von Benachteiligungen
- Frustrationen und Provokationen ignorieren, aushalten und/oder konstruktiv verändern lernen

- Stärkung des Selbstbewusstseins und Verbesserung der sozialen Handlungskompetenz und die Vermittlung alternativer Konfliktlösungstechniken in Gruppen.

4. Zielgruppe

Zielgruppe von *K.L.A.R.* sind im Kern weibliche und männliche Jugendliche, die im Wesentlichen im Kontext von Gruppen gewalttätig sind und sich abweichend verhalten. Nach Ferrainola, dem Direktor der Schule Glen Mills, ist Delinquenz ein Verhaltensproblem und nicht eine psychologische Krankheit. Gemäß seines soziologischen Modells (FERRAINOLA 1999, GUDER 1997 und 1999) versuchen Jugendliche in ihren negativen Gangs/Gruppen Status zu erlangen, indem sie negatives Verhalten ausüben. Es gilt, positive Gruppen zu schaffen, in denen die Jugendlichen durch positives Verhalten Status erhalten können. Das Prinzip Konfrontation als Hilfe spielt demnach eine zentrale Rolle und stellt einen wesentlichen Kernpunkt des Konzeptes dar.

5. Kernpunkte des Konzeptes

K.L.A.R. basiert auf folgenden zentralen Aussagen, die im Folgenden kurz beschrieben werden sollen. Es handelt sich aus Platzgründen um grobe und partielle Ausführungen, die durch weitere Ausarbeitungen detailliert werden müssen.

Konfrontation als Hilfe

K.L.A.R. setzt – im Vergleich zu anderen Konzepten – am deutlichsten den Ansatz der Konfrontativen Pädagogik in der Arbeit mit jungen Menschen im Kontext von Konflikten, Gewalt und Aggressivität um.

Konfrontative Pädagogik tritt den Ansichten, Verhaltensweisen und Äußerungen der jungen Menschen entgegen, begibt sich in die Auseinandersetzung, bietet Grenzen und Reibungspunkte und fordert unnachgiebig Verbindlichkeiten ein.

Unabdingbar ist damit auch die Frage nach der Qualität des personellen Angebotes verknüpft. Konfrontativ arbeitende Fachkräfte sind Menschen mit festen Persönlichkeiten, mit viel Verständnis für aggressive Menschen, deren Situationen zu begreifen sie bereit sind.

Gewalttaten und Delinquenz werden als Äußerungen individueller Lebens- und Notlagen in die Verantwortlichkeit der Kinder und Jugendlichen selbst gelegt und grundsätzlich abgelehnt, ohne den strukturellen Rahmen zu vernachlässigen.

Konfrontative Pädagogik orientiert sich an der Lebenswelt von aggressiven Individuen und Gruppen (Gangs) und ihrem Spaß an Auseinandersetzung und Wettbewerb. Gleichwohl ist Voraussetzung konfrontativen Arbeitens die Interventionserlaubnis durch die jungen Menschen. Dann lassen sich handlungs- und erlebnisorientiert Erfahrungen und Einsichten vermitteln, die zu Verhaltensänderungen führen und für viele Kinder und Jugendliche echte Chancen zur Integration eröffnen.

Transparenz und Stringenz der Normen

Die Verhaltensanforderungen, die die Gruppe an jeden einzelnen stellt, werden durch eine Fülle von Normen beschrieben und damit transparent gemacht. Ihre Einhaltung wird immer eingefordert. Diese Transparenz wirkt auch positiv auf die Organisation als Ganzes. Denn „genauso wie Normen das Verhalten gruppenorientierter Jugendlicher beeinflussen, beeinflussen sie die Organisation und den Leistungs-, Identifikations- sowie Motivationsgrad eines Unternehmens" (GUDER 1997: 132). Es gilt, die informelle Normenkultur zu benennen und die Entwicklung der Einrichtung wieder positiv zu beeinflussen. Dies ist dadurch erreichbar, „indem man ein für alle einheitliches Normenkonzept (...) (schafft) und durch entsprechende Multiplikatoren innerhalb des Systems mehrheitsfähig sowie durch verschiedene Evaluationssysteme im Grad der positiven Messbarkeit messbar" (GUDER 1997: 133) macht.

Zu diesem Themenbereich gehört auch ein klar strukturierter und relativ konstanter Tagesablauf. Als eine der obersten Normen gilt, dass man alles tun darf, nur nicht „nichts tun".

In der Jugendwerkstatt Griesheim gab es ungefähr 25 Regeln, die teilweise von der pädagogischen Leitung zum Beginn der Maßnahme gesetzt, aber auch gemeinsam mit der ganzen Gruppe sukzessive erarbeitet und modifiziert worden waren. Dazu zählten zum Beispiel:

- *„Müll gehört in den Behälter"*
- *„Keine Gewalt"*
- *„Keine Drogen"*
- *„Niemand wird ausgelacht"*
- *„Akzeptiere immer die Konfrontation"*
- *„Wir kommen pünktlich" (vgl. auch* DARNSTÄDT *2001: 194f.).*

Wir achteten auf eine klare und einfache Formulierung der Regeln. Sie sollten leicht begreifbar sein und schnell von den Jugendlichen internalisiert werden können. Dies ist uns besonders mit der Regel „Wir reden ruhig und höflich miteinander" gelungen. Schon nach kurzer Zeit wurde dieser Satz nicht nur in der Werkstatt ständig zitiert. Auch in Situationen mit anderen Personen des Wohnumfeldes, in denen das Gegenüber etwas unhöflich wurde, wiesen sie bestimmt aber doch freundlich auf diese Regel hin und konnten so – sicher auch weil der so Konfrontierte von dieser neuen Form der Konfliktlösung total überrascht wurde – einige Streitigkeiten vermeiden.

Peer Education

Die Jugendlichen selbst sind von zentraler Wichtigkeit. Je nach Status und Vertrauenslevel gegenüber den Betreuern und der Gruppe werden sie nach einem hierarchisch durchstrukturiertem System mehr oder weniger in die Unterstützung einzelner, zur Überwachung der Ordnung und zur Einhaltung der Normen eingebunden und erhalten entsprechende Privilegien. Die Stufen des Vertrauenslevels sind den Jugendlichen deutlich zu machen. Denn nur das, was sie verstehen und ihnen „gerecht" erscheint, können sie akzeptieren.

In der Jugendwerkstatt Griesheim haben wir deshalb ein Punkte- und Aufstiegssystem installiert. Im Kern vergaben wir rote Punkte für schlechte Leistungen, grüne Punkte für gute. Verhielt sich der Teilnehmer „neutral", vergaben wir keinen Punkt. Um viele Bereiche des pädagogischen Alltags erfassen zu können, benannten wir 6 Kategorien:

- *Kategorie 1: Umgang in der Gruppe*
- *Kategorie 2: Verhalten gegenüber den Anleitern/Personal*
- *Kategorie 3: Pünktlichkeit*
- *Kategorie 4: Arbeitseinsatz*
- *Kategorie 5: Umgang mit Werkzeug/Arbeitsmaterialien*
- *Kategorie 6: Arbeitsplatz/Sauberkeit/Ordentlichkeit*

Als besonderen Anreiz konnten sich die Jugendlichen durch eine besondere Leistung einen Sonderpunkt erarbeiten. Um nach Möglichkeit immer einen Sonderpunkt vergeben zu können, wurde er auch zugeteilt, um besondere Fähigkeiten und Fertigkeiten zu würdigen.

Die Punktevergabe erfolgte täglich nach der Mittagspause für den jeweils vorangegangenen Arbeitstag, nachdem sich das Team beraten hatte. Dies hatte zwei Vorteile: Zum einen erfolgte die Reaktion auf positives respektive negatives Verhalten kurzfristig, zum anderen boten kurze Beurteilungszeiträume Anreiz zu einer schnellen Veränderung des eigenen Verhaltens. Die Vergabe wurde zusätzlich an einem Plakat durch das Malen des Punktes mit der entsprechenden Farbe visualisiert.

In der Zusammenschau konnte jeder Jugendliche täglich 7 grüne Punkte erhalten. Ein roter Punkt strich zwei grüne Punkte. Die Summe wurde täglich aufaddiert. Das jeweils höchste Resultat entschied über die Vergabe von Privilegien und Status: Zum Beispiel besonders attraktive Aufgaben (beispielsweise einkaufen fahren), leichtere Arbeiten, Mitentscheidungskompetenzen, erlebnisorientierte Angebote (Kartracing), Kontakt zu Kunden. Als besondere – den Gegebenheiten in der Jugendwerkstatt Griesheim angepasste – Motivation- und Anreizmaßnahme haben wir mit dem Punktestand auch die Höhe des Gehalts verknüpft. Da die Jugendlichen als Mitarbeiter des Caritasverbandes galten, haben wir in Verhandlungen mit der zuständigen Mitarbeitervertretung ein Abkommen ausgearbeitet. Danach gab es für jeden Teilnehmer ein Grundgehalt (75 %), das sich in 5 weiteren Stufen in 5 %-Schritten zum Endgehalt (100 %) steigerte. Analog zu den Privilegien konnte auch bei Punktverlust das Lohnniveau abgesenkt werden, sofern es nicht unter die 75 %-Grenze fiel.

Konfliktlösungsritual

Jede Überschreitung der Norm stellt ein Konflikt dar, der immer das gleiche Ritual auf den Plan ruft. Obwohl dies doch recht einfach aussieht, bereitet deren Umsetzung in stationären Einrichtungen den Teams aus vielerlei Gründen (zum Beispiel Personalwechsel, Unterbesetzung, persönliche Eigenarten der Mitarbeiterinnen und Mitarbeiter) größte Schwierigkeiten. Dabei ist dies eine wesentliche Voraussetzung, dass die Arbeit mit schwieriger Klientel gelingt. Im Rahmen konfrontativer Pädagogik ist mit den „Levels of confrontation" (siehe oben) hierzu ein fest gelegter Ablauf beschrieben, der anfangs mit der Gruppe erlernt und sukzessive in den alltäglichen Ablauf internalisiert werden muss.

In Frankfurt am Main beschränkten wir uns auf sechs der sieben Levels. Auf großen Plakaten hatten wir an der Wand die Stufen folgendermaßen visualisiert:

- *Stufe 1: Weist den anderen mit einer freundlichen Geste auf seinen Regelverstoß hin!*
- *Stufe 2: Macht nun ein ernstes Gesicht und wiederholt Euren Hinweis auf den Regelverstoß!*
- *Stufe 3: Ermahnt den anderen freundlich, was er zu tun hat („bitte")!*
- *Stufe 4: Befiehlt dem anderen im harten und klaren Ton, was er zu tun hat!*
- *Stufe 5: „Support"!!! Alle müssen sich im Kreis um den anderen stellen und ihn alle zur Rede stellen!*
- *Stufe 6: Zusätzlich berührt ein Mitarbeiter den anderen, um ihn auf die Missachtung hinzuweisen!*

Zur Einführung dieses Konfliktlösungsrituals hatten wir mit den Jugendlichen die einzelnen Stufen regelrecht eingeprobt und immer wieder durchgespielt. Unter Anleitung des pädagogischen Personals wurde das Ritual sukzessive eingeführt und in den Alltag in der Jugendwerkstatt Griesheim implementiert. Besondere Aufmerksamkeit verlangte das sofortige Reagieren auf das Nichteinhalten der Regeln. Die Jugendlichen waren erstaunt, dass es möglich ist, mittels Gesten zu konfrontieren. Viel lieber wären sie sofort in der vierten Stufe eingestiegen oder waren noch eher geneigt, zu dem ihnen bekannten Mittel zu greifen: Den Abweichler mit einem kräftigen Schlag ins Gesicht „zur Vernunft zu bringen".

In manchen Fällen hatten jedoch auch wir mehrere Stufen übersprungen. Ein solches Vorgehen wurde stets mit der Gruppe im Vorfeld besprochen und abgestimmt. Als Beispiel ist die Übertretung der Regel „Wir kommen pünktlich" aufzuführen. Jeder Jugendliche, der zu spät in die Werkstatt kam, wurde sofort in der Stufe 5 konfrontiert. Dies sah in der Praxis so aus: Kaum kam Mohammed die Tür herein, rief Hakim „Support". Umgehend liefen alle auf den Hereinkommenden zu und umringten ihn. Die Gruppe fragte aber nicht mehr nach den Gründen der Unpünktlichkeit, sondern Mohammed musste sich dem Vorwurf stellen, dass er mit seinem Nichteinhalten den Gesamtablauf des Betriebs behindert. „Wir dulden dieses Vorgehen bei uns nicht", so Hakim ernst und Markus ergänzte: „Du kannst ja gehen, wenn du es nicht schaffst, die Regeln einzuhalten". Mohammed akzeptierte die Konfrontation. „O.K., das nächste Mal werde ich pünktlich sein, versprochen." „Was wirst du konkret dafür tun, dass dir das gelingt?" hakte der Meister nach, der sich wie alle anderen am Support beteiligen muss. „Wie, verstehe ich nicht", erwiderte der Konfrontierte. Darauf konterte Markus, ein weiterer Teilnehmer in der Jugendwerkstatt: „Ist doch klar, wir wollen ein konkretes Versprechen von dir, was du verändern willst." „Weiß ich doch nicht." „Das ist wieder typisch. Weißt du überhaupt etwas, außer wann Zahltag ist", provozierte der pädagogische Mitarbeiter, „du könntest dir zum Beispiel den Wecker stellen – wenn du weißt, was das ist!" „Okay, dann stelle ich mir das nächste Mal den Wecker, zufrieden", versuchte Mohammed die unangenehme Situation zu beenden. Da aber in einem solchen konfrontativen Streitgespräch Aussagen immer kritisch auf Plausibilität hinterfragt werden (müssen), fand die Gruppe heraus, dass Mohammed gar keinen Wecker besaß. Er bekam die Aufgabe, sich sofort einen Wecker zu kaufen. Das dazu benötigte Geld bekam er von uns, es wurde ihm aber von der kommenden Gehaltszahlung abgezogen. Wie nach jedem Support folgte auch hier ein Gespräch unter vier Augen mit einem pädagogischen Mitarbeiter. Außerdem wurde die Situation in der gemeinsamen Runde am nachfolgenden Tag besprochen.

Es soll hier nicht unerwähnt bleiben, dass die Regeln für alle im Projekt Beschäftigten, also auch für das pädagogische und das Fachpersonal, gelten. Gerade das obige Beispiel vermag vielleicht bei einigen Leserinnen und Lesern ein etwas mulmiges Gefühl erzeugen. Aus ihrer Sicht mag der Anspruch auf einen eigenverantwortlichen Umgang mit der Pünktlichkeit selbstverständlich sein. Für die Arbeit mit gewaltbereiter und sehr schwieriger Klientel ist dies jedoch sehr kontraproduktiv. Einerseits werden die Jugendlichen von zu viel Eigenverantwortlichkeit überfordert, andererseits rebellieren sie innerlich (Abwendung) oder äußerlich (Aggressivität) gegen unterschiedliche Geltungsgrade von Regeln.

Wider die Resignation!

Intensive schulische und berufliche Förderung

Wir fördern die Kinder und Jugendliche äußerst intensiv im Bereich Schule und Berufsausbildung. Dabei ist unser Ziel, dass sehr viele von ihnen einen öffentlich anerkannten Schulabschluss, eine Berufsausbildung und/oder einzelnen Module dazu erreichen, die ihnen wichtige Perspektiven eröffnen.

In diesem Kontext bleibt unverzichtbar, intensiv mit Partnern aus Politik, Wirtschaft und Gesellschaft zu kooperieren, um so den jungen Menschen konkrete Ziele (auf dem ersten Arbeitsmarkt) in Aussicht stellen zu können.

Im Frankfurter Projekt konzentrierten wir uns auf den Bereich Kraftfahrzeug- und Motortechnik. Dazu bauten wir eine Kraftfahrzeug- und Gokartwerkstatt auf. Fachpraktisch arbeiteten die Jugendlichen unter Anleitung eines Kraftfahrzeugmeisters und eines Gesellen an den Fahrzeugen der Kunden, sie zerlegten und montierten 4-Takt-Arbeitsmotoren und bauten die werksgelieferten Einzelteile zu ganzen Gokarts zusammen. Neben einer fachtheoretischen Unterweisung erhielten die Teilnehmer von der Lehrerin der trägereigenen Einrichtung in der Siedlung Unterricht in Deutsch, Mathematik, Sozialkunde und Geschichte und wurden so auf den externen Hauptschulabschluss vorbereitet. Außerdem vermittelten wir den jungen Menschen Praktikumplätze in umliegenden Kraftfahrzeugwerkstätten. Hier erwies sich eine bereits länger bestehende Partnerschaft zu einem Autohaus einer italienischen Firma als besonders nützlich. Von den insgesamt 7 Plätzen in der Jugendwerkstatt Griesheim konnten wir dorthin einen Jugendlichen in eine reguläre Lehrstelle als Kraftfahrzeugmechaniker vermitteln.

Corporate Identity und Vermeidung von Stigmatisierung

Normalität schreiben wir groß. Eine entsprechende Bezeichnung für die Einrichtung soll Stigmatisierung vermeiden und deutlich machen, dass wir auch den jungen Menschen Kompetenz zutrauen.

Der konsequente Ausbau von Dienstleistungsangeboten mit offener Kundenstruktur dient diesem Aspekt und nicht nur der (Teil-)Finanzierung des Projektes. Alle nach außen gerichteten Dienste stellen gleichzeitig für die jungen Menschen Möglichkeiten dar, ihre erlernten Konfliktbewältigungsstrategien in anderen gesellschaftlichen Zusammenhängen erproben zu können.

Erwachsene, Kinder und Jugendliche tragen außerdem durch ihre Anregungen zu einer fortlaufenden Organisationsentwicklung und Verbesserung der Einrichtung bei. Sie fühlen sich in ein gemeinsames Etwas eingebunden, für das es sich einzusetzen lohnt (corporate identity), um es „jeden Tag ein wenig zu verbessern" (GUDER 1997: 133).

Die Jugendwerkstatt Griesheim arbeitete in folgenden Tätigkeitsbereichen:
- *Kraftfahrzeugwerkstatt: Wir setzten vier- und zweirädrige Fahrzeuge aller Marken in Stand. Außerdem verkauften wir Fahrzeuge, die wir zuvor hergerichtet hatten.*

- *Kartwerkstatt: Wir reparierten Gokarts, fertigten für einen namhaften deutschen Fabrikant die Endmontage und verkauften Neu- und Gebrauchtfahrzeuge.*
- *Kartmobil: Wir boten Schnupperkurse, Kartschule und Schaufahrten für Firmen, Privatpersonen, soziale Einrichtungen und Schulen.*
- *Als offizielle Verkaufsstelle einer deutschen Kartfirma verkauften wir deren Ersatz- und Zubehörteile.*
- *Als autorisierte Werkstatt der AvD-Rennkart-Trophy PRO2000 waren wir exklusiv berechtigt, die Motoren der Rennkarts zu öffnen, zu überprüfen und zu reparieren.*
- *Als offizieller Renndienst bei der AvD-Rennkart-Trophy PRO2000 waren wir als Service-Dienstleister vor Ort, lieferten die Ersatzteile, führten Reparaturen durch und betreuten die Fahrerinnen und Fahrer.*
- *Als besonderes Angebot konnten Kunden bei uns Rennkarts leihen und eine all-inclusive-Betreuung buchen. Der Fahrer oder die Fahrerin brauchte nur noch einsteigen.*
- *Als AvD-Kartdepot verwalteten wir die Karts und das Zubehör zur Unterstützung der motorsportlichen Aktivitäten der Ortsclubs.*

Der Gewinnerlös aus diesen Tätigkeiten konnte kontinuierlich gesteigert werden. In Spitzenzeiten erwirtschaftete der Betrieb 66 % der gesamten Ausgaben.

Ansprechendes Ambiente und gute Versorgung

Wir gewährleisten eine gute Versorgung und sehen in einer ansprechenden Ausstattung der Einrichtung eine unabdingbare Voraussetzung für den Erfolg unseres Ansatzes. Es sind für jeden Jugendlichen individuell eine Fülle von Möglichkeiten zu bieten, um ihn optimal zu fördern und zu fordern. Gleichfalls werden die Kinder und Jugendlichen damit für ihre Leistungen belohnt und zur weiteren Unterstützung des Ansatzes motiviert.

Beispielsweise hatte in der Jugendwerkstatt Griesheim jeder Jugendliche seinen eigenen Werkzeugkoffer mit neuem und qualitativ recht hochwertigem Werkzeug. Auch die Fahrzeuge für diesen Betrieb wurden neu eingekauft, waren sehr gut ausgestattet und mit einer ansprechenden Bedruckung versehen.

Personalmanagement

Der Erfolg des Konzeptes *K.L.A.R.* hängt letztlich in erheblichem Maße auch von den Mitarbeiterinnen und Mitarbeitern selbst ab. Daher „ist zu versuchen, Personal zu rekrutieren und auszuwählen, welches den Standards der Organisation entspricht, im besonderen solches Personal, welches das Teamworkkonzept und die Philosophie des beidseitigen Gewinns versteht. (...) Neue Mitarbeiter innerhalb der Organisation bedürfen einer formalen Orientierung hinsichtlich des Systems und dessen, was sie vom informellen System (Normen, Peergruppendruck, Konfrontation etc.) zu erwarten haben. Wenn eine positive Umgebung kreiert wird, wird das informale System das unterstützen, dessen Stattfinden das formale System für notwendig erachtet" (GUDER 1997: 133).

Gemeinsame Schulungen im Vorfeld und parallel zur Umsetzung des Programms dienen der Supervision, der gemeinsamen Gestaltung, der Reflexion und der Weiterentwicklung. Dem normativen Aspekt der Arbeit muss besondere Beachtung geschenkt werden. Denn alle Mitarbeiterinnen und Mitarbeiter müssen „zusammenarbeiten und dieselbe Sprache sprechen" (GUDER 1997: 133).

Man stelle sich beispielsweise die Situation vor, dass sich die Mehrheit des Teams einig darüber ist, dass man einem Jugendlichen nicht weiter in einer Angelegenheit entgegenkommen wolle, sondern vielmehr erwarte, dass dieser von sich aus aktiv wird oder – falls er es möchte – die Einrichtung verlassen solle. Nun liegt aber einem Mitarbeiter sehr viel an diesem Jugendlichen und er versucht, ihn zum Erledigen der Aufgabe und zum Bleiben in der Einrichtung zu überreden. Liebe Leserinnen und Leser, sie werden sich denken, dies sei an und für sich eine lobenswerte Tat, in der das Engagement und die Zuneigung zu dem Jungen deutlich hervorstrahlt. So sehr dies auch auf den ersten Blick stimmen mag, in der Arbeit mit schwieriger Klientel ist ein solcher Alleingang eines Mitarbeiters aber verheerend.

Nachbetreuung

Der Nachbetreuung fällt ein großes Gewicht in unserer Konzeption zu. Sie wird für jeden Jugendlichen individuell im Rahmen des Hilfeplanverfahrens gestaltet und muss mit den zuständigen Jugendämtern verhandelt werden. Zusätzliches Ziel im stationären Bereich ist, die Entlassung so vorzubereiten, dass die Übergänge möglichst nahtlos erfolgen und dadurch Erfolge der stationären Maßnahme weiter zu führen und zu steigern. Besonders die Unterstützung von Jugendlichen bei der Erschließung schulischer und beruflicher Perspektiven und die Einbeziehung seines sozialräumlichen Kontextes ist aus unserer Sicht ein Schlüssel zur gelungenen langfristigen gesellschaftlichen Integration. In diesem Zusammenhang scheint der Aspekt einer „restorative justice" (BRAITHWAITE 1989, SCHNEIDER 1998, FINDEISEN & KERSTEN 1999: 156ff.) bedeutsam. Wenn BRAITHWAITE „von der ‚Beschämung' des Täters spricht, dann meint er damit eine Haltung, die es nicht bei seiner Ausgrenzung bewenden lässt, sondern ihm ernst gemeinte, persönlich glaubhafte Angebote der Re-Integration macht" (v. WOLFFERSDORFF 2000: 31).

Konkret bedeutet dies:

− alle schon vor der Maßnahme betreuende Institutionen weiterhin in den Hilfeprozess mit einzubeziehen;
− andernfalls schon frühzeitig die Übernahme der Nachbetreuung zu regeln. Dabei soll das vorhandene Netz von Beratungsdiensten und Ressourcen anderer Träger genutzt werden.

– ein Netzwerk an Ämtern, Institutionen, Schulen und Firmen aufzubauen, die die Bemühen um eine optimale Wiedereingliederung in die Gemeinwesen ideell und tatkräftig unterstützen. Nur so kann *K.L.A.R.* qualitativ hochwertige Arbeit leisten und können den jungen Menschen echte Perspektiven in Aussicht gestellt werden.

6. Evaluation

Als wichtigste Ergebnisse aus den Erfahrungen in der Jugendwerkstatt Griesheim lassen sich festhalten:

– „Die Jugendlichen nahmen diese Rahmenbedingungen an, weil sie „von oben" definiert, aber auch transparent gemacht und die Grenzen dieser Definitionsmacht klar eingehalten wurden.
– Die Jugendlichen übernahmen sehr schnell die Normformulierungen und wendeten sie auch in ihren privaten Zusammenhängen an, da sie einprägsam und leicht verständlich formuliert waren.
– Körperliche Auseinandersetzungen wurden bis auf drei Einzelfälle verhindert, da das Ritual auf geringste Kleinigkeiten reagierte.
– Die im Milieu hierarchisch festgelegte Rangordnung (SCHANZENBÄCHER 1995) unter den Jugendlichen konnte aufgebrochen werden, da der schwächste Jugendliche sich hinter unseren Verhaltenserwartungen „verstecken" konnte, die von jedem das Konfrontieren verlangten.
– Der Anfang gestaltete sich als sehr schwierig, da den Jugendlichen sprachliche Kompetenzen fehlten und ihnen das Konfrontationsritual fremd war. Hier brachte uns ein Jugendlicher bedeutsam voran, der sich diese Kompetenzen durch die Teilnahme an unseren früheren Coolnesstrainings erworben hatte.
– Die zeitliche Befristung des Projektes und die Fluktuation unter den Teilnehmern führte nur zu einer eingeschränkten Internalisierung und damit zu keiner Normalisierung des Systems" (SCHANZENBÄCHER 2001: 83).

Weitere Projekte zur Implementierung von *K.L.A.R.* sollen in Zusammenarbeit mit einer Fachhochschule evaluiert werden.

7. Derzeitige Vorhaben

Das Konzept *K.L.A.R.* bildet die Basis der Konzeption für das Kompetenzzentrum des Caritasverbandes für Brandenburg e.V., das derzeit als Alternative zum Strafvollzug mit dem Justizministerium des Landes Brandenburg verhandelt wird (SCHANZENBÄCHER 2001 a, 2001 b, 2003). In Absprache unter den drei Ministerien des Landes Brandenburg für Bildung, Jugend und

Sport, des Innern und der Justiz und für Europaangelegenheiten sieht die weiterführende Projektplanung als Ziel die Schaffung eines Kompetenzzentrums vor. Dort soll „ein ineinander greifendes und abgestimmtes Angebotsspektrum" (Caritasverband für Brandenburg e.v. 2002: 4) bereitgehalten werden. Aktuell laufen entsprechende Planungen mit dem Justizministerium, da dies die größte Chance einer Realisierung verspricht: Es bestehen so Möglichkeiten, einerseits zur Finanzierung des Vorhabens einen Teil der Investitionen für geplante Neubauten von Jugendstrafanstalten umzuwidmen. Andererseits könnte schon im Vorfeld über eine länderübergreifende Kooperation nachgedacht werden. Konkret geht es um die Schaffung einer alternativen Haftform auf der Basis des § 91.3 JGG. Als weitere Möglichkeit könnte das Kompetenzzentrum als Möglichkeit der Haftvermeidung fungieren. Auf der Basis der §§ 88 und 89 JGG würde der Rest der Jugendstrafe zur Bewährung ausgesetzt und dem Verurteilten der Aufenthalt im Zentrum auferlegt werden. Beide Modelle treten der Gefahr einer Sanktionsverschärfung hin zu freiheitsentziehenden Maßnahmen entgegen, da der Strafvollzug immer vorgeschaltet ist.

Parallel zu diesem Vorhaben laufen die Vorbereitungen zu einer Implementierung von *K.L.A.R.* im Kontext stationärer Jugendhilfe in einem Jugendhilfeverbund im Land Berlin. In beiden Fällen deuten sich interessante und spannende Entwicklungen an, die wir an geeigneter Stelle veröffentlichen werden.

Literatur

BRAITHWAITE, J.: Crime, shame and reintegration, Cambridge 1989.
CARITASVERBAND FRANKFURT E.V.: Jahresbericht 1997/1998. Frankfurt: C. E. Schock GmbH, Juni 1999
CARITASVERBAND FÜR BRANDENBURG E.V.: Boxenstopp, Kompetenzzentrum zur Integration jugendlicher Gewalttäter und zur Prävention jugendlicher Delinquenz, Konzeption. Berlin: November 2002.
COLLA, H. E. & SCHOLZ, C. & WEIDNER, J., eds.: Konfrontative Pädagogik. Mönchengladbach: Forum Verlag Godesberg GmbH, 2001.
DARNSTÄDT, T.: „Alles wird gut?" Gesucht: Ein Rezept gegen die Jugendgewalt. Gefunden: Das US-Internat Glen Mills. Eine bissig-journalistische Reise. in: COLLA, H.E. & SCHOLZ, C. & WEIDNER, J., eds.: Konfrontative Pädagogik. Mönchengladbach: Forum Verlag Godesberg GmbH, 2001: 179-198.
FERRAINOLA, C.D., Zur Notwendigkeit einer effektiven Veränderung stationärer Behandlungsmodelle delinquenter Jugendlicher, in: DVJJ-Journal 3/1999: 321-324.
FINDEISEN, H.-V. & KERSTEN, J.: Der Kick und die Ehre, München: Verlag Antje Kunstmann, 1999.
FÖRSTER, J.: Praktikumerfahrungen in den USA: Glen Mills Schools für gewaltorientierte Gangjugendliche, in: standpunkt sozial, Heft 2/1999: 42-49.
GUDER, P.: Ohne Schloss und Riegel, in: DVJJ-Journal 2/1997: 123-136.
GUDER, P.: Glen Mills – Amerikanisches Mythos oder reale Chance, in: DVJJ-Journal 3/1999: 324-334.

GUDER, P.: Glen Mills – Fragen an ein amerikanisches Modell für Problemkids, in: Jugendhilfe 38 1/2000: 7-17.
GRISSOM, G. & DUBNOV, W.: Without locks and bars. New York: Praeger 1989.
HEILEMANN, M. & FISCHWASSER-VON PROECK, G.: Gewalt wandeln, Lengerich: Pabst Science Publishers, 2001.
OTTMÜLLER, C. O.: Glen Mills Schools. Ein Modell der Jugendkriminalrechtspflege in den USA, Pfaffenweiler: Centaurus-Verlagsgesellschaft 1988.
PETERS, F.: Glen-Mills-Schulen in Deutschland, in: Forum Erziehungshilfen, 6.Jg., Heft 2, 2000: 76-80.
SCHANZENBÄCHER, S.: Lückekinder im sozialen Brennpunkt, in: Berufsverband Deutscher Soziologen e.V., ed.: Sozialwissenschaften und Berufspraxis, H. 3, 18/1995: 213-227.
SCHANZENBÄCHER, S.: Den Frust von der Seele „racen". Coolness-Training und Kartracing für Lückekinder im sozialen Brennpunkt, in: WEIDNER, J., KILB, R. & KREFT, D., eds.: Gewalt im Griff. Weinheim und Basel: Beltz, 1997: S. 172-197.
SCHANZENBÄCHER, S.: Das Go-Kart als Medium, Attraktor und Inhalt in der Arbeit mit gewaltbereiten Jugendlichen, in: Landesjugendamt Hessen, ed.: Hier bewegt sich was. Gemeinwesenprojekte in Hessen. Wiesbaden: Druckerei des Hessischen Landesvermessungsamtes, Dezember 1999: 55-57.
SCHANZENBÄCHER, S.: Boxenstop – Konzept des Caritasverbandes für Brandenburg e.V., in: DVJJ-Journal, 1/2001 a: 81-87.
SCHANZENBÄCHER, S.: Opferschutz ist Täterarbeit, in: Deutscher Caritasverband e.V., ed: Caritas 2002 – Jahrbuch des Deutschen Caritasverbandes. Freiburg: Deutscher Caritasverband e.V., Dezember 2001 b: 180-187.
SCHANZENBÄCHER, S.: Anti-Aggressivitäts-Training auf dem Prüfstand. Gewalttäter-Behandlung lohnt sich. Herbolzheim: Centaurus Verlags-GmbH, 2003.
SCHANZENBÄCHER, S.: „Boxenstopp – Training gegen Gewalt" – Neue Wege in der Gewaltprävention jugendlicher Gewalt, in: Vorstand der Aktion Jugendschutz in Bayern, ed.: proJugend, 2/2003, S. 14-16.
SCHANZENBÄCHER, S. & WEIDNER, J.: Sich den Frust von der Seele „racen". Coolness-Training und Kartracing in der Gewaltprävention für Lückekinder, in: dt. jugend, 45. Jg., H. 6., 1997: 270-279.
SCHNEIDER, H.: Neue Wege in der Kriminalpolitik. Primäre, sekundäre und tertiäre Kriminalprävention im Lichte der Theorie des „reintegrative shaming", in: DVJJ-Journal, 4/1998: 329-334.
STORR, P.: Gesetze für Sozialwesen. Regensburg & Bonn: Walhalla Verlag 1996.
VIETEN-GROSS, D.: Glen Mills Schools – eine Alternative zum Strafvollzug für straffällige Jugendliche in Amerika, in: DVJJ-Journal 2/1997: 136-141.
WEIDNER, J.: Analyse des Behandlungskonzepts der Glen Mills Schools, Diplomarbeit, Lüneburg 1986.
WEIDNER, J.: Das schwierige Geschäft: Grenzen ziehen, in: sozialmagazin, 22. Jg., H.1, 1997a: 33-37.
WEIDNER, J.: Anti-Aggressivitäts-Training für Gewalttäter. 4. Aufl., Bonn/Bad-Godesberg: Forum-Verlag, 1997.
WEIDNER, J.: Nähe suchen, bis es schmerzt, in: Deutsches Allgemeines Sonntagsblatt, 24.7.1998.
WEIDNER, J. & KILB, R. & KREFT, D., eds.: Gewalt im Griff. Weinheim und Basel: Beltz, 1997.
WINKLER, M.: Jugendhilfe im Extremfall, in: Sozialextra, Heft 1-2. Wiesbaden: Sozialextra-Verlag, 1999: 9-11.
WOLFFERSDORFF, V., C.: Pläne für ein deutsches „Glen Mills", in: AFET, Heft 2-3-00: 26-31.
WOLTERS, J.-M.: Das therapeutische Intensivprogramm gegen Gewalt und Aggression, in: DVJJ-Journal 4/1998: 361-370.

Bert Reissner

Unbeschulbare GrundschülerInnen gibt es nicht.
Konfrontative Pädagogik in Kooperation von Schule und Jugendhilfe mit Kindern aus Multiproblemfamilien: Das KoPädiKo-Konzept

Der folgende Artikel stellt ausgehend von der Darstellung einer teilstationären kooperativen Kinder- und Jugendhilfemaßnahme in Neumünster, Schleswig-Holstein, das vom Autor federführend entwickelte Konzept einer Konfrontativen Pädagogik in Kooperation („KoPädiKo") vor. Mit diesem Ansatz gelingt es, von FachkollegInnen als unbeschulbar beschriebene SchülerInnen erfolgreich in Regelklassen einer Grundschule zu unterrichten.

Hierbei bildet für unsere Klientel die Konfrontative Pädagogik das notwendige Fundament, auf dem aufbauend der Einsatz empirisch fundierter, langjährig praxiserprobter sozial- und sonderpädagogischer Erziehungsmethoden zum Erfolg führt.

1. Das Praxismodell der KoPädiKo

Die teilstationäre Kinder- und Jugendhilfemaßnahme „Halliggruppe"

Ausgangslage

Die „Johann-Hinrich-Fehrs-Schule" in der kreisfreien Stadt Neumünster (82 000 Ew.), ist eine 3-4 zügige Grundschule mit ca. 350 SchülerInnen in Innenstadtnähe. Die Sozialraumanalyse der städtischen Jugendhilfeplanung beschreibt den Einzugsbereich der Schule als den „sozialen Brennpunkt" der Stadt (Jugendhilfeplanung der Stadt Neumünster – Sozialraumanalyse – August 2001).

Für Kinder aus sogenannten Multiproblemfamilien mit massiven Verhaltensstörungen ist die teilstationäre Kinder- und Jugendhilfemaßnahme „Halliggruppe" entwickelt worden.

In enger Kooperation von Jugendhilfe (Tagesgruppe direkt im Schulgebäude) und Johann-Hinrich-Fehrs-Schule werden mit dem vor Ort entwickelten pädagogischen Konzept erfolgreich ehemals ‚unbeschulbare' GrundschülerInnen aus dem gesamten Stadtgebiet Neumünsters in den Regelklassen der Schule integriert: Die Maßnahme steht als Angebot allen 15 Grundschulen der Stadt zur Verfügung.

Als Kooperationsmaßnahme von Jugendhilfe und Schule umfasst die Halliggruppe die Arbeitsbereiche ‚Integrierte Erziehungshilfe in der Schule' – ‚Sozialpädagogische Gruppenarbeit' – ‚Sozialpädagogische und therapeutische Familienarbeit'.

Gesetzliche Grundlagen

Im Schleswig-Holsteinisches Schulgesetz (Änderungsgesetz 1999) trifft der Gesetzgeber grundsätzliche Aussagen zum gemeinsamen Unterricht (Integration) von behinderten und nichtbehinderten Schüler/Innen. Verhaltensgestörte Schüler/Innen werden hierbei unter dem Begriff „behindert" subsumiert; die schulische Erziehungshilfe stellt einen Teilbereich sonderpädagogischer Arbeitsfelder dar (§5 Abs. 2). Hierzu wird in der „Landesverordnung über sonderpädagogische Förderung (SoFVO)" vom 01. August 2002 die möglichst integrative Beschulung der Schüler/Innen mit sonderpädagogischem Förderbedarf im Bereich der sozialen und emotionalen Entwicklung geregelt (§ 7 Abs.3). Die Öffnung der Schule gegenüber ihrem Umfeld wird ausdrücklich angestrebt, „insbesondere durch Zusammenarbeit mit den Trägern der Jugendhilfe" (Schulgesetz § 3,3).

Im SGB VIII bilden die §§ 1 in Verbindung mit 27 und 32, sowie § 81, der einen Kooperationsauftrag für Jugendhilfe und Schule erteilt, die Handlungsgrundlage.

Zielgruppe

Zielgruppe der ‚Hallig' sind Grundschulkinder und deren Familien aus Neumünster, die auf Grund folgender Problematiken schulische Erziehungshilfe *und* sozialpädagogische Betreuung benötigen:

– Störungen im Bereich des Lernens und Leistens (Lernunlust, Unkonzentriertheit, geringe Ausdauer), insbesondere Schulverweigerung (Schulangst, Schulphobie, Schulabsentismus),
– Störungen im sozialen Bereich (Mangel an sozialen Kontakten, Feindseligkeit, Schlägereien, aggressive Verhaltensmuster, delinquente Verhaltensmuster),
– Störungen im emotionalen Bereich (Launenhaftigkeit, Neigung zu Depressionen, Zwängen, Ängsten),
– Störungen im Familiensystem (Konflikte der Familienmitglieder untereinander, Missachtung der häuslichen Regeln und Pflichten durch die Kinder, Überforderung der Eltern).

Nicht aufgenommen werden Kinder mit zusätzlichem sonderpädagogischen Förderbedarf im Sinne einer Lernbehinderung/geistigen Behinderung sowie Kinder mit kinderpsychiatrischen Syndromen, die umfassende heilpädagogische und kinderpsychotherapeutische Behandlung benötigen. Die Mitarbeitsbereitschaft der Eltern wird vorausgesetzt und in Vorgesprächen eingefordert.

Ziele

Ziele der gegenüber den Kindern und ihren Familien erbrachten Leistungen beinhalten die individuelle Förderung im schulischen, sozialen, emotionalen und familiären Bereich:

- Schulischer Bereich: Priorität der pädagogischen Arbeit bildet die Integration der Halligkinder in die Regelklassen der Schule mit erfolgreicher zielgleicher Beschulung gemäß Grundschulcurriculum. Für externe Kinder wird eine erfolgreiche Reintegration in die entsendende Stammschule angestrebt. Kein Kind mit Förderbedarf im Bereich schulischer Erziehungshilfe wird aufgrund von Verhaltensstörungen an die Förderschule verwiesen.
- Sozialer Bereich: Durch die Maßnahme erwerben die Kinder Kompetenzen zum sozialangemessenen Leben und Lernen in Gemeinschaften. Es werden trainiert: Verantwortungsübernahme für sich selbst und andere Gruppenmitglieder, Abstimmung eigener persönlicher Bedürfnisse mit denen anderer, Akzeptanz anderer Meinungen und Persönlichkeiten, Beachtung individueller Grenzen und Achtung der Grenzen anderer.
- Die Maßnahme bietet die Chance, emotionale Geborgenheit und Stärke durch gemeinsames Handeln in der Gruppe zu erleben. So erwerben die Kinder entsprechend ihres Alters die Kompetenz zur selbstständigen Organisation des Alltags. Hierbei erlernen sie die Sekundärtugenden wie Pünktlichkeit, Regelmäßigkeit, Verlässlichkeit und Pflichterfüllung neu.
- Emotionaler Bereich: Es werden den Kindern Prozesse der Nachreifung und Nachbeelterung ermöglicht, die die Steigerung und Stärkung von Selbstwahrnehmung, Selbstwert und Selbstvertrauen beinhalten: Der in der Halliggruppe gestellte Betreuungsalltag ist ein Raum für dauerhafte und intensive Selbsterfahrung. Der methodische Ansatz schafft für die Kinder die unumgängliche Notwendigkeit ihr Selbstkonzept neu zu bestimmen.
- Familiärer Bereich: Den Ressourcen der Familie entsprechend, sind die Erarbeitung des alltagstauglichsten Arrangements der Familienmitglieder miteinander und die Linderung der Symptome oder die ‚Heilung' der Familiensysteme die Ziele: Es wird auf die destruktiven Aspekte der Familiensysteme eingewirkt, um konstruktive Interaktionsmuster zu entwickeln. Ein positiv funktionierendes Familiensystem soll Fremdunterbringung vermeiden und ein weiteres Zusammenleben ermöglichen.

Personelle Ressourcen

Durch das Schulamt der Stadt sind 1,5 Lehrerplanstellen für die Maßnahme zur Verfügung gestellt worden: 1,0 Planstelle Grund- und Hauptschullehrer, 0,5 Planstelle Sonderschullehrer.

In der Halliggruppe arbeiten 2 SozialpädagogInnen mit therapeutischen Zusatzqualifikationen, 1 Erzieher mit therapeutischer Zusatzqualifikation sowie 1 Hauswirtschafterin.

Regelleistungen der Maßnahme

Die Betreuungszeit beginnt täglich um 7.00 Uhr und endet um 18.00 Uhr (freitags 15 Uhr). Die Maßnahme selbst setzt sich aus nachfolgenden Modulen zusammen:

Integrierte Erziehungshilfe in der Schule
Orientiert am jeweiligen Erziehungshilfebedarf des Schülers/der Schülerin existieren folgende Angebote:

– Beratung in der Stammschule des Kindes
– Diagnostik der Lernausgangslage
– individueller Unterrichtsstoff, orientiert am intraindividuellen Fortschritt des Kindes
– individuelle Stundenpläne/z.B. verkürzter Unterricht, Unterricht „nur" beim Klassenlehrer/bei der Klassenlehrerin
– Einzelbeschulung
– Kleingruppenunterricht
– Co-Teaching in der Regelklasse
– Integration in einem Regelklassenverband (soweit möglich)
– Möglichkeit der Teilnahme in der Leseintensivmaßnahme („Leseklasse")
– Sonderpädagogische Förderstunden zur Förderung schulrelevanter Stützfunktionen (Wahrnehmung, Konzentration, Feinmotorik)
– Sprachheiltherapie
– Teilnahme am Sportförderunterricht
– durchgängige Beratung des Klassenlehrers/der Klassenlehrerin
– sofortige Krisenintervention (bei Bedarf mit Herausnahme des Kindes aus der Lerngruppe)
– Enge tägliche Kooperation: Lehrkraft – Halliggruppe (Kommunikation über Mitteilungsheft und Kurzbesprechungen)
– wöchentliche Besprechungsstunden des Gesamtteams (u.a. für Fallbesprechungen)
– Teilnahme der Klassenlehrkraft an Hilfeplangesprächen in der Hallig
– tägliche Lernhilfestunden für alle Halligkinder (unabhängig von ihrem aktuellen schulischen Erziehungshilfebedarf)
– Planung und Begleitung der Reintegration in die Stammschule

- Nachbetreuung nach Wechsel in die weiterführende Schule bzw. Reintegration in die entsendende Grundschule
- gemeinsame Elternarbeit mit den HalligmitarbeiterInnen (schulischer Bereich)
- Vernetzung mit dem ASD: gemeinsame Elterngespräche mit den Bezirkssozialarbeitern/Innen sowie monatliche Koordinationstreffen mit der für die Halliggruppe zuständigen Sozialarbeiterin.

Sozialpädagogische (Gruppen)arbeit

- verbindliche Alltagsstrukturierung (kontinuierliche Tagesabläufe, kontinuierliche Wochenabläufe, klare Zeitstrukturen, feste Regeln, Erfüllung täglicher Haushaltspflichten)
- überschaubare, konsequente, unmittelbare Reaktionen
- Training sozialer Selbstkontrolle durch Erwerb privilegierter Verantwortungspositionen in der Gruppe
- Neuerwerb von Sekundärtugenden (Pünktlichkeit, Höflichkeit ...)
- Training demokratischer Entscheidungsfindung
- Integration in positive peer-groups
- geschlechtsspezifische Angebote der Jungen- und Mädchenarbeit
- tägliche Hausaufgabenhilfe ergänzend zum schulischen Bereich
- Erstellen individueller Entwicklungs-Feed-backs
- Erarbeitung/Förderung individueller Ressourcen
- individuelles Training sozialer Kompetenzen
- individuelle Gestaltung der Ausgliederung aus der intensiven Gruppenbetreuung.

Sozialpädagogische und therapeutische Familienarbeit

- Verpflichtung zur Zusammenarbeit
- Beratung und Unterstützung in Erziehungsfragen
- Eingriff in die Struktur der Familienabläufe (Erstellen von Tagesplänen und -abläufen)
- Unterstützung bei Amtsgängen
- Weitervermittlung an andere Institutionen
- Beobachtung/Diagnostik des Familiensystems (Familienregeln, Muster, Konflikte, Koalition, Werte/Normen)
- Einwirken auf die Interaktionsmuster des Systems (Problemlösungsstrategien)

Synergieleistungen

Darüberhinaus unterstützen die Halligmitarbeiter die Lehrkräfte in der Beschulung:

– Bei Schwänzen und Schulverweigerung werden die Kinder abgeholt und zur Schule gebracht
– Krisenintervention am Schulvormittag:
  – Begleitung in den Unterricht
  – Herausnahme aus dem Unterricht
– Sicherstellung der erforderlichen Schulmaterialien und Ranzenkontrolle
– Pausenbetreuung der Kinder
– Betreuung und Begleitung von 3 bis 4 weiteren verhaltensauffälligen Schülern/Innen der Schule
– Begleitung der Kinder in die Lernhilfe

2. Das Theoriemodell der KoPädiKo

Am längeren (pädagogischen) Hebel sitzen oder: Empathie allein genügt nicht!

Wir haben es – zusammengefasst – mit Kindern zu tun, die eines eint: Einer ICH- Schwäche steht eine ausgeprägte ES-Dominanz gegenüber, nach einem altersangemessenem Über-ICH suchen wir bei unseren Klienten nahezu vergebens.

Wie sind bei solchen Persönlichkeitsstrukturen Veränderungen zu bewirken, um die sozialpädagogischen Ziele erreichen und manifestieren zu können, ohne dass erfolglos agierende Professionelle ‚burn-outs' erleben, die Kosten für unzählige Helfersysteme explodieren und man sich letztendlich mit zweifelhaften Teilerfolgen („Kevin schwänzt jetzt weniger") begnügt? Unsere Halligkinder haben im Vorfeld der Aufnahme eine Vielzahl sonder- und sozialpädagogischer Angebote kennengelernt, die durchgängig scheiterten. Nach pädagogischen Bankrotterklärungen von Elternhaus, Regelschule und allen anderen an der Erziehung des Kindes Beteiligten übernehmen wir die Funktion eines letzten Versuchs teilstationärer Jugendhilfe. Es ist damit höchste Zeit, den bereits begonnenen Weg in die Delinquenz aktiv zu stoppen und die Entwicklung prosozialen Verhaltens zu initiieren, um ‚klassischen' Jugendkriminalitätskarrieren, wie sie aus den Akten jugendlicher Intensivtäter hinreichend bekannt sind, in ihren Anfängen zu begegnen.

Für diese Zielgruppe delinquenter Kinder aus Multiproblemfamilien – und zwar ausschließlich für diese – verlassen wir in der *Anfangsphase der sozialpädagogischen Arbeit* den derzeitigen pädagogischen ‚mainstream' und arbeiten *konfrontativ*.

Auf der Basis eines belastbaren, stabilen Beziehungsangebotes von ‚starken' Erwachsenen in Gruppe und Schule, die das Kind als Person bedingungslos annehmen, aber dessen abweichenden Verhaltensweisen weder tolerieren noch vor ihnen zurückschrecken, stellt für uns die von WEIDNER (2000) formulierte konfrontative Methodik in der Pädagogik das zentrale

Element in dieser Phase der Arbeit dar. Als pädagogische „ultima ratio", als „klare Linie mit Herz" (WEIDNER 2001: 7ff.) setzen wir diesen radikalen Erziehungsstil bei *den* Kindern ein, deren Veränderungsmotivation bzw. deren selbstinitiierte Veränderungskompetenzen zum Zeitpunkt der Aufnahme in die Halliggruppe gegen Null konvergiere. Hierbei gelten folgende Grundsätze:

- Wir setzen der Freiheit des Individuums dann deutliche Grenzen, wenn die Freiheit anderer oder die eigene gesellschaftliche Integration durch Delinquenz bedroht sind.
- Wir führen die Kinder mit ihrem abweichenden Verhalten in eine erlebbare Krise. Das ‚Durchleiden' dieser Situation (mit Begleitung durch einen Erwachsenen) führt zur emotionalen und kognitiven Reorganisation von Deutungen und Strategien.
- Wir unterbrechen bereits normverletzende Kleinigkeiten radikal und dramatisierend, um subkulturellem Verhalten bereits in der Phase des Entstehens entgegenzutreten.

Damit üben wir in diesem Verständnis gewissermaßen ‚Verrat' an unseren Klienten, da wir ihnen nicht ausschließlich empathisch, verstehend und aus der Opferperspektive begegnen, sondern sie in ihrem abweichenden Verhalten als tatverantwortlich, als schuldhaft betrachten. Das pädagogische Arbeitsbündnis zwischen den Kindern und uns Professionellen beginnt nicht mit einer langwierigen diagnostischen und verständnissuchenden Phase, sondern mit einem „... Knall, praktisch einer Schnelldiagnose und einer sofortigen Korrektur ..."(CORSINI 1983: 558). Damit folgen wir einem Postulat der „Konfrontativen Therapie", wonach Veränderungen mittels geeigneter Konfrontationen zwischen der privaten Logik des Klienten und der Wirklichkeit schnell vollzogen werden können (CORSINI 1983). „Diese Konfrontation muss von solcher Intensität sein, dass sie die Person transzendiert und sie in einen Gemütszustand versetzt, der ihr die Beherrschung raubt" (CORSINI 1983: 560). Die Inszenierungen verfolgen die Kernziele:

- sofortige, unmittelbare Reaktion auf kleinste Dissonanzen,
- Dramatisierung von Verstößen zur Herstellung kognitiver Dissonanzen,
- Verpflichtung zur Verantwortungsübernahme,
- Entlarven der individuellen Neutralisierungs- und Rechtfertigungstendenzen,
- Überprüfung der individuellen Glaubenssysteme an der Realität,
- Schaffung von „stuck-states" (SEIM und SEIM 1998: 92), die eine Reorganisation zur Folge haben.

Mit diesem *konfrontativen Ansatz* unserer *ersten Arbeitsphase (Abkehr-von)* führen wir das abweichende Verhalten in eine 100%ige Erfolgslosigkeit. Über das Suchen und Installieren einer Verhaltens- und Erlebenskrise bei dem betreffenden Kind wird das alte Verhaltensmuster radikal gestoppt. Der bisherige Gewinn aus der Regelverletzung wird vollständig weggenommen und der zu zahlende Preis für diese delinquenten Verhaltensmuster massiv gesteigert (permanente Auseinandersetzungen, kein ‚In-Ruhe-Lassen', sofortiges Eingreifen, permanente Konfrontation). Am Ende dieser Phase stehen bei den Betreffenden kognitive Dissonanzen, „stuck states" und Verwirrungen. Dieser anomische Zustand bildet die Voraussetzungen zur Reorganisation, zur Öffnung für alternative Verhaltensangebote, somit für das Erleben bis dato unbekannten Erfolges. Durch die enge Begleitung der beteiligten Erwachsenen erfährt das Kind ‚festen Halt' und wird so in der Krise nicht allein gelassen. Die in der Schule durch vielfältige Unterstützung (Einzelunterricht, Lernhilfe, individuelle Passung der Anforderungen ...) schnell erreichten Lernerfolge unterstützen das angestrebte Erleben des Erkenntnisprozesses, dass sich die Verhaltensänderung ‚lohnt'. Im familiären Bereich erfahren die Eltern rasch eine umfassende Entspannung von der vormals extrem belasteten Erziehungssituation durch das Damokles-Schwert der drohenden Unbeschulbarkeit ihres Kindes und der vielfältigen Krisen im Freizeitbereich, die das familiäre Zusammenleben für alle Beteiligten nahezu unerträglich werden ließen.

In unserer zweiten *Arbeitsphase (Hinwendung zu) nutzen* wir in Kombinationen empirisch erprobte, erfolgsversprechende Methoden der Sozial- und Sonderpädagogik:

Es gilt jetzt für den oben skizzierten Zustand des ‚Verhaltensvakuums' Modelle für adäquates und gewünschtes Verhalten zu bieten. Das betreffende Kind erhält über individualisierte Angebote seine jeweiligen, neuen, subkulturfreien Verhaltensalternativen. Es wird nicht mehr ausschließlich pauschalisierte Regelkonformität verlangt, vielmehr ist der Focus auf die individuellen Ressourcen des Einzelnen gerichtet. Individuelle Trainings machen alternative Lösungen erfahrbar und vermitteln persönliche Erfolge. Diese Phase focussiert die intrinsische Motivation, die Internalisierung von Hilfs-Ich-Konstruktionen in persönlich-dienliche Introjekte.

Folgende pädagogische, psychologische und psychotherapeutische Schulen mit ihren jeweiligen Erkenntnissen und Erklärungsmodellen bilden für uns das theoretische Fundament der Arbeit mit dem Einzelnen und der Gruppe:

Konfrontative Pädagogik in Kooperation (Schule-Jugendhilfe-Elternhaus)

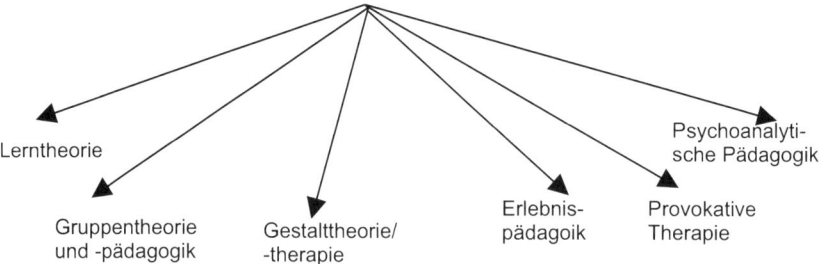

Wir nutzen einen eklektischen Theorieansatz, um in der Kombination dieser ‚Bausteine' ein qualitativ hochwertiges, umfassendes Handlungsfundament für unsere pädagogische Arbeit zu schaffen. Jeweils angepasst an den Einzelfall mit den individuellen Voraussetzungen, Bedürfnissen, Möglichkeiten (und Grenzen!) des Kindes und seiner Familie, entnehmen wir den verschiedenen Ansätzen die für uns relevanten Methoden mit variierenden Schwerpunkten.

Gestalttheorie/-therapie

Das gestalttheoretische Verständnis von Leben und Lernen als permanenten Kontaktvorgang im Sinne einer fortwährenden schöpferischen Anpassung zwischen Organismus (Person) und Umwelt, bietet einen wesentlichen Erklärungsansatz für die Verhaltensstörungen unserer Klientel. Verhaltensauffälligkeiten werden hier als Kontaktvermeidungen und -unterbrechungen verstanden, aus denen persönliche Realitäten definiert werden. So „(...) ist die Welt des Neurotikers, wenn er den Kontakt verdrängt, beziehungslos und daher zunehmend halluzinatorisch, voller Projektionen und Ausblendungen oder auf andere Weise fern von der Wirklichkeit" (PERLS 1992: 13). In unserer Arbeit orientieren wir uns an der Bewusstmachung und Aufhebung dieser Kontaktabbrüche. Zur Veränderung dieser Strategien sind erfühlbare Grenzerlebnisse notwendig, die aber die Überwindung von Widerstand verlangen (SCHNEIDER 1990).

Wir nutzen den gestalttheoretischen Ansatz einer radikalen, dialogischen Erlebnisarbeit mit den zentralen Bestandteilen

- Beziehung
- Kontakt/Kontaktunterbrechung
- Verständnis, dass Veränderungen an persönlichen Grenzen geschehen
- Induktion persönlicher Krisen
- Arbeit mit Widerständen
- radikale Selbstverantwortung
- Arbeit im Hier/Jetzt
- Dialogische Erlebnisarbeit.

Erlebnispädagogik

Soziales Existieren beinhaltet und verlangt „Seelen- und Gewissenspflichten" (FISCHER/ZIEGENSPECK 2000: 221ff.). In den vielfach verletzten Seelen unserer Halligkinder ist dieses Gewissen nur rudimentär ausgebildet oder wieder ‚verloren' gegangen. „Outdoor" als etwas anderen Lernort nutzen wir in diesem Kontext als Verstärker für Veränderungsarbeiten, denn „Wildnis erleichtert es dem Menschen, Kontakt mit den eigenen Gefühlen aufzunehmen" (Spiegel 29/2000). Mit dem Einsatz der Erlebnispädagogik im Sinne Hahns (ZIEGENSPECK 2000: 221ff.) können wir die Ziele unserer pädagogischen Arbeit wesentlich unterstützen:

- Veränderung durch Konfrontationen, Kontraste und Konflikte in neuen (Er)lebensräumen,
- „Outdoor": Schaffung optimaler, ganzheitlicher Lernsituationen (Lernen im Experiment),
- Arrangement von Grenzerfahrungen, von ‚Wagnissen' als Erziehungsmittel (Klettererfahrungen, Seilbrücken ...),
- Charakter- und Sozialtraining durch ein (Gruppen)abenteuer,
- Förderung sozialer Kompetenzen durch soziales ‚Aufeinander-Angewiesen-Sein' in authentischen Situationen,
- „Character first, intelligence second, knowledge third" (FISCHER/ZIEGENSPECK 2000: 240).

Provokative Therapie

Wir nutzen für unsere Arbeit die Erkenntnisse der provokativen Therapie FARRELLYS (1986), dass Provokation, Konfrontation und emotionale Aufrichtigkeit sehr schnell Vertrauen und Veränderungen schaffen können. Provokative Therapeuten gehen hierbei von folgenden wesentlichen Annahmen aus:

- Menschen ändern sich als Reaktion auf Herausforderungen.
- Die psychische Fragilität von Klienten wird gemeinhin weit überschätzt.
- Der kluge Ausdruck von therapeutischem „Hass und Sadismus gegenüber dem Klienten" kann diesem paradoxerweise merklich nützen.
- Die wichtigsten Botschaften zwischen den Menschen sind nonverbal (CORSINI 1983).

Das liebevolle Karrikieren des Welt- und Selbstbildes des Klienten zwingt ihn zur Veränderung seiner Strategien und Glaubenssätze (HÖFNER 1997).

Von dem Grundgedanken ausgehend, dass sich die Klienten in die entgegengesetzte Richtung der Provokation entwickeln, beinhaltet diese so orientierte Arbeit die folgenden wesentlichen Elemente:

- paradoxe Interventionen (Begeisterung für delinquentes Verhalten, „Gossensprache"),
- negatives Modellernen,
- Herstellung einer Absurdität der eigenen Glaubenssätze durch Humor, Provokation, Sarkasmus.

Doublebinds können nicht nur krank, sondern auch gesund machen!

Lerntheorie

Die Lerntheorie bietet weitere theoretische Grundlagen für unsere praktische Alltagsarbeit, (vgl. HANKE 1978). Zentrale Rollen spielen hierbei das instrumentelle Lernen, das operante Konditionieren und das Lernen am Modell. In diesen Kontexten von Lernen durch Erfolg/Misserfolg, durch positive /negative Bekräftigung und durch das Vorhandensein entsprechender Modelle begreifen wir ebenfalls abweichendes, auffälliges Verhalten. Bedeutende Inhalte sind:

- Arbeit mit positiver/negativer Verstärkung,
- Belohnungs- und Bestrafungssysteme,
- Installierung positiver Peer – Modelle,
- Unterbindung negativer Peer – Modelle,
- emotional bedeutsame Erwachsenenmodelle,
- Förderung von Gedächtnisprozessen.

Psychoanalytische Pädagogik

Ausgehend von der Triebtheorie Freuds (1969, Bd. XIII) verfolgt psychoanalytische Pädagogik im wesentlichen die Intention, das Kind ‚zu lehren' die „Welt des Es zu beherrschen" (CREMERIUS 1971: 10). Im Sinne REDLS, der eine „Einmassierung des Realitätsprinzips" (1979: 192f.) postuliert und gestufte Interventionstechniken zur Steuerung aggressiven Verhaltens vorschlägt (1976), begreifen wir unsere Maßnahmen als wesentlich zur Stärkung der Ich-Funktionen gegenüber der Triebdominanz. Wir orientieren uns dabei an BETTELHEIM, der die stabile emotionale Bindung des Kindes an den Erzieher als unumgängliche Basis für pädagogische Einflussnahme begreift (ders. 1990). Psychisch gestörte und in ihrer sozialen und emotionalen Entwicklung behinderte Kinder benötigen in besonderem Maße starke, verlässliche, nicht vor kindlichen Destruktionen und Aggressionen zurückweichende Erwachsene, um an diesen Vorbildern langfristig die eigenen Persönlichkeiten orientieren zu können. Relevante Grundbegriffe aus der psychoanalytischen Pädagogik sind für uns:

- die neurotische Persönlichkeitsstruktur,
- eine Verwahrlosungsstruktur aufgrund „maternal deprivation" (Spitz 1974),
- eine Über-Ich-Schwäche,
- eine Ich-Schwäche,
- eine Es-Dominanz,
- ein dissoziales Syndrom.

Gruppenpädagogik

Mit dem Focus auf die Theorie der jugendlichen Bande, der ‚negativen' sekundären Sozialisation, erhalten wir einen weiteren Erklärungssatz für abweichendes Verhalten. Zum Erreichen unseres Ziels des prosozialen, nicht delinquenten Verhaltens bietet die subkulturfreie Halliggruppe ein optimales Modell. So bieten sich an:

– eine Nutzung der Gruppe als Medium für soziales Lernen (Gruppennormen, Gruppendruck),
– den Einsatz der Gruppe für die soziale Kontrolle (Token-System, Selbstbewertung/Fremdbewertung),
– eine Strukturierung der Gruppe nach determinierten Rollen, Positionen und Statuskriterien (‚Anfänger'/‚Kleiner Bruder'/‚Großer Bruder').

3. Schlussbemerkungen

Den Erfolg unseres Modells sehen wir neben der ‚gelingenden' Vernetzung von Schule und Jugendhilfe in der konsequenten Durchführung unserer Arbeitsphasen (‚Abkehr-von' zu ‚Hinwendung-zu') mit dem Einsatz konfrontativer Pädagogik zu Beginn unserer sozialpädagogischen Arbeit. Erst wenn der pädagogische Nährboden im Sinne von induzierter Veränderungsbereitschaft geschaffen worden ist, kann eine empathische Angebotsorientierung erfolgreich sein. Ohne diese erste Phase agieren Pädagogen mit guten Absichten, „großen Herzen" und „tollen" Angeboten in inflationärer Tendenz mit eher zweifelhafter Nachhaltigkeit. Am Ende stehen empathisch begleitete Kinder und Jugendliche auf den Wegen in die Delinquenz und „ausgebrannte" Sozialpädagogen, die sich in „depressiven Supervisionszirkeln" begegnen.

Die enge Kooperation aller am Erziehungsprozess Beteiligter (Schule, Gruppe, Elternhaus) gewährleistet die Schaffung des notwendigen ganzheitlichen pädagogischen Milieus und bildet so die Basis für den Erfolg unserer teilstationären Maßnahme. Eine Aufspaltung des kindlichen Verhaltens im Sinne eines ‚Dr.Jekyll/Mr.Hyde–Syndroms' ist ausgeschlossen.

Die deutliche Zufriedenheit der Halligkinder, die stolz auf ihre erfolgreiche Integration in der Schulklasse und in der Gruppe sind, muss den Leser/die Leserin bei erster Reflexion über unsere konfrontativen Interventionen erstaunen. Bei näherem Hinsehen entdeckt man, dass diese Kinder vormals bei ihren Eltern vergeblich Stärke, Orientierung und Verlässlichkeit gesucht, und immer massiver werdend, erfolglos eingefordert hatten. Ein 7jähriger, von seiner entsendenden Schule als gemeingefährlich beschriebener Junge antwortete zwei Monate nach seiner Aufnahme auf die Frage, warum sich seine neue Lehrerin gar nicht über sein Verhalten beschweren würde, mit: „„Scheiße machen; ist hier verboten!" Vielleicht ist es wirklich so einfach!?

Literatur

BETTELHEIM, B.: Liebe allein genügt nicht. Stuttgart 1990
CREMERIUS, J. (Hg.): Psychoanalyse und Erziehungspraxis. Frankfurt 1971
CORSINI, J.R.: Handbuch der Psychotherapie Bd.1. Weinheim und Basel 1983
FARRELLY, F./Brandsma, J.M.: Provokative Therapie. Berlin 1986

FISCHER T./ZIEGENSPECK J.: Handbuch der Erlebnispädagogik. Bad Heilbrunn 2000
FREUD, S.: Gesammelte Werke. Frankfurt 1969 (6)
HANKE, B./Huber, G.L./Mandl, H.: Aggressiv und unaufmerksam. München 1978
HÖFNER, E./SCHACHTNER,H.-U.: Das wäre doch gelacht. Reinbek 1997
PERLS, F./HEFFERLINE, R./GOODMAN, P.: Gestalttherapie. München 1992
REDL, F./WINEMAN D.: Kinder die hassen. München 1979
SCHNEIDER, K.: Grenzerlebnisse. Köln 1990
SEIM, A./SEIM, I.: Handout – NLP-Basiskurs. PMC Saarbrücken 1998
SPITZ, R.: Vom Säugling zum Kleinkind. Stuttgart 1974 (4)
WEIDNER,J./KILB, R./KREFT, D. (Hg.): Gewalt im Griff. Weinheim und Basel 2000
COLLA,H./SCHOLZ,C./WEIDNER, J.(Hg.): Konfrontative Pädagogik. Godesberg 2001

Monika Jetter-Schröder

Eingreifen hilft!
Ein Interventionsprogramm für verhaltensauffällige SchülerInnen (InvaS)

Ein Kooperationsprojekt von Jugendamt und Staatlichem Schulamt und Polizeipräsidium Mannheim

Die Idee für das Projekt entstand aus der Überlegung, Schülern und Schülerinnen, die in der Schule durch häufige Gewaltbereitschaft auffallen, ein Angebot zu machen, das den Schulausschluss vermeidet bzw. diesen „effektiv" gestaltet.

Nun ist der zeitweilige Schulausschluss für eine verhaltensauffällige SchülerIn durchaus sinnvoll, wenn man an den Schutz der MitschülerInnen und die Bestrafung des „Täters" denkt. Für eine erwünschte Verhaltensänderung ist dies aber eine ungeeignete Maßnahme.

Das Projekt entstand mit der Zielsetzung, diesen SchülerInnen die Möglichkeit zu bieten, sich mit ihrem Verhalten auseinander zu setzen, daraus Konsequenzen zu ziehen und in der Folge Verantwortung für das eigene Tun und Handeln zu übernehmen.

Das besondere an dem Training ist, dass es von Personen der drei Institutionen (SozialpädagogInnen/LehrerInnen/JugendsachbearbeiterInnen der Polizei) durchgeführt wird. Die Zusammenarbeit von Jugendamt/Jugendgerichtshilfe, Polizei und Schule erhöht die Bedeutung dieser Konzeption gerade im Auge der Betroffenen und ermöglicht eine mehr perspektivische Betrachtung der Thematik.

Konzeptionell beinhaltet das Training die Standards des AAT/CT ® und ist modifiziert nach MORENOS psychodramatischem Ansatz (vgl. BUER 1999: 117).

Inhaltlich kann das Training auch für strafunmündige Kinder, über die Verhaltensmeldungen von Polizei/Staatsanwaltschaft vorliegen, im Rahmen einer sozialen Gruppenarbeit gemäß § 29 KJHG umgesetzt werden.

Zielgruppen sind SchülerInnen von 11 bis 13 Jahren, die durch Gewaltbereitschaft und Verhaltensauffälligkeiten (wie z.B. verbale und körperliche Provokation, Schlagen, Treten, Würgen, Bedrohen, Erpressen) bereits auffällig wurden und für die eine Erziehungs- und Ordnungsmaßnahme (z.B. einige Tage Schulausschluss) ansteht. Es kommen nur solche Kinder in Frage, bei denen der Wille zu einer Verhaltensänderung vorliegt, die nicht psychisch krank sind und deren Eltern ihre Einwilligung geben.

Ziele des InvaS stellen die Gewaltreduzierung, das Kennenlernen der Opferperspektive, eine Konfrontation mit der Tat, mit Regel- und Normverstößen, der Aufbau sozialer Kompetenzen, die Entwicklung eines neuen Verhaltenskodexes, Konfliktlösungsstrategien und das persönliche Wachstum der Kinder dar.

Die Methoden sind Interviewtechniken, Konfrontation und Provokation mit den dazugehörigen Techniken, u.a. „heißer Stuhl", Peer-Group-Intervention, Körperarbeit „Ringen und Raufen", „meditative Kampfkunst", Alpine-Teamwork-Tower (erlebnispädagogische Maßnahme), psychodramatischer Ansatz mit den Techniken: „Life-Act-Rollenspiel, Symbol- und Imaginationsarbeit, Rollentausch, Spiegeln und Doppeln", Entspannungsübungen (Qi Gong und Meditation), Körpersprache und Kommunikation, Boal's Stegreif- und Statuentheater, Aufmerksamkeitstraining u.a.

Rahmenbedingungen

Das Training gliedert sich in zwei Teile. Der erste Teil findet an fünf aufeinander folgenden Tagen von 8 bis 17 Uhr in der jeweiligen Polizeidienststelle des Schulbezirks statt. Dies soll unter anderem die Ernsthaftigkeit des Trainings im Hinblick auf die Folgen von Straftaten symbolisieren und Öffentlichkeit herstellen. Die Fahrt (im Polizeibus) zu den anderen Trainingsörtlichkeiten und die Verpflegung organisiert die Polizei.

Der zweite Teil erstreckt sich über einen Zeitraum von vier Monaten mit 10 wöchentlichen Trainingseinheiten à drei Stunden während der Unterrichtszeit.

Vor und nach dem Training finden sogenannte Clearinggespräche statt. Beteiligt sind das Kind bzw. der Schüler, die Eltern oder Vertrauenspersonen, Klassenlehrer, die AAT-TrainerInnen sowie Lehrkräfte der Arbeitsstelle Kooperation beim Staatlichen Schulamt.

In diesem Gespräch wird geprüft, ob Kind oder SchülerIn für die Maßnahme geeignet sind, die Auffälligkeiten und Taten des Kindes werden beschrieben und die Einwilligung der Eltern eingeholt. Die Verpflichtung zur regelmäßigen Teilnahme am Training und die Interventionserlaubnis (vor allen Dingen für die konfrontativen und provokativen Trainingsmethoden) regelt das Kind in einem symbolischen Vertrag. Nach dem Training werden den Eltern und der KlassenlehrerIn Rückmeldungen über das Kind gegeben. Darüber hinaus erfolgen Beratung und Hilfsangebote je nach Problemstellungen nach dem KJHG bzw. nach Vorstellung bei einem Facharzt. Wird eine Gefährdung des Kindes deutlich, wird über das Jugendamt eine Hilfeplankonferenz gemäß § 36 KJHG einberufen.

Eingreifen hilft!

Phasen und Bausteine des ersten Trainingsteils

Durchgeführt wurde das letzte Training mit SchülerInnen einer Förderschule in einem sogenannten sozialen Brennpunkt in Mannheim. Die Schule wurde u.a. deshalb gewählt, weil sie bereits Elemente der konfrontativen Pädagogik im Schulalltag umsetzt.

Inhaltlicher Schwerpunkt des ersten Tages ist neben der Kennenlern- und Vertrauensphase die biografische Analyse und das Erstellen der Regeln für die Zeit des Trainings, insbesondere für die Konfrontationsphase.

Einen hohen Stellenwert kommt der Übung „6 Stühle" in Anlehnung an „POLSKY's Diamant" (POLSKY 1967/COLLA u.a.: 158) zu, die nachfolgend beschrieben wird.

Der Übung zugrunde liegt das Wissen, dass sich in Gruppen immer bestimmte Rollenverteilungen herausbilden. Es gibt in den meisten Gruppen einen „Bestimmer" und mindestens einen, der nichts zu melden hat.

Aufgabe: Die Kinder/Schüler stellen ihre Gruppenfunktion dar mittels einer Selbst- und Fremdeinschätzung.

Intention: Erkennen der Gruppenkonstellation und Handlungsanweisung für die TrainerInnen, insbesondere für die Phase der Konfrontation. Herstellen eines Rollengleichgewichts, Abbau des niedrigsten und höchsten Ranges, d.h. die Kinder/Schüler auf Rang 1 werden konfrontiert und kontrolliert und die „Unterdrückten" auf dem letzten Rang verstärkt unterstützt.

Anweisung: Es werden 6 Stühle in die Mitte gestellt, analog der Noten 1 bis 6. Die Kinder/Schüler werden aufgefordert, sich auf die Stühle zu setzen je nach der Rolle, die sie in der Klasse, ihrer Gang einnehmen (Stuhl 1 „Anführer, King" usw.). Mit der Interviewtechnik werden die Schüler befragt, um festzustellen, ob sie zu Recht auf dem entsprechenden Stuhl sitzen oder nicht. Die Peer-Group wird kontrollierend gefragt. Die Position wird erst anerkannt, wenn alle Beteiligten damit einverstanden sind; ... z.B. bei T (11 Jahre alt):

Frage: „warum sitzt du auf der 2, was tust du, das dies rechtfertigt...?"

Antwort: „... die haben Angst vor mir ..."

Frage (an die anderen Kinder): „sitzt T zu Recht auf der 2?"

Antwort: „nein, der muss auf die 1, ... vor dem haben alle Angst, der hat das Sagen, der macht ... "(T setzt sich auf die 1)

Frage: „was tust du als 1?"

Antwort: „ich mache „dicke Arme", bin „cool", erschrecke andere ..."

Frage: „ mach' mal eine entsprechende Bewegung, zeig' mal, wie du anderen Angst machst ..." (T führt dies vor)

Antwort: „... die zittern dann vor mir".

Diese Methode macht den Kindern und uns zunächst deutlich, welche Rolle sie im Klassenverband haben. Sie werden mit den Inhalten der jeweiligen Rolle konfrontiert.

Im weiteren Verlauf der Übung wird nun jedes Kind befragt, weshalb es auf dem entsprechenden Stuhl sitzt und auf welchen Aktivitäten seine Position beruht.

Die Peer-Group wird ebenfalls um ein feedback gebeten.

Manchmal muss ein Kind von Stuhl 5 auf 2 oder von 3 auf 1 wechseln. Es stellt sich z.T. heraus, dass Kinder von der Klassenlehrerin auf Positionen gesetzt wurden, die so in den Augen der anderen Kinder und der peergroup überhaupt nicht existent waren.

Anschließend erfolgt ein Rollentausch: Jedes Kind von Stuhl 1,2,3 und 4 wird im Rollentausch mit Stuhl 6 mit der Frage konfrontiert: „wie fühlst du dich als 6, kennst du ein Kind aus deiner Gruppe oder Gang, das auf der 6 sitzen möchte?" Wenn dies der Fall ist, folgen nachfolgende Fragen: „Wie heißt das Kind, wie sieht es aus, was tut es, dass es dort sitzen sollte ...? Wie fühlt sich das Kind ...? Wo im Leben hast du dich mal wie eine 6 gefühlt....?" Jedes Kind von Stuhl 5 und 6 wird umgekehrt auch gefragt, was es von den Eigenschaften der 1er und 2er Stühle beherrscht: „Was kannst du wie eine 1 oder 2?"

Zwei Beispiele: F (vorher Stuhl 5) wird auf Stuhl 1 gefragt, was sie genauso gut machen könne wie das 1er Kind. F antwortet: „ich passe gut auf meine Geschwister auf, meine Mutter kann sich auf mich verlassen." Umgekehrt wird das auf 1 positionierte Kind auf Stuhl 6 gefragt: „Was gelingt dir nicht so gut, wo fühlst du dich wie eine 6?" Antwort: „In der Schule bin ich schlecht, schreibe nur schlechte Noten, habe Stress mit Lehrern oder Eltern".

Die Übung gibt u.a. Aufschluss darüber, was an Empathie vorhanden ist, welches Kind eher Opfer oder Täter ist.

Die Bausteine des Wochenprogramms

Konfrontation und Heißer Stuhl

Phasen des „heißen Stuhls" in Anlehnung des „kreativen Lernprozesses nach Moreno" (BUER 1999: 117)

Erwärmungsphase	– Kohäsion/Wir-Gefühl fördern
	– Öffnen zum Thema
	– Fokus/Ziel des Heißen Stuhls festlegen
	– Fragestellungen klären
	– Welches Thema, Tat oder Handlung/Verhalten
Konfrontationsphase	– Konfrontation mit Tat/Verhalten
	– Aufdecken der Neutralisierungstechniken
	– Aggressionstest

Eingreifen hilft! 251

oder: Life-Act-Rollenspiel	– die Tat/Handlung wird nachgespielt und im entscheidenden Moment Rollentausch mit dem Opfer
Neu-Orientierungsphase	– Umschwung
	– Feedback (insbesondere der Peer-Group)
	– Sharing (Anteilnahme zeigen/vergleichbare Erfahrungen mitteilen/Verantwortung teilen)
Integrationsphase	– Neuorientierung/Entscheidung/Vereinbarung/Vertrag/ Wiedergutmachung-TOA/Entspannungsübung/Meditation

Der ersten und zweiten Phase kommen eine besondere Bedeutung zu. Wir machen dabei die Erfahrung, dass es nach Phase 2 und 3 zu größeren emotionalen Entladungen kommt, die eine kathartische Wirkung besitzen. Die Katharsis findet kognitiv (neue Einsichten zulassen), emotional (Gefühle neu ordnen, wahrnehmen und benennen) sowie sozial (Spannungen lösen) statt.

Ein anschließendes feedback erfolgt über die Fragestellungen: „Was habe ich gehört und wahrgenommen und was ist mein Veränderungswunsch bezüglich S?..Was sollte sie nicht mehr tun, wie sollte sie sich ändern in Bezug auf ...?"

Und: „Was habe ich selbst auch schon mal erlebt, was kenn ich auch an Erlebnissen und Gefühlen, die ich eben bei anderen mitbekommen habe ...?"

Es ist beeindruckend, mit welcher Intensität die Kinder in der Lage sind, diese Fragen zu beantworten: P, 12 Jahre meldet im Sharing folgendes zurück nachdem S (Erpresser, Schläger, Unterdrücker auf dem Heißen Stuhl saß und dessen Taten zum Thema gemacht wurden): „... ich kenne auch Gewalt und die Gefühle da, ... (fängt an, bitterlich zu weinen), ... habe zugesehen, ich war sechs Jahre alt, wie der Freund meiner Mutter ihr das Auge ausgestochen hat ..., da war überall Blut ..." (P weint und wird von allen getröstet).

Es war überraschend, mit welcher Begeisterung die Betroffenen sich auf den Heißen Stuhl setzen wollten, wie groß aber andererseits ihr Leidensdruck in der Situation selbst war. Es fiel weiter auf, dass, obwohl jeder Teilnehmer das Recht hatte, die Konfrontation zu stoppen, kein Gebrauch davon gemacht wurde. Selbst als ein Teilnehmer heftig mit Tränen in den Augen kämpfte und er noch einmal auf die Möglichkeit eines Abbruchs hingewiesen wurde, sagte er: *„Ich weiß, wenn ich jetzt abbreche, komme ich nicht weiter".*

Die Konfrontationsphase bleibt den Kindern nachdrücklich in Erinnerung. Die Auswertungsbögen der Kinder, die nach dem Training erstellt werden, machen dies deutlich. Zurückzuführen ist dies auf Folgendes:

– Die Konfrontation ist eine für die Kinder gewohnte Situation, in der sie sich in ihrem Alltag oft befinden.
– Die Situation, gereizt zu werden, war für alle Kinder laut ihren eigenen Angaben die Legitimation ihrer eigenen Gewalt. Der Heiße Stuhl war somit ein Übungsfeld, Konfrontation auszuhalten, ohne zurück zu schlagen.
– Der „heiße Stuhl" entlarvt alle Gewaltmotivationen, welche auf Stärke und Macht ausgerichtet sind, weil er die eigentlich dahinter stehenden Ängste und Schwächen aufzeigt und anspricht.

Auffallend ist, dass in diesem Trainingsabschnitt eine große Ich-Nähe und Spannung erzeugt wird. Das ist auch so gewollt, denn so erreichen wir, dass die Kinder konzentriert bei der Sache sind. Und dies ist auf die oben beschriebenen Methoden zurückzuführen.

Ich schließe mich damit den Erkenntnissen aus dem „Mythodrama" (GUGGENBÜHL 1999: 89f.) an: sind Themen mit Harmonie besetzt, schalten die Kinder ab. Die negativen Seiten ihres Verhaltens anzusprechen, erzeugt Spannung und macht Platz für die Erscheinung der positiven Seiten. Für diese Reaktion gibt es verschieden Erklärungen. Jung versucht dieses Phänomen mit dem Prinzip „enantiodromia" zu erhellen. „Gegensätze sind miteinander verwandt. Die Psyche enthält und funktioniert mit Polaritäten, d.h. wenn eine Seite des Pols angesprochen wird, gewinnt der Gegenpol an Attraktivität" (GUGGENBÜHL 1999: 90).

Es besteht die Notwendigkeit eines solchen Programms speziell für diese Kinder an der Schwelle zur Delinquenz.

Folgen von Straftaten

Dieser Baustein wird von der Polizei gestaltet und befasst sich mit den Konsequenzen von Straftaten. Zum Einsatz kommt der Polizeilehrfilm „Sackgasse Gewalt", der u.a. mit Schülern einer Mannheimer Schule an Plätzen in Mannheim von der Polizei gedreht wurde. Die Schüler sollen sich mit der Ursache der Entstehung von Gewalthandlungen (Stichworte: „Gewalt entsteht im Kopf", „was Gewalt ist, entscheidet das Opfer") auseinandersetzen. Anhand des Films können grundsätzliche Verhaltensweisen herausgearbeitet und strafrechtliche Konsequenzen aufgezeigt werden.

„Alpin-Teamwork-Tower"

Dieses Modul wird auf dem Trainingsgelände der US-Armee in Schwetzingen durchgeführt. Der „Tower" ist ein erlebnispädagogisches Klettergelände, in dem die Teilnehmer intensive Gruppenerfahrungen machen. Hierbei werden Übungen zur Teamarbeit, zu Vertrauen, Empathie und zur Konfliktfähigkeit durchgeführt. Es geht darum, Grenzen physisch und psychisch zu erkennen, den Umgang mit der Angst zu erlernen.

Eine Übungssituation als Beispiel: Aneinander abgesichert sollen ein Hooligan, ein Skin und zwei türkische Jugendliche bestimmte gefahrvolle Situationen bestehen und dabei Vertrauen zueinander entwickeln, wenn z.B. der Hooligan oder Skin auf die Hilfe des hinter ihnen angesicherten Türken angewiesen sind.

Oder der Junge mit der größten Klappe, Einschüchterer und Erpresser, schafft zwar den höchsten Punkt am Kletterturm, bekommt aber so starke Angst, dass er nicht ohne fremde Hilfe wieder nach unten kommt.

Eingreifen hilft! 253

„Ringen und Raufen"

Diese Aktivität wird in einer Sporthalle mit einem Ringer-Trainer durchgeführt. Ziel dieser Einheit ist es, Regeln für ein faires Kämpfen aufzustellen und faires Kämpfen miteinander zu üben. Dies entspricht der Erfahrungswelt und den Bedürfnissen der Kinder. Oft hat für sie Kämpfen mit „Sich – messen – wollen" und mit „Körperkontakt – haben – wollen" zu tun. Regeln für einen fairen Kampf sind häufig nicht bekannt.

In den Übungen geht es u.a. darum:

- sich der körperlichen Auseinandersetzung zu stellen,
- durch das Tun angeregt, über körperliche Konflikte und Auseinandersetzungen zu reden,
- Regeln und Stoppsignale zu erarbeiten und anzuwenden,
- Gefahrenbereiche erkennen zu lernen,
- partnerschaftliche Dimensionen einer Kampfsportart bewusst zu machen.

Es fällt den Kindern/Schülern dabei oftmals schwer, in direkten Kontakt mit anderen Kindern zu gehen. Dies war auffälliger, als es sonst bei Gleichaltrigen zu beobachten ist. Auch bei Raufereien in der Schule meiden sie nach eigenen Aussagen den direkten Kontakt: „reintreten und wegrennen". Raufen als sportliche Auseinandersetzung meiden sie dagegen. Im Umgang mit ihrem Körper besitzen sie wenig Erfahrung und Gefühl.

Mediative Kampfkunst

Mit dem Einsatz von Körperübungen aus der Kampfkunst soll diese als pädagogisches Medium genutzt werden (Diese Einheit findet nach einem Konzept von R. Dahm/Schifferstadt statt). Kampfsport hat für die Kinder/Schüler etwas Faszinierendes und die Vorstellung, „da darf ich kämpfen", schafft einen besonderen Zugang zu ihnen. Die Kinder erfahren sehr schnell, dass es hier nicht darum geht, ein noch besserer Schläger zu werden. Sie erfahren die Prinzipien des Lebens (Gegensätze) und die Einheit von Körper, Geist und Seele. Erfahrbar werden u.a. die Gegensätze *„innerer und äußerer Kampf"* (Energien auf positive Ziele richten, z.B. möchten die meisten Kinder einen guten Schulabschluss und einen Beruf) oder *„Sieg und Niederlage" (ein wirklicher Sieger braucht keine Verlierer).*

Wochenabschluss

Die Woche endet mit dem Abschließen eines Vertrages. Hierzu erhalten die Kinder/Schüler die Aufgabe, aufzuschreiben, was sie in der Zukunft an sich ändern möchten.

Diese Aufzeichnungen werden dann in einen formellen persönlichen Vertrag umgesetzt und ritualisiert in Form eines Versprechens im Stuhlkreis besiegelt. Eine Vertragskopie erhalten sie selbst, die Schulleitung und die

KlassenlehrerInnen. In der Nachbetreuung im zweiten Teil des Trainings wird an der Umsetzung trainiert und gearbeitet.

Bausteine des zweiten Trainingsteils

Die Trainingseinheiten dieses zweiten Teils (je drei Schulstunden) finden während der Unterrichtszeit statt. Neben den Schülern und Trainern nimmt auch eine Lehrkraft der Schule, Gäste (Polizei, andere LehrerInnen) und ein so genannter „prosozialer" Schüler der Schule als Tutor teil.

In unserem Fall ist es S., 15 Jahre, der im Heim lebt und eine äußerst problematische Familiengeschichte mit sich bringt. S. zeigt vorwiegend sozial erwünschtes Verhalten, gilt als „cool" in der Schülerschaft und ist bereit, sich positiv in das Coolnesstraining einzubringen.

Das gelingt S. auch beispielhaft. So schafft er es, zeitweise demotivierte Teilnehmer zum Weitermachen zu bewegen oder wird zum „Pausen-Paten" für T., wenn dieser versucht, mal wieder „dicke Arme" auf dem Schulhof zu machen. „Ich muss gar nichts mehr sagen, es reicht schon, wenn ich T. nur anschaue und dann beruhigt er sich!", erzählt S.

Jede Trainingseinheit beginnt mit einem gemeinsamen Blitzlicht über die abgelaufene Woche. Grundlage hierfür ist ein Verhaltens-Beobachtungsbogen. Die Schüler bewerten täglich nach Unterrichtsende ihr Verhalten während des Unterrichts und in den Pausen bzw. auch auf dem Schulweg. Der Klassenlehrer unterstützt den Schüler hierbei und ergänzt bei evtl. auftretenden Einschätzungsdifferenzen. Es hat sich hier gezeigt, dass die meisten Schüler sehr gut in der Lage sind, sich realistisch einzuschätzen. Mit Hilfe dieser Bögen reflektieren die Schüler ihr Verhalten der letzten Woche. Dabei legen wir Wert darauf, dass sie in ganzen Sätzen reden, nicht nur „war normal" oder „gut" verwenden. Sie sollen dadurch lernen, sich differenzierter als bisher auszudrücken.

Konflikte, die in der Vorwoche auftreten, werden anschließend im Rollenspiel aufgearbeitet und alternative Verhaltens- und Reaktionsmöglichkeiten erprobt. Nach Möglichkeit wird auch das Opfer mit einbezogen.

T. schubst auf dem Schulweg ein Mädchen (N.) „nur so aus Spaß" vor ein fahrendes Auto. T. pöbelt noch lachend den Autofahrer an, der anhält und aussteigt. T. haut ab. Das Opfer N. ist geschockt und informiert am nächsten Tag die Klassenlehrerin. Der Vorfall wird an die Trainer weitergeleitet. N. ist bereit, ins Training zu kommen und nimmt an der Konfrontation von T. teil. T. wird mit der Befindlichkeit von N. direkt konfrontiert, seine Rechtfertigungen entkräftet. Er ist bereit, die Opferperspektive zu übernehmen. Es spielen sich Szenen großer Betroffenheit ab. Das anschließende Peer-Group-Feedback ist für T. ein Erfolg.

Ein gemeinsames Frühstück beschließt das Training.

Eingreifen hilft! 255

Ritualisierte Bestandteile jeder Trainingseinheit sind Elemente aus dem Entspannungs-, Nähe-, Aufmerksamkeits- und Antiblamiertraining von HEILEMANN/FISCHWASSER v. PROECK (dies. 2000) sowie Kampfspiele:

Exemplarischer Wochenplan: Struktur und Verbindlichkeit:

Montag	Dienstag	Mittwoch	Donerstag	Freitag
8.00-13.00	8.00-11.30	8.00-10.30	8.00-9.00	8.00-12.00
			Fahrt nach Schifferstadt	
Begrüßung/ Regeln erstellen/ Motivations-Fragebogen „Blitzlicht"	„Ringen und Raufen" (inkl Hinfahrt)	Konfrontation „Heißer Stuhl"	9.00-13.00	Konfrontation „Heißer Stuhl"
Assoziationsspiel		10.30-11.00 Fahrt	Meditative Kampfkunst	
Aufstehspiel		11.00-15.00 Teamworktower	„Innerer u. Äußerer Kampf"	
Galerie der Lebensbotschaften				
„Die 10 Stühle" Konfrontative Übung zur eigenen Rolle				
13.00-14.00 Essen	11.30-12.30 Essen	15.00 US. Kantine	13.00-14.30 Essen (und Rückfahrt)	12.00-13.00 Essen
14.00-17.00	12.30-13.00 Rückfahrt	Teamworktower	14.30-17.00	13.00-16.00
			Folgen v. Straftaten	„Heißer Stuh"
Experten-Interview: Warum bin ich hier?	13.00-17.00 Konfrontation	17.00 Schluss	(Polizei)	Aggressionsauslöser
				Stuhlkreisritualisiertes Versprechen
Stärken/ Schwächen/ ‚Miese Tat'	„Heißer Stuhl"			und Vertragsabschluss neuer Verhaltenskodex
Konfrontation				
„Heißer Stuhl"				

Entspannungstechniken: Entspannung als die „Mutter der Selbstkontrolle", als Grundlage von Coolness, wird durch Übungen aus Qi Gong, Meditation und Massage vermittelt.

Nähe-Training: Fremd-, Selbstlobübungen und körperorientierte Partnerübungen, die den Schülern ermöglichen, Nähe anzunehmen bzw. zuzulassen, ohne gleich in Homophobie-Ängste abzugleiten.

Aufmerksamkeits-Training: Elemente zur Focussierung der Aufmerksamkeit werden einstudiert und trainiert. Lasches Abhängen auf dem Stuhl weicht einer aktiven Zuhörerrolle, dem „Aussender" wird Wohlwollen und Aufmerksamkeit signalisiert, was wiederum dessen Leistung steigert bzw. verbessert.

Antiblamier-Training: Die Schüler werden hier Situationen ausgesetzt, die sie zumindest bis dahin als peinlich erlebt haben. Und darüber hinaus hat „jedes in der Gruppensituation persönlich ausprobierte Handlungselement *immer* Antiblamier-Charakter: Selbst die Entspannungsübungen oder die Lobübungen benötigen am Anfang eine ‚Überwindung', wobei die Tatsache des Sich-Überwindens in der öffentlichen Situation selbst als Lustgefühl (Kompetenzzuwachs) erlebt wird" (Heilemann/Fischwasser v. Proeck 2000).
Neben den oben genannten Trainingselementen steht jede Trainingseinheit unter einem bestimmten inhaltlichen Schwerpunkt wie z.B. Körpersprache, Deeskalaktion, Schauspieltraining. Ein erlebnispädagogisches Highlight wie Klettern oder Kartfahren rundet das Training ab.

Schlussbemerkung

Die Erfahrung der bisher durchgeführten Trainings zeigt, dass mit diesem Programm eine Lücke in der Sekundärprävention geschlossen werden kann. Uns ist deutlich geworden, dass die Kinder über ein solches Training angesprochen werden können und sich für die Auseinandersetzung mit hinter der Gewaltbereitschaft stehenden Problemen und Schwierigkeiten öffnen. Sie können sich durchaus auf emotionale Begegnungen einlassen und können in der Folge ermutigt und stabilisiert werden.

Wir sind der Meinung, dass Erfolge bei Präventionsprogrammen verbucht werden können, wenn verschiedene Methoden angewandt werden, das Konzept längerfristig angelegt und integriert ist und die mit dem Kind befassten Institutionen eng miteinander kooperieren und vernetzt sind.

Literatur

BAURIEDL, T.: Wege aus der Gewalt. Analyse von Beziehungen. Freiburg
BOAL, A.: Theater der Unterdrückten. Übungen und Spiele für Schauspieler und Nicht-Schauspieler, Frankfurt a.M 1989
BOSSELMANN, R./LÜFFE-LEONHARDT, E./GELLERT, M.: Variationen des Psychodramas. Meezen 1996
BUER, F.: Lehrbuch der Supervision, Münster 1999
COLLA, H./SCHOLZ, C./WEIDNER, J. Konfrontative Pädagogik. Mönchengladbach 2001
GUGGENBÜHL, A.: Das Mythodrama. Zürich 1999
GUGGENBÜHL, A..: Die unheimliche Faszination der Gewalt. Zürich 1993
LEUTZ. G.: Psychodrama –Theorie und Praxis. Bd. 1 Berlin 1974
WEIDNER, J.: Anti-Aggressivitäts-Training für Gewalttäter. Bonn 1990
WEIDNER, J./KILB, R./KREFT, D. (Hrsg.): Gewalt im Griff. Neue Formen des Anti-Aggressivitäts-Trainings. Weinheim und Basel 1997
YABLONSKY,L.: Psychodrama. Die Lösung emotionaler Probleme durch das Rollenspiel. Stuttgart 1998

Autorinnen und Autoren

Glenn, Penelope, Jg. 1950, Dr. med., Fachärztin für Kinder- und Jugendpsychiatrie und Heilpraktiker (Psychotherpie). Nach Studienabschlüssen in Pädagogik und Medizin ist sie seit 1985 Ärztin und arbeitet seit 1993 in eigener Praxis als Fachärztin für Kinder- und Jugendlichenpsychiatrie/-psychotherapie.

Jetter-Schröder, Monika, Jg. 1950 Dipl. Sozialarbeiterin, Leiterin der Jugendgerichtshilfe, Stadtjugendamt Mannheim. Anti-Aggressivitäts-Trainerin® und Ausbilderin am Institut für Sozialarbeit und Sozialpädagogik (ISS), Frankfurt/Main, Psychodramatikerin.

Kilb, Rainer, Jg. 1952, Prof. Dr. phil., Dipl. Pädagoge, Professor an der Hochschule Mannheim, Fakultät für Sozialwesen. Er arbeitete als Sozialarbeiter in der offenen Jugendarbeit und Jugendsozialarbeit (10 Jahre), als Wiss. Mitarbeiter am Institut für Jugendarbeit und Jugendkultur Frankfurt/M. und am ISS in Frankfurt/M. Dort baute er den Bereich „Umgang mit Krisen und Gewalttätigkeit" auf. Er war Praxisdozent an der FH Frankfurt und hatte eine Innovationsprofessur an der FH Koblenz.

Osborg, Eckhard, Jg. 1942, Prof. Dr. jur., Professor am Fachbereich Sozialpädagogik der HAW Hamburg, Lehrgebiete Familien- und Jugendhilferecht, Gesprächsführung, Krisenintervention, Diagnostik von und Umgang mit Gewalt, Sozialpädagogische Handlungskonzepte für die Präventionsarbeit mit rechtsorientierten Jugendlichen, Lehrsupervisor/DGSV.

Reissner Bert, Jg. 1973, Dipl.-Sozialpädagoge, Gestalttherapeut, NLP-Master, Outdoor-Trainer, mehrjährige Tätigkeit in der stationären, teilstationären sowie öffentlichen Jugendhilfe, Leitung der Halliggruppe Neumünster, Dozenten- und Referententätigkeit in pädagogischen und psychotherapeutischen Fortbildungen.

Rieker Peter, Jg. 1962, Wissenschaftlicher Referent am Deutschen Jugendinstitut, Außenstelle Halle, in der Arbeitsstelle Rechtsextremismus und Fremdenfeindlichkeit. Forschungsprojekte zu Migration und interethnischen Kontakten sowie zu Rechtsextremismus und Delinquenz bei Kindern und Jugendlichen.

Schanzenbächer Stefan, Jg. 1965, Dr. phil. Dipl.-Pädagoge, Dipl.-Theologe. Er ist Inhaber des Deutschen Instituts für Konfrontative Lösungen (D.I.K. – www.konfrontativ.

com) und Leiter des Modellprojektes des Landes Brandenburg „Boxenstopp-Training gegen Gewalt" beim Caritasverband für Brandenburg e.V. Darüber hinaus ist er nebenberuflich im Fort- und Weiterbildungsbereich sowie als Lehrbeauftragte an der Fachhochschule Zittau/ Görlitz tätig.

Stiels-Glenn Michael, Jg. 1952, Diplom-Sozialarbeiter, Supervisor (DGSv), Heilpraktiker (Psychotherapie) und Kinder- und Jugendlichenpsychotherapeut. Nach 15jähriger Tätigkeit in der Bewährungshilfe arbeitet er seit 1997 freiberuflich in eigener Praxis. Schwerpunkte: Psychotherapien mit Sexual- und Gewaltstraftätern, Anti-Gewalt-Trainings.

Tischner Wolfgang, Jg. 1951, Prof. Dr. phil, FH Nürnberg, Diplom-Pädagoge. 15 Jahre Berufstätigkeit in der Heimerziehung, davon 12 Jahre als Erziehungs- und Bereichsleiter in einem großen Jugendhilfeverbund in Düsseldorf (dort u.a. Aufbau einer sozialtherapeutischen Wohngruppe für jugendliche Sexualstraftäter), seit 1997 Professor für Sozialpädagogik an der Georg-Simon-Ohm-Fachhochschule Nürnberg, daneben freiberuflich tätig als Supervisor und Organisationsberater.

Walkenhorst Philipp, Jg. 1953, Dr. päd., Dipl. Sozialwissenschaftler, Oberstudienrat im Hochschuldienst in der Fakultät Rehabilitationswissenschaften der Universität Dortmund; Aufbau und Leitung zweier offener Jugendfreizeitstätten, einer pädagogischen Einrichtung für verhaltensgestörte Kinder und Jugendliche sowie eines soziokulturellen Zentrums, pädgogischer Berater der Jugendvollzugsanstalt Iserlohn sowie Mitglied der Arbeitsgruppe des Bundesjustizministeriums für ein Jugendstrafvollzugsgesetz.

Weidner, Jens, Prof. Dr.; Hochschule für Angewandte Wissenschaften Hamburg/Fakultät Wirtschaft und Soziales; Miteigentümer des Deutschen Instituts für Konfrontative Pädagogik; Eigentümer der Beratungsfirma ASS-Management; Arbeitsschwerpunkte: Gewaltprävention, AAT/CT®, Konfrontative Pädagogik, Positive Aggression, www.prof-jens-weidner.de (Wissenschaft), www.peperoni-strategie.de (Management), www.konfrontative-paedagogik.de (Institut), info@prof-jens-weidner.de

Wolters Jörg-Michael, Jg. 1960, Dr. phil. Dipl. Soz.Päd. Freiberuflicher Dozent für Sozialpädagogik und Soziale Therapie, Ausbildungsleiter für Budo-Pädagogik. Karatedo-Lehrmeister (6. Dan Hanshi) an der Kampfkunst-Akademie in Stade. Seit den 70er Jahren arbeitet er zum Thema „Aggressivität & Gewalt" und entwickelte und implementierte seit dem zahlreiche Behandlungsmaßnahmen der Prävention und Therapie im Bereich Jugendhilfe, Jugendstrafvollzug und Jugendpsychiatrie.

Printed in Germany
by Amazon Distribution
GmbH, Leipzig